# 國際視野下的區域
# 開發模式比較及啟示

孫超英、李慧、趙芮 著

# 前　言

　　本書基於國內外區域發展的相關研究，首先梳理了區域發展的相關概念、內涵、特徵、理論及發展模式；然後根據不同國家或地區區域協調發展的經驗，概括總結其區域發展模式對中國區域協調發展的啟示；接著對美國、日本、德國、義大利、加拿大等國區域開發模式進行專題研究和對比分析；最後對中國不同階段的區域開發模式進行分析，探索城市發展規律，揭示中國區域協調發展過程中存在的問題，並提出堅持新理念、促進區域協調發展的相關對策建議。

　　本書共十二章，各章所述內容概括如下：

　　第一章，區域開發模式的內涵及其形成機理、主要啟示。本章主要介紹了本書的研究背景、區域開發模式的內涵及特徵、區域開發模式的形成機理、主要研究的國家或地區的區域開發模式啟示的概述。這樣的結構，一方面可以讓人們清晰瞭解本書所研究的範圍以及相關基礎知識，避免出現概念混淆、定義不清的問題；另一方面，能讓讀者帶著問題進行本書後面章節的閱讀，達到見微知著的效果。

　　第二章，區域開發理論概述。本章主要梳理了國內外區域開發的相關理論，以時間線為序，概述了早期區域開發理論、中期區域開發理論、近代區域開發理論和

現代區域開發理論，總結了不同路徑下的區域開發模式，使讀者能清晰瞭解在不同的時代背景下，各國所選擇的區域開發模式和專家學者對區域發展的研究方向和主要內容。在此基礎上，讀者能夠在接下來的有關各國區域開發實踐的研究章節中，思考各國所採取的區域開發模式的理論基礎，做到理論與實踐相結合。

第三章，美國區域開發模式研究及啟示。美國作為世界第一大經濟強國，其國家的發展並不是一帆風順的，同任何其他國家一樣，也經歷了區域發展不協調的問題。而美國如何實現從一個殖民地國家發展成一個世界經濟強國，由東西部發展嚴重不平衡到區域發展相對平衡，是值得中國在推進區域協調發展過程中學習的。本章在對美國發展歷史、經濟結構、產業結構、相關政策等方面進行研究的基礎上，闡釋並發現了美國在區域協調發展的過程中的資源推動、政府支持、發展理念先進等方面的好的做法，進而提出了當前推動中國區域協調發展，應注重將市場調節與政府調控有機結合起來，確立法律保障，注重制度創新，建立協調機制，重視基礎設施建設和產業結構調整以及培育以城市為載體的增長極等方面的建議。

第四章，日本區域開發模式研究及啟示。日本作為二戰後迅速崛起的國家，雖然不具有資源優勢且受地理環境制約、經濟發展依賴出口，但是日本卻創造了令人瞠目結舌的「經濟增長奇跡」，長期處於第二大世界經濟體的位置，直到2010年底才被中國超越。日本如何在客觀約束較大的情況下，實現區域的協調發展和產業結構的轉型升級是值得我們借鑑學習的。本章通過對日本區域開發模式的研究，發現日本區域協調發展的動力主要是日本政府重視區域開發規劃、政策引導、立法保障和注重都市圈發展，等等。

第五章，德國區域開發模式研究及啟示。德國在歷史上分分合合，經歷了三個不平衡發展階段：一是南方相對落後階段。由於北方煤炭資源豐富，內河航運和海運方便，因此德國工業起源於北方，如魯爾區依靠資源開發，建立了煤炭－鋼鐵經濟區，成為德國早期工業化的動力，而南方以農牧業開發為主。二是北方相對落後階段。二戰後，德國分為東德和西德，西德為了發展南方，將新興的機械、汽車、電子和石化工業佈局在南方，南方迅速發展起來，而北方由於忽視結構調整，工業結構老化，發展相對緩慢，成了經濟蕭條的老工業區。三是東部落後階段。1990年東德與西德合併後，德國東部成為德國嚴重落後地區。但是經過數年的發展，德國不僅成了歐洲第一大經濟體，實現了東西部協調發展，而且成功促進了德國老工業基地——魯爾區的產業轉型升級。2013年德國又推出了「工業4.0」以推動產業轉型升級，帶動區域經濟的發展。德國為促進東西部的協調發展採取的一系列舉措對中國區域協調發展是有重大的借鑑意義，如在中國的區域協調發展過程中，應注重區域規劃並以法律作為保障，區域開發要根據區域規劃逐步推進，規範對落後地區

的財政援助，國土的均衡發展與重點地區開發同時進行，地區產業發展重視專業化，開發落後地區重視新興產業的佈局等方面。

第六章，義大利區域開發模式研究及啟示。區域經濟社會發展差距在義大利體現為南北經濟發展差異。義大利的工業現代化進程首先在北方進行，也由此拉開了義大利南北發展的差距，這種不平衡累積到一定程度就會帶來一系列的問題，甚至威脅到國家的穩定和統一。因此，從20世紀70年代開始，義大利政府對南北差距進行特別干預，大力推進南方的工業化進程，每年將國家財政收入的一半以上投向南方，並先後頒布了二十多個相關法令，實施了上千個相關項目；國家在稅收等方面優惠南方，增加對南方的公共服務投入，包括投資教育、基礎設施等。經過努力，義大利南北方經濟發展差距逐漸縮小。義大利三十多年的區域協調歷程，累積瞭解決經濟發展差距的經驗，其經驗對中國促進區域經濟協調發展、縮小地區間差距具有啟示作用，主要體現在以下幾方面：採用法律、經濟、行政等多種區域協調手段；探索新的區域劃分框架和多元化的區域協調發展模式；政府要知難而進，要有打持久戰的準備；注重工業化和城鎮化互動發展；重視創新；營造良好的市場環境等。

第七章，加拿大區域開發模式研究及啟示。加拿大地域遼闊，人口和資源分佈不均，受自然條件的影響，加拿大的工業佈局高度集中於東部地區，因此也造成其東部與西部地區之間的經濟發展水準懸殊。為了促進加拿大東西部地區間的協調發展，加拿大西部地區在聯邦「國家政策」的引導下，有計劃、有步驟地進行了區域開發，且成效卓著。加拿大西部開發的戰略對中國區域協調發展也提供了不可多得的樣本和實踐經驗。本章對加拿大西部地區開發的措施和經驗進行分析總結後，認為中國在推進新一輪西部大開發戰略，促進區域協調發展的過程中，應做到以下點：正確處理中央和地方的關係；政府應適當採取傾斜的政策，運用合理的政策組合；構建區域開發的總體框架和制度基礎；注重基礎設施建設；加快資金支持向智力支持轉變；發揮市場、金融機構等的作用；建立多維度的協調機制等。

第八章，世界各國區域開發空間及產業發展模式比較。區域開發離不開空間地理環境，更需要產業的推動。因此，本章在前幾章研究的基礎上，重點研究了美國、日本、德國、義大利、加拿大等國在區域開發過程中空間位置的選擇和與之相適應的產業發展情況。經研究發現，產業發展較為成功的地方一般是地理位置優勢明顯、有資源優勢或國家政策引導合理的地方，這是符合人們的普遍認知。但是各國在區域協調發展過程中，遇到的問題各有不同。本書概括總結了這些國家在空間模式和產業選擇的共性和特性，以期為中國的區域協調發展提供可借鑑的歷史經驗。

第九章，中國區域開發模式研究。知過去才能明未來，本章以時間為序，既研究了不同時期中國所採取的區域開發模式的時代背景，也分析了該區域開發模式的

作用和約束。中國自1949年以來，在不同時期採取的不同區域開發模式，特別是改革開放以來，各地在靈活的改革政策指導下，區域經濟發展呈現出各具特色的局面，湧現出蘇州模式、溫州模式、深圳模式等具有代表性的區域開發模式。這些具有時代和區域特色的區域開發模式和經驗，不僅可以與時俱進地引領經濟的發展，而且對當前新一輪西部的大開發和區域協調發展具有重要的借鑑和指導意義。

第十章，世界城市發展規律及中國特色城鎮化發展道路。城市是人類文明的搖籃，是區域發展的重要載體。城市是一個複雜的系統，有著獨特的運行規律。城市發展規律是城市在客觀發展過程中的本質聯繫，也是區域發展的重要基礎。結合中國城市發展的現狀，深化對城市發展規律的認識，發揮城市發展規律的能動性，是解決城市發展過程中一系列矛盾和問題的關鍵，是探析中國城市發展之路的重要方法，也是進一步釋放區域經濟發展的潛力所在。本章首先概括總結了《雅典憲章》《馬丘比丘憲章》《北京憲章》所揭示出的世界城市發展趨勢及規律，接著探討了中國的城鎮化發展進程，然後以中國城市發展的新模式、新平臺——特色小鎮為基礎，分析了如何在西部地區促進特色小鎮的發展，避免「城市發展陷阱」，使城市向可持續發展的方向闊步前行等問題。

第十一章，各國在區域開發中的創新、啟示及借鑑。創新是引領發展的第一動力，也日益成為推動經濟發展的最重要力量。對於區域發展來說，創新是推動區域可持續發展的中堅力量，也是區域長盛不衰的力量源泉。缺少創新，區域發展將不能做到與時俱進，最終會被時間的泥沙淘汰。本章首先論述了創新和區域創新、區域創新體系的內涵和內在聯繫，提出了區域開發和發展的高級形態——創新性區域及其建設的相關內容。然後，選取美國、日本、德國、義大利、印度等國具有區域創新發展特色的地區進行分析，以期對中國的創新發展提供有效經驗。接著，探討了中國西部地區特色創新區域——成渝經濟區的區域創新實踐。最後，借鑑國外成功的區域創新經驗，結合成渝經濟區發展的實際情況，提出了如何對西部經濟發展的引擎——成渝經濟區進行深層次區域創新的相關對策建議。

第十二章，踐行新理念，探索中國區域開發新路徑。放眼今日世界，一些國家和民族的發展之所以比較成功和成熟，是因為樹立了正確發展理念，走上了創新和可持續發展的路子；一些國家和民族的發展之所以不那麼成功和成熟，是因為沒能樹立正確的發展理念，沒有找到正確的發展路子。這就是當今世界發展的現實。只有掌握正確的發展理念，發展方向才能正確。牢固樹立並切實貫徹創新、協調、綠色、開放、共享的發展理念，既是實現「十三五」時期發展的目標，也是厚植發展優勢的重要前提，更是推動區域協調發展的重要遵循。本章在新理念的指導下，分析了中國區域經濟發展新格局及存在的問題，並總結出當前中國存在的結構失調的

深層次原因是區域結構失調、產業結構失調、城鄉結構失調。在此基礎上，結合十一章的內容，提出了實現區域協調發展的相關對策建議，具體而言，主要是以下幾方面：明確區域發展定位，選擇合理的區域發展模式；深化產業結構調整，構建優勢互補的產業格局；統籌城鄉協調發展，加快城鄉一體化進程；加強體制機制創新，提升區域政策協調性；建立合作補償和利益分配機制，形成多維度協調格局。

　　本書從區域開發的相關概念、理論出發，結合世界各國區域協調發展的實際情況進行研究。框架清晰、層次明了、內容豐富、資料翔實、論述深入淺出，既能讓讀者瞭解到不同階段區域開發的理論和各國區域開發的背景、舉措和實踐，也能讓讀者對中國的區域開發歷史、模式、現狀和未來的發展方向有一定的瞭解。本書根據世界範圍區域發展特別是中國區域經濟理論和實踐的新形勢、新探索，由原作者孫超英（教授）、李慧（教授）及新增作者趙芮（博士生）執筆全面改寫、增補、完善而成。各章的研究和寫作分工如下：前言、第一章、第十一章：孫超英；第二、十章：趙芮、孫超英（教授）；第三章：郭上沂（教授）、趙芮；第四章：趙芮、賈舒（副教授）；第五、八、九章：陳釗(教授)、趙芮；第六、七章：李慧（教授）；第十二章：趙芮。孫超英教授對全書進行了審閱、統稿，趙芮博士生參加了部分統稿工作。

　　希望本書的研究及闡述在引導讀者瞭解世界區域開發理論、過程和現狀的同時，也能讓讀者思考中國應如何進行更高效的區域開發，以促進區域協調發展。該書的不足之處，還望讀者多多批評指正！

# 目　錄

**第一章　區域開發模式的內涵及其形成機理、主要啟示** …………（1）

一、問題的提出 …………………………………………………………（1）

二、區域開發模式的內涵及特徵 ………………………………………（2）

三、區域開發模式的形成機理 …………………………………………（5）

四、國際區域開發模式比較的主要啟示 ………………………………（7）

**第二章　區域開發理論及區域模式比較分析方法概述** …………（21）

第一節　區域開發理論 ……………………………………………………（21）

一、早期區域開發理論：區位論 ………………………………………（21）

二、中期區域開發理論：均衡與非均衡發展理論 ……………………（28）

三、近期區域開發理論：新增長與區域創新理論 ……………………（31）

四、現代區域開發理論：新經濟地理學 ………………………………（33）

第二節　區域開發模式分析 ………………………………………………（35）

一、基於不同開發戰略的區域開發模式分析 …………………………（35）

二、基於不同開發手段的區域開發模式分析 …………………………（37）

三、基於不同空間形態的區域開發模式分析 …………………………（37）

四、基於不同國情的區域開發模式分析 ………………………………（39）

**第三章　美國區域開發模式研究及啟示** …………………………（41）

第一節　美國區域開發概況 ………………………………………………（41）

一、美國「西部」及南部「陽光地帶」的概念 ………………………（41）

二、美國欠發達地區開發概況 …………………………………………（42）

第二節　美國區域開發模式的主要特點 …………………………………（46）

一、對邊疆的開發是區域開發長期起作用的因素 ……………………（46）

二、政策和法律在區域開發中發揮著重要作用 ………………………（46）

三、具有濃厚的開放和自由色彩 ………………………………………（47）

1

四、掠奪、投機和大量的尋租活動與開發的經濟成就並存 …………（47）
　　五、區域發展援助計劃以間接財政手段為主並具有針對性 …………（48）
　第三節　美國區域開發模式的啟示 ………………………………………（48）
　　一、市場調節與政府調控有機結合 ………………………………………（48）
　　二、區域開發需要強有力的立法保障 ……………………………………（49）
　　三、區域開發中必須注重制度創新 ………………………………………（49）
　　四、對跨行政區劃地區的開發必須建立起有效的協調機制 ……………（50）
　　五、欠發達地區的開發應重視教育及人力資源的開發 …………………（51）
　　六、欠發達地區的開發應重視基礎設施建設 ……………………………（52）
　　七、區域開發中應注重以高新技術產業發展來推動落後地區經濟增長和產業結構升級 …………………………………………………………（53）
　　八、區域開發中應重視培育以城市為載體的增長中心 …………………（53）

## 第四章　日本區域開發模式研究及啟示 ………………………………（55）

　第一節　日本區域開發概況 ………………………………………………（55）
　　一、日本概況 ………………………………………………………………（55）
　　二、日本宏觀區域開發概況 ………………………………………………（56）
　　三、日本部分地區的開發概況 ……………………………………………（61）
　第二節　日本區域開發模式的特點 ………………………………………（64）
　　一、政府作用的特點 ………………………………………………………（64）
　　二、區域開發產業特點 ……………………………………………………（68）
　第三節　日本區域開發模式的啟示 ………………………………………（70）
　　一、區域開發以法律作為保障 ……………………………………………（70）
　　二、注重區域開發規劃指導作用 …………………………………………（71）
　　三、重視區域政策在國家宏觀調控中的作用 ……………………………（71）
　　四、加大對落後地區的財政轉移支付 ……………………………………（71）
　　五、加快基礎設施建設 ……………………………………………………（72）
　　六、大力發展經濟集群化 …………………………………………………（72）
　　七、大力發展都市圈經濟 …………………………………………………（73）

## 第五章　德國區域開發模式研究及啟示 ………………………………（74）

　第一節　德國區域開發概況 ………………………………………………（74）
　　一、德國概況 ………………………………………………………………（74）
　　二、德國宏觀區域開發概況 ………………………………………………（76）
　　三、德國部分地區的開發概況 ……………………………………………（79）

第二節　德國區域開發模式的主要特點 ……………………………（86）
　一、政府作用的特點 ………………………………………………（86）
　二、區域開發佈局特點 ……………………………………………（89）
　三、區域開發產業特點 ……………………………………………（90）
　四、大力扶持問題地區發展 ………………………………………（91）
第三節　德國區域開發模式的啟示 …………………………………（92）
　一、政府重視區域開發，並以法律作為保障 ……………………（92）
　二、區域開發要根據區域規劃逐步推進 …………………………（93）
　三、規範對落後地區的財政援助 …………………………………（93）
　四、國土的均衡發展與重點地區開發同時進行 …………………（94）
　五、地區產業重視專業化 …………………………………………（94）
　六、開發落後地區重視新興產業的佈局 …………………………（95）

# 第六章　義大利區域開發模式研究及啟示 ………………………（96）

第一節　義大利南北區域差距及區域協調發展措施概述 …………（96）
　一、義大利南北方經濟發展差距概況 ……………………………（96）
　二、義大利縮小南北差距的對策及其對南方的開發 ……………（98）
　三、義大利南方開發計劃中經費投入概況 ………………………（102）
第二節　義大利南方開發計劃的主要做法及經驗和教訓 …………（103）
　一、義大利南方開發計劃實施的理論基礎 ………………………（103）
　二、義大利南方開發計劃的主要做法及特點 ……………………（104）
　三、義大利南方開發計劃的效果及主要經驗 ……………………（107）
　四、義大利南方開發政策應吸取的教訓 …………………………（109）
第三節　義大利南方開發模式對中國區域協調發展的啟示 ………（111）
　一、義大利南方開發計劃對中國區域協調發展的理論啟示 ……（111）
　二、義大利南方開發計劃對中國西部開發的啟示 ………………（113）
　三、義大利南方開發計劃對中國區域協調發展的啟示 …………（116）

# 第七章　加拿大區域開發模式研究及啟示 ………………………（119）

第一節　加拿大西部開發概況 ………………………………………（119）
　一、加拿大東西部經濟發展差距概況 ……………………………（119）
　二、加拿大西部開發的主要歷程 …………………………………（121）
　三、加拿大實施西部開發政策的成效分析 ………………………（123）
第二節　加拿大西部開發的主要做法及經驗 ………………………（124）
　一、加拿大西部開發政策的主要做法 ……………………………（124）

二、加拿大實施西部開發的主要經驗 …………………………………（127）
第三節　加拿大西部開發對中國區域協調發展的啟示 ……………………（129）
　　一、加拿大西部開發對中國區域發展的理論啟示 ………………………（129）
　　二、加拿大實施西部開發農業政策的啟示 ………………………………（131）
　　三、加拿大西部開發對中國區域協調發展的啟示 ………………………（132）

## 第八章　各國區域開發空間及產業發展模式比較 ………………（136）

第一節　各國區域開發空間及產業模式概述 ………………………………（136）
　　一、美國區域開發空間及產業模式 ………………………………………（136）
　　二、日本區域開發空間及產業模式 ………………………………………（140）
　　三、德國區域開發空間及產業模式 ………………………………………（143）
　　四、義大利區域開發空間及產業模式 ……………………………………（145）
第二節　各國區域開發空間模式的比較分析 ………………………………（147）
　　一、政府作用的比較 ………………………………………………………（147）
　　二、國土宏觀佈局模式的比較 ……………………………………………（148）
　　三、國土均衡發展的比較 …………………………………………………（149）
　　四、重點開發區位的選擇 …………………………………………………（151）
　　五、新開發區總體開發模式的比較 ………………………………………（151）
　　六、工業佈局的比較 ………………………………………………………（152）
　　七、內陸與沿海開發的比較 ………………………………………………（153）
第三節　各國區域開發產業模式的比較分析 ………………………………（153）
　　一、產業選擇的比較 ………………………………………………………（153）
　　二、政府作用的比較 ………………………………………………………（156）
　　三、產業組織模式的比較 …………………………………………………（157）
　　四、其他比較 ………………………………………………………………（157）

## 第九章　中國區域開發模式研究 …………………………………（159）

第一節　中國宏觀區域開發模式的演變 ……………………………………（159）
　　一、1952—1978年中國宏觀區域開發模式 ……………………………（159）
　　二、1978—1992年中國宏觀區域開發模式 ……………………………（166）
　　三、1992年至今中國宏觀區域開發模式 ………………………………（171）
第二節　中國典型的區域開發模式 …………………………………………（177）
　　一、蘇南模式 ………………………………………………………………（177）
　　二、溫州模式 ………………………………………………………………（181）
　　三、深圳模式 ………………………………………………………………（183）

四、其他模式 ………………………………………………………（185）

# 第十章　世界城市發展規律及中國特色城鎮化發展道路 ……（190）

第一節　世界城市規劃的三大憲章演進邏輯及城市發展規律 …………（190）
　　一、世界城市規劃三大憲章的演進過程 …………………………（191）
　　二、認識城市發展規律 ……………………………………………（192）
　　三、分析城市發展問題 ……………………………………………（193）
　　四、運用城市發展規律 ……………………………………………（195）
第二節　中國城鎮化發展進程回顧 ………………………………………（198）
　　一、中國城鎮化回顧 ………………………………………………（198）
　　二、中國特色城鎮化模式 …………………………………………（201）
第三節　新型特色小鎮發展模式 …………………………………………（203）
　　一、特色小鎮——浙江模式 ………………………………………（203）
　　二、特色小鎮發展實例 ……………………………………………（205）
第四節　特色小鎮對西部區域經濟發展的啟示 …………………………（206）
　　一、深化發展特色產業，培育階梯分佈的特色小鎮 ……………（207）
　　二、貫徹落實先進理念，建設多規合一的特色小鎮 ……………（207）
　　三、注重加強創新驅動，形成市場化的特色小鎮 ………………（208）
　　四、堅持協調綠色發展，構建生態文明的特色小鎮 ……………（208）
　　五、堅持統籌協調聯動，形成有政策保障的特色小鎮 …………（209）

# 第十一章　各國在區域開發中的創新、啟示及借鑑 ……………（210）

第一節　區域創新與區域開發 ……………………………………………（210）
　　一、創新和區域創新 ………………………………………………（210）
　　二、區域創新體系 …………………………………………………（211）
　　三、區域開發和發展的高級形態——創新型區域及其建設 ……（212）
第二節　各國（地區）建設創新型區域的經驗及啟示 …………………（214）
　　一、美國在區域開發中的創新——加利福尼亞創新型區域的建設經驗及啟示
　　　　…………………………………………………………………（214）
　　二、日本在區域開發中的創新——築波地區及日本東北創新型區域的建設
　　　　經驗及啟示 ……………………………………………………（216）
　　三、德國在區域開發中的創新——德國北萊因—威斯特伐利亞創新型區域的
　　　　建設經驗及啟示 ………………………………………………（219）
　　四、義大利在區域開發中的創新——倫巴第大區創新型區域的建設經驗
　　　　及啟示 …………………………………………………………（221）

5

五、印度在區域開發中的創新——印度班加羅爾地區及提若普爾鎮創新型區域的建設經驗及啟示 …………………………………………（222）
第三節　區域創新悖論與欠發達區域開發 ……………………………………（224）
　　一、區域創新悖論與欠發達區域開發 …………………………………（224）
　　二、中國西部創新型區域建設研究——以成渝經濟區區域創新體系建設為例
　　 ……………………………………………………………………………（225）
　　三、成渝經濟區區域創新體系建設的路徑 ……………………………（230）

# 第十二章　踐行新理念，探索中國區域開發新路徑 ……………（232）

第一節　新理念：國際區域開發的實踐經驗總結及行動先導 ………………（232）
　　一、創新是區域經濟發展的根本動力 …………………………………（232）
　　二、協調是區域經濟發展的主要遵循 …………………………………（233）
　　三、綠色是區域經濟發展的基本訴求 …………………………………（233）
　　四、開放是區域經濟發展的重要路徑 …………………………………（234）
　　五、共享是區域經濟發展的價值追求 …………………………………（234）
第二節　中國區域經濟發展新格局及問題分析 ………………………………（235）
　　一、中國區域經濟發展新格局 …………………………………………（236）
　　二、中國區域經濟發展問題及原因分析 ………………………………（247）
第三節　中國區域經濟發協調發展的路徑探析 ………………………………（254）
　　一、明確區域發展定位，選擇合理的區域發展模式 …………………（254）
　　二、深化產業結構調整，構建優勢互補的產業格局 …………………（255）
　　三、統籌城鄉協調發展，加快城鄉一體化進程 ………………………（255）
　　四、加強體制機制創新，提升區域政策協調性 ………………………（256）
　　五、建立合作補償和利益分配機制，形成多維度協調格局 …………（256）

**參考文獻** ………………………………………………………………………（258）

# 第一章　區域開發模式的內涵及其形成機理、主要啟示

區域開發模式有其歷史的、具體的形成過程。這一過程往往受到多種因素的綜合影響，呈現不同的發展形態。在不同的國情、不同的發展階段下，區域開發類型、模式選擇和變遷都會呈現不同的特點，對其進行歸納、分析、比較，可以為中國區域開發提供有益的借鑑。

## 一、問題的提出

改革開放以來，中國的國民經濟快速發展，綜合國力顯著增強，人民生活水準不斷提高，與世界發達國家之間的差距逐步縮小。但同時，由於地區之間自然條件、社會資源、歷史文化以及經濟政策等原因，區域經濟發展不平衡現象愈加突出。區域經濟發展不平衡問題引起了中央及地方各級政府的廣泛關注。

1999年9月，黨的十五屆四中全會通過了《中共中央關於國有企業改革和發展若干重大問題的決定》，並提出國家要實施西部大開發戰略。2000年10月，黨的十五屆五中全會通過的《中共中央關於制定國民經濟和社會發展第十個五年計劃的建議》，把實施西部大開發、促進地區協調發展作為一項戰略任務，並強調：「實施西部大開發戰略、加快中西部地區發展，關係經濟發展、民族團結、社會穩定，關係地區協調發展和最終實現共同富裕，是實現第三步戰略目標的重大舉措。」2004年3月，國務院又印發了《國務院關於進一步推進西部大開發的若干意見》。可見，推進西部大開發，是國家的一項長期的重大戰略，它將貫穿於現代化的全過程。

西部大開發戰略出抬以來，引起舉國上下各界人士的普遍關注，國家和各省市的政策、措施也陸續公布，並進入戰略實施階段。與此同時，在2003年之後，「東北振興」「中部崛起」等一系列戰略也不斷被提起並最終被推出，中國新的區域經濟開發和發展格局正在形成。2005年，中央將功能區的概念列入「十一五」規劃綱要。2010年12月，國務院出抬了《全國主體功能區規劃》。為深入推進西部大開發戰略，引領中國西部地區加快發展，提升內陸開放水準，促進全國區域協調發展，增強國家綜合實力，2011年5月國務院正式批覆《成渝經濟區區域規劃》，並提出要深化改革，擴大開放，優化空間佈局，推動區域一體化發展，推進統籌城鄉改革，

提升發展保障能力，發展內陸開放型經濟，構建長江上游生態安全屏障。城鎮化作為推動區域協調發展的有力支撐，對促進區域協調發展是不可或缺的。2014年國務院頒發了《國家新型城鎮化規劃（2014—2020年）》，希望通過西部大開發和中部崛起戰略的深入推進，東部沿海地區產業轉移的持續發展以及在中西部資源環境承載能力較強的地區培育新的增長極，來解決中西部城市發育不足的問題，促進經濟增長和市場空間由東向西、由南向北梯次拓展，推動人口經濟佈局更加合理、區域發展更加協調。為推動「一帶一路」倡議和長江經濟帶戰略契合互動，加快東、中、西部地區協調發展，拓展全國經濟增長新空間，保障國土安全、優化國土佈局，2016年3月國務院會議通過了《成渝城市群發展規劃》。同年9月，為縱深推進「一帶一路」倡議、長江經濟帶、西部大開發等國家發展戰略，完善自由貿易創新試驗平臺，形成以點帶片、跨區域、跨國聯動的內陸開放型經濟新格局，拓展全國經濟增長新空間，探索內陸地區開放型經濟轉型發展的新模式，構建國際化營商環境生態區，國務院決定在遼寧省、浙江省、河南省、湖北省、重慶市、四川省、陝西省新設立7個自貿試驗區。這標誌著中國自貿試驗區建設進入了試點探索的新階段，也代表了中國將在更廣領域、更大範圍形成各具特色、各有側重的區域發展格局。

為了促進欠發達地區的發展，為了使新的區域經濟開發和發展格局更好、更快實現，為了使中國新的開發規劃落到實處、產生更好的效益，研究世界各國（區域）已經走過的道路、所經歷的各種模式，吸取其中的經驗和教訓，獲取其區域開發的啟示，無疑是十分必要的。

## 二、區域開發模式的內涵及特徵

（一）區域開發模式的內涵

所謂區域開發，通常是指一國或地區的政府為了實現一定的社會經濟發展目標而組織的對特定區域自然、經濟和社會資源進行綜合利用的經濟社會活動。通過區域開發，區域的經濟社會發展水準不斷提高，並形成新的城鎮中心、對外交流聯繫和交通信息網絡。區域開發的綜合目標是提高所在地區的經濟效益、社會效益和環境生態效益，並使所在地區得以持續發展。它不同於一般經濟社會活動的顯著特徵在於，區域開發具有地域性、戰略性和綜合性。區域開發理論涉及諸多學科領域，如現代地理學、區域科學、區域經濟學、城市科學、發展經濟學、新經濟地理學等。就區域開發的理論基礎來說，涉及的理論較多，主要有區位論、均衡與非均衡發展理論、新增長和區域創新理論等。

在市場經濟的發展過程中，某一經濟運行主體如果在一定時間、一定的國際經濟領域能夠取得突出的經濟成就、占據顯赫的競爭地位，其發展方法必然會引起人們的重視，並導致各個不同的競爭弱勢主體予以研究甚至學習模仿。二戰後，日本、

德國迅速發展，引起了各國對日本、德國經濟發展模式的重視。因學習日本模式，東亞許多國家和地區經濟發展成就顯著，因此日本被稱為「東亞模式」。歐洲的一些國家因被德國經濟發展模式吸引而加入了歐洲經濟聯合矩陣。20 世紀 90 年代，美國取得舉世矚目的「新經濟」發展成就，美國模式再度被人們青睞。2008 年，由美國次貸危機引發的國際金融危機讓人們對美國模式提出疑問，由此引發了學術界關於經濟發展模式優劣之爭。

區域開發模式作為引領世界經濟發展的重要力量，應受到足夠的重視。中國自加入 WTO 以來，加速融入經濟全球化進程，積極探索開放經濟條件下適宜的發展道路和運行方式，發揮全球經濟與中國經濟的互動作用。尤其是國際金融危機爆發後，面對經濟全球化的新特徵、國際經濟格局的深度調整以及中國對全球經濟發展的影響力越來越大，中國充分利用作為新經濟體的後發優勢，有選擇地借鑑、完善發達國家發展模式中成功的運作方式，不僅創造了具有中國特色的、有效的、新的發展模式，而且以開放、包容的原則推動了區域經濟一體化，對世界經濟特別是發展中國家的經濟發展起到了巨大的推動和示範作用。最能體現中國對跨地區、跨國的區域經濟發展道路探索的是以開放、包容為原則的「一帶一路」倡議，它不僅繼承了古絲綢之路的和平、共榮理念，也適應了亞洲發展的需要，深化了全球產業鏈的調整，推動了全球貿易投資自由化，提高了中國在全球經濟治理中的話語權。

為了清晰地認識、掌握經濟模式的本質，在此我們把與經濟模式中相似的幾個概念加以區分。

（1）經濟制度，又稱「經濟結構」，是在人類社會發展中佔有統治地位的生產關係總和，是一定社會形態的經濟基礎。

（2）經濟體制，在特定的區域內與生產、收入、消費和決策相關的一組機制和制度，常由決策機制、經營機制和動力機制等構成。

（3）經濟模型，對經濟生活中存在的各種關係進行抽象的、簡化的表達，常用圖、統計表或數學表達式來表示。因為所採用的基本上是數學方法，所以常稱為「經濟數學模型」。

（4）經濟模式，是撇開經濟活動中的次要因素和細節，對現實經濟活動和經濟增長方式的框架和原則所做的抽象概括；也可以是對國民經濟基本運行規則、增長類型以及主要經濟政策在理論上的一種設計和構造。

由此可以看出，經濟制度是決定一國性質的基礎，是社會經濟深層次的東西。而經濟體制則屬於操作層次，它是在一定社會制度下，調節國民經濟生產要素再分配、組織管理，改善國民經濟體系、方式、方法的總稱。經濟體制受基本經濟制度的決定和制約。經濟模型則是用數學的方法對經濟現象進行解釋。經濟模式則是建立在經濟制度的基礎上，又介於經濟體制與經濟模型中間的一種經濟發展方式。經濟模式是對經濟現象進行抽象描述的客觀存在。

經濟模式是不斷發展變化的，又常被稱為經濟發展模式。在國外的許多文獻中，

經濟發展模式甚至被認為是經濟發展道路的近義詞，用來描述一國的發展軌跡，如development model，development pattern，development path，form of development。

可見，前述的「模式」是一個看上去簡單，但是又很難說清楚的問題。「模式」一詞本來是外來詞，亦譯為「範型」。《現代漢語辭典》中註明，「模式是某種實物的標準形式或世人可以照著做的標準樣式」。美國政治學者比爾和哈德格雷夫認為「模式是再現現實的一種理論性的、簡化的形式」。英國人丹尼斯邁奎爾和瑞典人斯文德爾則從傳播學的角度將模式看作是「用圖像對某一實體的主要組成部分之間的關係進行的一種具有現實意義的簡化描述」。因此，模式是對經驗的總結、概括、抽象和昇華，是理論思維的半成品。模式是對現實事件的內在機制和事件之間關係的直觀、簡潔的描述；能夠向人們表明事物結構或過程的主要組成部分及其相互關係。模式可以是一種問題的解決思路，它已經適用於一個實踐環境，並且可以適用於其他實踐環境。

借鑑以上學者對「模式」一詞的研究，綜合其他學者的表述，可將區域開發模式定義為：在特定的地域和特定的歷史條件下，根據區域內外的基本條件，確定一個共同經濟發展戰略及為實現這一戰略目標而採取的方法、路徑和機制的抽象概括。從空間結構上看，區域經濟開發模式反應了一定區域內生產力空間配置的總體格局。同時，區域經濟開發模式決定了不同地區、資源、市場與區位等綜合開發的先後順序和開發強度，也決定了特定區域何時崛起、如何崛起以及崛起方式等這些事關全局的問題。然而，區域經濟發展條件的可變性決定了區域開發模式內涵的可變性。因為區域開發條件是可變的，區域開發模式也處於動態演變之中，所以沒有或很難存在永恆有效的開發模式。

(二) 區域開發模式的特徵

區域開發模式是在發揮自身比較優勢的基礎上形成的具有區域特色的經濟發展形式，對促進區域經濟發展有不可或缺的作用。高效的區域開發模式，必然會對經濟發展產生正向作用，在一定程度上，也對其他區域的經濟發展起到示範作用。結合方創琳（2002）、李岳峰和張軍慧（2008）的研究，本書將區域開發模式的特徵概括為差異性、互補性和漸進性等三個方面。

(1) 差異性。不同區域的資源稟賦、環境條件和經濟發展水準等千差萬別，發展的基礎、潛力、條件以及進一步發展的機遇與困難更是不盡相同，這就決定了不可能存在兩個或多個區域採取同一開發模式，即使同一區域在不同的發展階段所採用的開發模式也應不一樣，這就是區域開發模式的絕對差異性。比如，就區域綜合開發政策來說，就有產業政策（包括產業結構政策、產業組織政策、產業調控政策、產業技術政策）、投資政策（包括籌資政策、投資結構政策、投資佈局政策）、開發區政策（包括經濟特區政策、開放城市的特殊政策、經濟技術開發區政策）等。因此，不同區域應根據自身的實際情況，綜合各方面的影響因子，選擇合適的區域開發模式。本書的重要研究內容之一就是在探討不同模式的共性、揭示一般

規律的基礎上，分析不同模式之間的差異及其產生原因。

（2）互補性。任何一個區域開發模式有其優越的一面，也有其不足的一面。承認這種差異性並不是說區域開發模式之間「水火不相容」，而是為了使特定區域經濟快速、健康、協調發展。因此，可以考慮在模式的選擇與使用上，以一種經濟開發模式為主導模式，以其他幾種可行模式作為輔助模式，主導模式與輔助模式之間相互取長補短，相互對接。

（3）漸進性。區域開發模式在區域經濟發展的實踐中不斷演進，從時間的角度看，具有漸進性。同時經濟開發模式的重要表現是空間的形態，這種空間形態總是處於從初級形態向高級形態的不斷置換和演變之中，呈現形態上的漸進性特徵。這種時間和空間上的漸進性提示我們要因勢利導、相機抉擇，不可盲目進行。比如，區域經濟在發展初期，需要增長極的帶動作用，可以採用點狀發展模式。經濟發展有了一定的基礎後，可以考慮採用點軸開發模式，通過經濟發展帶推動區域經濟發展。在經濟發展帶集聚一定的經濟實力後，可以採用網絡開發模式，推動整個區域經濟的發展。

## 三、區域開發模式的形成機理

（一）基本要素

區域開發模式往往受到多方面因素的影響，通過這些因素的作用，才得以形成不同區域特色的開發模式。

（1）自然資源和地理環境狀況。自然資源和地理環境是區域經濟發展的自然物質基礎。因為自然資源和空間環境具有異質性，能夠影響區域經濟的發展規模、產業結構以及經濟效益，所以它們對區域開發的模式也有影響。

（2）勞動力的數量和素質。因為區域的人口數量和素質的高低直接關係到區域的生產規模、生產水準、生產效率等各方面，所以區域人口和勞動力對區域經濟的發展至關重要，也與區域發展模式直接相關。

（3）技術條件和資金狀況。改進技術條件可以使生產活動實現以較低的成本獲得更多的產出。因為技術條件的進步不僅能改變資源利用的深度、強度和廣度，而且有利於調整經濟結構、空間結構和產業結構，所以技術條件常被視為區域開發的重要影響因子之一。資金作為重要的生產要素投入，它是一個使自然條件、人口和勞動力、技術條件得以充分利用的重要仲介。在區域經濟發展的各個時期，資金對經濟結構和產業結構的調整、工業化和城市化進程具有非常意義十分重大。不同的資金狀況直接影響到區域開發的模式。

（4）社會文化傳統。區域的發展離不開對文化的傳承與創新。在一定程度上，文化傳統影響著經濟發展方向。不同地區的文化對經濟發展所起的作用有所不同，強度也不一而足。

（5）區域戰略和政策環境。區域戰略是某一區域制定的有關經濟社會發展的長期戰略佈局，既包含經濟社會發展的方向、目標、任務，也包含經濟社會發展的路徑等。在不同的區域經濟發展戰略的指導下，區域經濟發展會呈現出與資源稟賦和經濟發展水準相符合的不同的要素組合和空間配置的形態，可將其概括為不同的區域開發模式。因此，區域經濟發展戰略和區域開發模式是相輔相成、彼此聯繫、相互作用的。區域經濟發展戰略是在區域開發模式的基礎上制定的創新發展本區域的戰略。在區域經濟發展中，政府政策、政府行為、政治走向，是資源配置和規範人們經濟活動的「看得見的手」，對區域開發模式的形成具有重要的導向作用。

（6）區際關係。各個區域之間的關係就像整體與部分。所有的區域組成一個整體，各個區域就是組成整體的各部分。也就是說，在區域發展過程中，各區域之間是相互聯繫的，一個區域的發展會影響另一個區域的發展或對另一個區域起到示範引導作用。因而，在區域發展過程中，要注意區域之間的關係。

（二）表現形態

從區域開發模式的形成機理看，主要有自然形成、漸進形成和突變形成等三種形態。

（1）自然形成。自然形成的區域開發模式的運行機制是以區域的自然條件、勞動分工和資源稟賦為基礎，在長期發展的過程中，自然而然地形成區域經濟發展模式。

（2）漸進形成。漸進形成的區域發展模式是在自然形成模式的基礎上，區域內部的推動力量減弱，區域外部的促進作用增強，在內外部力量的綜合作用下，發生了由量變到質變的轉變。中國大多數區域發展模式的形成屬於這種情況。

（3）突變形成。突變形成是指外部影響因子改變了區域發展的現狀，引起了區域發展方向或方式的重大轉變，如中國的深圳經濟特區的外向型經濟模式。

探討區域開發模式形成機理，特別是突變導致的區域模式，最終都會追溯到創新上來。對區域發展來說，關鍵是運用、轉化、推廣創新。一個區域是否能有效運用創新取決於該區域的知識存量、資本裝備、企業規模等。創新在區域內的轉化主要取決於科研機構與企業間的聯繫。創新在區域內的普遍推廣主要取決於聯絡交流過程的組織。由於有很多影響創新運用、轉化、推廣的因素，所以各區域的創新程度存在一定的差別。創新的擴散在時間上通常表現為 S 形，在初始階段曲線斜率較低，曲線上升緩慢；在擴張階段，曲線斜率增加，曲線急遽上升，並在接近停滯階段時，逐漸達到最高點。不同區域創新擴散的 S 形軌跡起始點是不同的，這種差別既與擴散過程的速度相關，也與適應能力相關。

近幾十年，以美國為首的發達國家已開始由工業經濟轉為後工業經濟，區域創新成為國家和區域發展的關鍵因素。在當今社會中，能否使一個區域順利進入新的發展階段的決定條件是區域是否具有創新力。區域創新在區域發展中的這種地位和作用逐漸為人們所認識。關於區域創新的研究多集中於發達國家和發達地區，以高

科技產業為主要研究對象。事實上，任何區域都需要創新，對於欠發達地區來說更是如此。①這也是本書寫作過程中得出的一個重要啟示。

## 四、國際區域開發模式比較的主要啟示

目前，國內外關於區域經濟比較研究方面的理論有很多，如區位論、非均衡理論、增長極理論、點軸理論、區域創新理論等，都得到了廣泛的應用。

本書的後續章節闡述了美國、日本、德國、義大利、加拿大等當今發達國家及中國區域開發模式的特點，並從空間開發模式、產業選擇、城鎮化模式、創新性區域建設等方面對主要國家的開發模式進行了比較研究，力圖找出這些國家區域開發模式的共同點及差異，尋求建立中國式區域開發及運行模式的重要啟示。下面僅就美國、日本、德國、義大利以加拿大區域開發模式的主要經驗和啟示做出闡述。

（一）美國區域開發模式的經驗及啟示

1. 市場調節與政府調控有機結合

美國區域開發特別是西部開發的一條重要經驗，就是將市場調節與政府調控有機地結合起來。在美國西部開發的整個過程中，市場機制對資源的配置起著十分重要的作用。但與此同時，政府在西部開發中也扮演了重要的角色，通過制定法律法規以及財稅、金融等政策來支持西部地區的開發，美國政府還成立了專事西部開發的強有力的行政管理機構來對西部開發進行管理、協調。特別是進入20世紀後，美國對西部的再開發與19世紀對西部開發存在明顯的區別，表現為政府在區域開發中逐步占據主導地位，西部開發成為政府有目的、有計劃、有組織的經濟行為。

2. 區域開發需要強有力的立法保障

美國西部開發的全過程和各個環節，都有明確的法律規定和政府政策支持。在土地管理、農業開發、礦業開發、流域開發、人力資源開發、產業佈局、環境治理、公共管理等方面，都制定有較為完善的法律，這就使區域開發的政策措施更具有權威性。在這方面，美國西部開發初期制定的一系列鼓勵移民的土地法規表現得最為明顯。當前，中國對落後地區的開發取得了很大的成績，但確實也存在不少的問題。許多反應出來的問題，如礦產資源、水能資源的無序開發，土地資源的低效利用，區域開發帶來的生態環境問題等，都表明我們的經濟開發活動，需要更強有力的法律保障和約束。

3. 區域開發中必須注重制度創新

美國西部開發的過程也是一個不斷進行制度創新的過程，這其中一個重要的因素是美國的西部開發活動並無現成的模板可資借鑑，創新是必然的選擇。在長達200年的西部開發進程中，美國針對不同時期的經濟社會發展情況，因地制宜地制

---

① 孫超英，等. 各國（地區）區域開發模式比較研究［M］. 成都：四川大學出版社，2010：4-8.

定、調整、實施了不同的人才政策。加快西部高新技術產業發展，並創造了享譽全球的「硅谷」模式，這可說是美國區域開發中注重創新的典型。美國西部開發中，伴隨西部經濟的崛起，美國民眾還創造了富有影響力的西部文化，這成為影響西部乃至美國其他地區發展的精神力量。此外，美國在政策創新、管理創新方面，更是貫穿於美國區域開發的全過程。根據中國的國情，中國的區域開發也應充分發揮群眾的首創精神，不斷地在制度創新上做文章，從而走出一條中國區域開發的路子。

4. 對跨行政區劃地區的開發必須建立起有效的協調機制

在各國的區域開發中，都或多或少涉及一個跨地區開發的問題，例如流域的開發與治理等。美國在西部開發過程中，通過對跨行政區劃地區的開發，也累積了不少經驗。美國在阿巴拉契亞區域的開發過程中，就比較注重建立起有效的協調機制，從而使這一地區的開發與治理更具綜合性，也更有效。美國在田納西河流域的開發中也同樣注重建立起區域的協調機制。美國在跨行政區劃地區開發方面的經驗，對中國實踐西部開發以及其他的區域開發具有很好的借鑑意義。從一定意義上講，中國的區域開發是以行政權力的邊界劃分的地區開發，在缺少有效協調機制的情況下，容易出現各自為政、無序開發、惡性競爭和產業同構的消極現象，這不利於我們在更大範圍內進行產業佈局，也不利於對資源的高效和集約利用，同時，還會從總體上降低投資的效率，並給生態保護和環境治理造成困難。因此，結合中國的實際國情，借鑑美國的經驗，研究建立和完善中國跨行政區劃地區開發的協調機制既重要，又緊迫。

5. 欠發達地區的開發應重視教育及人力資源的開發

美國西部開發中對教育和人力資源開發的重視十分引人注目。美國西部開發中的土地政策和移民政策的實行，使大量的各類人才湧入這一地區，為其經濟發展注入了活力。在西部開發中，美國政府還認識到，發展西部地區的經濟僅靠外來人才是不夠的，還必須高度重視教育，提高當地居民的素質，大力培養本地人才，因此，美國政府制定了相應的鼓勵政策，以支持在西部地區發展教育機構。這些努力，使美國西部的大學有了很大的發展，出現了不少名校，如西雅圖的華盛頓大學、斯坦福大學等。這些學校培養了一代又一代的各類專業人才，為西部開發做出了重要的貢獻。在美國的各州，政府的財政支出絕大部分用於教育，而聯邦政府的教育支出主要用於欠發達地區。在之後的南部陽光地帶的開發中，更是制定了大量的優惠政策，以引導人力資源合理流動。由此應當看到，中國落後地區的開發，尤其是西部地區的振興，在很大程度上取決於提高落後地區人才的吸引力和居民素質。在提高西部落後地區人才集聚能和居民素質時，應「軟硬結合」。

6. 欠發達地區的開發應重視興辦公共工程

美國政府在西部開發過程中十分重視以交通運輸業為主的公共設施建設。美國交通的變革經歷了修築公路、開鑿運河、修建鐵路三個階段，特別是從19世紀中葉興起的交通運輸革命，有力地刺激著傳統社會向工業社會的轉變，它不僅是美國經

濟起飛的重要標志,更是給西部的開發注入無限活力。在當前新形勢下,為積極融入「一帶一路」倡議和長江經濟帶戰略,中國西部地區應積極借鑑美國的基礎建設模式,以增加基礎設施建設為基礎擴大對外開放的水準。當前,成渝已分別建立了通向中亞、中東、歐洲的渝新歐、蓉歐快鐵,增強了成渝同全球的各方往來。在此基礎上,還應以新絲綢之路經濟帶為紐帶,加強成渝與西隴海蘭新線經濟帶及南貴昆經濟區的聯繫,加快成渝主動融入新絲綢之路經濟帶和海上絲綢之路經濟帶的建設步伐,進一步增強成渝同中亞、南亞、中東等地的商貿、人才交流。

7. 注重以高新技術產業發展來推動落後地區經濟增長和產業結構升級

美國政府在相當長的一個時期中,利用行政的力量,對位於西部地區的軍工企業加以支持,加之西部地區豐富的資源優勢以及軍工企業自身的技術和人才優勢,這就不僅大大促進了西部地區的經濟增長,而且有力地推動了美國西部地區高新技術發展和產業結構升級。科學技術作為第一生產力,對區域經濟發展的作用不言自明。作為區域產業競爭的核心資源,新技術尤其是最新前沿技術的開發、應用是區域經濟發展的重要保障。相對落後的西部地區在發展過程中,更應結合自身的區位優勢,把創新作為發展的內驅動力。在這一過程中要注重人力資本和知識的累積,通過二者的互動和累積,發揮二者的空間外溢效應,帶動西部地區的科技創新,形成體系完善的科技創新網絡。

8. 區域開發中應重視培育以城市為載體的增長中心

美國的西部開發史也是一部城市發展史,各級各類城鎮的建設和發展,對產業的發展起到了很好的承載作用,從而形成了大大小小的集空間和產業為一體的增長極,促進了西部地區經濟社會的加速發展。美國城鎮化的進程,特別是中西部城鎮化的發展,一方面受工業發展的有力推動,另一方面,由於中西部城市的興起,在欠發達地區形成了若干個強有力的增長極,促進了中西部的工業乃至整個經濟社會的發展。隨著中西部城市的崛起,美國工業的重心也在往西部移動,這帶動中西部的城市,連同東北部的城市群一起相互配合。美國的一個個區域增長極以其極強的集聚和擴散效應影響著周圍地區的經濟,使資源在更廣的地域空間有效配置。在整個 20 世紀期間,美國的城鎮化進程是以郊區化發展為主。以郊區化為特徵的城鎮化進程在更廣大的地域範圍內製造了為數眾多的增長極,這也就進一步縮小了城鄉差別和區域之間經濟社會發展的差異。

(二) 日本區域開發模式的經驗及啟示

1. 區域開發以法律作為保障

日本在進行區域開發的過程中,不僅在不同的階段制定了各有側重的區域開發規劃,而且頒布了一系列法律法規和政策保障規劃目標的實現和區域規劃的連續性。自 1950 年出抬《日本國土綜合開發法》以來,有關區域發展的法規已經形成體系。按區域開發的內容劃分法規,具體分為環境保護、產業佈局、落後地區開發、城市規劃等方面的法規。

中國的區域開發,雖然各級政府也重視,但缺乏相應的法規來規範和強制執行,這使得中國在區域開發過程中,全國性、地方性的區域開發缺乏相關的法律依據。黨的十八屆四中全會報告指出,「堅持嚴格規範公正文明執法,依法懲處各類違法行為,加大關係群眾切身利益的重點領域執法力度,建立健全行政裁量權基準制度,全面落實行政執法責任制」。從操作層面來看,中國在區域開發過程中應加強法制建設,保護規劃的落實和連續性,保護區域開發經濟主體的利益,對區域開發過程中存在的違法違規行為施以嚴厲的懲戒機制,並督促各地方政府保質保量地執行。從組織架構管理來看,中國應構建多維度、多層級的協調機制,落實各部門的銜接制度,如籌建區域開發辦公室或協調小組、建立區域開發事宜協調機制等。從行業發展來看,中國應支持開發區域內各類行業協會共同制定區域行業發展規劃、行業發展願景、行業營運規則等,不斷探索區域內各類市場資源。

2. 注重區域開發規劃指導作用

日本非常重視區域開發規劃,有著健全的區域開發規劃體系。日本有全國性的區域開發規劃,而且各個地方的區域開發必須以全國性的區域開發規劃為指導,依據規劃來制定相應的開發政策,並為實現該開發而制定出一些具體開發項目規劃。日本同時規定地方性規劃應在地區內居民達成一致意見的基礎上,由地方議會做出決定,制定相關政策保證規劃的實施。

中國目前雖然有些地方也有區域規劃,但是這些規劃法律性不強,經常出現違反區域規劃的現象。因此中國應當借鑑日本的經驗,成立專門的區域規劃管理機構,設立專門的行政機構,負責開發規劃的制定,統一管理和調整各個省區綜合開發建設,並以法律的形式確定下來,不得違反。

3. 重視區域政策在國家宏觀調控中的作用

日本的區域開發採用了以「區域政策為主,產業政策相結合」的方式。而在中國的宏觀調控政策體系中,基本上是以產業政策為主,區域政策為輔。國家的投資、財政、金融等調控手段多數是以產業或具體的行業部門界定和實施的,而多數區域政策都比較寬泛,針對性不強。今後隨著中國市場經濟體制的進一步完善,許多產業和行業將逐步靠市場規律自行調節。建議中國借鑑日本經驗,在國家的宏觀調控政策體系中,進一步強化區域政策的作用,通過區域規劃和區域政策促使地區之間、城鄉之間、經濟社會之間逐步實現協調發展。

4. 加大對落後地區的財政轉移支付

日本對欠發達地區實施大規模的高投入政策。國家和地方以無償扶持為主,按事業計劃低息撥出專款和長期貸款,並鼓勵民眾參與。為了給欠發達地區籌措資金,國家設置專門的金融機構,為其開發或低息貸款作擔保。同時,還對特定地區進行了不同程度的稅收減免。

未來在促進欠發達地區的發展、縮小地區差距的過程中,中國可參照日本的做法,採取以下措施:①根據功能規劃或區域規劃,對不同的地區給予不同程度的國

家財政補助和稅收優惠；②對於地方債應做到專款專用，提高專用率；③允許以國家下撥普通稅款填補還本付息，補貼利率；④對地方因減免不動產取得稅、增值稅、固定資產稅而產生的地方財政減收的情況，國家財政給予補償；⑤實行「財政投融資」，增強中央的調控能力。以國家信用為基礎進行財政融資，通過金融手段進行籌資，並以有償的方式提供給政府投融資機構，使其合理利用。

5. 加快基礎設施建設

日本政府頒布的所有有關地域開發的法律法令中，幾乎都對基礎設施的建設做出了專門的規定，並明確規定對這方面的投資予以資金保障，並在稅收和貸款上給予優惠。基礎設施投資在日本的政府支出中佔有極高的比重。中國的一些落後地區，基礎設施非常薄弱，因此必須加快這些地區的基礎設施建設，才能為這些落後地區經濟的騰飛提供保障。中國應出抬相關法律保證一定的資金投入到落後地區的基礎設施建設上來。

6. 大力發展經濟集群化

產業集群作為區域創新網絡的特殊形式，對經濟的內生增長及競爭優勢的形成具有舉足輕重的作用。未來的競爭更多的是國家綜合國力的競爭。積極借鑑日本產業集群發展的經驗和教訓，推動中國產業集群的發展，形成集群經濟有助於提高中國的綜合競爭力。當前，由於中國產業集群發展尚不成熟，內外環境上存在很多制約因素，使得產業集群技術創新倍受不確定性、外部性、企業研發活力不足、與周圍環境互動性差等問題的困擾，導致集群內的企業無法在既有的上下游產業鏈上進行有效延伸或轉移，降低了價值鏈的創新效率。

因此，中國在促進產業集群發展的過程中，不僅要通過體制和機制的創新、管理體制的實施、多元化投入機制的落實、市場化機制的運作等舉措營造產業集群發展的良好環境，解決當前產業集群面對的主要問題，而且應通過提供多層級、全方位的政策引導和制度保障，改善和解決產業集群已有的缺陷，提高產業集群的科技創新水準。同時，在產業集群政策領域，中央和地方政府應進行明確分工，避免出現職能缺位、越位和錯位的現象。雖然中央政府具有全局觀點和較強的協調能力，但是缺少對本地集群和創新過程的接近；而地方政府的政策制定者更容易收集到當地集群的信息，但更易受各種利益的影響。因此，在集群政策領域內，不同級別的政府應該有所分工，注意平衡。

7. 大力發展都市圈經濟

日本區域經濟呈現集中化發展，日本經濟的發展很大程度上依託了城市圈經濟倍增的集聚與綜合功能，城市間分工、合作與交流也逐漸培育了日本城市化所需的產業集聚和經濟規模，在參與全球性競爭的同時逐步形成經濟的一體化。2002年日本的三大都市圈（首都圈、近畿圈和中部圈）人口為8,534.3萬人，占全國總人口的67%；面積127,844平方千米，占國土總面積的34.3%；產出的地區生產總會共達3,636,604億日元，占全國GDP的71.7%。都市圈經濟已覆蓋日本全國，成為主

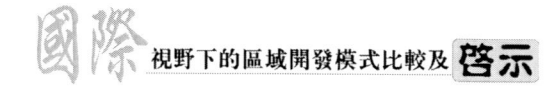

導日本經濟發展的重要增長極，其集聚和擴散效應明顯。

雖然日本的經濟發展取得了顯著的成效，也為中國的區域經濟發展提供了經驗，但是日本的集中化發展模式造成了人口、資金、技術等生產要素過度集中於三大都市圈，導致城市過密、環境污染、交通擁堵、區域差距過大等問題，日本為此付出了巨大的經濟代價至今無法從根本上解決這個問題。中國必須吸取日本的教訓，避免走日本的老路。中國應抓住城市發展機遇、優化城鎮的功能結構、積極培育高質量、高水準的城市群，促進區域協調發展。目前，中國東部沿海發達地區和中西部地區經濟差距呈現逐漸擴大的趨勢，因此，統籌東西區域經濟協調發展，成為中國目前區域經濟發展的重點①。

(三) 德國區域開發模式的經驗及啟示

1. 政府重視區域開發，並以法律作為保障

二戰後，德國實行的是社會市場經濟模式，該模式認為要充分發揮企業的作用，實行自由競爭；同時建立和完善社會保障體系。在這樣的體制下，德國重視國土的均衡發展。為了推動區域均衡發展，德國政府制定一系列區域政策支持落後地區發展。同時，德國的區域開發以法律為保障，德意志《聯邦共和國基本法》和許多相關法律都制定了促進區域均衡發展的法規。中國的區域開發，雖然各級政府也重視，但缺乏法規來規範和強制實行，使得中國全國性、區域性的區域開發缺乏法律依據，因此顯得隨意，不明確發展哪裡、發展什麼，這對落後地區的發展特別不利。因此，需要中國政府在推進落後西部地區的發展過程中，明確發展方向，始終將發展產業、解決就業、增加落後地區人民的收入作為基本方向。在發展內容上，應充分尊重市場發展規律，根據不同階段的內外部情況，不斷探索、調整目標和任務。同時，中國落後地區的發展工作要因時因地制宜，政策指向不能一成不變，要處於一種動態連續的發展過程，不斷根據市場需求和自身環境進行調整。例如在推進落後地區的搬遷改造過程中，加強對搬遷改造方案執行情況的評估檢查，及時掌握政策落實情況，監督政策有效落實。

2. 區域開發要根據區域規劃逐步推進

德國的各級區域開發，都有區域規劃先行開發提供指導和依據，同時規範區域開發，使區域開發佈局合理。德國的管理區規劃屬於州以下多個市鎮的聯合規劃，一旦通過各級議會審議，提議成為法律條文，不得違反。管理區雖然不是一級政府，但其規劃為各地方政府和有關專家共同完成，規劃一旦生效，也具有法律意義，各地不得違抗。為避免規劃脫離實際，德國有專門的區域規劃管理機構，規劃委員會由政府官員和著名專家組成。中國多數區域也有區域規劃，少數區域特別是基層的鄉鎮，缺乏區域規劃。但是由於中國的區域規劃法律性不強，因此，對區域開發的約束力不強，經常出現違反區域規劃發展的現象。這就需要我們積極借鑑德國區域

---

① 孫超英，等. 各國（地區）區域開發模式比較研究［M］. 成都：四川大學出版社，2010：22.

規劃的制定和管理方法，將區域規劃落到實處，並保證其連續性和合法性。如可以由上級政府成立管理區，並成立規劃委員會，規劃組成員應包括政府領導、相關部門領導和專家組成，在規劃出抬前，應向公眾公布規劃方案，搜集公眾的意見，並進行適當合理的修改。經公眾參與後的規劃，一旦確定並宣布規劃生效，各地應嚴格按照規劃執行。

3. 規範對落後地區的財政援助

德國為了發展落後地區，制定了大量的區域政策。德國的區域政策是以財政援助為中心，通過聯邦和州之間的財政轉移支付，使各州的人均收入大致相等，差距縮小。通過州內的垂直轉移支付，使州內各地區之間也能得到大致相等的人均財政收入。德國的財政援助，具有簡明、對落後地區支持明顯的特點。中國經濟還不發達，還不可能像德國一樣對落後地區實行大規模的財政援助計劃。但是，中國也應該借鑑德國的一些經驗。中國雖然實行了西部大開發，國家也給了西部大量的財政援助，但這些援助沒有像德國一樣實現經常化、規範化，並且這些財政轉移支付還有一定的條件，加大了受援地區獲得財政轉移支付的難度。中國對落後地區的財政轉移支付應如德國一樣，制定受援地區的條件，受援助的數額等，規範財政轉移支付，真正體現促進落後區發展的決心。

4. 國土的均衡發展與重點地區開發同時進行

為了使全體人民能享受平等的福利，德國提出了均衡發展戰略。但是德國的均衡發展不是一味追求全國市縣經濟規模的平均，追求全國的產業平衡。所謂均衡發展就是全國以州為單位的區域的人均地區生產總值相近，而並不是各區域的地區生產總值規模相近。所以，從地區生產總值在全國的分佈來看，實際分佈也是不均衡的，而是高度集中在某些發展軸線，使區域經濟形成「大平衡、小集中」的狀況。德國對落後地區的開發也不是均衡開發，而是重點發展中心城市和主要軸線。因此，中國開發也應該借鑑德國的經驗，遵循市場經濟規律，發揮市場的效率。在區域開發時，應優先開發基礎條件較好的地區。例如，在進行西部開發時，應選擇各省級行政區發展條件較好的經濟核心區優先開發，以核心經濟區的中心城市和重要軸線為重點，提高這些地區的集聚能力，通過核心經濟區的發展帶動地區各省級行政區的發展。目前西部應優先發展的經濟核心地區主要包括成渝經濟區、關中地區、滇中地區、黔中地區、廣西南北欽防地區、內蒙古呼包地區、寧夏平原、蘭州—西寧地區、天山北麓地區、西藏拉薩—日喀則地區等。

5. 地區產業重視專業化

德國高度重視地區專業化發展。在一個城市集中發展少數產業，並吸引眾多專業化企業及相關企業投資，不僅降低了專業化產業的投資門檻，而且形成規模效應、外部效應，對專業化產業的發展起到巨大的作用。在相對小的地域內形成高度相關的產業鏈，企業之間高度關聯，構成產業集群，也將極大推動企業和產業的創新，提高產業集群的生命力。中國許多地區發展缺乏支柱產業，各產業只有少數甚至只

有一個企業投資，難以形成產業集聚，共享產業集聚帶來的好處，使得產業競爭力弱，隨時有被市場淘汰的危險，因而區域的競爭力弱。同時，區域各產業弱，產業盈利不足導致產業創新投資不足，致使產業創新不足，最終造成產業競爭能力弱。為了保持區域經濟能夠更好發展，中國各區域總是考慮不斷調整產業結構，總是想發展高附加價值產業，使區域之間在高科技等產業領域形成低水準競爭，產業同構化明顯，造成了大量的資源浪費。因此，中國各地區應該發展具有區域特色的產業集群，通過集群發展，使地區實現差異化發展道路，減少區域之間的惡性同質化競爭，以加強區域的產業和地區競爭力。同時，以專業化產業為中心，延長產業鏈，發展一批配套產業，使地區在專業化發展的同時實現產業多樣化發展。

6. 開發落後地區重視新興產業的佈局

德國發展落後地區時高度重視新興產業的發展，通過新興產業的發展，使落後地區反而成為國家經濟發展的主流。中國應該學習德國在落後地區的產業發展的經驗，應該重視在重點開發地區佈局新興產業。根據中國的傳統發展模式和產業梯度轉移理論，中西部應該發展沿海地區轉移出的產業，東部地區應在現有產業的基礎上，著力發展高新技術產業，建設世界一流的科技創新中心。但是，西部本來就落後，如果僅以沿海地區轉移出的產業為主導產業，勢必趕不上東部沿海地區的發展。同時，由於沿海地區傳統產業在沿海已經形成了完善的產業集群，具有較強的鎖定效應和路徑依賴。如果將產業轉移到內地，雖然勞動成本下降，但是其他成本的增加甚至超過勞動成本，而且也面臨著一些產業轉移到西部地區，而另一些配套產業卻仍在東部地區的窘境。另外，沿海地區傳統產業多是出口沿海的主要產品，這些產業如果轉移到內地，由於內地尤其是西部地區出口區位欠佳，將削弱轉移產業的出口能力。所以，中國西部應該學習德國開發南方的經驗，在西部自身的區位優勢和地理環境條件下，適當地承接東部沿海地區轉移出的產業，著重發展具有西部特色的產業，兼顧高新技術產業和戰略新興性產業，逐步調整西部地區的產業結構，使其日趨合理，只有這樣才能真正起到開發西部、縮小東西部差距的目的。

（四）義大利區域開發的經驗及啟示

1. 義大利南部開發的理論啟示

（1）地區發展不平衡既是經濟、社會問題，也是政治問題。義大利實現民族統一，成為獨立國家，經歷了一個極不尋常的歷史歲月。但在實現國家統一的一百多年、已進入發達國家行列之後，卻因為南北方之間經濟、社會發展的巨大差距，使得南方的極端分子猖獗，甚至以南方落後為借口，要成立政黨，分裂國家。由此可見，地區發展極度不平衡，不僅會影響整個國家國民經濟的發展步伐，還可能引發深層次的社會和政治問題，甚至會影響國家的統一與和平穩定。因此，中國自西部大開發開始，在十幾年時間內逐步推行西部大開發、東北老工業基地振興和實施中部崛起，一方面基於國家協調發展的需要，另一方面也是體現對諸如義大利這種由於經濟發展差距而引起社會甚至政治問題的深刻認識和把握。

14

（2）在經濟發展水準不同的區域中，運用增長極戰略的效果會有所差異。任何一種理論都有其存在的必要的前提條件，佩魯本人指出「增長極」的形成有三個條件：其一，必須有創新能力的企業和企業家群體；其二，必須有規模經濟效益；其三，與之相適應的客觀環境。在相對發達的地區，產業結構、市場體系和城市體系較為成熟，方便快捷的交通網絡不僅增強了產業之間的關聯效應，而且提高了各中心間的空間作用力。這時候引入一個新的增長極，可能會產生更大的區域乘數效應，進而推動區域經濟的發展。然而，相對落後的地區最大的缺點就是產業之間的聯動效應較弱且基礎設施落後。因此，在培育增長極的時候，也要注重在區內創立相互聯繫的經濟與空間網絡。在義大利南部地區，由於政府區域政策培育的增長極未與當地的產業結構產生聯繫，現代化工業與當地傳統工業間形成了二元經濟形態。二元結構中產業之間的隔離作用，使得企業之間的連鎖作用、擴散作用未能充分發揮。

（3）只有適宜的環境與增長極密切配合，增長極才有可能成為帶動區域經濟發展的「增長點」。增長極產生效果的基礎條件是完善的交通網絡以及聯繫密切的產業等。如果增長極周圍的條件較為滯後或存在產業體系不健全等問題，那麼增長極產生的乘數效應就很難在該區域內實現，甚至可能使該增長極成為「飛地」或「孤島」。義大利的南部地區在開發的過程中，雖然曾從法律上規定將中央政府投資總額的40%投向南部，且從南部購買的產品和勞務應不少於中央政府採購總額的30%，同時，規定國家參股的企業必須將其工業投資總額的40%和新建工業企業投資的60%投向南方，這一系列的措施使得南部迅速建立了許多大型工廠，卻導致南部地區原有的中小企業被忽視，最終使得本地企業因為缺乏勞力、資金和原料而難以發展，外來企業也由於缺乏配套產業的支持變成了「沙漠中的教堂」。

2. 義大利南部開發對中國西部開發的啟示

（1）開發相對落後的西部地區，首先要制定長遠的發展戰略，然後分階段落實、實施方案。中國西部地區的發展，從根本上來說是穩定、繁榮與發展的問題。促進落後地區的發展是個複雜的綜合性工程，它不僅涉及經濟方面，而且還涉及社會環境的改善、人口素質的提高、傳統觀念的改變。西部開發將是一個長期的戰略任務。為此，制定長遠開發戰略與發展規劃就成為開發西部地區的必要條件。西部開發要根據國家經濟發展的整體需要和西部自身的客觀情況，因地、因時制定每一階段的開發目標和發展規劃，適時轉換和推進，確保開發的成效。而且，在制定每一期開發規劃和目標時，注意中央與地方之間的協調和分工，避免實施過程中的衝突和扯皮，切忌急功近利，造成規劃和目標空置，應增強規劃和目標的透明度、權威性、協調性和可操作性，提高其實施的效率和質量，保障開發有序推進。

（2）強化政府對西部開發的干預職能。從義大利政府實施對南部開發的效果來看，如果沒有國家層面的特別干預，義大利南方很難達到今天這樣的水準。中國西部地區市場經濟基礎相對薄弱，原有體制下所形成的市場分割、區域壁壘、條塊阻礙還未徹底打破，地方政府各自為政，追求本位利益最大化的現象仍然存在，而且

市場對資源配置的作用較弱。為此，發揮政府引導、干預西部經濟發展的職能就顯得尤為重要。具體說來，就是政府通過財稅、金融和行政指令等手段對經濟組織施加強有力的影響。強化政府經濟引導、干預職能，旨在啟動西部自我造血機能，以誘導市場機制的生長發育。

（3）工業化是改變西部地區落後狀況的關鍵。從義大利南部開發的經驗來看，工業化是改變區域經濟發展狀況的關鍵。1959年以後，義大利政府將投資重心轉移到工業化建設上，選擇並指定了極有發展潛力的「工業發展區」和「工業發展點」。對到區內進行投資建廠的企業，義大利政府給予財政、金融上的一系列優惠措施，極大地推動了南部落後地區工業化的進程。中國在西部開發過程中也可以這樣做。但在制定具體的西部工業化發展戰略的時候，要根據中國西部的實際情況，選擇適合的工業化發展模式。西部的發展首先應該也只能集中在自然資源密集型和勞動密集型產業上，這既是西部的基礎條件決定的，也是為解決西部的就業問題而不得不進行的選擇。同時，西部的工業發展不能盲目求大，要積極鼓勵和支持西部中小企業的成長和發展，要有意地鼓勵分散的工業化模式。

（4）市場機制與政府職能相結合。在中國西部大開發進程中，中國政府的職能應轉化為企業現實的生產力，即在遵循市場發展規律及市場機制的條件下，政府通過搭建平臺、提供優質服務、完善基礎設施、健全法律法規等，促進企業的發展，提高企業的經濟活力。此外，在資金的管理和運用上，中國政府部門也可學習義大利的做法，通過引入市場機制的方式，提高資金利用率。中華人民共和國成立以來，中國先後三次實施大規模的西部開發。這些開發雖然奠定了西部地區工業化的基礎，但是效果並不理想。一個重要的原因就是這些企業中的很大一部分在一開始就與西部地區處於半隔離甚至隔離狀態，它們自身就是一個個封閉的系統，產業關聯度低，與當地經濟沒有太多的物資、信息和人員的往來，不能夠帶動當地經濟的發展，被費孝通先生稱為「飛地經濟」。中國欠發達地區開發必須接受前幾次的教訓，要引入市場機制，變政府行為為企業行為。

（5）重視和引導中小企業的發展。1975年以前，義大利政府因為過於強調發展大型企業，導致其工業化進程未取得預期效果。1975年後，義大利政府調整了南部開發計劃，開始重點發展中小型企業，經濟效果顯著。中國西部地區交通設施相對落後、對外開放水準不高，技術創新能力相對不足，但資源豐富、勞動力成本低，更適合發展中小型企業以改善西部地區的收入水準、消費結構等方面。隨著中小企業的大力發展，經濟實力和配套建設的逐步改善，然後選擇發達中心城市，圍繞當地支柱行業，通過中小企業的聯合兼併，慢慢做大，發展成具有真正長久競爭力的大型企業。[1]

---

[1] 孫超英，等. 各國（地區）區域開發模式比較研究［M］. 成都：四川大學出版社，2010：29-30.

3. 義大利南部開發對中國區域協調發展的啟示

（1）必須採用法律、經濟、行政等多種區域協調手段。首先是構建區域開發的法律基礎：在《中華人民共和國憲法》（以下簡稱《憲法》）中加入促進區域經濟社會協調發展、調控區域差距的條款；制定相關法律以明確中央政府和地方政府的經濟關係、行政關係，避免各級政府間出現關係紊亂的現象；制定有關區域開發方面的法律法規；整合現有的區域發展管理機構，設置專門的跨區域協調機構和機制。

除了健全的法律基礎外，區域協調發展還需要配套的經濟、行政手段。從經濟協調手段方面來說，可設立一些專項基金，進行專款專用，以提高資金利用率。另外，可通過採取優惠的政策，以政府作為中間人牽線搭橋，吸引民間資本進入西部地區的開發過程，為西部地區的開發提供源源不斷的資金支持。同時，從行政手段方面來說，政府應健全西部地區的制度保障，規範項目報批流程和決策程序，避免西部地區的開發出現重大項目的隨意審批、尋租分割等違法違規現象。

（2）必須探索新的區域劃分框架和多元化的區域協調發展模式。中國「十一五」規劃將國土空間分為「優化開發區」「重點開發區」「限制開發區」和「禁止開發區」四大類型。這種根據空間的主體功能進行的區域分類是一大進步，但比照發達國家的區域分類框架，還應由國家統一對這四類功能區的二級乃至三級區域做更精細的劃分。同時，要針對不同功能區域的實際情況，實行分類指導的區域發展模式。特別重要的是，今後中國要把流域治理模式當作區域協調發展的一種重要模式。

（3）解決地區發展不平衡問題，政府要知難而進，要有打持久戰的準備。從義大利南方開發的經驗教訓來看，對落後地區進行開發是一項複雜的、綜合性系統工程，它不僅涉及經濟方面，而且還涉及勞動力素質提高、環境保護、文化傳承等方方面面。在推進的過程中，落後地區會埋怨政府對其不重視，干預不得力；發達地區會指責政府拿走得多，給予得少。各界往往對政府的有關舉措評頭論足，而給予肯定的則不多。因此，政府必須在各種意見面前保持清醒的頭腦，避免急功近利的做法，應長期堅持不懈地推動工作。

（4）工業化、城鎮化是改變落後地區面貌的必要途徑。在工業相對薄弱，但交通條件較好的、富有發展潛力的地方建立增長極，不僅培育成本低，而且可以帶動周圍地區經濟的發展。「增長中心」應設在中等城市。因為與小城市相比，中等城市有一定的經濟基礎，建設成本和風險相對較低；與大城市相比，中等城市發展空間大，建設「增長中心」不會出現過度集中的弊端；中等城市本身發展潛力較大。中國應集中力量支持和刺激「增長中心」的發展，使其盡快在工業發展、技術革新、教育培訓、信息服務等方面成為周圍地區的「帶頭人」。義大利的經驗和教訓提醒我們，發展工業特別是大型重工業不是欠發達地區發展經濟的唯一途徑，發展第三產業特別是先進的第三產業也是重要的經濟增長點。落後地區的發展不應該是發達地區發展過程的簡單複製，應立足於當地優勢，突出特色，因地制宜，根據自

身的資源和經濟條件，走適合自己的發展道路。在中小企業比較活躍的地區，政府相關部門應把支持政策重點放在促進中小企業專業化生產和社會化服務系統的建設上。

（5）提高創新水準和創新能力，發展區域特色產業。落後地區雖然資源相對豐富、環境承載力較高，但是實踐經驗證明，先污染後治理的成本太大，且副作用較大。因此落後地區的發展應在環境可承載的範圍內，強化創新能力，提高創新水準，發揮後發優勢，根據自身的區域特色、資源稟賦和環境條件發展特色產業，如在農業發展方面，因落後地區環境條件較好、污染較少，可發展綠色農業。

（6）營造一個適合經濟發展的安全環境至關重要。義大利的經驗告訴我們，只有維護社會穩定、消除腐敗、提高政府干預的效率，才能發展經濟，構建和諧社會。促進落後地區的發展，既要改善落後地區的「硬環境」，也要發展落後地區的「軟環境」。

（五）加拿大區域開發的經驗和啟示

1. 必須構建區域開發的總體框架和制度基礎

在加拿大開發西部的整個過程中，首先由國家制定西部開發的總框架和總路線，以保障加拿大的西部開發有目標、有方向，不會造成資源的浪費。因此，中國在區域開發時也應該借鑑這樣經驗，先制定框架和制度。在開發西部的過程中，加拿大做到了每一個至關重要的步驟都伴隨著一部法令的出拾。讓經濟發展在法律的框架下運作的好處是可以規避許多的人為干擾。因此，中國在實施區域協調發展的過程中，也需要借鑑這一成功的經驗，適當「移植」有著良好成效的法律、法規，制定符合中國實際的政策措施等，如制定一部區域開發基本法或綜合法、產權法律等。

2. 以發展交通運輸為先導，注重開闢鐵路、公路和航線

為了加快西部地區交通運輸業的發展，加拿大採取了一系列有效措施：第一，財政補貼政策。凡投資於交通運輸業者予以適度的財政補貼。第二，土地獎勵措施。對於修建公路、鐵路的人，加拿大政府將給予一定數量的土地獎勵，被獎勵的人擁有土地使用權，可自由處理土地。這些措施大大促進了鐵路建設的進程。加拿大的歷史經驗表明：第一，交通運輸功能的提高有利於擴大落後地區的開放度，增強落後地區區域經濟的聚集和輻射作用；第二，改善交通運輸，不僅降低了運輸費用，而且提高了區域內外的可達性，增強了區域間的聯繫，有助於降低區域內產品的生產成本和運輸成本，培養區域的核心競爭力；第三，交通運輸條件的改善可以提高落後地區經濟的區位優勢，增加對投資者的吸引力，帶動本區域對優勢資源的開發，形成新的產業，促使區域經濟系統向更高的階段發展。

3. 推動地區開發必須實現從資金補助到智力支持的轉變

1950年，加拿大的開發理論重心是資本（物質資本）的累積是開發的因和果。可是歷史證明物質資本並未帶來持續性的經濟增長，而且物質資本會「過時」，有被新一代的機器、技術取代的可能，因此物質資本是按時間貶值的。20世紀80年

代,加拿大開始注意到地區延續的不均和開發的瓶頸,尤其是物質資本回報率下降的現象更顯示了開發瓶頸不再是物質資本的不足。因此推動地區發展再不能單靠投資（儲蓄的轉讓），取而代之的是人類資本的概念,如果人類資本追不上物質資本,物質資本的回報率也隨之下降。因此,加拿大在對西部開發的進程中非常重視發展教育和科技,並採取了一些有力措施,如制定相關政策、開發高新技術區、鼓勵地方創新和科技成果轉化等。21世紀以來,加拿大對產業發展的支持也都轉變為智力支持,如加拿大政府對企業扶持的重點從資金補助轉向智力支持,主要是幫助企業吸引和留住人才。

4. 充分發揮金融機構的重要作用

加拿大金融業在西部開發中採用了特殊政策,形成政府開發協調機構與商業銀行、信用合作社、社區組織合作,多方面參與資金的運作和策略模式。例如:政府將開發基金無償給予商業銀行,要求其向新產業和新技術企業提供政府給其資金8倍以上的貸款；對小企業的小額技術改造貸款,通過信用合作社為其提供,貸款額度在政府給其壞帳準備金的5倍以上。加拿大政府除了通過金融機構積極幫助中小企業獲得優惠借款和融資資助外,還協助還款擔保、借款保險、信用擔保等一系列金融服務。加拿大政府尤其重點扶持生物科技、醫療保健、信息技術、環保新能源、新材料和高段製造、農副產品深加工、旅遊等產業。正是因為金融體制的監管嚴格,以及政府不斷出抬各種措施應對危機,才緩解了金融危機對加拿大經濟的衝擊,保障了金融市場的穩定。從西部延伸至全國,加拿大穩健的金融政策使之成為目前為止在西方七國集團中受金融危機影響最小的國家。

5. 市場調節與行政干預相結合,保障開發的市場化和科學化

加拿大在西部開發進程中,充分尊重以市場的價值規律為準則的市場規律。加拿大的西部開發是一個自由、開放、投資多元化的過程,實行的是中央聯邦政府與地區（省）政府分權的權力體制,聯邦政府主要負責外交、國防,而省政府負責經濟、教育等事務。因此,西部開發的許多事務都是由省或其以下的政府承擔的。同時,政府的行政干預也發揮了重要作用,加拿大的西部開發跨越了近百年時間,經歷了明顯的、合理的產業升級的過程。在此期間,加拿大政府除了用憲法和法律保障西部開發的市場環境,還通過制定、頒布了許多相關政策,保證了西部開發有條不紊地進行。沒有市場調節與政府的行政干預的有機結合,加拿大的西部開發就很難取得如此巨大的成就。

6. 決策和管理方式從政府獨立實施轉向多方參與轉變

經過探索,加拿大在西部開發中逐步形成了政府開發協調機構與商業銀行、信用合作社、社區組織合作,多方參與決策的資金運作模式。加拿大政府將開發基金無償給予商業銀行,作為銀行的壞帳準備金,節餘部分作為銀行的利潤,發生壞帳超出部分由銀行承擔,條件是銀行向新興產業和新技術開發企業提供政府給其資金八倍以上的貸款；支持的對象由聯邦政府開發管理機構、當地政府、社區組織、銀

行共同確定。對小企業的小額技術改造貸款，則通過信用合作社提供，貸款額度在政府給其壞帳準備金的 5 倍以上。而以社區組織為紐帶選舉產生的「社區未來計劃理事會」則組織社會力量為企業提供管理能力培訓等專業服務，政府為其提供部分經費。與政府相比，「社區未來計劃理事會」更準確地瞭解企業的需求，提高了服務的針對性和有效性。

7. 注重落後地區居民收入的增加，逐步縮小區域間收入差距

任何一個國家進行區域開發的目的可能都包括促進本國經濟社會持續發展、維護社會穩定、促進落後地區居民生活質量的改善。加拿大在實施西部開發過程中，除大力促進西部地區經濟發展外，還著力解決區域收入差距的問題。解決收入差距方法有很多，也是政府部門比較容易做到的，如加大轉移支付力度、實施扶貧策略等。其中，較為突出的是稅收優惠政策，如阿爾伯塔是加拿大唯一一個免徵省銷售稅（PST）的省份；不對省內企業和個人徵收在美國和加拿大其他省份普遍施行的一般資本稅（GPT）；居民個人納稅負擔是全加拿大最低的稅（PT）。各項優惠政策促進收入差距縮小，極大地增加了對外來移民的吸引力，為西部地區的可持續發展提供了人力支撐。

# 第二章 區域開發理論及區域模式比較分析方法概述

　　區域開發是指一國或地區的政府為了實現一定的社會經濟發展目標而組織的對特定區域自然、經濟和社會資源進行綜合利用的經濟社會活動。區域開發模式是指在特定的地域和特定的歷史條件下，根據區域內外的基本條件，確定一個共同經濟發展戰略以及為實現這一戰略目標而採取的方法、路徑和機制的抽象概括。區域開發模式依賴於一定的區域開發理論。區域開發理論處於一個動態的發展過程，在不同的發展時期，區域開發理論有不同的研究方向和方式。按發展時期，區域開發理論可劃分為四個發展階段：早期階段、中期階段、近期階段、最新動態。瞭解區域開發理論的演進過程，不僅有助於我們瞭解區域開發的前提，而且有助於我們制定科學合理的區域開發規劃。

## 第一節　區域開發理論

### 一、早期區域開發理論：區位論

（一）農業區位理論

　　早期區域開發理論可以追溯到杜能的農業區位論。1826 年，德國經濟學家杜能在《孤立國同農業和國民經濟的關係》（以下簡稱《孤立國》）一書中，圍繞「穀物價格、土地肥力和稅收對農業的影響」展開研究。他從理論上闡述了空間距離對農業的影響，創立了農業區位理論。這被人們廣泛地認為是有關區位理論研究的開山之作。

　　杜能在《孤立國》一書中，將農村社會假設為孤立國，認為孤立國唯一的城市位於地域中央，有且僅有這一個農業消費和工業品供應。孤立國與世隔絕，四周是未經開墾的荒野，其內部各種土地的肥力和氣候條件均等，農業生產者的經營能力和技術條件完全一致，而且市場價格、工資、利息等也均等。孤立國內僅有的交通工具是馬車，而且運輸費用與運輸距離成正比。杜能的研究假設為：①在整個孤立國中只有一個中心城市，坐落在沃野平原的中央，離城市最遠的四周，是未經開墾

的荒野，那裡與外界完全隔絕；②那裡沒有可以通航的自然水流和人工運河，城市與農村間靠馬車聯繫；③孤立國這一平原的土地肥力完全均等，各處都適宜於耕作；④全國所有人工製成品皆由城市供應，城市所需的所有農產品皆由周圍農村供應；⑤農產品的運費與重量乘距離之積成正比。根據這一假設，農產品消費地距產地越遠，運費就越高。杜能認為，農產品的運輸問題將會影響城市周圍的農業生產佈局，從而形成以城市為中心向外呈同心圓狀擴展的農業分佈地帶，這些地帶有明顯的層次性（如圖2-1所示）。也就是說，離城市近的地方應該種植運輸成本高的東西，或是容易腐爛而必須新鮮消費的產品；離城市遠的地方應該種植相對於其價值來說運費較低的東西。①

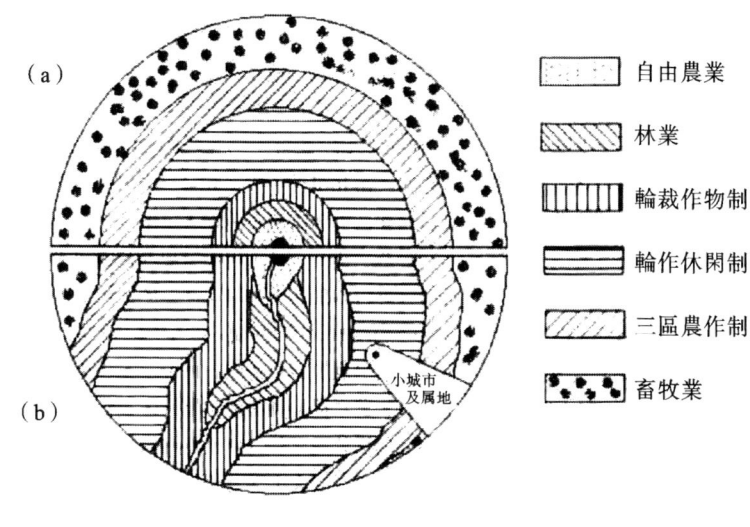

圖2-1 孤立國模型

　　同時，杜能認為，單位農產品的利潤 $R$ 是由單位農業生產成本 $C$、單位農產品價格 $P$ 與把單位農產品從產地運到市場的運費 $T$ 三個因素決定。用公式表示即為 $R=P-(C+T)$。由於孤立國只有一個市場（城市），各種農產品的市場價格應該是固定的，且各地發展基礎一樣，同種農產品的成本也應是一樣的，因此 $P$ 和 $C$ 是一個常數，所以上述公式可寫成 $R+T=P-C=K$（$K$ 為常數）。這就是說利潤加運費是常數，因此只有把運費支出壓縮到最小，才能使利潤最大。因此，杜能的農業區位論所要解決的問題可總結為：如何通過農業的合理佈局來節約運費，使利潤達到最大。運費 $T$ 是決定利潤的唯一變量，如果運費大於或等於市場價格與成本之差，利潤就會降低為零。由此可見，當以城市為中心市場進行農作物佈局時，任何農作物的佈局都被限制在一個最大種植極限為半徑的圓內（劉繼生等，1994），如圖2-2所示。

---

① 嚴士清. 案例教學法在人文地理理論教學中的應用研究——以杜能農業區位論中的案例教學為例 [J]. 內蒙古師範大學學報（教育科學版），2015（9）：114-117.

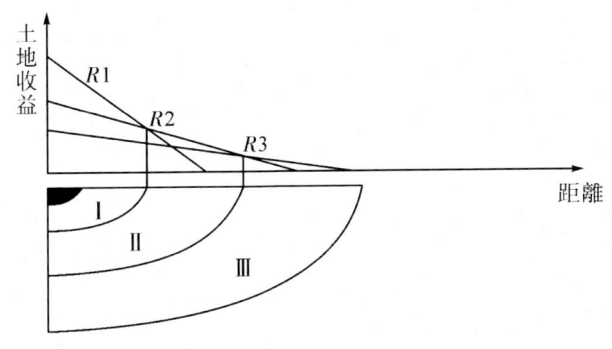

圖 2-2　圈層農業地帶形成機制

杜能認為，城市是區域經濟發展的主導力量，且符合地理衰減理論。區域經濟的發展應以城市為中心，以圈層狀的空間分佈為特點逐步向外發展，即把城市圈層分為內圈層、中間圈層、外圈層。內圈層是核心城區，人口、交通和建築密度都很高，地價也相對較貴，且以服務業為主的第三產業為主；中間圈層即中心城區向鄉村的過渡地帶，居民點密度低，建築密度小，以第二產業為主，並積極發展城郊農業；外圈層是城市的輻射腹地，既是城市的動力、資源、要素的供應基地，也是中心城區人的假日休閒之地，第一產業是支撐產業，以農業生產為主。

(二) 工業區位理論

隨著德國產業的迅速發展，產業和人口開始向大城市遷移。「什麼原因使某個工業從一個區位移至另一區位呢？決定遷移的一般經濟規律是什麼？」韋伯在《工業區位論：區位的純理論》一書中對此問題進行了分析並做出瞭解釋，建立了工業區位論的基礎。韋伯吸收和沿襲了古典經濟學的思想，運用微觀分析方法，在工業區位論中引用了「區位因素」，並把「區位因素」解釋為區域中能對工業產生積極作用和吸引作用的經濟優勢，將區位因子區分為一般因子和特殊因子，用於考慮運輸、勞動力、聚集因素，尋求產業佈局的最佳區位，探討工業區位移動的規律。

韋伯工業區位論的構建分三個階段：第一階段，運費指向論。不考慮運費以外的一般區位因子，僅由運費指向形成地理空間中的基本工業區位格局。尋求運費最低點就是使工業生產成本最低，而產生運費差異的主要原因是運輸距離和區域性原材料。遍在原料是指任何地方都存在的原料，如普通砂石、水等。局地原料是只有在特定場所才存在的原料，如鐵礦石、煤炭、石油等。通過原材料指數($M_i$)[①] 可以判斷產業應如何佈局。當 $M_i>1$ 時，產業選址應設在原材料富集區；當 $M_i<1$ 時，產業選址應設在消費區域。

第二階段，勞動費用指向論。考察勞動費用對由運費所決定的基本工業區位格局的影響。工業區位選擇勞動費用指向的區位僅限於廉價的勞動力節約的費用大於運費增加的費用。韋伯用臨界等費用線，即從運費最小點移動而產生的運費增加額

---

① 原材料指數（$M_i$）= 局地原材料重量/產品重量。

與低廉勞動供給地的勞動費節約額相等的點連接而成的線,來尋求產業在何區域上集聚成本最低(如圖2-3所示)。其中,$M_i$代表原材料指數,$C$代表勞動力費用。

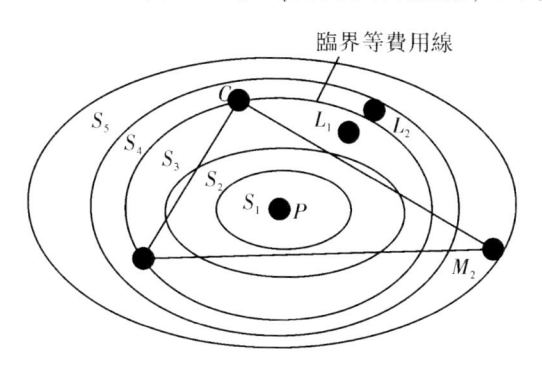

圖2-3 臨界等費用線

第三階段,集聚指向論。考察集聚與分散因子對由運費指向與勞動費指向所決定的工業區位格局的影響,即集聚地租的優勢使原先以運輸和勞動力定向的產業發生偏移。集聚指向圖解可用圖2-4表示。

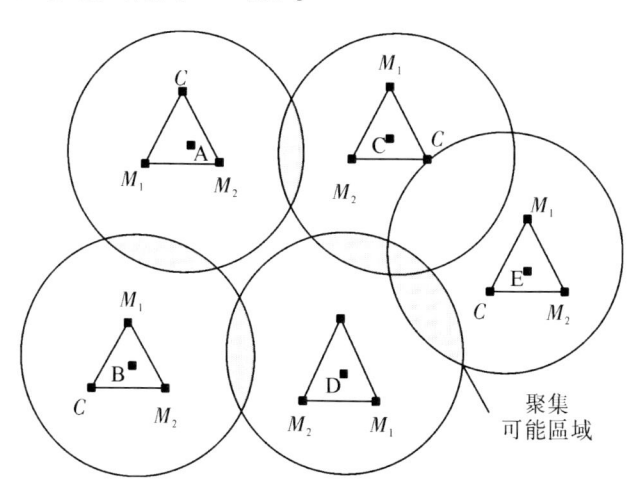

圖2-4 集聚指向圖解

韋伯工業區位論的核心思想是區位因子決定生產場所,即企業在勞動費用、運費、集聚效應的共同作用下聚集到成本最小的地方。在工業區位的研究中,韋伯運用推演和抽象的方法建立了完善的體系,為之後研究工業區位夯實了理論基礎。韋伯的工業區位論是經濟區位佈局的一般理論,不僅適用於工業佈局,也同樣適用於其他產業的佈局。但該理論也有不可忽視的局限性:首先,韋伯的假設是從完全競爭市場出發的,然而現實生活中完全競爭市場幾乎不存在;其次,在方法上,韋伯採用了局部均衡分析法,僅從個別工廠的角度考察運費、勞動力等因素,對宏觀的一般均衡涉及較少。

### (三) 中心地理論

克里斯塔勒（Walter Christaller, 1893—1969）於 1933 年出版了他的著作《德國南部中心地原理——關於具有城市職能聚落的分佈與發展規律的經濟學研究》（中譯本《德國南部中心地理》）。克里斯塔勒圍繞「是否存在著決定城鎮數目、分佈和規模的規律」這一問題展開了論述，得出了在空間上相關的城市和鄉鎮等中心地帶呈現迥異的層級分佈結論，為城市和區域規劃提供了重要的理論，建立了中心地理論體系。克里斯塔勒也因此被尊稱為「理論地理學之父」。

克里斯塔勒認為，在市場基礎上形成的中心地的空間均衡是中心地理論的基礎。他提出假設中心地的層級系統是同質的，空間結構是由導致空間差異化的經濟因素決定的。相關假設如下：①中心地分佈在自然條件、人口密度相同的均質區域，且居民的收入、消費方式相同；②中心地為周圍鄉村提供的商品（包括服務），並以最少的中心地佈局滿足空間上所有居民的消費需求；③城市規模相同，交通工具及便利程度統一，運費和距離成正比；④居民按出行成本最低原則到距離自己最近的中心地消費；⑤同種商品在中心地的價格和質量都相同，銷售價格加運費是商品的實際價格。在此假設下，克里斯塔勒通過模型分析，指出在多個中心地存在的情況下，圓形市場不再是最合理的市場區圖形，最有效的市場區圖形應為正六邊形（如圖 2-5 c 所示）。

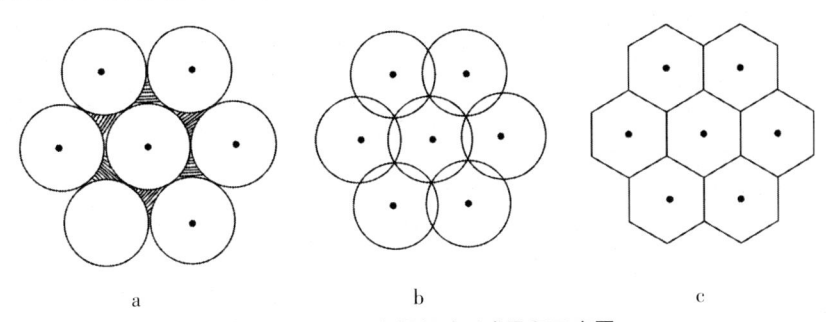

**圖 2-5　六邊形市場領地形成過程示意圖**

在現實生活中，由於中心地的規模、範圍和等級不同，服務功能和服務半徑也各有不同，規模不同的中心地市場交互影響程度也不同，因此常形成多極中心。比如，一個由較高檔次商品確定的較高級別的中心地（假設為 B 級）也同時經營較該商品檔次低的其他所有商品。假設較高檔次商品的服務半徑是 20 千米，那麼較低檔次商品的服務半徑必然小於 20 千米，假設為 15 千米。因為 B 級中心地間的位置關係是由商品服務半徑為 20 千米確定的，在 B 級中心地內的服務半徑為 15 千米的商品或服務不能完全覆蓋該區域，因此在空間上留下了空白區域（如圖 2-6 中的陰影部分），而在這些空白區域就會有低級中心地（K 級）出現，以此類推，更低級的中心地也將出現。[①]

---

[①] 王士君，馮章獻，劉大平，張紫雯. 中心地理論創新與發展的基本視角和框架 [J]. 地理科學進展，2012，31（10）：1256-1263.

● B級中心　　○K級中心　　◆A級中心

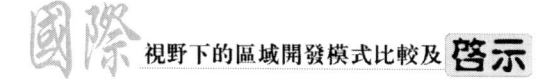

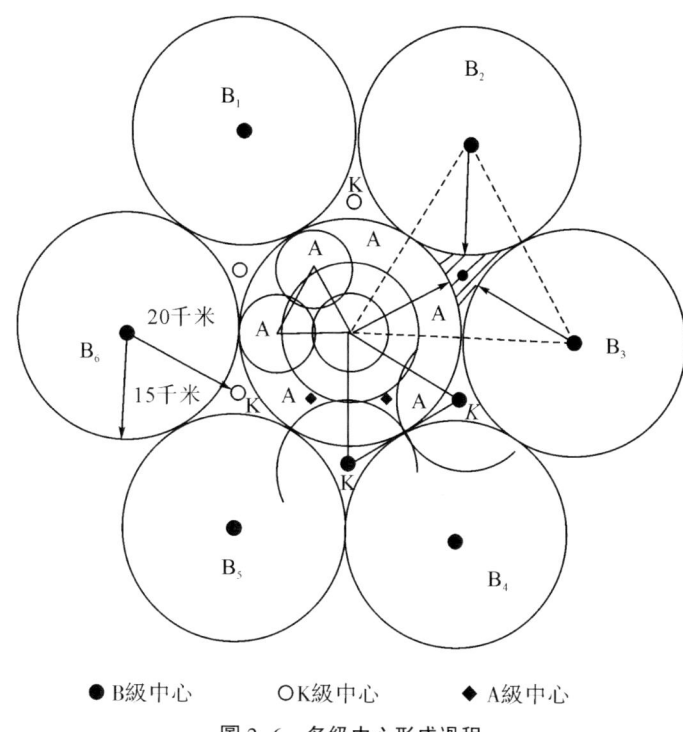

圖 2-6　多級中心形成過程

在市場原則下，中心地系統（如圖 2-7 所示）中的不同級別的中心地從最高級到低級依次的數量關係為：1，2，6，18，54，⋯由於各級中心地數目的增長序列是 3 的倍數，將其稱為 $k=3$ 的中心地網絡。這裡的 $k$ 相當於中心地等級加一級時中心地數量增加的比例。

◉ G級中心
⦿ B級中心
⊙ K級中心
○ A級中心
· M級中心
── G級中心地區域邊界
　　B級中心地區域邊界
── K級中心地區域邊界
　　A級中心地區域邊界
---- M級中心地區域邊界

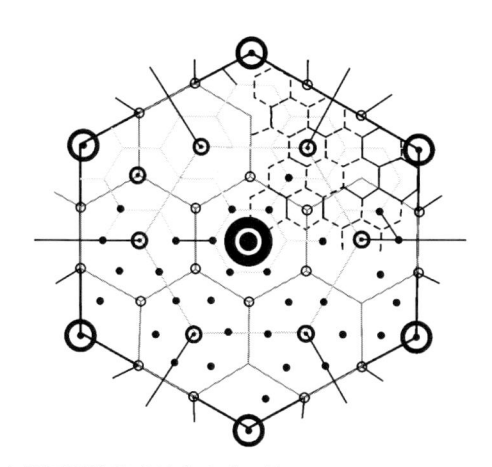

圖 2-7　以市場原則為基礎的中心地系統

表 2-1　　　　　　　　　克里斯塔勒中心地級別劃分

| 級別簡稱 | 名稱含義 |
| --- | --- |
| M | 基本市場區位，最低一級的中心地 |
| A | 設有鎮級官方機構的城鎮 |
| K | 縣級鎮 |
| B | 地區主要中心 |
| G | 地區高級中心，地位超過 B 級中心 |
| P | 省首府 |
| L | 跨區域首要城市中心 |

　　克里斯塔勒所闡述的影響商業中心空間佈局的理論對研究經濟問題也有一定的參考價值。他的理論後來成為商業地理學和城市地理學的理論基礎。克里斯塔勒中心地理論認為，一個區域合理的城市規模等級體系應按由大到小的順序，各級城市數應依次遞增。根據此觀點，很多地區的城市規模等級體系不合理，這為各區域完善城市規模等級體系指明了方向。

　　(四) 市場區位理論

　　1940 年，德國經濟學家廖什出版了《經濟的空間秩序——經濟財貨與地理間的關係》，並把市場需求作為空間變量來分析市場和工業企業利潤最大的區位，構建了市場區位理論。市場區位理論將空間均衡的思想引入區位分析，研究了市場規模和市場需求結構對區位選擇和產業配置的影響。廖什把影響工業區位的決定因素看成是與工業產品銷售範圍聯繫在一起的利潤原則，而不是以最低成本作為決定工業區位的決定因素。簡而言之，最佳區位不是費用最小點，也不是收入最大點，而是收入和費用之差的最大點，即利潤最大化點。

　　廖什構建了一個城市體系，即從級別低的中心城市到大都市中心，並提出假設：①在均質的平原上，沿任何方向運輸條件都相同，且進行生產的必要原料充足，且均等分佈；②平原中均質分佈著能自給自足且消費行為相同的農業人口；③平原中的居民有相同水準的勞動素質和生產機會；④除經濟方面的作用外，其他因素都可不考慮。通過對高級中心地的研究，他發現把經濟部門分為貧窮的部門和富足的部門之後，除了大都市，其他地方的任一部門都不能提供所需的產品和服務。同時，廖什假設消費者不是均勻地分佈在平原腹地內，使得中心地理論具有一般意義。此外，廖什還提出了形成於生產者周圍的經濟區概念，在運輸成本和市場需求共同影響下決定經濟區的規模。在資源、自然條件和運輸成本均質的平原上，這些經濟規模區應呈現六邊形。然而，在實際生活中，因資源稟賦、市場、勞動力以及交通網絡的影響，經濟區很少呈現六邊形。

## 二、中期區域開發理論：均衡與非均衡發展理論

（一）新古典區域經濟增長理論

經濟學界認為進入中期區域開發理論的轉折點是美國經濟學家羅伯特·默頓·索洛於1956年提出的新古典區域經濟增長理論。該理論假設條件為：①經濟主體追求利益最大化；②經濟主體能夠獲得有關價格的完全信息；③在所有市場上都處於完全競爭狀態；④價格靈活富有彈性，生產要素自由流動；⑤區域之間運輸費用為零；⑥所有區域都存在同一的固定比例規模收益的生產函數。在此基礎上，該理論認為，稀缺性導致價格變化，經濟主體對價格變化做出反應使稀缺性被消除，在那些生產要素相對稀缺的區域要素價格必然較高。在生產要素流動的條件下，這些生產要素會從那些資本或勞動力充足的區域流入要素稀缺的區域，這一過程使區域之間達到均衡。若在某一地區因外因造成紡織廠關閉，引起大量勞動力失業，其恢復均衡狀態的模式如圖2-8。

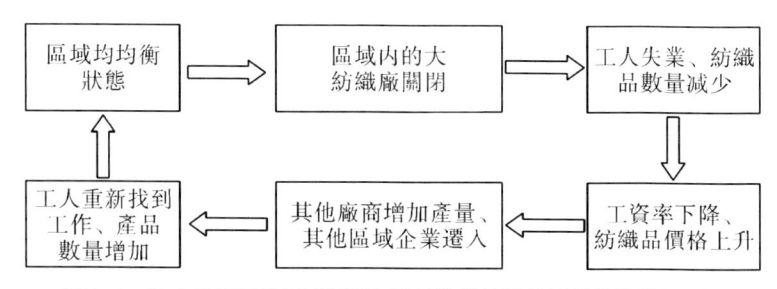

```
區域均均衡      區域內的大          工人失業、紡織
狀態      →    紡織廠關閉    →    品數量減少
  ↑                                    ↓
工人重新找到      其他廠商增加產量、      工資率下降、
工作、產品   ←   其他區域企業遷入   ←   紡織品價格上升
數量增加
```

圖2-8　外力作用下的區域經濟自動地趨於帕累托最優狀態的過程圖

按照新古典區域經濟增長理論，區域經濟政策的任務是使經濟活動符合新古典的那些假設條件，經濟政策除了創造和保證這些前提條件之外，不應干預經濟生活。在這樣的前提下，區域經濟會自動地趨於帕累托最優狀態。

（二）累積循環因果論

累積循環因果論是由瑞典經濟學家岡納·繆爾達爾（1898—1987）於1957年在其著作《經濟理論和不發達地區》中提出來的。繆爾達爾認為，當經濟狀態偏離了均衡時，偏離造成的經濟影響會進一步被強化，經濟發展不會再回到最初的均衡狀態，而是一直處於非均衡的發展狀態。也就是說，當均衡被打破時，經濟發展會因最初的刺激朝著積極或消極的方向累積，即強者愈強，弱者愈弱。該理論在一定程度上解釋了區域經濟發展不平衡的原因。

沿用上例，該理論對此的理解為：如果一個區域內有一個大紡織廠關閉了，成千上萬的勞動力被解雇失業，最終造成失業率進一步增加，具體過程如圖2-9所示。

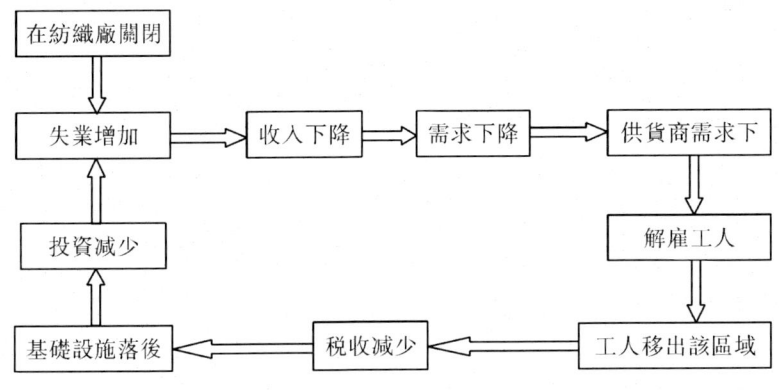

圖 2-9　外力作用下的區域經濟的累積循環效應過程圖

循環累積因果論認為，市場機制的作用不是導致均衡，而是強化了發展差距，所以主張通過國家的經濟政策實現區域經濟發展的均衡。通過這些規劃來穩固積極的循環累積過程，阻斷消極的循環累積過程。

（三）增長極理論

20世紀中葉，一些新興獨立國家倍受戰後經濟恢復與社會發展不協調問題的困擾。西方經濟學家針對這種區域經濟增長均衡與非均衡的問題展開了激烈的討論。法國經濟學家佩魯吸收了當時流行的發展經濟學理論和主張，結合其在研究區域工業發展時發現，認為「經濟增長並非同時出現在所有地方，而是以不同的深度、廣度、強度和渠道先在一些發展條件較好的地區出現，當集聚效應達到一定程度，就會通過其他的方式向外擴散，對經濟產生不同影響」，據此提出了「增長極」理論。

佩魯認為，增長極是以超過平均水準強勁增長並與其他部門聯繫緊密的「推動型單位」。它具有規模巨大、相對於其他部門優勢強大、同其他部門有緊密聯繫、有強勁的經濟增長動力四大特點。增長極具有兩種效應，即資金、人才、技術等生產要素由外圍向極點聚集，形成規模經濟效益，增強極點競爭力的極化效應，以及資金、人才、技術等生產要素由極點向外圍轉移，促進腹地經濟增長的擴散效應。在增長極發展的初期，集聚效應占主導地位，當增長極形成一定的規模後，集聚效應降低，擴散效應發揮主導作用。由於累積因果循環的作用，增長極會通過極化效應和擴散效應的相互作用對周圍地區產生影響，事實表明，核心區域會表現出一種上升的正反饋運動，邊緣地區會表現出下降的負反饋運動，由此拉大區域發展差距。

因此，增長極理論的實際應用表現為：在區域經濟發展的初期階段，主張政府干預，集中投資，重點建設，通過極化效應培育增長極；當增長極發展到一定規模後，則主張政府引導生產要素向外圍擴散，推進區域經濟向一體化方向發展。四川多點多極支撐發展戰略的提出就是增長極理論的應用。此外，在增長極理論的基礎上，又衍生出了點軸開發理論、網絡開發理論。

## （四）梯度理論

梯度理論，又稱產業梯度轉移理論。該理論最早由美國哈佛大學教授弗農‧拉坦於1966年在《經濟學季刊》發表的《產品生命週期中的國際投資和國際貿易》一文中提出。他認為，任何工業產品都具有一定的生命週期，且要經歷三個發展階段：創新階段、擴張階段、成熟與成熟後期階段（如圖2-10）。

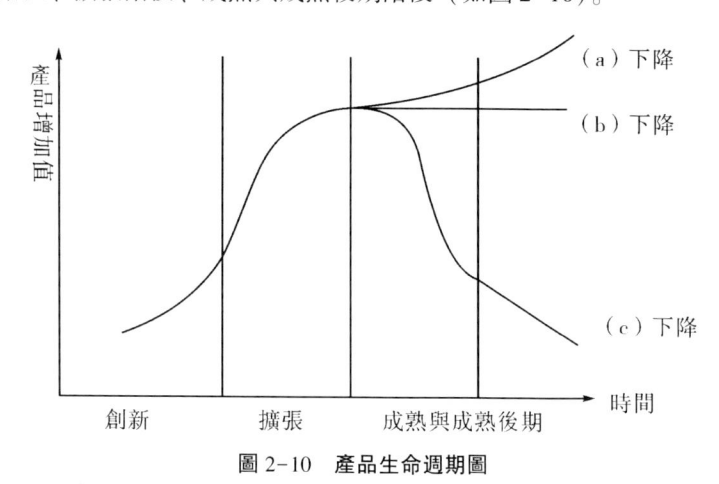

**圖2-10　產品生命週期圖**

產品在產品生命週期的不同階段有不同的特點，如表2-2所示。

表2-2　　　　　　　　　　產品生命週期每個階段的特點

|  | 創新階段 | 擴張階段 | 成熟與成熟後期 |
|---|---|---|---|
| 技術 | 小批量生產開始；技術與生產方式快速變化，依賴於外部經濟；有利於孵化器型區位 | 逐漸引入大生產方式；生產方式經常變化 | 長期應用穩定的技術，很少有重要的技術革新 |
| 資本密集度 | 資本密集度相當低；人力資本高度密集 | 資本密集度高；風險資本集中 | 資本密集度高，且間接資本設備密集度高 |
| 產業結構 | 產業進入取決於專業知識 | 企業越來越多，然後出現破產與合併；垂直一體化 | 企業越來越少，由於缺乏資金來源，新企業進入困難 |
| 關鍵人員投入 | 科學、工程人員、企業家 | 管理者、技術熟練工人 | 非技術與半技術工人，通常企業轉移到落後地區 |
| 需求結構 | 賣方市場、壟斷價格 | 早期有很多競爭力強的企業進入，產業內部競爭導致價格下降；競爭者開始蠶食其他生產者的市場 | 買方市場，市場份額相對穩定；通過互聯網容易獲得產品信息 |
| 區位選擇 | 大城市 | 毗鄰大城市的地區或中等城市 | 落後地區 |

產品梯度轉移理論認為，經濟與技術發展的區域梯度差是客觀存在的，是產品生命週期在空間上的表現形式。產業發展有個過程，即創新階段、擴展階段、成熟與成熟後期階段，處在創新階段的產業一般出現在高梯度發達地區，而產業發展到成熟階段後，一般會有向低梯度落後地區轉移的趨勢。這就要求當轉移的趨勢出現後，政府應制定適當的政策加以誘導，以保持整個國民經濟的協調發展，避免在進行技術或產業轉移時，出現發達地區推動力不足或落後地區吸引力不夠的現象。

（五）倒 U 理論

倒 U 模型的外在表現形式是「倒 U 曲線」。倒 U 曲線是 1965 年由經濟學家威廉姆遜提出的，用於表示經濟增長與區域平衡之間的關係。威廉姆遜認為（如圖 2-11 所示），在國家經濟發展的早期階段（A-B），區域間成長的差異程度隨著經濟發展水準的提高將會擴大，傾向於不平衡成長；之後隨著經濟成長（B 點附近），區域間不平衡程度將趨於穩定；當到達發展成熟階段（B-C），區域間成長差異將趨於縮小，傾向均衡成長。

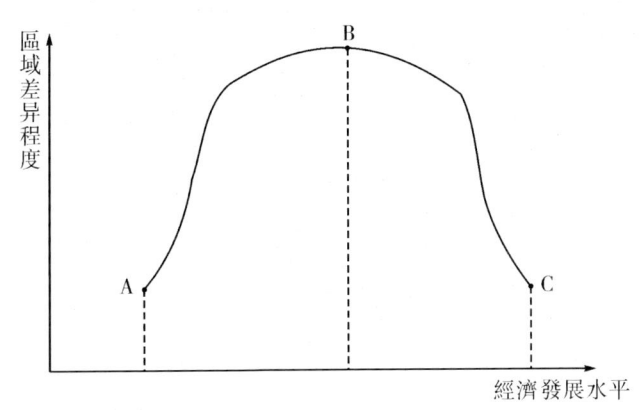

圖 2-11　不同階段的區域差異程度

倒 U 理論表明，在國家和地區經濟發展的初期，為使經濟順利起飛，可以採用一系列舉措使區位條件較好的地區先發展起來，如給予政策優惠、稅收優惠、財政支持、基礎設施建設等來保護該地區產業的穩定成長；當國家的發展水準不斷提高時，政府應採取向落後地區傾斜的政策，鼓勵各區域之間的互動，加快落後地區的發展，減少區域之間的發展差距，實現國家經濟全面協調發展。

## 三、近期區域開發理論：新增長與區域創新理論

（一）新增長理論

傳統的區域經濟增長理論對經濟增長源泉的分析始於常規模經濟和完全競爭的假設。而以羅默（P. M. Romer）、盧卡斯（Robert E. Lucas, Jr.）為代表的新增長理論認為，技術進步不再是外生變量，而是經濟系統可以控制的內生變量。羅默分

別於 1986 年、1989 年和 1990 年發表了系列論文，提出了內生增長理論，並把知識區分為一般知識和專業化知識，認為一般知識產生外在經濟效應（水準效應），專業化知識產生內在經濟效應（垂直效應）。盧卡斯認為不斷累積的專業化人力資本是經濟的增長動力，並認為人力資本對經濟增長的作用可具有內部效應和外部效應。內部效應是指單個個人的人力資本對其自身產生的影響。外部效應是指平均的人力資本對資本要素和勞動力要素生產率的影響。

新增長理論認為，知識累積與創新頻率和程度是直接相聯繫的，知識累積率越高，創新的頻率越高，創新力度也越大，因而得出了創新是經濟增長的真正源泉的結論。該理論為政府可以在一系列有助於技術進步、知識累積和傳播的領域進行直接投資的實踐提供了理論指導，並表明政府制定專利制度，進行專利保護是有其現實必要性。

（二）區域創新理論

著名的政治經濟學家熊彼特認為創新是指生產要素的重新組合或是生產函數發生了變化，以求提高效率、降低成本的一個經濟過程。一般包括以下內容：①引進或開發出一種新產品，或將原有產品的質量做了改進；②生產工藝做了改進或更新；③開闢了產品銷售的新市場；④獲得了原材料新的供給來源；⑤企業內部的組織管理形式發生了變化。根據創新的過程，創新可分為線性創新過程和非線性創新過程，如圖 2-12 和圖 2-13。

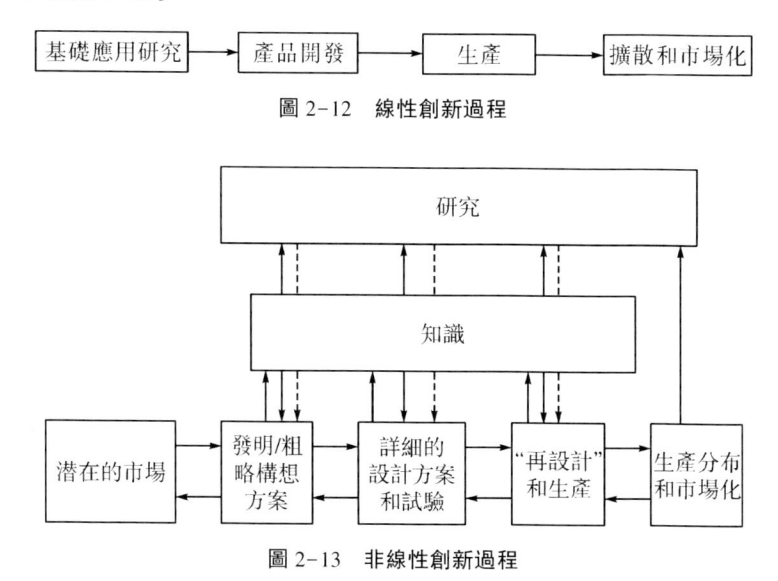

基礎應用研究 → 產品開發 → 生產 → 擴散和市場化

圖 2-12 線性創新過程

圖 2-13 非線性創新過程

熊彼特經濟認為，能夠不斷進行「創新」（如生產要素組合創新或技術創新）的人或企業可以擺脫邊際收益遞減的困境而生存下來，那些不能夠成功地利用資源進行創新的人或企業將被市場淘汰。當經濟週期循環到波谷時，一些人或企業就會考慮退出市場，而另一些人或企業就會力求創新以生存。當生產力低下的競爭者被

篩除或是有持續不斷的創新產生時，經濟就會好轉，生產效率便會提高。然而當某一產業又再次有利可圖的時，它又會吸引新的競爭者，然後利潤又出現遞減，回到之前的狀態，因此又會再次引起新技術的創新發展。也就是說，每一次的經濟蕭條都可能引起新一輪的技術創新。

在區域創新理論的基礎上，西方學者哈里森（Harrison）、庫克（Cooke）、薩克森寧（Saxenian）及中國學者王輯慈、蓋文啓等對區域創新網絡理論進行了研究。區域創新網絡是指在一定空間範圍內，區域創新與技術創新是相互依賴、相輔相成的共生關係，即區域創新能通過信息、知識、技術、資源等的流動融合來提高產業或技術創新的環境、能力和水準，同時，科技創新能力和水準的提高又能反作用於科技創新主體和科技創新網絡的能力，對區域創新起到正向促進作用，從而形成一個多層次、複雜的有機體，既包含科技創新主體企業、科技創新源泉大學和科研機構，還包括科技創新相關服務組織及政府機構。從區域創新網絡的結構來看，完整的區域創新網絡包括組成網絡的結點（企業、政府、大學和科研院所、仲介機構）和網絡中各結點之間的關係鏈（產-學-研、官-產-學-研、官-產-學-研-中），它們對於區域經濟的發展具有不可或缺的作用。區域創新網絡形成和發展的過程也是產業集群發展的過程（如圖2-14）。二者的區別僅在於產業集群是從產業的角度研究區域的發展，而區域創新網絡則側重於從創新的角度研究區域的發展。

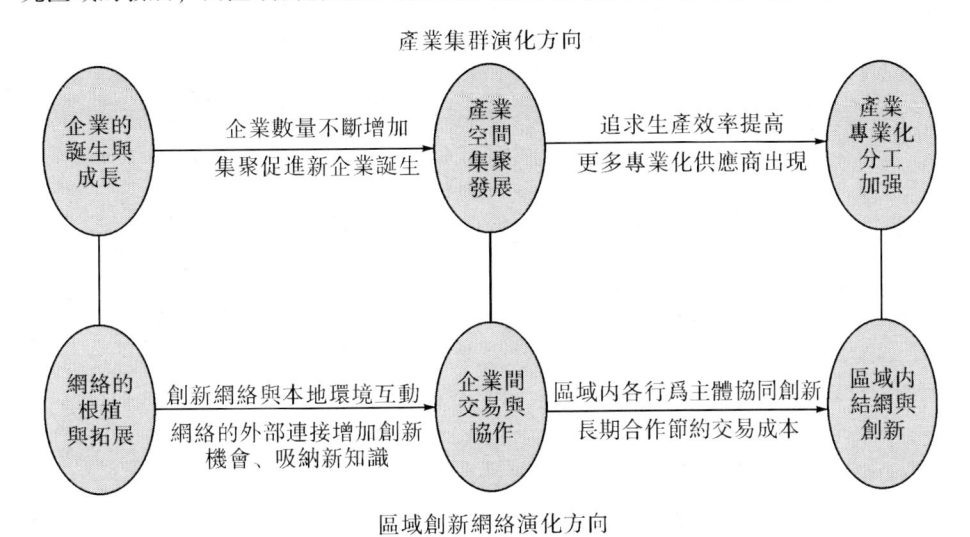

圖 2-14　區域創新網絡和產業集群演化過程圖

## 四、現代區域開發理論：新經濟地理學

新經濟地理學又稱空間經濟學。新經濟地理學起源於新貿易理論。新貿易理論產生前的傳統貿易理論認為，按照比較優勢原理，在國際貿易中，各國出口具有比

較優勢的產品，進口具有比較劣勢的產品，因此，貿易應在資源稟賦差異最大的國家之間發生。然而二戰以來，世界貿易中增長最快的是資源稟賦極為相似的先進工業化國家之間的貿易，同時，大量的貿易不是在不同行業之間發生，而是發生在行業內部，但是傳統貿易理論不能解釋這些現象。美國經濟學家保羅·克魯格曼（Paul Krugman）於1979年發表的《收益遞增、壟斷競爭與國際貿易》一文不僅包含了新貿易理論，也提出了與新古典理論不同的假設，用經濟存在規模收益遞增效應和壟斷競爭來解釋這一現象。這一過程蘊含了新經濟地理學的思想雛形。

1980年，諾貝爾經濟學獎獲得者克魯格曼在《規模經濟、產品差異和貿易模式》一文中，借用、引入並拓展了「冰山運輸成本」[①]概念，分析了「本地市場效應」。因為規模收益遞增和運輸成本的存在，在接近市場區的某個區位集中生產，既可以實現規模經濟又可以降低運輸成本，因此接近大市場區進行生產是有利可圖的，這就是「本地市場效應」的作用機理。根據「本地市場效應」，消費者集中居住在規模較大的經濟體可以使自身的福利狀況變得更好。因為規模較大經濟體的消費品價格水準較低，而消費者實際收入水準較高。「本地市場效應」揭示了企業空間集聚的內在動因。「本地市場效應」已涉及了新經濟地理學的內容。為進一步說明「為什麼在大多數國家，多數人口都居住在少數幾個高度發達的城市地區（核心區），而少數人口居住在廣袤的農村地區（邊緣區）」這一問題，1991年，克魯格曼發表了《規模報酬與經濟地理》一文，通過建立一個「核心－邊緣模型」（簡稱C-P模型），揭示這種空間模式盛行的原因，並形成了空間經濟學的理論基礎。

核心－邊緣模型有明確的假設條件：①農業部門（或農產品），其產品為同質產品且以規模收益不變的生產方式進行生產；②工業部門（或工業品），其產品為異質產品，生產的工業品種類很多，每個廠商只生產一種差異化產品，每種產品都以規模收益遞增的生產方式進行生產，且每個廠商所面臨的市場是壟斷競爭市場；③存在資源稟賦、生產技術和消費者偏好都相同的兩個區域；④區域之間可以相互出口商品，雖然農產品區際貿易無成本但工業品區際貿易有成本，其貿易成本遵循冰山運輸成本；⑤存在兩種勞動者（或消費者），一種是區域間自由遷移、追求最高效用水準的製造業工人，另一種是不能遷移的農業勞動者。核心－邊緣模型的內在動力是廠商和勞動者（消費者）的區位選擇行為。廠商傾向於選擇較大市場區作為其生產區位，而勞動者（消費者）想遷入大市場區。因此，在市場規模大小不同的兩個區域之間，將出現廠商和勞動者轉移行為，一旦發生廠商和勞動者的轉移，則進一步放大市場規模差異，將形成一種循環累積因果鏈[②]。

假設開始兩個區域各自擁有一半勞動力。如果兩個區域完全一樣，這顯然是一個均衡，此時兩個區域各占一半的資源稟賦，故稱這種均衡為對稱均衡。現在，由

---

① 薩繆爾森在20世紀50年代提出的。
② 郭其友，李寶良. 新貿易理論與新地理經濟學的發展與融合——2008年度諾貝爾經濟學獎得主的主要經濟理論貢獻述評 [J]. 外國經濟與管理，2008，30（11）：1-10.

於一個偶然事件，這種對稱均衡遭到破壞了，其中某個區域的勞動者（消費者）數量稍多於另一個區域，即發生了人口轉移。那麼，是否存在人口進一步轉移的趨勢？由於本地市場效應和實際工資效應，初始人口擾動進一步刺激人口向人口較多區域轉移。這將引起一個累積過程，人口遷入進一步增加人口較多區域的人口，人口增加擴大市場規模，市場規模的擴大又提高實際工資水準，實際工資水準的提高又導致更多人口的流入。這樣，人口大量流入的地區成為核心區，人口大量流失的地區成為邊緣區，這種過程持續到人口不再流動為止，此時出現新的均衡，為核心－邊緣均衡。

克魯格曼的核心－邊緣模型告訴我們，由於本地市場效應的存在，區域將發生城市化過程，而且經濟系統轉變為核心－邊緣結構。當兩個存在對稱均衡的區域受到初始人口擾動時，人口較少區域的人口就會向人口較多區域轉移，從而導致區域之間的不平衡，這種不平衡是內生的而不是外生的。該理論為新型城鎮化從空間城鎮化轉向人口城鎮化提供了理論指導。

## 第二節 區域開發模式分析

區域開發模式是不同區域經濟開發過程中對資源利用結構、產業結構、空間結構的調整過程，以及對其構建和調整情況的經驗分析與總結。區域開發戰略為區域開發模式提供戰略指導，是針對區域開發中重大的、帶有全局性的或決策性的謀劃，其本身具有面向未來的傾向性，是區域開發中的發展觀與全局謀劃的有機結合。區域開發模式和區域開發戰略都受時間和空間範圍的限制，且始終處於一個動態的發展過程。瞭解區域開發戰略，合理地選擇區域開發模式對區域經濟的發展具有重大的指導意義。

### 一、基於不同開發戰略的區域開發模式分析

在一定意義上，區域開發戰略可理解為發展中國家從傳統經濟過渡到現代經濟、從不發達經濟過渡到發達經濟的戰略；從落後的經濟社會狀態轉變為先進、較發達的經濟社會狀態的戰略。根據區域開發戰略的目標，區域開發戰略大致可分為以下三種類型：均衡開發戰略、非均衡開發戰略、協調－傾斜開發戰略。

均衡開發戰略的理論依據是各個產業之間存在著互補性，一個產業的供給恰好是另一個產業的需求，因此，各個產業之間必須保持均衡的發展關係。均衡開發戰略的基本觀點是區域開發要推動所有產業部門同時發展，齊頭並進；保持各個地區之間的均衡，由此來實現區域經濟的全面、持續發展。20世紀60年代中國實施的「三線」建設戰略，將大量「一線」沿江地區、「二線」中部地區的企業內遷至

「三線」地區，試圖實現區域均衡發展，這是均衡發展戰略在中國的實際應用。所謂三線，一般是指當時經濟相對發達且處於國防前線的沿邊、沿海地區向內地收縮劃分的三道線。一線地區指位於沿邊、沿海的前線地區；二線地區指一線地區與京廣鐵路之間的安徽、江西及河北、河南、湖北、湖南四省的東半部；三線地區指甘肅烏鞘嶺東邊、京廣鐵路西面、長城以南、廣東韶關以北的地區，主要包括貴州、青海、雲南、四川（含重慶）、陝西、甘肅、寧夏等省以及河南、山西、河北等省的部分地區，其中西北的陝、甘、寧、青和西南的川、貴、雲被稱為「大三線」，一、二線地區的腹地被稱為「小三線」。三線建設是中國經濟史上一次極大規模的工業遷移過程，雖然三線地區社會經濟落後，導致建設起來的企事業單位在之後很長一段時期內經營發展都極為困難，但是三線建設為中國中西部地區工業化做出了極大貢獻。

非均衡發展戰略的理論依據是區域經濟在實際發展過程中具有非均衡性，這種經濟發展的非均衡性是普遍規律。在經濟發展的長期過程中，產業之間一直處於非均衡狀態。產業之間的短期均衡是偶然現象，是由一系列的非均衡產生的，因此要實現經濟的持續增長應當不斷創造短期經濟發展的非均衡，依靠某些重點產業的發展來帶動其他產業。所選重點產業必須是能對其他產業產生廣泛的直接或間接的誘發作用的產業，其產品能為其他產業提供需求，從而拉動其他產業發展，進而通過產業的發展帶動區域的發展。非均衡開發戰略的基本觀點：區域開發要先發展區位優勢明顯、條件較好、產業聯動性大的產業，並以該產業為基礎帶動其他產業的發展；在地區發展方面，應優先發展相對發達的地區，通過它們來支持和帶動其他不發達地區的發展。20世紀80年代中國優先發展經濟特區和沿海開放城市，遵循的就是非均衡發展思想。

協調-傾斜開發戰略的提出主要是因為均衡開發戰略缺乏同時啟動或推動所有產業和地區的大規模投入條件，成本較高、可實施性不大、操作難度大。而非均衡戰略又會加劇產業之間和地區之間差距，引起經濟發展失調、經濟增長波動，甚至會導致社會動盪。協調-傾斜開發戰略的基本觀點是在區域經濟發展中，各產業之間和區域之間應該保持一種協調關係，同時在它們之間又必須有重點，依靠這些重點來帶動其他產業和地區的發展。具體做法為：在進行區域開發時，一方面，要通過調整產業之間、地區之間的相互關係，使它們處於協調發展狀態；另一方面，要選擇少數重點產業和地區，對它們實行投入政策等的傾斜，加快其發展步伐，形成區域開發的核心，從而帶動其他產業和地區的發展。2015年10月26日至29日黨的十八屆五中全會提出協調發展戰略「促進城鄉區域協調發展，促進經濟社會協調發展，促進新型工業化、信息化、城鎮化、農業現代化同步發展，在增強國家硬實力的同時注重提升國家軟實力，不斷增強發展整體性」。這正是協調-傾斜開發戰略的實際應用。

## 二、基於不同開發手段的區域開發模式分析

根據不同的區域開發手段，可以將區域開發模式分為資源轉換型開發模式、技術導向型開發模式和市場導向型開發模式三種。

資源轉換型開發模式是指在區域開發過程中，利用本區域的優勢自然資源，把資源優勢轉換為經濟優勢，從而推動區域經濟發展。具體做法為：利用優勢自然資源形成區域的主導產業或優勢產業，把資源集中分佈的地區作為重點地區。但是將開發資源作為產業和重點地區發展的主導力量，會使該產業面臨資源枯竭、路徑依賴、供需不協調等問題。因此採用資源轉換型區域開發模式應充分考慮市場變化的影響，積極進行技術創新這樣才能將資源優勢轉換為可持續發展的經濟優勢。該模式適用於自然資源富集、處於發展初期的區域。中國在甘肅酒泉建立世界上最大的風力發電基地就是對該模式的實際應用。

技術導向型開發模式是以技術創新、推廣和應用來調整產業結構，進而提高區域經濟的市場綜合競爭力。該模式強調區域的主導產業應該是技術密集型或知識密集型產業，同時，要積極推廣新技術，利用新技術改造傳統產業，實現區域產業結構的高度化。在空間上，要選擇少數技術研究和開發活動集中、技術（或知識）密集、產業集中地作為重點，形成區域的技術創新中心。技術導向型開發模式適用於經濟發達的區域。比如，深圳作為中國東南沿海第一批經濟特區，其經濟發展、科技創新、知識外溢水準和速度均走在全國前列，這為深圳發展高科技創造了良好的基礎，使深圳成為中國創新能力最強的城市之一。

市場導向型開發模式是以區際內外的市場需求為區域發展的基礎條件，根據市場需求的變化和本區域發展的先決條件，科學合理地選擇符合市場需求的產業、商品或服務進行開發，以此來構建區域經濟發展的核心競爭力。該模式適用於具有一定經濟實力的區域，主要是根據區內、區外的市場變化來配置區內和區外的資源，由此形成的產業結構和地區結構具有較強的競爭力。成都雙流彭鎮萬畝葡萄觀光園就是以市場需求為導向，成了雙流的主導產業，形成了該地的區域經濟發展優勢。

## 三、基於不同空間形態的區域開發模式分析

按照空間形態的不同，可以將區域開發模式分為點狀經濟開發模式、點-軸經濟開發模式、梯度經濟開發模式、網絡經濟開發模式和全面經濟開發模式五種。

點狀經濟開發模式。點狀經濟開發模式是以佩魯的增長極理論作為理論依據，以經濟增長的不平衡性為基礎。該理論認為具有相對優勢的區域經濟增長極會對周圍區域產生一定的集聚效應和擴散效應，在經濟發展前期會吸引腹地的人才、技術、資金等到增長極上來，使增長極產生有助於自身發展的規模效應和具有外部性的集

聚效應，當經濟規模進一步擴大時，區域的自我發展將會產生擴散效應，帶動周邊地區的發展。點狀經濟開發模式，是指區域的經濟發展是以區域內一個或多個中心城市或增長極為中心，以擴大中心城市或增長極的規模和效應為主要目標，進而使之發揮最大效用。當區域經濟的吸引力大於離心力時，即集聚效應大於擴散效應時，增長極的經濟活動便會以集聚效應為主，通過不斷吸引周圍腹地的勞動力、人才、資金等資源來擴大增長極的規模，進而推動區域經濟的發展。這種模式具有以下三方面的優點：一是增長極可以在短時間內實現規模擴張、極點突破，並對整個區域起到示範和引領效用；二是會提高資源的利用效率；三是經濟發展初期或經濟實力不強的地區可採用此方法。該模式的主要局限性：一是點狀分佈離散，易造成區域間的互動性差，拉大各地區間的差距，造成「核心隆起、中部塌陷」的現象；二是會造成區域結構失衡或產業畸形，造成區域的不可持續發展。

點-軸經濟開發模式。點-軸經濟開發模式的理論基礎是點-軸經濟發展理論。點-軸經濟發展理論是增長極理論的延伸。隨著區域經濟發展水準的提高、工業化進程的不斷深入、基礎設施的不斷完善，增長極之間及增長極與周邊地區之間會通過交通基礎設施不斷增強互動聯繫，逐漸會形成以增長極為節點、以交通設施為軸線、以服務為主要提供品的生產軸。這些生產軸對人口、資源、技術等具有強大的吸引力，會吸引更多的人口和企業在軸線兩側集聚，形成人口或城鎮密集區，進而產生新的增長極，聚集效應進一步增強。點-軸經濟開發模式是由點到軸的空間發展規律，合理選擇增長極和交通便利的軸線帶，有利於企業在點-軸地帶的集中分佈和生產經營，最終逐步形成產業密集帶或產業集群，增強該區域的經濟發展活力，進而帶動整個區域經濟的發展。點-軸經濟開發模式主要用於區域經濟發展處於工業化初期和工業化中期的區域。這種模式的優點：一是提高資源的利用率，發揮經濟的集聚效應；二是區域經濟開發密度增加，對區域經濟的帶動作用更強；三是該模式有利於增加投資、提高基礎設施建設水準，適用於欠發達的地區。這種模式的主要缺點：一是主觀性較大，無法確定軸線上增長極的量級；二是沒有統一的開發軸線的標準。

梯度經濟開發模式。梯度經濟開發模式的理論基礎是梯度經濟發展理論。梯度經濟發展理論是承認不同地區的差異性，即各地區之間的發展水準存在梯度，並認為不同地區之間發展條件是不均衡的且生產力呈現梯度推移，先高後低。梯度經濟開發模式是首先讓有條件的高梯度地區，引進掌握先進技術，發展起來，然後逐漸向二級梯度、三級梯度等地區推移，隨著經濟發展，推移的速度逐漸加快，這樣就可以逐步縮小區域內部的差距，最後實現區域經濟整體發展。這種模式的主要優點：一是符合經濟效率法則，二是高梯度的資源利用率較高，三是經濟發展水準較高的地區對經濟發展水準低的地區帶動效應顯著。局限性主要在於：一是不確定性顯著，二是資源的利用效率相較於開發模式和點軸開發模式較低。

網絡經濟開發模式。網絡經濟開發模式的理論基礎是網絡經濟發展。該理論認

為，現代化的經濟區域空間結構應由不同等級不同範圍的增長極節點、增長極與腹地構成的域面以及域面內的交通網絡組成。網絡經濟開發模式是點-軸經濟開發模式的延伸。該模式認為區域開發一方面要培養新的增長極，另一方面要提高通信水準，開發高效的軸線帶，形成點、線、面高效互動的經濟開發網絡。該模式主要有以下優點：一是適用於經濟較為發達的地區。這些區域的經濟實力已較強，經濟密度高，交通通信發達，城鎮體系比較健全，開發的範圍可以廣一些，通過大量的軸線建設推動區域經濟的快速發展。二是增強區域經濟的整體水準以及區域內的聯動性。該模式的主要局限性：一是區域發展的承載力有限，二是可能存在低效率的投資。

全面經濟開發模式。全面經濟開發模式是網絡經濟開發模式的延伸。它認為區域的經濟實力已相當強大後，區域經濟的發展重點應是消除區域內部各地區之間的差異。區域發展可全面鋪開，通過區域全面經濟建設推動區域經濟的穩定增長。

## 四、基於不同國情的區域開發模式分析

各國在區域開發的歷史過程中，依據不同時期主導的經濟發展理論和戰略採取了不同的開發模式。一般可以概括為四種典型模式。

1. 城市群發展模式

美國、日本等國家以城鎮化和城市群的發展為基礎，採取城鎮化帶動模式，逐漸實現城鄉一體化。美國東北部和中北部十四州，是美國經濟最發達的地區，形成了以紐約、芝加哥、費城和底特律等大型城市為主的城市群，雖然國土面積只占全國的11.5%，人口卻占全國的50%以上，而且集中了全國製造業從業人數的2/3、製造業產值的3/4以上，被稱為是美國的「製造產業帶」。日本在工業化過程中，逐漸形成了由310個城市組成的，人口將近7,000萬的環太平洋沿岸的世界性城市群。其中包括大阪、名古屋和東京三大都市圈。1985年，三大都市圈國土面積僅占全國的31.7%，卻集中了全國63.3%的人口和68.5%的國民生產總值。這種模式的特點：一是城鎮化水準較高，城市成為區域經濟的動力源，城鄉一體化程度高；二是城市產業結構較為合理，且服務業比重較高；三是符合市場需求，具有內源性經濟發展的特徵。

2. 外源性開發模式

馬來西亞、韓國、新加坡等地區，依靠相對優越的交通區位、人力資本等優勢，通過外源性經濟的拉動，特別是勞動密集型產業，如加工貿易、離岸交易、轉口貿易等服務業的發展，帶動了整個區域甚至是全國的發展。這種模式的主要特徵：一是有獨特的區位優勢；二是勞動生產率較高；三是資源有限，經濟發展對外依存度很高。但外源性開發模式容易受外部因素，如金融危機等的衝擊和影響，經濟的不穩定性大。

3. 經濟特區開發模式

愛爾蘭政府為吸引外資、促進經濟發展，於 1959 年成立了香農自由空港開發公司。隨後，香農開發公司圍繞香農機場進行深層開發，在緊鄰香農國際機場的地方建立了世界上最早以從事出口加工為主的自由貿易區，以其免稅優惠和低成本優勢吸引外國特別是美國企業的投資。香農自由貿易區剛建立時，僅有 10 家外資企業，雇員人數約 580 人/年。如今的香農自由貿易區占地 600 英畝（1 英畝 ≈ 4,046.86 平方米。全書同），擁有國際先進水準的基礎設施，航空運輸、陸運與海運交通極為便利；光纖通信與寬帶網絡連接歐、美主要大城市；完善的辦公場所與生產廠房等設施可供租賃或購買；水、電等能源供應充足；周邊的利默里克大學、利默里克工學院等高校科研力量雄厚，良好的科研與實業相結合；熟練技術工人充足，整體勞動力素質較高；區內有相關的配套服務業。此外，1980 年臺灣建立新竹科學工業園區；1979 年新加坡建立肯特港科學工業園區，還有美國的硅谷、英國的劍橋科學院區、日本的築波科學城等。這種模式的特點：一是優惠政策靈活多樣，有利於提高資源利用率；二是發展基礎較好，配套服務健全；三是經濟帶動作用強。

4. 產業集群帶動模式

產業集群是相關產業在地理分佈上聚集在某一特定區域內，對各種資源和空間結構進行優化配置的過程，對區域產業升級和競爭優勢的獲得起到較大帶動作用。作為技術創新的重要載體，產業集群不僅有助於創新體系和創新模式的構建，還有助於創新網絡的形成和創新技術的專精化，是經濟社會發展與國家競爭力提升的不竭動力。美國著名戰略管理學家波特（1990）認為產業集群不僅有助於降低交易成本、改進激勵方式、創造出信息、促進科技和產品創新、構建專業化制度等，而且可以使產業、區域、國家在複雜的國內外競爭環境中保持持久的競爭優勢。在美國，有硅谷和波士頓 128 號公路高新技術產業集群；在緬甸，有橡膠製品集群；在英國，有劍橋到倫敦一帶的高保真音響器材集聚；在東京，有都大田地區的金屬製品業集聚。而以上區域大都享受著產業集群給它帶來的好處。可以說，產業集群模式是一個新型的區域開發模式，是在經濟全球化背景下對區域開發模式的創新。

總體而言，各國區域開發模式與其經濟發展的階段和水準相聯繫。在自然資源和地理環境狀況、人口與勞動力量、資金狀況、表示技術條件、歷史文化傳統、區域經濟發展戰略、政策環境和與其他區域的互動關係等因素的綜合作用下，區域開發模式呈現多樣性、複合性和變遷性。不同開發模式各有優劣勢，基本都體現了因地制宜的原則，也有很多值得借鑑的方面。[①]

---

① 孫超英，等. 各國（地區）區域開發模式比較研究 [M]. 成都：四川大學出版社，2010：10-15.

# 第三章 美國區域開發模式研究及啟示

區域發展失衡不僅會離散耗損整體能量，不利於經濟的可持續發展，也會引發社會風險。為有效解決這一問題，各國政府往往會從全局和長遠的考慮出發，對欠發達的地區實施綜合開發，以實現區域的均衡發展。人們在談論區域開發時，也主要是指對不發達地區的開發。2015 年美國的經濟總量約為 17.87 萬億美元，相當於中國的 1.7 倍。美國作為一個現代化經濟強國，其區域均衡發展的狀態不是天然形成的，而是其國家在形成和發展的各階段對區域開發的結果。本章在介紹美國區域開發的過程和特點的基礎上，著重討論了美國東西部由不均衡發展轉向為協調發展的開發經驗和教訓以及對中國區域開發的啟示。

## 第一節 美國區域開發概況

美國自建立以來雖然只有 200 多年的歷史，但區域開發的經驗頗豐。我們在談論美國的區域開發時，一般也是指美國的欠發達地區開發，而在地理上，則主要是指經濟欠發達的「西部」地區和南部「陽光地帶」。

### 一、美國「西部」及南部「陽光地帶」的概念

與中國相似，美國歷史上經濟欠發達的地區，多集中在西部，因此通常也稱美國的區域開發為「西部開發」。實際上，美國西部的概念很不確定，它是一個隨歷史發展而變化的動態概念。現今美國社會經濟統計中關於西部的概念，是按照美國國情普查局的劃分，將全國分為 4 個大區 9 個分區，即東北區（含新英格蘭和中大西洋 2 個分區）、中北區（含東中北部和西中北部 2 個分區）、南部區（含南大西洋、東中南部和西中南部 3 個分區）和西部區（含山區和太平洋沿岸 2 個分區），共計 13 個州。從歷史來看，美國西部開發中所說的「西部」卻是另一個概念。

美國自 1776 年獨立後，迅速走上擴張的道路，通過購買、兼併和戰爭等手段，

其領土也由擁有 13 個州、面積不足 40 萬平方英里（1 英里 ≈ 1.609,3 千米。全書同）的大西洋沿岸到阿巴拉契亞山之間的狹長地帶，演變為擁有 50 個州、面積約 936 萬平方千米的大國。因此西部的概念也隨之演變，一般將阿巴拉契亞山以西到太平洋沿岸地區統稱為西部，面積約占美國國土總面積的三分之二。阿巴拉契亞山到密西西比河之間的地域稱為「舊西部」；密西西比河到落基山脈之間的地帶稱為「新西部」；而把落基山脈到太平洋沿岸之間的地帶稱為「遠西部」。被徵服的美國西部大部分是荒無人煙的「處女地」，與中國西部相似。美國的西部人口稀少，是少數民族的聚居區，雖然這些地區礦產及其他自然資源極為豐富，但與東部地區相比，經濟社會發展水準卻長期落後。不僅如此，美國西部城鎮發展和經濟發展的必要基礎設施建設也大大滯後，這就決定了美國西部開發的時間跨度和主要內容。

而所謂的「陽光地帶」，是 20 世紀 70 年代後在美國通行的一種地理概念，它主要指地處亞熱帶的南部地區，其中包括南卡羅來納、北卡羅來納、佛羅里達、佐治亞、田納西、阿肯色、亞拉巴馬、密西西比、俄克拉荷馬、路易斯安娜、得克薩斯、新墨西哥、亞利桑那，以及內華達和加利福尼亞州的一部分。這些州的具體情況並不完全相同，但與北部老工業區相比，它們的經濟社會發展都曾處於落後狀態。在 20 世紀初，這一地帶仍是落後的農業區，成為美國地區差距中的一個突出問題，制約著美國經濟的發展。第二次世界大戰後，特別是 20 世紀 60 年代以來，美國經濟出現了一些新的特點，其中突出的一點是，先進的北部日趨衰落，而相對落後的上述南部地區則迅猛發展，這些南部地區後來便被稱為「陽光地帶」。

## 二、美國欠發達地區開發概況

美國西部地域的形成與領土的擴張幾乎是同一個過程。大約 2.5 萬年前，印第安人祖先從東北亞地區進入美洲，開始生活在這片土地上。在印第安人到來之前，從未發現有人類的活動，在他們到來這裡之後的 2.5 萬年內，也沒有發現任何其他人種的活動。在英國殖民者統治時期，印第安人和英國殖民者進行了長期的鬥爭。美國獨立後，對印第安人實行了掠奪其土地的制度，以欺騙和暴力相結合，割占了印第安人的土地。1871 年，美國聯邦政府制定「印第安人撥款法」，在法律上把印第安人變成了美國的「依附民族」。美國獨立後，在 1787 年通過的《西北條例》在西部地區建立了地方政權組織的基本模式，這標誌著美國「領地制」的形成。實際上在今天美國的 50 個州中，有 31 個州都是按 1787 年的《西北條例》的原則加入的。19 世紀中葉，是美國向西部擴張領土的時期，1845 年美國國會兩院通過了兼併得克薩斯的聯合決議，將面積達 27.6 萬平方英里的得克薩斯據為己有。1846 年，美國以戰爭相威脅，迫使英國與其簽訂條約，取得了俄勒岡。西部領地演變為州，並與美國制度保持一致，最終融為一體，西部作為「殖民地」的特徵也就消失了。為實現美國東西部地區的協調發展，美國採取了一系列開發西部的舉措，主要為以

下七方面。

(一) 強有力的土地與移民政策的實施

美國獨立後，實行了一系列有助於西部土地開發利用和人口西移的開放政策。整個美國的西部開發史，在一定程度上可以說就是資本主義土地關係演進史和移民史。政府通過頒布一系列的政策和法令，以巨大的利潤誘惑，鼓勵大量的資本和人口到西部進行土地投機，因而促進了西部經濟的高速發展。

美國在獨立不久後，美國國會便相繼在1784年、1785年和1787年頒布了一系列鼓勵西部土地開發的土地法；1785年通過了《礦產土地法》；1854年通過了《地價遞減法》；1862年通過的《宅地法》；1873年頒布的了《育林法》和1877年國會通過了《沙漠土地法》等。三部土地法，是美國西部開發的重要綱領和主要驅動力：一是立法確立了西部土地國有化的方式和路徑；二是實行優惠政策，鼓勵移民在西部購買土地；三是立法確保東西部居民權利平等，西部新建州實行共和制。具體實行措施是先將西部土地歸為國有，然後低價售給自由移民，同時結合公地出售與土地承認的「先占權」，從而使西部地區農業、牧業、礦業、交通、市鎮建設共同進行，進而促進了19世紀美國的西部經濟以「暴發式」的方式增長。1862年美國頒布的《宅地法》規定，自由移民只要交證件費10美元，便可在耕種五年後，獲得自己所開墾的160英畝荒地的合法所有權。《宅地法》實現了無償地分配西部國有土地的原則，為農業資本主義發展的「美國式道路」的勝利奠定了基礎。在《宅地法》的吸引下，美國大批農民湧向西部。1862—1900年，美國政府按《宅地法》撥出的土地約8,000萬英畝。

由於擴張和強力推動的土地政策，美國的領土範圍急遽擴大，到獨立戰爭結束時，美國的領土已達777萬平方千米，而當時在其土地上居住的幾乎都是當地土著印第安人。為了發展西部地區的經濟，並將其納入國家的控制之下，美國聯邦政府大力推行鼓勵移民的政策，1864年成立了移民局，通過了《鼓勵移民法案》，西部各州也設立了移民推進局，到歐洲、亞洲和拉丁美洲招徠移民。由於大力推行移民政策，美國人口迅速增長，僅在1860—1900年，美國總人口就從3,100萬人增加到了9,200萬人，增長了2倍。移民的遷入和人口的增加為西部開發和建設提供了一支強大的生力軍，並推動了美國生產技術的革新和生產力的提高。

(二) 大規模的礦業開發

美國西部開發的序幕是由大規模的礦業開發揭開的。1848年美國加利福尼亞金礦的發現，掀起了一股強烈的「淘金熱」，使美國迅速成為世界上最大原產金國。1859年，內華達的康斯托克礦脈和科羅拉多州的派克山谷發現富礦，亞利桑那州中部也發現了銀礦，從而興起了第二次「淘金熱」，促進了美國「遠西部」地區礦產的開發，帶動了「遠西部」其他產業的發展，並使整個「遠西部」的經濟社會有了很大發展。

美國大規模的礦業開發過程也是大量的移民和資本擁向西部的過程，而以採礦

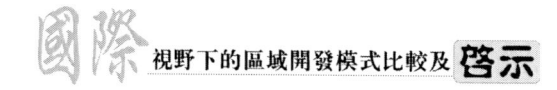

業為中心的開發運動,是從加利福尼亞逐漸向落基山區擴展的,這大大加快了「遠西部」移民定居和資源開發的步伐。

（三）以交通運輸業為主的基礎設施建設

一般認為,美國西部開發的加速推進以至美國經濟的起飛,與其以交通運輸業為主的基礎設施建設密切相關,美國西部開發的實踐也印證了「交通先行」在欠發達地區開發過程中的重要性。為了加快西部地區交通運輸業的發展,美國政府在土地政策、財稅金融政策和價格政策等方面提供了很多優惠,使美國的公路、運河和鐵路建設先後有了很大的發展。從 1811 年開始,美國著力發展交通運輸業,先後在 1825 年開通了伊利運河、1834 年開通了費城—匹茲堡運河、1850 年開通的切薩比克—俄亥俄運河,1852 年完成了昆布蘭大道的修建並相繼建成了南太平洋等五條橫貫大陸的鐵路。交通運輸業的發展,大大加快了美國西部社會經濟活動的速度和效率,有力地促進了移民、貿易,促進了西部經濟的地區專業化,加快了全國統一大市場的形成,進而促進了全國經濟的增長。

（四）畜牧業和農業的開發

農牧業是西部開發的主導產業。由自然地理特徵及就業等因素所決定,美國西部開發的初期,主要還是農牧業的擴張。西部相當一部分地區十分適合於農耕和農作物生成,美國政府主要是通過極其優惠的土地政策鼓勵移民西部地區。初期擁入西部的移民多是農民,他們既是拓荒者,也是投資者,由於他們的帶動,使得西部的農業成為一個有利可圖的產業部門,吸引了大量的外部資本。在這一過程中,俄亥俄、印第安納、伊利諾依和威斯康星等地區,先後成為美國小麥的主要產區,變成美國的「麵包籃」。

而在 19 世紀 50 年代,經過對西部大草原地區的實地測量發現,這裡並非過去人們所說的「大沙漠」,而是牧草豐美、適宜於畜牧業發展的好地方,加之公共土地政策的實行和鐵路的修建,以及龐大的市場和豐厚的利潤,吸引了大量的內資和外資,促進了西部畜牧業的大發展。美國西部開發中畜牧業的發展大體上經歷了三個階段：1845—1860 年以個體放牧為主的開始階段、1860—1880 年以公司放牧為主的興旺階段和 19 世紀 80 年代中後期之後的衰退階段。

因為西部的自然條件適於農牧業的發展,且農牧業能夠提供最多的就業機會,滿足移民就業需求。農牧業是西部開發的主導產業,所以美國西部開發初期,基本上是一種農牧業的擴張。農牧業的發展,促進了儀器加工、農機製造、礦產開採及加工工業基地的發展,因此西部不僅成為美國重要的農業「帝國」,而且其工業在美國經濟中也佔有重要地位,最終實現了以農牧業為主,帶動工業發展的產業格局。

（五）推動工業重心的西移

美國西部開發的過程,一定程度上也是美國工業重心西移的過程。美國過去的工業主要集中在東北部的核心區域內,由於西部經濟的發展,對農業機械和食品加工設備的需求猛增,以鋼鐵、木材和食品生產為主的新興工業區——五大湖工業區

開始形成,並在1870年時集中了全國77%的製造工人和84%的製造業產值。雖然五大湖工業區與傳統的東北部工業區連成一片,屬東北部「核心地區」的擴大,但它確是美國工業重心西移的結果。當然,五大湖之所以成為新興的重工業基地,還得益於這一地區豐富的礦產資源和低廉的運輸費用。

(六) 西部城鎮化發展

美國西部地區的開發過程,也是美國西部城鎮化發展的過程。一方面,西部開發吸引了大量的移民,並加快了西部的工業化進程,這就為西部的城鎮發展提供了最基本的條件,特別是工業化成為推動西部城鎮化強大的動力。另一方面,西部城鎮化發展,又反過來大大促進了西部開發的進程。

19世紀上半期,在美國中西部開發的熱潮中,形成的城市多數處在便於水運的貿易交叉點上,如匹茲堡、聖路易斯、底特律、路易斯維爾、布法羅等,後來由於鐵路的鋪設又強化了它們的地位,由此出現了一些很有影響力的城市。這一時期,推動美國西部城市發展的動力,除主要來自交通運輸和工業革命外,農業的變革和移民的增加也一定程度上促進了城市的發展。19世紀下半期,美國城鎮化發展進入了一個鼎盛的時期。在這一時期,美國的工業化向縱深發展,中西部城市大規模地興起,芝加哥就是這期間發展起來的典型大工業城市。與此同時,「城市邊疆」進入太平洋沿岸。推進這一地區城鎮化的動力則主要來自採礦業的發展,但對這些地區城鎮化影響更大、更深遠的,則是後來的「深層採礦」,即以股份公司形式的企業扮演了採礦業的主角。與深層採礦業同步興起的城鎮化主要有礦業營地和綜合性礦冶城鎮,前者泛指以礦區為基礎的小型社區,後者是指那些距礦區較近,又有地利之便的地方興起的一些為礦區服務的綜合性城鎮。[1]

(七) 信息產業的發展升級

19世紀70年代,石化、電子成為美國的主要行業,標誌著美國重化工業的完成。隨著社會投機風潮褪去,社會法制建設變得日益完善,創新成了現代文明的標杆。IBM、微軟、思科、蘋果、谷歌、Facebook等偉大企業崛起。據統計,信息產業和軟件業為美國創造了上百萬個就業機會,2005年該領域的增長率為10.8%(超過了美國當年3.4%的GDP增長率)。直至今日,第三次科技革命引領的技術創新仍層出不窮,如移動互聯網、智能無人駕駛汽車、無人機、3D打印、智慧城市、太陽能等,這些新技術極大地推動了美國西部乃至整個美國的發展。

聞名遐邇的「硅谷」地處美國西部加利福尼亞州的北部,是當今世界電子工業和計算機的王國。2008年,硅谷以不到全國1%的人口,實現了占美國5%的地區生產總值,並實現人均地區生產總值83,000美元,居全美第一。硅谷不僅是美國高級專業化技術人才的聚集地,也是美國高新技術產業的集中地,是自然形成的具有活力的、高度相關的產業集群。硅谷不僅創造了新文化、新公司、新經濟、新模式,

---

[1] 孫超英,等. 各國(地區)區域開發模式比較研究[M]. 成都:四川大學出版社,2010:38-39.

而且吸引了全球100萬人左右的高水準人力資本，更重要的是硅谷創造了支持創新性技術和人才不斷發展的區域創新體系，主要包含：科技創新主體企業、科技創新源泉大學和科研機構、科技創新相關服務機構以及科技創新文化和政府政策。硅谷的這種系統不僅促進了美國西部地區的發展和產業轉型升級，也應用到了美國其他地區和世界各國的發展實踐中。數據顯示，2015年在硅谷高新技術的推動下，加利福尼亞州已實現2.46萬億的地區生產總值，增幅達4.1%，遠超美國全國2.4%的增幅，成為全球第六大經濟體。

## 第二節　美國區域開發模式的主要特點

　　美國開發西部的過程中，有兩個大規模集中開發的時期。第一個時期是1860—1890年，這一時期開發西部的主要動力來源於皮貨貿易、土地投機以及奴隸主莊園的擴張，這30年間，美國人占據了4.3億英畝土地，耕種了其中的2.25億英畝，並且在西部土地上成立了10個新的州；第二個時期是1930—1970年，美國政府通過立法成立專門的管理機構並出抬一系列相關法律法規和各種優惠政策，增加對西部開發的投資，以進行流域綜合治理，調整西部地區的經濟結構。19世紀末，美國已實現人口中心、農業中心、工業中心的西移，東西部經濟發展趨於平衡。美國西部開發的過程又可分為三個階段：農業開發階段（1750—1850年）、工業開發階段（1850—1950年）、科技開發階段（1950年至今）。而美國區域開發模式的主要特點表現為以下五方面。

### 一、對邊疆的開發是區域開發長期起作用的因素

　　在美國的西部開發過程中，對邊疆的開發是整個國家發展中長期起作用的重要因素，並與這個國家各方面的發展進程息息相關，這樣的例子在整個世界歷史中也是罕見的，甚至是絕無僅有的，這也是美國區域開發區別於其他國家的鮮明特點。美國獨立後的幾十年時間裡，隨著「西進運動」的迅速興起和廣泛展開，將其疆界從密西西比河向西推進了1,500英里，直抵太平洋沿岸，從1803年廉價購買法國「路易斯安娜」開始，到1846年將墨西哥屬地變成美國的加利福尼亞州，完成了對整個大西部的占領。這注定了美國的區域開發具有很強的擴張性和掠奪性。

### 二、政策和法律在區域開發中發揮著重要作用

　　美國區域開發的另一個鮮明的特點是，政策和法律在區域開發中發揮重要的作用。在200多年的美國西部開發過程中，能夠實現從無序到有序，實現人口中心、

農業中心、工業中心的西移，並使西部的產業結構實現跨越式的演變，一個重要的原因在於，美國政府制定並逐步完善了規範區域開發的各項政策和規律法規。

在土地法規方面，前面已經介紹了很多，其中，1862年5月頒布的《宅地法》極具代表性；在農業方面，1862年通過的《莫里爾法》旨在支持幾十所大學設立農業附屬服務機構，以推動農業的科學化，1887年國會立法為州立高校中農業實驗站建立和發展提供資金，1889年聯邦政府成立了農業部，1914國會通過了《史斯密—利弗法案》，撥款建立了聯邦、州、縣三級農業推廣系統，而在1933年又頒布了《農業調整法》，通過價格支持來扶持農業等；在環境保護和治理方面，1873年頒布了《植樹造林法》，1933年頒發了《麻梭淺灘與田納西流域發展法》《田納西流域管理局法》等；在公共管理和開發方面，1961年美國國會通過了《地區再開發法》、1965年又通過了《公共工程與經濟開發法》和《阿巴拉契亞地區開發法》等。此外，在有關產業組織及其他方面，美國政府也制定了很多法規，這些政策和法律法規的制定，對美國區域開發的順利開展發揮了重要的作用。

## 三、具有濃厚的開放和自由色彩

與其他國家落後地區的開發相比，美國的區域開發帶有濃厚的開放和自由色彩，主要表現在以下三個方面：定居和遷移方面的開放和自由；私有土地處理方面的充分自由；產業經營方面的充分自由。這種高度的開放和自由，與美國西部土地的廣闊和廉價直接相關。正如列寧所說，美國西部土地的價格幾乎只是名義上的，當然這並不排除因投機而引起的土地價格大幅波動。如前面所述，在美國，這種自由移民和相當優惠的公共土地政策，把大量的東部甚至國外的人口吸引到了西部，不斷地改變著全國勞動力的分佈，充分滿足了西部開發的需要。加之政府對移民經營的產業不加限制，而由移民自己根據市場的導向做出相應的決定。這種開放和自由的特徵，使生產者的積極性和資源的利用效率大為提高，這也是美國西部開發從一開始就得以快速推進的一個重要原因。

## 四、掠奪、投機和大量的尋租活動與開發的經濟成就並存

美國區域開發的成就是舉世矚目的，與其他許多國家的區域開發一樣，其經驗得到了世人承認，並成為一筆寶貴的財富。當然，在各國的區域開發過程中，也都一定程度上伴隨著投機和貪污腐敗現象，而因美國區域開發的特殊性，其開發的過程更充滿了血腥味，開發的投機性和開發中存在的嚴重的貪污腐敗現象則是很多國家所不及的。

如前面所述，美國的西部開發是與邊疆的擴張緊密相連的，在這一過程中，美國政府實行了詐欺和消滅印第安人的政策，大規模地掠奪西部的土地，並對印第安

人的反抗進行了血腥的鎮壓。1887—1933 年，美國全國的印第安人共被剝奪了 3.65 萬平方千米的土地。美國西部開發的投機性在很大程度上是由公共土地的商品化決定的，政府的公共土地政策和公共土地的商品化，造就了一批土地投機家，並因此而形成一個利益集團，在較短的時間內形成一股不可忽視的社會力量。美國西部開發中的土地投機，除買賣投機這種形式外，還有金融投機和市鎮土地投機。與美國西部的成功開發相伴的還有大量的貪污腐敗活動，這些尋租活動通常表現為一些私人公司在投資中進行股本「摻水」、賄賂政府官員、買官賣官等形式，美國的西部開發也使一大批冒險家、投機家和政府官員成為新發跡的富豪。

### 五、區域發展援助計劃以間接財政手段為主並具有針對性

美國曾經也是一個區域發展很不平衡的國家，最早發展起來的是區位條件較好的大西洋沿岸的東北區，後來拓展到五大湖地區，而西部、南部發展相對緩慢，地區差異較大。雖然在二戰期間及以後，區域差異有所縮小，但是在 20 世紀 80 年代中期後，美國地區差異再度出現擴大的趨勢。對此，也如歐洲其他國家一樣，美國政府通過制定和實行區域發展援助政策，為落後地區創造經濟機會，培育其自我發展的創造能力和持續發展的競爭能力，從而縮小這種地區差距。但是，與英國等西歐國家不同的是，美國的區域發展援助沒有制訂全國性的指導計劃，只有針對個別問題的以間接財政手段為主的區域局部計劃，且區域政策手段只有靈活性的激勵措施，沒有反面的限制性措施。[1]

## 第三節　美國區域開發模式的啟示

### 一、市場調節與政府調控有機結合

美國區域開發特別是西部開發的一條重要經驗，就是將市場調節與政府調控有機地結合起來。應當說，美國西部開發的整個過程中，市場機制對資源的配置都起著十分重要的作用。例如，在基礎設施建設方面，美國政府則是本著「誰開發，誰受益」的原則，遵循市場規律，有效地調動了民間資本投資於西部的基礎設施建設。與此同時，美國政府在西部開發中也扮演了重要的角色，通過制定法律法規以及財稅、金融等政策來支持西部地區的開發，美國政府還成立了專事西部開發的強有力的行政管理機構，來對西部開發進行管理、協調。這些都值得我們借鑑學習。

在中國的西部開發過程中，各地政府首先應認真貫徹落實中央提出的發揮「市

---

[1] 孫超英，等. 各國（地區）區域開發模式比較研究［M］. 成都：四川大學出版社，2010：40-42.

場配置資源的主導地位」精神，遵循市場規律，實行統一的透明、公平、市場准入原則，清理各類舊規陳條，逐步取締一切不利於經濟發展的條款、章程和制度，以打破阻礙各類要素、商品自由流通的區域壁壘。其次，應清除地方保護主義，建立開放包容、競爭秩序井然的商貿流通體系，大力促進資本、勞動力、信息資源、技術等資源的交流，實現各類生產要素在開發區域內的合理配置。再次，培育各類產權市場尤其是知識產權，促進區內企業跨區域兼併，通過企業的規模化、營運資本的國際化發展，實現資本增值和擴展，繼而推動兩地聯動發展。最後，應統一要素市場，完善區域配套服務網絡。統一規劃資本、技術、科技等要素市場，建立完善的市場監管規則，為各類最新科技成果及時地轉化為現實生產力提供良好的法制保障。

## 二、區域開發需要強有力的立法保障

美國區域開發之所以比較成功，一個重要的原因就是擁有強有力的立法保障，這也值得中國在欠發達地區開發的過程中借鑑。如前面所述，美國西部開發的全過程和各個環節，都有明確的法律規定和政府政策支持。中國西部大開發取得了很大的成績，但確實也存在不少的問題，許多反應出來的問題，如礦產資源、水能資源的無序開發，土地資源的低效利用，區域開發帶來的生態環境問題等，都表明我們的經濟開發活動，需要更強有力的法律保障和約束。

黨的十八屆四中全會報告指出，「堅持嚴格規範公正文明執法，依法懲處各類違法行為，加大關係群眾切身利益的重點領域執法力度，建立健全行政裁量權基準制度，全面落實行政執法責任制」。從操作層面來看，加強法制建設應以政策、法規明令保護區域開發經濟主體的利益，對區域開發過程中存在的違法違規行為施以嚴厲的懲戒機制，並督促各方按質按量地執行。從社會治理體系來看，政府要加大對非政府機構的政策、法律及資金支持，積極謀求區域一體化參與式合作。從組織架構管理來看，應構建多維度、多層級的協調機制，落實各部門的銜接制度，如籌建區域開發辦公室或協調小組、建立區域開發事宜協調機制等。從行業發展來看，應支持開發區域內各類行業協會共同制定區域行業發展規劃、行業發展願景、行業營運規則等，不斷探索區內各類市場資源。此外，從產業鏈延展來看，可通過龍頭企業的帶動作用，增強區域內相關產業的上下游配套，形成層次清晰、聯繫緊密的產業發展形態。

## 三、區域開發中必須注重制度創新

美國西部開發的過程也是一個不斷進行制度創新的過程，其中一個重要的因素是美國的西部開發活動並無現成的模板可借鑑，創新是必然的選擇。在長達200年

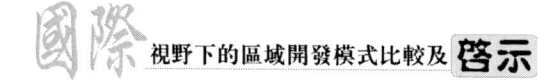

的西部開發進程中，美國針對不同時期的經濟社會發展情況，因地制宜地制定、調整、實施了各有側重的人才政策。此外，在科技、政策、管理等方面，可以說創新更是貫穿於美國區域開發的全過程。

中國西部開發和其他區域開發中，可以在許多方面學習和借鑑美國的具體經驗，但應當明確，中國的國情與美國有很大的差別，直接套用美國區域開發中的具體做法，是不明智的。重要的是根據中國的國情，充分發揮群眾的首創精神，不斷地在制度創新上做文章，從而走出一條適合中國區域開發的路子。例如，在區域開發過程中不可避免地會遇到不同行政地區的利益博弈，如何建立高效的利益補償機制是保證區域開發平穩進行的有力保障。針對這一問題，各相關地區都應積極貫徹落實中央政府深化行政體制改革的宏觀戰略和大政方針，通過加強經濟開發區內的法制建設，建立多維度、多層次的互動協調機制、合作補償及利益分配機制。在國家層面，可以法律形式對資源開發、經濟合作、生態建設等方面所涉及的主要問題提供政策指導，科學制定補償的界限、標準和方式，確保補償機制得到落實。在合作方面，可共同建立環境信息互通、應急聯動、聯合執法等合作機制和環境信息互通機制，如建立環境應急聯動、污染事件聯合調查以及環境聯合執法機制，共同應對跨區域環境污染等突發事件。在生態保護層面，可探索建立森林、濕地水環境等自然生態系統的補償機制。在政策引導方面，可考慮通過財政補貼、稅費返還等手段，鼓勵社會資本投資西部地區的資源節約型、環境友好型產業。

## 四、對跨行政區劃地區的開發必須建立起有效的協調機制

在各國的區域開發中，都或多或少涉及一個跨地區開發的問題，如流域的開發與治理等。美國西部開發中，在跨行政區劃地區的開發方面，也累積了不少經驗，這些經驗特別值得我們學習和借鑑。例如，美國在田納西河流域的開發中注重建立起區域的協調機制。

田納西河是美國第一大河——密西西比河的最大支流，發源於阿巴拉契亞山西坡、弗吉尼亞州與北卡羅來納州的西部，流經田納西和亞拉巴馬州，然後在肯塔基州匯入俄亥俄河。田納西河流域包括田納西州全部和密西西比州、亞拉巴馬州、佐治亞州、北卡羅來納州、弗吉尼亞州和肯塔基州的一部分，面積10.5萬平方千米。該地區不僅擁有豐富的水能資源，而且煤、磷、鋅等礦產資源富集，但在相當長的一個時期中，田納西河流域處於待開發狀態，經濟十分落後，1933年時，這一區域已淪為美國最貧困的地區之一。針對這一狀況，羅斯福總統決定對田納西河流域進行大規模的開發，並特別注重對該地區的整體開發，突出表現在以下方面：一是建立擁有實權的田納西河流域管理局（TVA），實行統一領導、分散經營。TVA作為聯邦政府機構，只接受總統的領導和國會的監督，且被授予其全面規劃、開發利用

該流域內各種資源的權力。對田納西河流域規劃的實施及其所屬業務部門，TVA 都進行強有力的領導和協調，包括在計劃制訂、工程建設、企業管理等方面下達指令和進行指導，但在具體業務經營方面，各部門又有很大的自主性與獨立性。二是統一規劃，在時間和空間上合理安排流域的開發建設，這就避免了各州自行開發的弊端。田納西河流域的開發，是遵循「防洪、疏通航道、發電、控制侵蝕、綠化、促進和鼓勵使用化肥等發展經濟」的指導思想，由 TVA 對全流域進行統一規劃，並制定了合理的流程開發建設程序，在時間序列上，推進的模式為：水利樞紐工程建設→發電防洪、航運灌溉、水道養殖→高耗能工業、土地開發利用、水土保持、農業條件改善→綜合性優勢工業部門發展、農林牧漁業全面發展、商業旅遊等服務業發展→流域經濟、社會全面振興。在空間佈局方面，則採取由干流到支流，由點到線，再由線到面的模式，從而使其開發更加有序。

美國在跨行政區劃地區開發方面的經驗，對中國的西部開發以及其他的區域開發實踐提供很好的借鑑意義。從一定意義上講，中國的區域開發是以行政權力的邊界劃分的地區開發，在缺少有效的協調機制的情況下，容易出現各自為政、無序開發、惡性競爭和產業同構的消極現象，這不利於我們在更大範圍內進行產業佈局，也不利於對資源的高效和集約利用，同時，還會從總體上降低投資的效率，並給生態保護和環境治理造成困難。因此，結合中國的實際，借鑑美國的經驗，研究建立和完善中國跨行政區劃地區開發的協調機制，既重要，又緊迫。要構建現代跨區域治理體系和協調機制，就應重建地方政府競爭秩序，果斷摒棄傳統狹隘封閉的地方保護主義觀念和陳舊思維，通過制度創新和硬件、軟件水準的提升吸引資源，促進地區集約化發展。現代政府治理體系的內在演進邏輯是通過公開的競爭向市場主體和公民提供優質的公共服務和現代化的基礎設施，塑造集約政府的制度基礎，從而促進地區經濟發展。當前及今後的一段時期，各地區應積極回應中央政府深化行政體制改革及黨的十八屆四中全會關於「加快建設職能科學、權責法定、執法嚴明、公開公正、廉潔高效、守法誠信的法治政府」的宏觀戰略和大政方針，切實轉變政府職能，促使政府職能向創造良好環境、提供優質公共服務、維護社會公平正義等方向轉變。

## 五、欠發達地區的開發應重視教育及人力資源的開發

美國西部開發中對人力資源開發的重視是十分引人注目的。如前面所述，美國西部開發中的土地政策和移民政策的實行，使大量的各類人才湧入這一地區，為其經濟發展注入了活力。

在西部開發中，美國政府還認識到，發展西部地區的經濟僅靠外來人才是不夠的，還必須高度重視教育，提高當地居民的素質，大力培養本地人才。因此，制定

了相應的鼓勵政策，以支持在西部地區發展教育機構，加大對西部地區的教育投資。

由於種種因素的影響，中國西部地區對各類人才的吸引力還不大，有的地區人才外流的現象還比較嚴重。與此同時，雖然我們對西部地區的教育投資也在逐年增長，有些地區增長的幅度還較大，但是，由於西部地區的基礎較差，教育投入的規模還是偏小。中國西部經濟的振興在很大程度上取決於提高西部地區人才吸引力和居民素質。在提高西部地區人才集聚能和居民素質時，應「軟硬結合」：第一、在西部地區發展硬環境方面，不可忽視基礎設施和公共服務的建設。要明確西部地區的開發不是簡單地進行城鎮化，即實現農村人口向城市的轉移，而是使生活在鄉村的居民享受同等的生活設施和生活環境，以良好的生活環境提高人口吸納能力。第二、由於西部地區工業基礎薄弱，可以充分利用國家產業轉移的政策，依據自身的資源基礎和市場條件積極承接產業轉移，把產業發展作為人才引進的基礎，積極發展基礎產業，實現產業發展與城鎮建設相互融合、聯動推進，從而以工業化和產業發展促進西部地區的人口就業能力。在營造軟環境、提高居民素質方面，應注意對地區居民的教育，尤其是少數民族的教育，不僅要增強他們的知識水準，還要注重提高他們精神素養。只有這樣才有助於各民族地區的團結，化解分歧和心理隔閡，實現各民族的友好相處。第三、在西部地區發展教育時，可以充分發揮民間組織的活力，使政辦教育與民辦協調發展。

## 六、欠發達地區的開發應重視基礎設施建設

中國西部地區與美國西部的另一個相似特徵，就是區域的公共設施十分落後，這是致使這些地區經濟發展長期滯後的一個重要因素，而當國家對這些地區實施開發時，落後的公共設施又會成為制約經濟開發的一個瓶頸。所以，各國欠發達地區的開發，都十分重視興辦公共工程，美國也不例外，而且在這方面累積的經驗很多。如前面所述，19世紀中葉美國興起的交通運輸革命有力地刺激著傳統社會向工業社會的轉變，它不僅是美國經濟起飛的重要標志，更是給西部開發注入了無限活力。到了20世紀，美國公共工程建設的領域和規模都進一步擴大，如對田納西河流域的開發，從防洪入手，綜合開發利用水資源來帶動其他工業部門的發展。

中國西部地區開發也是從加大基礎設施投資，興辦各類公共工程開始的。雖然中國政府實行了積極的財政政策，對西部地區公共工程建設項目給予了有力的支持，進行了大規模的公路、鐵路等交通網絡的建設，對提升西部地區的形象和投資環境的改善，都發揮了積極的作用，但是相比於東部地區，西部的基礎設施建設仍十分落後。在當前，新形勢下，為積極融入「一帶一路」倡議和長江經濟帶戰略，西部地區應積極借鑒美國的基礎建設模式，以增加基礎設施建設為基礎，擴大對外開放的水準。當前，成渝已分別建立了通向中亞、中東、歐洲的渝新歐、蓉歐快鐵，增

強了成渝同全球的各方往來。在此基礎上，還應以新絲綢之路經濟帶為紐帶，加強成渝與西隴海蘭新線經濟帶及南貴昆經濟區的聯繫，加快成渝主動融入新絲綢之路經濟帶和海上絲綢之路經濟帶的建設步伐，進一步增強成渝同中亞、南亞、中東等地的商貿、人才交流。

## 七、區域開發中應注重以高新技術產業發展來推動落後地區經濟增長和產業結構升級

美國政府在相當長的一個時期中，利用行政的力量，支持位於西部地區的軍工企業，加之西部地區豐富的資源優勢以及軍工企業自身的技術和人才優勢，這不僅大大促進了西部地區的經濟增長，而且有力地推動了西部地區產業結構升級。

科學技術作為第一生產力，對區域經濟發展的作用不言自明。作為區域產業競爭的核心資源，新技術尤其是最新前沿技術的開發、應用是區域經濟發展的重要保障。相對落後的西部地區在發展過程中，更應結合自身的區位優勢，把創新作為發展的內驅動力。在這一過程中要注重人力資本和知識的累積，通過二者的互動累積，發揮二者的空間外溢效應，帶動西部地區的科技創新，形成體系完善的科技創新網絡。如帶動西部發展的兩大「引擎」，成都和重慶分別採取了高效的措施帶動區域經濟發展，發揮二者集聚和輻射效應。成都主要通過發揮天府新區、成都國家自主創新示範區、德陽國家高端裝備產業創新發展示範基地、綿陽科技城等的優勢條件，加強區域間技術合作和智力共享，促進創新要素集聚和知識傳播擴散，推進成德綿區域協同創新，進而帶動城市群乃至西部地區的開放創新、協同創新。重慶是借力「科技創新中心」的定位，以創新激發潛力、贏得先機，並充分調動科研人才的創造性和積極性，改革科研管理體制和創新科研項目，建立項目合作機制，構建區域技術創新體系，增強區域自主創新能力，進而提升產業競爭優勢。

## 八、區域開發中應重視培育以城市為載體的增長中心

如前面所述，美國的西部開發史也是一部城市發展史，各級各類城鎮的建設和發展，對產業的發展起到了很好的承載作用，從而形成了大大小小的集空間和產業為一體的增長極，促進了西部地區經濟社會的加速發展。美國西部開發史就是美國的城鎮化進程史。美國的城鎮化歷程可分為四個階段，分別是城鎮化醞釀、城鎮化發展、城鎮化加速、新型城鎮化。如表3-1所示。

表 3-1　　　　　　　　　　　美國城鎮化的發展進程及特點

| 發展階段 | 發展時期 | 發展基礎 | 發展表現 |
| --- | --- | --- | --- |
| 城鎮化醞釀期 | 1690—1820 年 | 移民基礎；<br>港口優勢 | 大規模城市增加；<br>城市人口比例增加 |
| 城鎮化發展期 | 1820—1865 年 | 資本、人口、機器的集中；<br>農村剩餘勞動力；<br>工業化開始發展 | 城市集中東北部；<br>城市數量、規模、人口不斷增加 |
| 城鎮化加速期 | 1865 年—19 世紀末 | 工業化、城鎮化同步發展；<br>工業化基本完成；<br>工業化向西部轉移 | 大量新城市出現；<br>形成製造業帶 |
| 新型城鎮化 | 20 世紀初至今 | 製造業、工業的發展；<br>高新技術產業的發展；<br>城市病的出現 | 服務業占比不斷增加；<br>出現郊區化；<br>中小城鎮開始發展 |

　　美國城鎮化的進程，特別是中西部城鎮化的發展，一方面受工業發展的有力推動，另一方面，由於中西部城市的興起，又在欠發達地區形成了若干個強有力的增長極，促進了中西部的工業乃至整個經濟社會的發展。西部城市強大的集聚效應，有力地促進了美國工業化、現代化的發展。同樣，對於中國西部的發展來說，有意識地培養以城市群為載體的增長中心，將有助於西部地區經濟的發展。

　　美國西部開發的經驗教訓對中國的區域開發既有積極的借鑑意義，也有一定的警示作用：首先，中國各地的區域開發特別是西部開發，要注重經濟發展與環境保護協同進行，切不可「先污染、後治理」。其次，要避免重複建設和資源浪費。西部地區資源豐富，但是由於資源具有稀缺性，並不是取之不盡用之不竭的，因此在西部開發過程中務必要重視保護資源，切實發展資本密集型和技術密型產業，提高對資源的利用率。再次，區域開發過程必然伴隨著城鎮發展，這就需要我們具有憂患意識，防患於未然，盡量避免像美國西部開發過程中一樣出現的城市無序發展狀態。最後，要注重體制機制創新。體制機制是營造良好經濟政策環境的基本保障，是推動產業優化升級的重要舉措，是加快城市發展的重要支撐，在經濟發展中的作用舉足輕重。因此，應注重體制機制創新，減少區域開發和城市發展過程中的尋租事件，提升區域開發的效率，切實提高人民的真實福利水準。

# 第四章 日本區域開發模式研究及啟示

2010年日本的經濟總量比中國少4,044億元,退居世界第三大經濟體,但是日本多年來的經濟發展成就是有目共睹的。日本在其成為發達國家的歷程中,也曾在區域經濟發展中面臨著「過密」與「過疏」的問題。「過密」問題是指太平洋沿岸工業地帶的大城市東京、大阪和名古屋交通擁擠、住宅短缺、能源和用水緊張等問題。「過疏」問題是指一些地區人口淨流出量較大,造成人口密度過小的現象。為有效解決這一問題,日本政府從1962年頒布《全國綜合開發計劃》(簡稱《一全綜》)開始,多次規劃並實施開發計劃來解決這一問題。從實際情況來看,雖然日本仍存在「過密」與「過疏」的問題,但是這一系列連續的、動態的開發規劃與舉措對日本各區域的協調發展起到了重要的作用,也對中國落後地區的開發具有啟示作用。

## 第一節 日本區域開發概況

### 一、日本概況

日本位於亞歐大陸東端,是一個四面臨海的群島國家,自東北向西南呈弧狀延伸。北臨鄂霍次克海,東部和南部緊鄰太平洋,西部與日本海、東中國海相接,且與韓國等國隔海相望。日本國土總面積約為37.78萬平方千米,比歐洲多數國家大,但是僅相當於中國國土面積的1/25,俄羅斯面積的1/45。日本的國土南北總長度約為3,500千米,東西寬度約為300千米,由4個大島(四國、北海道、九州、本州)組成。日本行政區劃圖見圖4-1。

日本是世界經濟強國。二戰後,日本充分利用世界科技革命成果和後發展優勢,創造了長期的高速增長的經濟奇跡,成為僅次於美國的世界第二經濟大國。此後,成功地克服了第一次石油危機,在20世紀80年代中期進入鼎盛時期。但好景不長,20世紀90年代初期,日本泡沫經濟在一片讚譽聲中突然崩潰,陷入十幾年的蕭條期。特別是在媒體的炒作下,人們眼中的日本經濟更是一蹶不振、江河日下。經過艱苦的努力,2002年以來日本在國外需求的拉動下,終於擺脫了長期的蕭條。不良

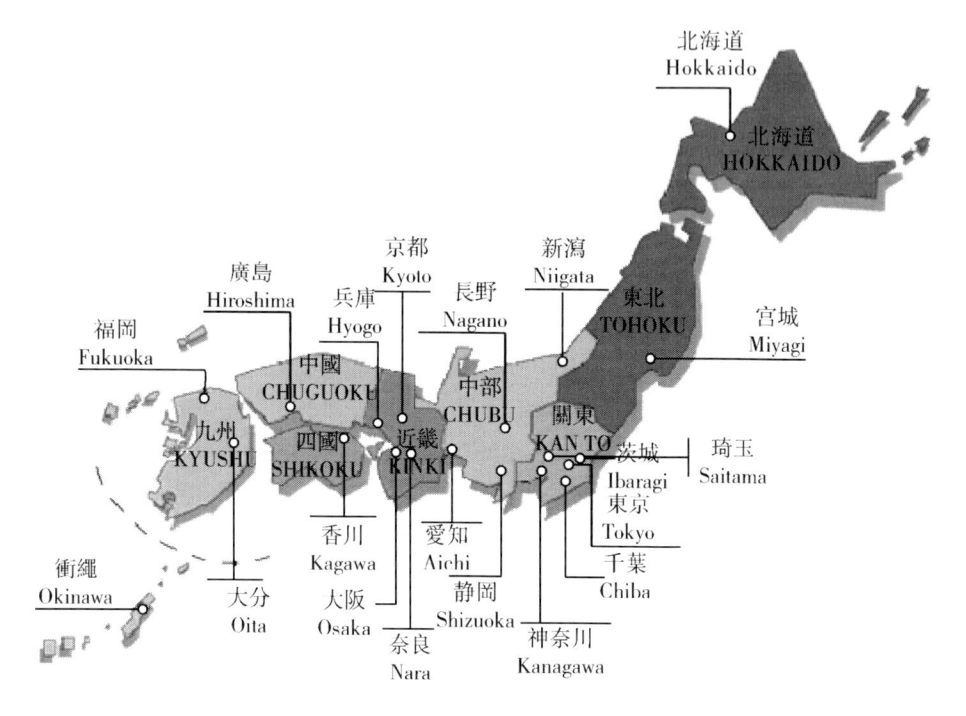

圖 4-1　日本行政區劃圖

貸款、資產縮水和消費低迷等泡沫經濟後遺症基本消除。經過多年的努力，日本對經濟的改革初見成效。2005 年日本經濟復甦強勁，走出了經濟蕭條的困境且亮點顯著。[①] 2008 年世界範圍內的金融危機又對長期以來依賴進出口貿易的日本造成了沉重的影響，在採取一系列的貨幣政策和財政政策之後，日本經濟在 2013 年開始復甦。

日本進行區域開發的實踐可以沿兩條主線展開，一是在全國範圍為實現區域均衡發展而採取的區域開發計劃和政策，即以國土開發為中心的區域開發；二是從整體與部分的關係來看，日本對落後地區進行了開發。本書分別從這兩條主線予以說明日本在區域開發過程中的實踐歷程。

## 二、日本宏觀區域開發概況

（一）戰後經濟恢復時期的非均衡開發戰略（1945—1955 年）

由於日本在二戰中本土受損且戰敗，使得日本糧食和資源來源的殖民地喪失了，造成戰後日本出現了嚴重的資源短缺問題。這一問題一度成為制約經濟恢復的瓶頸。於是，為了緩和資源的供需矛盾，這一時期日本實施了側重於開發資源的區域開發

---

① 張季風. 日本宏觀經濟運行走勢分析 [J]. 當代亞太, 2006 (3): 31-37.

模式，以期恢復經濟活力，促進經濟增長。為了有序而順利地進行區域開發，1950—1955 年，日本出抬了一些區域開發的法律，其中《國土綜合開發法》最為重要。《國土綜合開發法》是日本區域開發的基本法，依據該法，日本制訂了相應的綜合開發計劃，最為著名的是全國性的綜合開發計劃。1950 年，日本政府制訂了特定區域綜合開發計劃，決定在資源開發不足的地區和有必要防災的地區進行資源開發，主要是興修水利，開發電力。1951 年，日本政府又指定北上地區等 22 地河川區域為特定區域。從 1953 年起，特定區域綜合開發規劃項目陸續實施。據統計，開發涉及面積為 11.4 萬平方千米，約占國土總面積的 1/3，涉及人口 2,589 萬人，約占當時總人口的 29%。由於各地工程進度不同，因此項目的完成時間也有所不同。北上地區等 9 個特定區域最早完成，仙鹽地區等 3 個特定區域完成時間最晚，於 1967 年完成，相較於北上地區晚了 5 年。從特定區域綜合開發的結果看，雖然計劃中的治水工程等保全國土的目標並沒有完全實現，也沒有取得振興當地經濟發展的效果，但是，其開發的電力大量輸往城市和工業地帶，緩解了資源、能源短缺對經濟發展的制約，促進了日本經濟的迅速恢復。

（二）據點式均衡開發戰略（1955—1968 年）

20 世紀 50 年代後期，日本開始進入以民間投資為主導的重化學工業化時代，日本的能源結構也由原來以煤炭為主轉變為以石油為主，向鋼鐵業、汽車製造業、電氣機械工業等部門發展的企業數也在增加。從 1955 年的工業附加值總額看，重化學工業已占 56.8%，到 1962 年已上升到 65.7%，到 1995 年這一比率仍在 63.4%。這些數字表明日本在工業化發展進程中在該段時間主要發展重化學工業。為便於重化學工業的發展，日本政府把太平洋沿岸作為重化工業和其他能源發展的重要基地。在重化學工業促進經濟高速增長的同時，引發了日本的人口向三大都市圈，即東京圈、大阪圈和名古屋圈集中，三大都市圈分別占所有人口的比例為 26%、13%、7%，共計 46%，工業則向四大工業區集中。1958 年，原來四大工業地區的工業生產量占全國工業產量的 59%，這造成了京浜、阪神、名古屋和北九州四大工業地區工業的過度集中和地區差距擴大的問題。為了防止城市過大、合理利用自然資源、縮小區域差距，1962 年日本政府出抬了期限為 10 年的《一全綜》。《一全綜》以據點開發理論為理論基礎，以四大工業區以外的其他地區為開發據點，建設產城融合新區，即工業特區和產業新城。顧名思義，工業特區側重於工業開發，產業新城側重於對城市功能和工業產業的共同開發。據點式區域開發戰略是地方核心城市和新工業基地的開發，即「點」的開發；因為在區域結構中，地方核心城市和工業基地被稱為「核心」或「節點」。

為了保證「新產業城市」和「工業特區」建設的順利進行，日本在 1962—1965 年出抬了三部相關的法律，即 1962 年的《新產業城市促進法》、1964 年的《工業建設特別地區建設促進法》和 1965 年的《關於新產業城市建設及工業特別地區建設

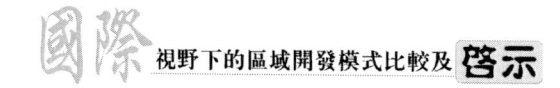

財政特別措施相關法律》。① 1965—1966 年，日本政府在後進地區選定了 15 個地區為「新產業城市」建設據點、6 個地區為「工業特區」建設據點。1965—2000 年，「新產工特」地區先後實施了 6 次基本計劃，第 1 次基本計劃時間為 1965—1975 年，其餘 5 次計劃均為 5 年計劃。到 2000 年底，第 6 次基本計劃期滿後便結束了「新產工特」的開發。

從「新產工特」30 餘年開發實績看，在太平洋臨海地區形成的重化學工業地帶，基礎設施的建設發展很快，工業產值的增長率也大大超過三大城市圈，工業聚集度超過全國平均水準，居民收入接近全國平均水準，新產業城市發展成地方核心城市。由此可見，1965 年開始實施的「據點式」區域開發戰略是成功的。

（三）經濟高速增長後期的開發（1968—1973 年）

1962 年以後，日本經濟持續高速增長，國力大增。1968 年日本以 51 萬億日元的經濟總量超過聯邦德國，成為僅次於美國的世界第二經濟大國。但是，與此同時「過密」與「過疏」問題日益嚴重。「過密」問題是指太平洋沿岸工業地帶的大城市東京、大阪和名古屋交通擁擠、住宅短缺、能源和用水緊張等問題。「過疏」問題是指一些地區人口淨流出量較大，造成人口密度過小的現象。此外，工業開發還引發了環境污染等問題。

在這種經濟形勢下，為了促進人與自然和諧相處、改善基礎設施、形成舒適的環境，日本政府運用點軸開發理論，於 1969 年頒布了由內閣會議批准的期限為 20 年的《新全國綜合開發計劃》（簡稱《二全綜》），計劃投入 500 萬億日元。《二全綜》提出了「大規模項目」區域開發戰略。「大規模項目」是指國家規劃的大型項目，主要包括產業項目、新網絡項目、環境保護項目三類。產業項目即大規模的農業基地、工業基地和流通基地建設項目。新網絡項目就是建設鐵路網、公路網、信息網、航空網和港口聯通網。環境保護項目是以環境保護為目的，完善社會生產和社會生活基本保障系統的大型建設項目。《二全綜》主要以整個國土的均等化開發、保護自然、創造舒適的生存環境為目標，既是對《一全綜》的延伸，又有一定程度的改進。特別在指導思想上，不是按照經濟原則通過追求規模經濟來消除地區差距，而是從國土配置的角度出發強調國土的計劃開發。《二全綜》以大型項目為出發點，以交通基礎設施為軸線，進行點軸開發。然而，《二全綜》所追求的大型項目開發方式卻不是新產業城市那種「點」的開發，「大規模項目」區域開法戰略主要是通過建設高速交通干線網使中樞大城市與地方開發城市和其他地區相連接的以「線」連「點」的開發。

1973 年石油危機爆發，對日本國內經濟產生了重大影響，導致大多數《二全綜》計劃落空。不過，整體來看，日本在這時期所採取的區域開發模式還是很有成效的。

---

① 餘丙雕. 日本經濟新論［M］. 長春：吉林大學出版社，1999：228.

### （四）經濟低迷時期的開發（1973—1986年）

進入20世紀70年代，日本經濟受到了石油危機的影響，一直保持5%~9%的經濟增長率，1974年下降至-1.4%，首次創下了負增長的記錄。日本同其他發達國家一樣，發生了經濟蕭條，陷入了「滯脹」階段。1978年，隨著第二次石油危機的爆發，日本國內物價上漲，經濟增長率也由5%跌至2%，日本經濟再次進入低增長時代。此外20世紀60年代，「公害」還僅僅是一些區域存在的問題，而到了70年代初，則成為全國性的社會問題。「四大公害」事件世界聞名，造成各地的反公害運動此起彼伏。同時，「過密」與「過疏」的問題仍然比較嚴重。在這樣的情況下，日本政府再次調整區域開發戰略，改變區域開發方向，使區域開發由重視經濟轉變為重視居民生活。

經過深刻的反思和大量的調研，1977年日本政府正式公布了期限為10年的《第三次全國綜合開發計劃》（簡稱《三全綜》），計劃投入資金約240萬億日元，投資方式以地方財政為主。《三全綜》的基本目標是發揚區域特性，建設一個人與自然協調發展的、健康的、田園式的居住環境。

《三全綜》區域開發戰略的要點：①貫徹落實由定居區、居住區、定居圈組成的「廣域生活圈」的構想。「居住區」是人們日常生活最小的區域，大約由50~100戶構成，全國形成30萬~50萬個居住區；「定居區」是以學區或若干居住區等為中心組成的範圍更廣的生活區域，全國形成2萬~3萬個定居區；「定居圈」是以中小城市為中心、由若干個定居區組成的更大的生活圈，全國將形成200~300個。②以定居圈為基本單元，建設教育、醫療、文化、居住、體育等生活設施，並合理配置小學、中學、高中和大學，從而吸引人口和產業從人口密集區向人口稀疏區分散。開發定居圈的主要目標是改善居住環境，防止城市過大，解決過密、過疏問題。顯而易見，定居圈是以開發「面」為主體的區域開發戰略，主要是保護環境、改善居住、提高生活質量。

20世紀80年代至90年代正是新的經濟恢復波動的開始，同時也是技術時代的開端。技術革新的同時也帶來了經濟體制的變革與政策的變化。美國的硅谷正是在這種背景下出現的。硅谷是多數持有先端發展技術的中小型企業的集合地。蘋果公司及因特公司都是現代企業的代表。

基於這樣的經發展背景，通產省首先提出建立「硅谷模式」的技術聚集城市。1983年，日本頒布了《高度技術工業聚集區域開發促進法》，指定了26個地區來建設技術集聚城市，如宮崎、西播磨等地區。在九州，除了福岡之外，各縣也都有技術聚集城市。技術聚集城市的實施是對定居圈區域開發戰略的補充。技術聚集城市建設在兩個方面取得了一定的成績：一是工業人口。1980—1990年，全國工業人口增長率為0.09%，26個技術聚集城市為0.82%；工業產值的增長率，全國為0.95%，26個技術聚集城市區為6.69%。二是高技術產業在全國所占比重（設定全國平均水準為1.0）。26個技術聚集城市的機械電子業為1.206，產業機械為1.014，

醫藥品為 0.994，航空航天為 0.646，新材料為 0.576，五個產業平均為 1.069，超過全國平均水準。

(五) 區域經濟差距再次拉大的時期 (1986—1998 年)

在《三全綜》的實施過程當中，技術革新不斷進步，信息化快速發展，同時產業經濟的國際化也日趨發展，日本國內的產業結構轉換也在那個時期開始。因此，高等級的城市功能和人口向大城市集中的趨勢，特別是向東京的集中在不斷強化；相反，地方上就業問題日益嚴重，一些地方再次出現人口減少的現象。城市密度的增加和功能的集聚提高了城市再開發的壓力。在這一時期，民間企業和民營資本大量參與城市再開發的進程，此現象被稱為城市復興，然而這一現象加重了日本房地產泡沫經濟的風險。

20 世紀 90 年代中期以來，在經濟不景氣的情況下，日本各地區的經濟發展速度普遍偏低，但區際差異仍比較明顯。在這樣的背景下，日本對《三全綜》進行了評價和深化。1987 年，以 2000 年為目標年發布《第四次全國綜合開發規劃》(簡稱《四全綜》)。這次規劃將多樣主體參加的多極型國土開發結構作為目標，開發重點是基礎設施建設。

《四全綜》把日本分為兩類地區。第一類是指大雪地帶和離島、半島等特定地區；第二類是除了上述地區之外的國土主體地區，並將主體地區分為 10 個經濟發展區，同時規定了各個區的開發方向和基本措施。[①] 該計劃在整治和開發以大城市為核心的經濟開發圈的基礎上，著重在發展地方新興產業和高技術產業方面進行了規劃，目的是建立多極狀和分散型的發展態勢，試圖把富有活力而又安全的經濟發展態勢延續到 21 世紀。為促進這一規劃目標的實現，推動安全富有的國土開發，建設充滿活力的、舒適的生活地區，為豐富人的精神財富展開新型產業開發及生活基礎設施建設，加強能促進地方上的定居和交流的交通及信息通信等基礎設施建設等，被列為主要課題。

(六) 21 世紀的國土開發設計 (1998 年至今)

從泡沫經濟逐步形成到崩潰為止，日本經濟形勢變得非常不安定。一方面，隨著日本經濟不斷成熟和國家不斷成熟，人們的收入水準、生活方式和價值觀發生了很大的改變，人口紅利逐漸消失，人口老齡化問題日益凸顯。另一方面，隨著科技的進步，尤其是互聯網的發展，全球各地和經濟交流的物理空間和經濟空間大幅縮小，經濟效率大幅提高，經濟活動發生了翻天覆地的變化。此外，自 1992 年召開里昂「西方七國首腦會議」以來，世界各國的環保意識日漸增強，如何保護自然、利用自然、與自然和諧相處，建設可持續的社會體系等問題越來越受各國重視。

在這樣的背景下，日本對《四全綜》重新進行評價和修改。1989 年日本內閣通過了以 2015—2020 年作為目標年度的《21 世紀國土開發設計》(簡稱《五全

---

① 王恩奉. 日本戰後經濟開發對中國經濟發展的啟示 [J]. 經濟研究參考，2003 (76)：44-48.

綜》），並付諸實踐。該規劃以建立相互補充又保持一定獨立性的地區平向網絡，形成多主體參與交流的多級型國土利用格局為主要目標，以提高基礎設施投資效率為投資重點。[①] 為形成對多級型國土利用格局的支持，日本首次提出構建多軸型國土構造，將建設和擴大地區間的協作交流軸或地域聯繫軸作為國土空間開發的重要形式，這也是日本《五全綜》的重要內容。第五次全國綜合開發規劃設計構築了東北國土軸、日本海國土軸、太平洋新國土軸、西日本國土軸這樣幾大國土軸，組成的多軸型國土結構。該規劃鼓勵保持地域的相對獨立性，使各地區通過合作的方式參與國土建設和地區建設。第五次全國綜合開發規劃的主要內容有以下幾點：增加自然居住區，提高就業率和生活環境；調節城市人口密度，分散大城市的職能，修復人口密度大的城市空間；調整三大都市圈的生產力佈局；加強區域間生產要素的自由流動，構建國際交流圈，進行相對獨立的國際經濟活動。為實現上述目標，日本主要採取了以下措施來落實《五全綜》：第一，鼓勵多種開發主參與，明確各主體間的職能分工；第二，實施信息公開，鼓勵公眾參與建設，有效利用民間資本；第三，政府給予政策支持，提高各地區間的協同合作效率。

為適應經濟國際化、國民價值觀念多樣化以及人口減少型社會的真正到來，2006年，日本政府制定了《日本國土形成規劃》（簡稱《六全綜》），主要目的是構建自立的多樣性廣域地方圈，即把國體結構從市町村向廣域生活圈域、從都道府縣向廣域共同體、從日本國土向東亞拓展，以形成多樣性的廣域共同體，建成體系完整的國土發展結構。[②]

總之，通過對日本實行的宏觀區域開發的闡述，不難發現，日本政府高度重視對土地的綜合開發，並因時因地調整規劃目標、規劃內容、規劃路徑、規劃方式，採取不同的宏觀經濟開發政策，既保持了區域開發的連續性，又保障了區域開發的科學性和合理性，使區域開發具有現實基礎。自20世紀50年代以來，日本的區域開發依據據點開發理論、點軸開發理論、網絡開發理論、全面開發理論和區域創新理論，歷經六次全國性的區域開發規劃，經歷從非均衡開發到均衡開發再到傾斜、協調開發的歷程，開發方式也由最初的據點開發、大規模開發、綜合開發和多極分散型開發到後來的參與協作開發、可持續開發等，經歷了六次轉變。開發理論、開發方式、開發歷程的轉變在一定程度上反應了日本經濟發展的歷程。同時，日本也非常重視環境的改善和保護。

### 三、日本部分地區的開發概況

為縮小地方和三大都市圈在經濟、社會發展方面的差距，解決因人口「過疏」「過密」及某些地區高度集中的社會問題，日本政府在國土綜合開發的同時，對地

---

① 和泉潤. 日本區域開發政策的變遷 [J]. 國外城市規劃，2004，19（3）：5-13.
② 蔡玉梅. 日本六次國土綜合開發規劃的演變及啟示 [J]. 中國土地科學，2008，22（6）：76-80.

方進行了開發。

在日本經濟發展過程中，日本經濟的發展呈現顯著的兩極分化。其中，低收入的人口集聚地主要有：山陰、北海道、九州、東北地區等17個道縣。這些地區在高度經濟成長期中與三大都市圈存在很大的差距，如1960年鹿兒島的人均收入只相當於東京的30.5%，之後隨著工業化浪潮波及這些地區，這種收入水準的差距曾一度趨於減緩，但是自20世紀70年代後期以來，由於新的產業結構調整和財政轉移支出的減少，這些地區又處於不利的狀況，與其他地區相比人均收入差距又呈現擴大的趨勢。

（一）日本北海道綜合開發

北海道是日本47個都道府縣之一，位於日本的北端。面積約為813萬平方千米，約占日本國土面積的22%。130多年前，雖然北海道富集礦藏和煤炭，但是由於北海道人菸稀少、自然原始、交通閉塞、資源未被開發，成了一個極其落後地區。日本政府對其進行了一個多世紀的重點開發，目前北海道已發展成為擁有568萬人口、中等經濟發展水準、自然環境優美的北方糧食生產基地和旅遊勝地。2004年，北海道的經濟總量約為19.96萬億日元，占日本全國經濟總量的4%，1998年北海道人民人均所得為273萬日元。北海道地區在產業規劃中，立足於資源特點和區位特點，即農業資源相對豐富、自然景觀獨特的比較優勢。其產業結構中第一產業、第三產業比例較高，而第二產業比例較低，一、二、三產業的比例為8.96：23.47：66.99，而日本全國的一、二、三產業比例約為5.68：32.91：53.97。北海道農業、林業、水產業為第一產業的支柱產業，使其為發展成為日本最大的糧食供應基地，約占日本糧食產量的1/4。在北海道第二產業中，食品、紙漿、造紙、水泥等地方資源型產品占50%以上，建築業比重為12.7%，高於全國3.1個百分點，主要由國家的公共基礎建設投資拉動，而電器、機械等加工產品比重非常低。北海道第三產業主要包括旅遊業、商業、運輸業、服務業、教育和房地產業，特別是旅遊業開發水準很高，2000年接待國內外遊客4,125萬人次。

北海道作為區位獨特的重點開發區域，日本政府專門設立了北海道開發局對其進行開發。從1952年起，日本政府對北海道連續實施了6次綜合開發規劃，每次為期10年。在每次規劃中，日本政府都對北海道的開發方向、產業培育方向指明了道路，給予了政策支持和配套設施。6次規劃中關於產業佈局的重點內容有：①第一期規劃。在產業佈局方面，主要是開發利用水電資源，增加煤炭採掘與生產，穩定糧食生產。②第二期規劃。主要目標是調整產業構造，實現產業的專業化和高度化，大力發展現代農業和礦業，完善交通和通信體系。③第三期規劃。實施苫小牧東部工業振興計劃，振興現代產業。④第四期規劃。建設適合核心產業發展的基礎設施，並將旅遊產業確定為新的支柱產業。⑤第五期規劃。重新定位北海道，提高北海道的國際化水準和國際作用。⑥第六期規劃。扶持北海道增長性產業，建設糧食基地

和全國性的觀光和休養基地。①

從北海道各階段開發規劃和產業佈局可以看出：日本政府每次對北海道的規劃都是根據經濟發展形勢、區位優勢和北海道的自然稟賦，為其指明了產業發展方向，給予了政策支持，建設了與產業相關的基礎設施。六次規劃中在產業的選擇上突出地反應了產業結構演進規律，即先發展以糧食產業為代表的第一產業，在具備一定的經濟基礎之後，開始制訂重點區域的工作振興計劃。隨著第三產業的興起，為了拓寬第三產業的發展空間，北海道加強了北方圈的國際中心建設，目前正在著力培育新能源、IT產業、生物工程等高新技術產業。

日本除了對邊遠地區進行開發以外，還對中間地帶進行開發。日本的中間地帶主要是以臨近三大都市經濟圈的地區和一些新興產業城市為主的地區，具體包括靜岡、廣島、福岡、宮城、群馬、茨城、長野、岐阜、三重、滋賀、岡山、山口等22個縣。

（二）瀨戶內海工業區綜合開發

日本在20世紀60年代初，為了緩解工業發達地區，如大阪、京濱、名古屋和北九州的發展飽和問題，選擇了這些工業發達地區的周邊地區進行重點開發，如瀨戶內海、伊勢灣、東京灣和大阪灣，形成了「三灣一海」的開發格局。其中，瀨戶內海工業區及其周邊地區是構成這些工業地帶的重要組成部分，在日本經濟體系中居於舉足輕重的地位。這是日本對不發達地區進行的據點式開發，也是日本對據點開發理論的運用。

日本的山陽地區南部臨海區是日本戰後重要的發展地區之一，形成了大規模的臨海工業佈局。20世紀50年代，山陽地區的重化學工業發展迅速，鋼鐵、造船、水泥等工業十分發達，形成了眾多以鋼鐵、化學、石油為核心的大型聯合企業。20世紀80年代，山陽地區的鋼條產量已達3,000萬/年，超過了英國。日本年煉油量約為5,126萬噸，占日本總煉油量的17.3%，化學工業年產量約占日本全國總量的26.2%。

山陽臨海地區由6大工業區構成，分別是以鋼鐵、機械、重化學、石油工業為主導產業的水島工業區，以電機工業和鋼鐵工業為主的備後工業區，以造船、汽車製造等重工業，以造紙、人造絲等輕工業組成的廣島灣岸工業區，以及以煉油工業為核心的周南工業區和以硫銨、化學工業和水泥等為主要產業的宇部、小野田、下關地區。

四國地處近畿與北九州之間，工業發展深受阪神和北九州工業地帶影響。北部瀨戶內海沿岸以重化學工業以及輕紡工業為主要產業。四國島北部臨海區有北部工業區、坂出臨海工業地區和德島工業地區3個大型工業區，其中，北部工業區由發展有色金屬和化學工業的新居濱、別子銅礦產地鬆山的愛媛縣組成；坂出臨海新工

---

① 日本國土交通省北海道局. 為了開發新時期的北海道——北海道開發概要［R］. 北海道：北海道開發局，2003：2-8。

業區以生產石油、造船、制鋁品為主；德島工業地區戰前主要生產紡織、食品、制藥等產品，戰後主要生產紙漿、船只等工業品。

總之，到 20 世紀 60 年代末，以瀨戶內海為重要組成部分的太平洋沿岸帶狀工業帶已經成為世界上最重要的製造工業中心之一，有力地推動了日本戰後重、化工業的發展，奠定了戰後日本工業體系的堅實基礎，為日本經濟的全面起飛創造了條件。

## 第二節　日本區域開發模式的特點

### 一、政府作用的特點

日本在區域開發過程中，政府成了主導的力量，其主導作用主要體現在以下六個方面。

(一) 區域開發以法律為依據

日本的區域開發通過法律來保障實施的連續性，這也是日本區域開發的一個主要的特點。在區域開發過程中，日本政府積極借鑑美、蘇聯等國的區域開發經驗，結合日本本國的實際情況，制定了國土綜合開發的規劃，並於 1950 年頒布了全國性的《國土綜合開發法》。該法對推動全國區域開發起到了極大的作用。此後的 40 多年的時間裡，日本相繼制定了五次全國綜合開發規劃，並根據規劃分別制定了多部相關法律來保證規劃的具體實施。例如，日本在制定第一次全國綜合開發規劃時，制定了《新產業城市促進法》《工業建設特別地區建設促進法》和《關於新產業城市建設及工業特別地區建設財政特別措施相關法律》來保證「新產特工」規劃的實施。此外，在隨後的幾次全國綜合開發規劃中日本又制定了《全國新干線鐵路整備法》《新產業城市建設促進法》《農村地區工業引入促進法》《綜合療養地區建設法》《多極分散型國土形成促進法》《地方中心法》等多部法律配合綜合規劃的實施。

為解決過密與過疏的問題，緩解城市人口壓力，日本政府除了出抬全國性的法律外，還根據《首都圈建設法》為以東京首都圈為中心的大都市圈制定了首都圈建設規劃，根據《近畿圈建設法》為以神戶、京都、大阪為中心的近畿圈頒布了近畿圈建設規劃，依據《中部圈開發建設法》為以名古屋為中心的中部圈出抬了中部圈開發建設規劃。為促進相對落後地區的發展，如東北、衝繩、北陸、九州、北海道、四國等地，日本政府出抬了相應的地方法律法規。自 20 世紀 50 年代起，先後制定了《北海道開發法》《衝繩振興開發特別措施法》《過疏地區振興特別措施法》《地方據點地區整治法》等法律，共 126 種。這些法律主要解決欠發達地區的經濟、社會和環境等面臨的問題。在立法的基礎上，政府先後對欠發達地區實行計劃開發。

僅在 1962—1980 年，日本政府就先後制訂了國土開發計劃和欠發達地區開發計劃達 20 多個，如北海道綜合開發計劃、衝繩島振興開發計劃等，並規定國家設立北海道、衝繩開發事業費預算。嚴肅規範的法律保障了欠發達地區開發。

表 4-1　　　　　　　　　日本地區開發立法中的特定地區法

| 產業振興類 | 特定區域振興類 |
| --- | --- |
| 《低度開發地區工業開發促進法》（1961） | 《孤島振興法》（1953） |
| 《新產業城市建設促進法》（1962） | 《產煤地區振興臨時措置法》（1961） |
| 《工業整備特別地區整備促進法》（1964） | 《豪雪地帶對策特別措置法》（1962） |
| 《農村地區工業導入促進法》（1971） | 《山村振興法》（1965） |
| 《工業再配置促進法》（1972） | 《十島振興法》（1985） |
| 《高技術工業集聚地區開發促進法》（1983） | 《特定地區中小企業對策臨時措置法》（1986） |
| 《關於促進有利於地區產業高度化的特定事業的集聚的法律》（1989） | 《過疏地區活性化特別措置法》（1990） |

（二）區域開發的財政政策調控

日本在區域開發過程中制定的地區開發財稅優惠政策和措施主要：

（1）提高國庫補助率。根據振興地區與開發規定的相關法律法規，各地區的振興活動可享受一定的國家財政補助，如北海道的道路、市町村的道路、港口等基本設施；與振興孤島計劃有關的事業和振興計劃中的特定事業；促進內地等產業開發的道路建設和都道府縣、市町村的振興活動；法律規定的防治公害對策和加強消防設施事業等。此外，一些重大項目也可享受國家財政補助。雖然部分地區和部分項目不能享受國家財政補助，但是日本政府採取其他措施給予了優惠，極大地提高地區區域開發的積極性。

（2）地方債方面的特別措施。地方債方面的特別措施主要表現在四個方面：一是作為起債特例放寬限制；二是提高專用率；三是利息補貼；四是其他方面，如保證起債需要的資金，允許以國家下撥普通稅款填補還本付息等。

（3）補償減免地方稅導致的減收。這一措施主要適用於都市開發、新產業城市建設、工業開發特區建設和農村地區引進工業活動，促進工業再佈局、高科技城新建、實驗研究設備擴建、地方據點城市建設、孤島和過疏地區的振興等。對地方因減免不動產取得稅、營業稅、固定資產稅而產生的地方財政減收的情況，國家財政給予補償。

（4）實行「財政投融資」，增強中央的調控能力。以國家信用為基礎的財政融資，是通過金融手段進行籌資，並以有償的方式提供給政府投融資機構，使其利用。它既不同於財政投資，又與商業銀行貸款不同。一方面，它強調保護資源，可回收本金及利息貸款；另一方面，它以政府為投資名義，與商業銀行相比，可進行低息

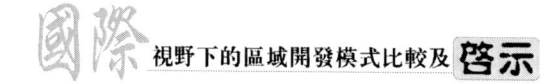

長期貸款。它有體系完整的財政投融資體系，保障其運行的高效性，如日本輸出入銀行、區域性政策金融機構、日本開發銀行。投融資資金由政府統一管理，為提高資金的使用效率、保障政策的連續性，投融資計劃與財政預算共同編製。投融資資金的來源主要有國民年金、郵政儲蓄、簡易保險基金、國內外借款和厚生年金，其規模相當於經濟總量的 6%~8%，主要用於產業發展、基礎設施建設、支持重點項目運行等。由此可見，財政投融資制度是日本政府運用「資金誘導和間接統制」進行區域開發的重要支柱，是推動區域經濟開發的重要力量。

（5）對欠發達地區實施大規模的投入。日本採取了高投入的政策來開發欠發達地區。國家和地方以無償扶持為主，按事業計劃低息撥出專款和長期貸款，並鼓勵民眾參與。為了給欠發達地區籌措資金，國家設置專門的金融機構，為其開發或低息貸款作擔保。欠發達地區的開發貸款率僅為銀行利率的 0.6 倍。

（6）對欠發達地區實施財政轉移支付。日本的財政轉移支付分為國庫支出金、國家讓與稅和國家下撥稅 3 種。前兩種屬於有條件財政轉移支付，國家下撥稅屬於無條件財政轉移支付。

（三）注重推進地方特別是落後地區的基礎設施建設，以實現區域的均衡發展

日本政府在相關法律法規中，對區域開發過程中涉及的基礎設施建設做了專門規定，並明確提出對基礎設施建設投資給予資金保障，同時，給予低息貸款和稅收優惠。在日本的財政投資支出中，基礎設施投資所占比重較高。同時，政府還採取各種法律法規，激勵民間企業和各類財團參與基礎設施建設和投資，極大地拓寬了融資渠道。日本政府為縮小地區差距，採取了一系列措施完善了交通體系，尤其是道路建設。中央政府給予財政支出的同時，還成立了專門的國家控股道路建設集團，承建了大量的跨地區的高速公路和干線，地方政府則承建城市內的干線道路和支線道路建設。近年來，日本的公路不斷延伸到落後地區，不僅加強了落後地區與大城市的互動，發揮了大城市對落後地區的帶動作用，而且極大地促進了落後地區的發展。

（四）重視區域開發規劃體系的建設

在日本非常重視區域開發規劃，最為突出的就是「全國性的綜合開發規劃」。中央政府根據《國土綜合開發法》多次頒布並實施了全國綜合開發規劃。日本政府在制定全國性區域開發規劃的同時，還制定了相關的地區性區域開發規劃，如它針對東京首都圈的《首都圈建設規劃》，以北海道為中心的《北海道開發法》等。都道府縣等地方政府將全國性規劃視為地區規劃的方向，依據全國綜合開發規劃的原則和方向，制定了相應的地區開發規劃，既保障了全國性開發規劃落到實處，也提高了政策的連續性，更是為地方區域規劃爭取了中央財政的支持。在此基礎上各地方規劃還積極鼓勵居民參與其中，提供規劃意見，最終由地方會議決定規劃的具體實施方案，這樣做保障了規劃的可操作性和合理性。

（五）大力發展都市圈經濟

在日本，「都市圈」主要是指以一日為週期，可以接受中心城市（都市）某一

方面功能服務的地域範圍。一般採用通勤指標來劃分都市圈。1995 年在國勢調查中，日本總務廳明確提出了「都市圈」的概念：構成都市圈的範圍為能夠有 1.5% 以上大於 15 歲的常住人口到該都市通勤或通學的都市周圍的市町村，且和該都市在地域上連續的市町村。日本東京經濟大學副教授、經濟學博士周牧之（2003）認為，對大城市圈一個比較簡單的定義就是通勤圈。20 世紀 60 年代日本政府頒布了《大都市圈建設基本規劃》，積極建設大都市圈，最終形成了以名古屋、東京和大阪為主的三大都市圈，這三大都市圈是日本人口密度最大，產業最為集中，經濟發展水準最高的區域。

表 4-2　　　　　　日本三大都市圈基本情況（2000）

| 地　　區 | 人口 數量(千人) | 人口 比重(%) | 面積 數量(平方米) | 面積 比重(%) | 人口密度(人/平方米) |
|---|---|---|---|---|---|
| 1.首都圈 | 41,317 | 32.55 | 36,346 | 9.62 | 1,137 |
| 東京圈(東京、埼玉、千葉、神奈川) | 33,414 | 26.33 | 13,280 | 3.51 | 2,516 |
| 東京圈以外的首都圈(茨城、櫪木、群馬、山梨) | 7,903 | 6.23 | 23,066 | 6.10 | 343 |
| 2.中部圈(除北陸) | 16,990 | 13.39 | 41,012 | 10.85 | 414 |
| 名古屋圈(愛知、三重) | 8,901 | 7.01 | 10,877 | 2.88 | 818 |
| 名古屋圈以外的中部圈(長野、岐阜、靜岡) | 8,090 | 6.37 | 30,135 | 7.98 | 268 |
| 3.近畿圈(除北陸) | 20,855 | 16.43 | 27,168 | 7.19 | 768 |
| 關西圈(京都、大阪、兵庫) | 17,000 | 13.39 | 14,897 | 3.94 | 1,141 |
| 關西圈以外的近畿圈(滋賀、奈良、和歌山) | 3,856 | 3.04 | 12,271 | 3.25 | 314 |
| 4.三大都市圈小計 | 79,162 | 62.37 | 104,526 | 27.66 | 757 |
| 5.新潟、北陸 | 5,606 | 4.42 | 22,114 | 5.85 | 254 |
| 6.其他的地方圈 | 42,151 | 33.21 | 251,215 | 66.48 | 168 |
| 全　　國 | 126,919 | 100.00 | 377,855 | 100.00 | 336 |

（六）注重落後地方開發

日本對落後地區的開發主要有兩種形式。一種是針對一般落後地區的開發，還有一種主要是針對特定的落後地區進行開發。

日本對落後地區的開發主要是依據相關法律法規進行的，同時繼承了全國綜合開發規劃的基本理念和基本方針。從 1961 年的《落後地區工業開發促進法》到 1998 年全國共指定了 91 個工業發展地區，包括 146 個市、336 個町和 33 個村，總人口為 1,387 萬，總面積為 7.46 萬平方千米，分別占全國的 9.2% 和 19.7%。

除了針對一般落後地區的綜合開發外，還對特定的落後地區進行開發。例如半島振興，根據《半島振興法》，至 1995 年，日本全國共指定了 23 個地區，包括 51 個市 297 個町 46 個村，其面積為 36,896 平方千米，對占全國的 9.8% 的地區進行特定開發。此外還有對山村地區、豪雪地區、特殊土壤地區、海島地區等邊遠落後地

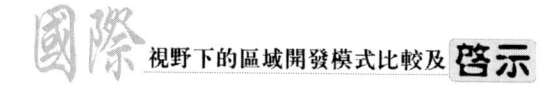

區的開發。日本對這些落後地區的開發，緩解了人口向三大都市圈集中的趨勢，促進了當地經濟的發展，在一定程度上縮小了地區間的差距。

## 二、區域開發產業特點

(一) 區域產業佈局特點

在日本經濟高速增長的時期，為了追趕歐美等先進工業國家，日本著力發展化學和重工業。為了吸引重化工業企業在太平洋沿岸地帶設立廠房，日本政府對這些地區採取稅收優惠政策，並優先投資建設這些地區的公共設施，同時，斥巨資在這些地方填海造地，修建幹線、高速公路及大型碼頭和港灣，構建了四通八達、互聯互通的交通網絡。為進行集中開發，日本政府重點投資了「三灣一海」地區。據1968—1972年4個年份的統計，在這些地區行政投資的比重一般占投資總額的65%~70%，其中集中在東京等8個都府縣，約占全國行政投資總額的40%~46%。

兩次「石油危機」，對日本經濟產生了許多負面影響，日本政府不得不順勢而為對產業結構進行調整。為適應新的環境，日本減少了原材料加工型產業，增加產品的附加價值，大力發展加工組裝產業。由於加工組裝業是勞動力密集型產業，因此工業佈局一般在勞動力密集的地區。為使產業結構從勞動密集型和資本密集型轉變為技術密集型和知識密集型，日本政府自1980年以來，積極推行「技術立國」政策，推行技術創新，大力發展生物工程、新能源技術等技術密集型產業。這類產業的產品技術水準高、專業化程度高、工藝水準高，而消耗的資源較少、成本較低、競爭力較強，附加價值相對也較大。這類產品的特點決定了其產業佈局不再像鋼鐵等大型企業的最佳位置在港灣附近，而是趨向於在飛機場周圍。

(二) 重視中小企業的發展

隨著日本經濟的發展，日本在20世紀70年代一躍成為世界經濟強國。在日本經濟高速發展的過程中，中小企業起著不可忽視的作用。按照日本企業的規模分類，中小型的建築業、製造業、交通運輸業企業是最低註冊資金為3億日元和員工應為300人以下的企業；批發型企業是註冊資金在1億日元以下；零售業的註冊資金則為5,000萬日元以下。[1] 據日本2006年版《中小企業白皮書》的統計數據，日本中小企業占企業總數的99.7%，吸納就業人數占總就業人數的70.2%，中小企業創造的附加值占總附加值的57.7%。以上數據表明：日本中小企業在提高就業率，增加財政收入，促進國民經濟發展等方面具有十分重要的作用。長期以來，日本政府為促進中小企業的發展，在完善相關法律，建立相應的融資機制，設立與中小企業的發展相配套的管理機構，給予情報信息支持，促進創新機制等方面出抬了一系列的政策，有效推進了中小企業的發展。

---

[1] 周銳. 日本對中小企業的政策及啟示 [J]. 中國鄉鎮企業會計, 2006 (11): 95-96.

(三) 大力發展區域產業集群

為解決產業集群發展過程中存在的仲介機構缺乏的問題,日本積極借鑑美國的產業聚群發展經驗,自 2001 年開始推行產業集群計劃(見表 4-3)。主要目的是加強中小企業與科研機構之間的交流,實現技術的創新、轉化、推廣、應用一體化。日本政府計劃根據研發能力和產業集中的特徵,在北海道、東北、關東、中部、近畿、中國、四國、九州、衝繩 9 個地區,建成 19 個產業集群區域,其內有約 3,000 家以世界市場為目標的中堅、中小企業和大約 150 所大學。2003 年,經濟產業省採取資金補助、完善設施、產學研協同研究等各種有效措施,極大地促進了官、產、學、研之間的交流和協作。文部科學省則實施了知識集群計劃,以在區域內形成大學與公共研究機構集群關係作為目標,期限是 2002—2007 年,預算規模每年超過 60 億日元,以補助金的形式提供給知識集群項目實施主體。

(四) 以知識密集型產業作為未來主導產業

二戰後,日本進行了三次大的產業結構高級化調整。前兩次大調整分別發生在經濟高速增長時期和石油危機之後。前兩次產業結構大調整取得了成功,其重要標志就是適時地形成了合理的主導產業群,而且主導產業之間的銜接轉換順暢。高速增長時期形成了資金密集型的重化工業群,石油危機之後適應能源成本上升的變化,又培育了技術密集型的電器機械、汽車等加工組裝型主導產業群。應當說,這兩次產業結構調整都充分發揮了主導產業群對經濟增長的拉動作用。日本開始於 20 世紀 80 年代中期的第三次產業結構大調整,提出了培育知識密集型產業的主導地位及實現產業機構服務化和信息化的調整目標,以下列五大產業作為新的經濟增長點和未來的主導產業:①IT 產業。利用 IT 產業的高效性,大力發展信息產業。②環境能源產業。燃料電池、垃圾發電等與節能、新能源相關的產業。③醫療健康生物技術產業。住宅醫療、遠程診斷等儀器系統設備,可用於圖像診斷和高精密醫療設備,以及預防生活習慣疾病等的健康食品、通用設計、視覺支援系統、遠程護理等護理福利機械以及無障礙化、智能化、節能化住宅產業。④納米技術、材料產業。⑤服務領域。外包服務、醫療護理服務、環境管理、環境分析等環境關聯服務產業。

表 4-3　　　　　2001 年日本啓動的 19 個「產業集群計劃」項目

| 目標區域 | 項目名稱 | 主要目標領域 ||||
| --- | --- | --- | --- | --- | --- |
|  |  | 製造業 | IT 業 | 生物技術 | 環境能源 |
| 北海道 | 北海道超級集群促進項目 |  | ▲ | ▲ |  |
| 東北 | 信息、生命科學及刀刃製造產業促進項目 | ▲ | ▲ | ▲ |  |
| 東北 | 循環導向社會產業促進項目 |  |  |  | ▲ |
| 關東 | 區域產業復興項目 | 西東京都區域(TAMA)<br>中央高速公路沿線區域<br>川口區域<br>北東京都區域 | ▲ |  |  |  |

表4-3(續)

| 目標區域 | 項目名稱 | 主要目標領域 ||||
|---|---|---|---|---|---|
| | | 製造業 | IT業 | 生物技術 | 環境能源 |
| 關東 | 培育生物技術風險企業項目 | | | ▲ | |
| 關東 | 培育IT風險企業項目 | | ▲ | | |
| 中部 | 東海區域製造產業創建項目 | ▲ | ▲ | | |
| 中部 | 北陸區域製造產業創建項目 | | | ▲ | |
| 北陸 | 東海生物工廠項目 | ▲ | | | |
| 近畿 | 高級生物公司及組織工程項目 | | | ▲ | |
| 近畿 | 活躍製造產業支持項目 | ▲ | | | |
| 近畿 | 關西信息技術集群促進項目 | | ▲ | | |
| 近畿 | 關西能源與環境集群促進項目 | | | | ▲ |
| 中國 | 中國新興機器產業項目 | ▲ | | | |
| 中國 | 循環產業形成項目 | | | | ▲ |
| 四國 | 四國技術橋計劃項目 | ▲ | ▲ | ▲ | ▲ |
| 九州 | 九州循環與環境產業區項目 | | | | ▲ |
| 九州 | 九州硅集群項目 | ▲ | ▲ | | |
| 衝繩 | 衝繩產業集群項目 | ▲ | ▲ | ▲ | ▲ |

資料來源：日本經濟產業省，2001。

# 第三節　日本區域開發模式的啟示

日本針對區域發展，在不同時期提出了各有側重的全國綜合開發計劃，這一系列的、連續的、動態的開發規劃與舉措對日本各區域的發展起到了重要的作用，也對中國區域開發尤其是對落後地區的開發具有重要的指導意義。

## 一、區域開發以法律作為保障

日本在進行區域開發的過程中，不僅在不同的階段制定了各有側重的區域開發規劃，而且頒布了一系列法律法規和政策保障規劃目標的實現和區域規劃的連續性。自1950年出抬《國土綜合開發法》以來，日本有關區域發展的法規已經形成體系。按區域開發的內容劃分法規，具體分為環境保護、產業佈局、落後地區開發、城市規劃等方面的法規。

關於中國的區域開發，雖然各級政府也重視，但缺乏相應的法規來規範和強制執行，使得中國在區域開發過程中，全國性、地方性的區域開發缺乏相關的法律依

據。黨的十八屆四中全會報告指出：「堅持嚴格規範公正文明執法，依法懲處各類違法行為，加大關係群眾切身利益的重點領域執法力度，建立健全的行政裁量權基準制度，全面落實行政執法責任制」。從操作層面來看，中國在區域開發過程中應加強法制建設，保護規劃的落實和連續性，保護區域開發經濟主體的利益，對區域開發過程中存在的違法違規行為施以嚴厲的懲戒機制，並督促各地方政府保質保量地執行。從組織架構管理來看，應構建多維度、多層級的協調機制，落實各部門的銜接制度。如籌建區域開發辦公室或協調小組、建立區域開發事宜協調機制等。從行業發展來看，應支持開發區域內各類行業協會共同制定區域行業發展規劃、行業發展願景、行業營運規則等，不斷探索區內各類市場資源。

## 二、注重區域開發規劃指導作用

日本非常重視區域開發規劃，有著健全的區域開發規劃體系。除了有全國性的區域開發規劃，日本還要求各個地方的區域開發必須以全國性的區域開發規劃為指導，依據規劃來制定相應的開發政策，並為實現該開發而制定出一些具體開發項目規劃。地方性規劃應在地區內居民達成一致意見的基礎上，由地方議會做出決定，制定相關政策保證規劃的實施。

中國目前雖然也有些地方有區域規劃，但是這些規劃法律性不強，經常出現違反區域規劃的現象。因此中國應當借鑑日本經驗，成立專門的區域規劃管理機構，設立專門的行政機構，負責開發規劃的制定，統一管理和調整各個省區綜合開發建設，並以法律的形式確定下來，不得違反。

## 三、重視區域政策在國家宏觀調控中的作用

日本的區域開發採用了「區域政策為主，產業政策相結合」的方式。而在中國的宏觀調控政策體系中，基本上是以產業政策為主，區域政策為輔。國家的投資、財政、金融等調控手段多數是以產業或具體的行業部門界定和實施的，而多數區域政策都比較寬泛，針對性不強。今後隨著中國市場經濟體制的進一步完善，許多產業和行業將逐步靠市場規律自行調節。建議中國借鑑日本經驗，在國家的宏觀調控政策體系中，進一步強化區域政策的作用，通過區域規劃和區域政策促使地區之間、經濟社會之間逐步實現協調發展。

## 四、加大對落後地區的財政轉移支付

日本對欠發達地區實施大規模的高投入政策。國家和地方以無償扶持為主，按事業計劃低息撥出專款和長期貸款，並鼓勵民眾參與。為了給欠發達地區籌措資金，

國家設置專門的金融機構，為其開發或低息貸款作擔保。同時，還對特定地區進行了不同程度的稅收減免。

未來促進欠發達地區的發展，縮小地區差距，中國可參照日本的做法，採取以下措施：①根據區域規劃，對不同的地區基於不同程度的國家財政補助和稅收優惠；②對於地方債應做到專款專用，提高專用率；③允許以國家下撥普通稅款填補還本付息，補貼利率；④對地方因減免不動產取得稅、增值稅、固定資產稅而產生的地方財政減收的情況，國家財政給予補償；⑤實行「財政投融資」，增強中央的調控能力。以國家信用為基礎進行財政融資，通過金融手段進行籌資，並以有償的方式提供給政府投融資機構，使其合理利用。

## 五、加快基礎設施建設

日本政府頒布的所有有關地域開發的法律法令中，幾乎都對基礎設施的建設做出了專門的規定，並明確規定對這方面的投資予以資金保障，並在稅收和貸款上給予優惠。基礎設施投資在日本的政府支出中佔有極高的比重。中國的一些落後地區，基礎設施非常薄弱，因此必須加快這些地區的基礎設施建設，才能為這些落後地區經濟騰飛給予保障。國家應出抬相關法律保證一定的資金投入到落後地區的基礎設施建設上來。

## 六、大力發展經濟集群化

產業集群作為區域創新網絡的特殊形式，對經濟的內生增長及競爭優勢的形成具有舉足輕重的作用。未來的競爭更多的是國家綜合國力的競爭。積極借鑑日本產業集群發展的經驗和教訓，推動中國產業集群的發展，形成集群經濟有助於提高中國的綜合競爭力。當前，由於中國產業集群發展尚不成熟，內外環境上存在很多制約因素，使得產業集群技術創新倍受不確定性、外部性、企業研發活力不足、與周圍環境互動性差等問題的困擾，導致集群內的企業無法在既有的上下游產業鏈上進行有效延伸或轉移，降低了價值鏈的創新效率。

因此，中國在促進產業集群發展的過程中，不僅要通過體制機制的創新、管理體制的實施、多元化投入機制的落實、市場化機制的運作等舉措營造產業集群發展的良好環境，解決當前產業集群面對的主要問題，而且應通過提供多層級、全方位的政策引導和制度保障，改善和解決產業集群已有的缺陷，提高產業集群的科技創新水準。同時，在產業集群政策領域，中央和地方政府應進行明確分工，避免出現職能缺位、越位和錯位的現象。雖然中央政府具有全局觀點和較強的協調能力，但是缺少對本地集群和創新過程的接近；而地方政府的政策制定者更容易收集到當地集群的信息，但更易受各種利益的影響。因此，在集群政策領域內，不同級別的政

府應該有所分工，注意平衡。

### 七、大力發展都市圈經濟

日本區域經濟呈現集中化發展，日本經濟的成長很大程度上依託了城市圈經濟的倍增與綜合功能，城市間分工、合作與交流也逐漸培育了日本城市化所需的產業集聚和經濟規模，在參與全球性競爭的同時逐步形成經濟的一體化。2002 年日本的三大都市圈（首都圈、近畿圈和中部圈）人口為 8,534.3 萬人，占全國總人口的 67%；面積 127,844 平方千米，占國土總面積的 34.3%，產出的 GDP 達 3,636,604 億日元，占全國 GDP 的 71.7%，都市圈經濟已覆蓋日本全國，成為主導日本經濟發展的重要增長極，其集聚和擴散效應明顯。

雖然日本的經濟發展取得了顯著的成效，也為中國的區域經濟發展提供了經驗。但是也應當看到日本的集中化發展模式造成了人口、資金、技術等生產要素過度集中於三大都市圈。城市過密、環境污染、交通擁堵、區域差距過大等問題屢見不鮮，日本也為此付出了巨大的經濟代價，至今無法從根本上解決這個問題。中國必須吸取日本的教訓，避免犯這樣的錯誤。中國應抓住城市發展機遇，優化城鎮的功能結構，積極培育高質量、高水準的城市群，促進區域協調發展。目前，中國東部沿海發達地區和中西部地區經濟差距呈現逐漸擴大的趨勢，因此，統籌東西區域經濟協調發展，成為中國目前區域經濟發展的重點。[①]

---

① 孫超英，等. 各國（地區）區域開發模式比較研究 [M]. 成都：四川大學出版社，2010：58-89.

# 第五章　德國區域開發模式研究及啟示

　　德國作為歐洲第一大經濟體，經歷了三個不平衡發展階段：一是南方相對落後階段。由於北方煤炭資源豐富，內河航運和海運方便，因此德國工業起源於北方，如魯爾區依靠資源開發，建立了煤炭－鋼鐵經濟區，成為德國早期工業化的動力，而南方以農牧業開發為主。二是北方相對落後階段。二戰後，德國分為東德和西德，西德為了發展南方，將新興的機械、汽車、電子和石化工業佈局在南方，南方迅速發展起來；而北方由於忽視結構調整，工業結構老化，發展相對緩慢，成了經濟蕭條的老工業區。三是東部落後階段。1990 年東德與西德合併後，德國東部成為德國嚴重落後地區。但是，德國在經過數年的發展後，不僅實現了各區域的協調發展，而且成功促進了德國老工業基地魯爾區的產業轉型升級。德國的發展經驗對中國區域的協調發展有重大的借鑑意義。

## 第一節　德國區域開發概況

### 一、德國概況

　　德國國土面積為 35.69 萬平方千米，在歐洲僅次於俄羅斯、法國和西班牙的面積，居第四位；人口 8,100 萬，在歐洲僅次於俄羅斯人口，居第二位。德國位於歐洲的中部，緊鄰波羅的海和北海，與 9 個國家接壤，西臨盧森堡、荷蘭、比利時和法國；南部與瑞士和奧地利接壤；東部與捷克和波蘭接壤；北部與丹麥接壤；與英國、俄羅斯等國隔海相望。德國有 16 個州，其中柏林州、漢堡州和不來梅州三州為城市州。

　　歷史上，德國分分合合。1618—1648 年，德國經歷了 30 年的戰爭，分裂為 300 個諸侯領地和上千個騎士領地。19 世紀初，建立聯邦，呈現現代德國的雛形。1848 年，發生資產階級民主革命。在 1870—1871 年的普法戰爭中，德國獲勝，最終促使北德與南德各邦國的聯合，宣布建立擁有 15 個州的德意志帝國。1945 年，第二次世界大戰失敗後，德國被美國、英國、蘇聯和法國占領。1949 年 5 月，被美、英、法占領的西部地區成立了德意志聯邦共和國（又稱西德）；同年，被蘇聯占領的東

部地區成立了德意志民主共和國（又稱東德）。1990 年 10 月 3 日，兩個德國重新統一，定柏林為首都。

德國地勢南高北低，由南向北分為三個地形區。南部為阿爾卑斯山脈山麓和前沿地帶，主要為山地和高原，區域自然風景秀麗。其中巴伐利亞高原，平均海拔 500 米；中部為山地，多呈東西走向，海拔為 500~1,000 米；北部為北德平原。德國氣候溫和多雨，境內河網密布，主要河流有萊茵河、多瑙河和易北河。河流之間多有運河溝通，構成了德國四通八達的內河交通網絡。德國礦產資源較為貧乏，但煤炭資源豐富，煤炭的經濟可採儲量為 840 億噸，主要為褐煤和硬煤。德國森林覆蓋率為 29%。

德國是經濟發達國家，2015 年人均 GDP 已達 41,267.31 美元。根據德國聯邦統計局發布的數據，2015 年德國名義 GDP 已達到了 30,259 億歐元，同比增長了 3.8%，實際 GDP 指數為 107.85，同比增長 17%。[1] 在 2015 年世界 GDP 排名中，德國（33,733 億美元）僅次於美國（161,979.6 億美元）、中國（103,586.6 億美元）、日本（48175.2 億美元），位居世界第四、歐洲第一。[2] 德國是世界貿易大國，據歐盟統計局統計，2015 年德國貨物貿易進出口額為 23,797.7 億美元，是僅次於美國和中國的貿易大國。德國對英國、美國、荷蘭和法國的出口額分別占德出口總額的 7.4%、9.6%、6.2%、8.6% 和 6.2%，總量占德出口總額的 31.7%。[3] 德國是當之無愧的世界貿易強國，自 1952 年以來，德國連續 62 年實現貿易順差，甚至在 2003—2008 年連續 6 年成為世界上最大的出口國。從出口商品結構看，汽車及零部件、機械設備、化工產品是德主要出口產品。2013 年，德汽車及零部件出口 1,901 億歐元，占總出口的 17.4%，其次是機械設備，出口 1,629 億歐元，占總出口的 14.9%，化工產品出口 1,055 億歐元，占總出口的 9.6%。德國對外貿易的產品反應了德國的經濟結構，是以汽車、電子、機械和化工產品為主的高新技術產業結構。

德國地區經濟發展不平衡經歷了三個階段：一是南方相對落後階段。由於北方煤炭資源豐富，內河航運和海運方便，因此德國工業起源於北方。魯爾區依靠資源開發，建立了煤炭-鋼鐵經濟區，成為德國早期工業化的動力；南方以農牧業開發為主。二是北方相對落後階段。二戰後，德國分為東德和西德，西德為了發展南方，將新興的機械、汽車、電子和石化工業佈局於南方，南方迅速發展起來；而北方由於忽視結構調整，工業結構老化，發展相對緩慢，成了經濟蕭條的老工業區。三是東部落後階段。1990 年，東德與西德合併後，德國東部成為德國嚴重落後地區。由於東德實行計劃經濟，合併後不能適應市場經濟，許多企業經營困難或者倒閉，加之東德基礎設施落後，經濟缺乏後勁。東西差異明顯，成為當前德國區域差異的主要問題。

---

[1] 數據來源：德國聯邦統計局。
[2] 數據來源：世界銀行。
[3] 數據來源：歐盟統計局。

## 二、德國宏觀區域開發概況

### (一) 經濟佈局較為均衡

雖說德國區域經濟發展經歷了三個不平衡發展的階段,但總體來說,德國在其發展過程中,非常注重區域均衡發展,並取得了顯著成效,成為世界區域均衡發展最成功的國家之一。其主要表現為以下三方面:

一是德國經濟以州為單位,雖然東部地區與西部地區之間存在一定的差距,但總體來說,德國區域發展較為均衡。從表5-1可以看出,即使包括東部,德國的區域差異也不是很大。如2011年,人均地區生產總值最高的是漢堡州,為65,805.92歐元,最低的為梅前州,為28,807.82歐元,前者為後者的2.28倍。如果除開城市州,人均地區生產總值最高的為巴登州,為44,611.69歐元,為梅前州的1.54倍。

表5-1　　　　　　　　2011年德國各州基本指標比較

| | | 面積<br>(平方千米) | 人口<br>(萬人) | 人口密度<br>(人/平方千米) | 地區生產總值<br>(億歐元) | 人均地區生產<br>總值(歐元) |
|---|---|---|---|---|---|---|
| 北部 | 漢堡州 | 755 | 164 | 2,172 | 1,170.77 | 65,805.92 |
| | 不萊梅州 | 404 | 68.2 | 1,688.1 | 367.65 | 55,741.08 |
| | 下薩克森州 | 47,739 | 734 | 153.7 | 2,836.60 | 35,759.88 |
| | 石荷州 | 15,728 | 261 | 165.9 | 1,002.68 | 35,412.54 |
| | 北威州 | 34,068 | 1,724 | 506.0 | 7,199.03 | 40,329.63 |
| 南部 | 黑森州 | 21,114 | 572 | 270.9 | 2,982.56 | 49,185.41 |
| | 萊法州 | 19,848 | 373 | 187.9 | 1,426.88 | 35,610.08 |
| | 薩爾州 | 2,569 | 107 | 416.5 | 398.46 | 39,071.52 |
| | 巴登州 | 357,511 | 929 | 25.9 | 3,617.46 | 44,611.69 |
| | 巴伐利亞州 | 70,553 | 1,130 | 160.2 | 5,864.80 | 46,846.85 |
| 東部 | 柏林州 | 882 | 342 | 3,877.5 | 1,255.68 | 36,455.88 |
| | 勃蘭登州 | 28,000 | 260 | 92.8 | 739.96 | 29,507.80 |
| | 梅前州 | 23,838 | 193 | 80.9 | 474.34 | 28,807.82 |
| | 薩克森州 | 18,300 | 480 | 262.3 | 1,259.32 | 30,319.14 |
| | 薩安州 | 20,400 | 260 | 127.4 | 691.45 | 29,490.57 |
| | 圖林根州 | 16,200 | 263 | 162.3 | 661.12 | 29,499.85 |

數據來源:德國聯邦統計局,2012。

二是德國城市多數是大中城市,且在全國分佈較為均衡。德國經濟在歐洲居於第一位,且大城市相對較多。德國人口規模不足100萬的城市僅有1個,即不萊梅州(68.2萬)。人口規模在100萬~300萬的城市較多,且分佈較為均衡,如漢堡州(164萬)、石荷州(261萬)、薩爾州(107萬)、勃蘭登州(260萬)、梅前州

（193萬）、薩安州（260萬）、圖林根州（263萬）。人口在300萬～500萬的城市為萊法州（373萬）、柏林州（342萬）、薩克森州（480萬）。人口在1,000萬以上的為北威州（1,724萬）、巴伐利亞州（1,130萬）。

三是人口分佈較為均衡。如表5-1所示，除了三個城市州人口密度較高之外，其餘州人口密度相差不大。大部分的州人口密度在100人/平方千米至500人/平方千米之間。其中，人口密度最高的北威州為528人/平方千米，最小的為梅前州，人口密度為78人/平方千米，前者僅為後者的6.8倍。

德國經濟分佈較為均衡是多種原因共同作用的結果：一是德國自然條件較為均一，沒有高山、酷熱、酷寒、干燥等條件極度惡劣區，各地均適合人類生存和生產活動。二是各州各自為政，形成各自的經濟中心。而現在的德國又是聯邦制國家，各區域政治、經濟獨立性較強。三是德國交通較為方便，原有內河航道和四通八達的運河，而現代的鐵路、公路又加強了各地的聯繫，使各區域均能很好發展工業和商貿。四是德國重視分散設置第三產業和政府機構。如原聯邦德國，波恩是首都，法蘭克福是金融和航空中心，漢堡是航運、出版中心，漢諾威是展覽中心，北威州是教育中心。五是德國聯邦政府重視區域的均衡發展。《德意志聯邦共和國基本法》（以下簡稱《聯邦基本法》）規定聯邦各地區的發展和居民生活生平應區域一致。政府採用區域政策、利用各種手段支持相對落後地區發展，並取得了顯著成效。

（二）採用點-軸發展模式

在州際層次，雖然從人均地區生產總值看德國的經濟分佈較為均衡，但從地區生產總值總量和單位面積地區生產總值的密度看，德國經濟還是遵行市場經濟規律，形成一定的集聚。德國主要在一些條件較好的地區重點佈局經濟，採用點-軸模式，以點為基礎，以線串點，以點帶線，實現點-軸推進，帶動區域經濟的發展。因此，在德國，形成了以發展軸為構架的宏觀佈局形態。德國主要的發展軸是由漢堡—漢諾威—魯爾區—科隆—法蘭克福—斯圖加特—慕尼黑構成，這條軸線貫通德國西部，將德國西部的主要城市、工業區互聯互通起來。另一條較為著名的發展軸為漢諾威—馬格德堡—柏林—萊比錫軸線，這條發展軸線將德國東部的主要城市、工業區連接起來。

德國的重點發展軸線是鐵路、高速公路、內河航道、運河、管道等各種運輸線共同組成的複合型發展軸[①]。萊茵河是德國最重要的內河航道和出海通道，並且有多條運河與之溝通。以此為基礎，德國的工業發展開始於萊茵河谷地，著名的魯爾區就位於萊茵河下游。為了加速萊茵河地區的開發、加速經濟的集聚，德國在19世紀末、20世紀初，在德國境內的萊茵河東西兩岸各建設一條幹線鐵路。20世紀20年代末期，德國開始建設從法蘭克福到德荷邊境的高速公路。20世紀五六十年代，在擴建這條高速公路的同時，德國又在另一岸新建高速公路。同時，德國的電力系

---

① 兩種或兩種以上類型的運輸通道彼此平行結合在一起，共同承擔運輸通道和帶動地區發展的作用，這樣的發展軸為複合型發展軸。

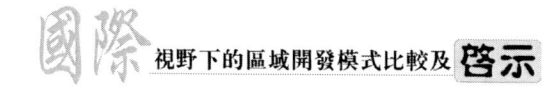

統、輸油管線、輸氣管線也由南向北沿萊茵河延伸。德國借助這條綜合型發展軸線，把魯爾區與中部的萊茵—美茵工業區和南部的路德維希—曼海姆—海登堡工業區聯結了起來。20世紀50年代，美國馬歇爾計劃援助德國的150億美元，幾乎全部投在萊茵河沿岸，使萊茵河沿岸成為德國乃至歐洲工業最密集的發展軸線[①]。

通過構築發展軸線，不僅使德國的城市、經濟區能夠利用軸線集聚，推動軸線上經濟區、城市的快速發展，而且許多新的工業區、工業城市更容易在軸線上產生，進一步推動軸線的發展，大大提高了軸線的效率，打造了具有世界影響的經濟區域。同時，通過軸線的發展，推動經濟沿軸線擴散，也向兩側擴散，帶動更多的地區發展，並將全國主要經濟區域、中心城市聯結起來，推動全國的整體發展。

（三）重視產業集群和地區特色產業的建設

德國工業發達，工業技術在世界處於領先地位，尤其是汽車及零部件、機械設備、化工產品等工業技術。主要原因是德國重視產業集群和地方特色產業的建設。德國的工業門類多，但各工業部門不是均勻分佈於德國各區域的，而是特定工業部門高度集中於特定區域。這些產業產品的生產不僅僅只有一個企業，而是由多個相互聯繫的企業進行生產，由此形成了產業集群，如德國的煤炭、鋼鐵生產主要集中在魯爾區。魯爾區曾經有數百家煤炭開採企業、數十家鋼鐵生產企業，1960年生產煤炭1.15億噸，占原聯邦德國的80.8%；1970年，生產鋼鐵2,850萬噸，占原聯邦德國的63.3%；1984年，生產煤炭和鋼鐵分別為6,120萬噸和2,220萬噸，分別占原聯邦德國的72.1%和56.3%。德國的印刷機產量占世界35%，其中一半出口世界各地，印刷機產業主要分佈於南部的海德堡、符茲堡、奧芬堡。德國汽車產量居世界第三位，是世界汽車出口大國，汽車生產主要集中南部的在斯圖加特、慕尼黑、印士格等城市[②]。飛機製造主要集中在漢堡，造船業主要集中在石荷州，電子工業主要集中在慕尼黑。另外，一些第三產業也高度集中在某個城市，漢諾威是國際展覽中心；漢堡是德國出版中心，出版的刊物占德國報刊發行量的50%以上。德國發行量最大的20份報紙雜志中，有16份在漢堡。

產業集群的建設，從多個方面推動產業的發展，可以提高專業化服務水準，更好發展產業配套，產生巨大外部效應，有利於創新，降低交易成本，充分發揮集聚效應，從而提高產業的競爭力。發展產業集群是德國經濟和技術強大、產業具有競爭力的重要原因。

（四）「工業4.0」戰略推動高新技術發展和產業升級

過去20年來，美國引領的互聯網革命深深改變了人類的生活方式，為了引領新一輪的工業革命，保持德國經濟的穩定增長，成為新游戲規則的制定者，實現彎道超車，2013年德國在漢諾威工業博覽會上首次提出備受矚目的「工業4.0」戰略，並由總理默克爾出面背書。「工業4.0」的主要任務是促進傳統製造業向電子型製造

---

① 陸大道. 區域發展及其空間結構［M］. 北京：科學出版社，1995：153，181.
② 邁可爾·波特. 國家競爭優勢［M］. 北京：華夏出版社，2002：147，168.

業轉變，並在製造業中加入新的服務，推動製造服務業的發展。之所以稱它為「工業4.0」，是因為相對於前三次工業革命而言：「工業1.0」指的是始於18世紀英國的第一次工業革命，實現了機械生產代替手工勞動；「工業2.0」是指發端於20世紀初的第二次工業革命，實現了產品的批量生產；「工業3.0」是指20世紀70年代後，依靠互聯網和信息技術實現了自動化生產。2014年，德國又建立了一個「工業4.0」平臺，現在是由德國經濟和能源部部長及研究教育部部長共同來主導。自此，「工業4.0」迅速成為德國的新標籤，並在全球範圍引起了一輪工業轉型的競爭。

德國對「工業4.0」的定義，主要有兩點：首先是確定所有事情的活動邏輯，其次是構建網絡-實體系統，將虛擬和現實相結合。「工業4.0」不僅將信息技術帶入工廠，而且要在雲端完整呈現整個數字化工廠，其核心是智能製造。在智能工廠製造出的產品，「懂得」自己如何被生產出來，又將被送去哪裡。這就意味著，在智能工廠龐大的信息系統中，產銷信息能夠快速溝通整合。為此德國做了十件大事，其中包括將德國寬帶提速到50M、加快公共區域免費WiFi建設、推進大數據的安全與政策的平衡、把德國製造打造為數字安全的先進品牌、推動交通聯網與汽車聯網技術的大力發展等。毫無疑問，隨著德國「工業4.0」的推進，必然會促進德國高新技術的發展和產業結構的轉型升級，給德國帶來巨大的經濟收益。

### 三、德國部分地區的開發概況

（一）南部巴伐利亞州開發概況

巴伐利亞州（簡稱拜恩州）位於德國最南部，面積達到70,553平方千米，人口超過1,130萬，是德國面積最大的州，人口僅次於北威州，居德國第二位。巴伐利亞州地處阿爾卑斯山麓，多瑙河貫穿全境。在1949年聯邦德國成立以前，巴伐利亞州主要以農牧業為主，如今已發展為高新技術密集、現代服務業高度發達的國際化區域。巴伐利亞州的產業結構舉世矚目，航空航天、生物及基因工程、傳媒、信息和電信技術等領域在德國處於領先地位，在金融、保險、會展、物流、出版、專利、科研等領域的國際地位也很突出。巴伐利亞州產生過眾多震驚世界的技術發明和創造，如迪瑟爾發明了柴油發動機、林德研究出了空氣液化技術等。現在，巴伐利亞州已成為德國經濟增長最快的州，成為德國的經濟增長中心，被稱為「德國的加利福尼亞」。其地區生產總值一直排在全國第二位，2011年，實現地區生產總值5,864.80億歐元，人均地區生產總值達到46,846.85歐元，遠高於德國平均水準。巴伐利亞州主要進行了以下一些開發。

1. 大力進行基礎設施建設，為經濟開發奠定了堅實基礎

巴伐利亞州十分重視交通的建設，在公路、鐵路、航空、內河運輸，以及通信、電力、供水、環保等方面投入了大量的資金，使之達到世界領先水準。巴伐利亞州雖然不臨海，但十分重視內河航運的建設，並建成通江達海的內河航運體系。長期

以來，巴伐利亞州就致力於萊因—美茵—多瑙運河的建設，這條運河連接萊因河和多瑙河，形成萊因—美茵—運河—多瑙河跨歐洲大陸的航道，把北海和黑海連接起來。截至2002年年底，巴伐利亞州擁有德國最長的公路網，達139,815千米，其中高速公路2,299千米。鐵路線長6,643千米，約占全德鐵路線長度的四分之一。目前，巴伐利亞州已建成歐洲規模最大、現代化程度最高的慕尼黑施特勞斯機場、高度發達的高速公路和廣泛應用的互聯網技術等硬件，以及有利於經濟發展的軟環境。為此，巴伐利亞州每年吸引外國投資共約500億歐元，共計約1,500家外國公司選擇了巴伐利亞州作為生產基地。

巴伐利亞州還大力進行電力建設。該區域處於山地、高原區，且河流多，利用其水利資源豐富的特點，大力開發水電，境內先後建設150座大型水電站。在因戈爾施塔特建設現代化煉油中心，滿足了該州石油需求。建設火電和核電站，開發本地天然氣，並建設管道，從外地輸入天然氣。能源工業的建設，使該州能源價格優於其他州，提高了該州吸引力。基礎設施的建設，大大改善了巴伐利亞州的投資環境，使巴伐利亞州成為德國最有吸引力的區域。

2. 大力發展新興產業

巴伐利亞州礦產資源少，不能依靠本地資源發展工業。巴伐利亞州利用良好的自然環境、教育環境和完善的投資環境，大力吸引中小企業，積極發展新興產業，使巴伐利亞州成為德國新興產業的中心。優勢的新興產業主要有電氣及電子產品製造業、信息和通信技術、航空航天工業、醫藥工業、基因工程及生物技術、環保產業、軟件設計等，其生產技術居於德國領先水準。在信息和通信技術領域，德國在國際市場上的佔有率達6%，居歐洲首位。巴伐利亞州在該領域共有2萬家信息和通信企業、35萬名工作人員，遠遠超出了德國的其他聯邦州。巴伐利亞州集中了德國29%的計算機製造人員；德國36%的電子元件製造人員；德國28%的電視和新聞工作者；以及約20%的駐德軟件公司。同時，巴伐利亞州擁有為數眾多的汽車配件生產企業，除了180家主要企業之外，還有大量的企業雖然不是以汽車配件為主要業務，但其部分銷售活動也或多或少地涉及汽車領域，這對於汽車工業的發展也是至關重要的。巴伐利亞州首府慕尼黑已經成為歐洲最大的微電子工業中心，有德國的「硅谷」稱號。自20世紀90年代以來，該州還制定高科技產業發展規劃，積極引導對高科技的投資，政府對新技術的研究和市場化轉化提供補貼，同時協助為科技型企業籌集風險資本等。這些有力地推動了高科技產業的發展。

3. 積極促進中小企業發展

巴伐利亞州十分重視中小企業的發展，其數量甚至超過全部企業的99%，500人以下的公司提供了77%的就業機會和45%的產值。為充分發揮中小企業對經濟的帶動作用，巴伐利亞州除了積極改善投資環境外，還積極招商引資，幫助中小企業融資，對落後地區新建企業進行補貼。1974年巴伐利亞州就制定和實施了《巴伐利亞中型企業促進法案》，這在當時全歐洲屬首例。這些措施，大大推進了巴伐利亞

州的中小企業發展。巴伐利亞州政府將投資環境作為宣傳與諮詢的重點，對外宣傳、推銷巴伐利亞州，吸引國內外企業到巴伐利亞州投資。該州各地區政府經濟處和工商會還就本地區的經濟結構、勞動成本、企業法律註冊形式等提供免費諮詢，並協助企業與有關企業投資諮詢機構建立聯繫。

政府還成立專門金融機構——巴伐利亞建設融資促進銀行，提供長期優惠貸款，貸款最長期為10年，一般比商業貸款低2~3個百分點。政府也為企業申請商業貸款提供擔保。政府成立了投資公司，直接對企業進行融資。這些投資公司通過收購企業股份等形式對企業進行投資，但不參與經營管理。由於對中小企業積極支持，1996—2001年，巴伐利亞州在6年間新增企業16.7萬家，在德國各州中居首位。近年來，政府加大了力度，支持那些有意設立企業進行創業的個人。工商會與有關高等教育機構還聯合成立了一個諮詢網絡，為這些企業提供相關服務，同時通過協助其投資和技術轉讓來開拓國際市場。

4. 重視教育與科學研究

為了促進地區經濟發展，巴伐利亞州十分重視高等教育，先後創辦7所大學和10所高等專科學校，為科研和生產輸送了大批高水準人才。同時支持科學研究，支持研究成果應用於生產領域，並提供了許多資金和政策的支持政策，為巴伐利亞州高技術產業的發展打下了堅實的基礎。[①] 巴伐利亞州重視教育和科學研究，為巴伐利亞州輸送了12%的從事高科技工作的員工。光在慕尼黑地區就聚集了近23,000家從事媒體、影視、通信和信息的企業，人數超過40萬。

（二）德國東部的開發概況

1990年，兩德合併統一後，東德全盤接受西德的政治模式。但是由於二戰後，東德由蘇聯占領，實行社會主義制度，而西德由英、法、美占領，實行資本主義制度，雖在統一後德國國土面積達到35.7萬平方千米（其中西德24.9萬平方千米，東德10.8萬平方千米），人口7,775萬（西德6,100萬，東德1,675萬），1990年的實際國民生產總值為2.14萬億馬克，但是東部德國的勞動者人均收入大體上為西部的28.5%，東部成了德國的相對落後地區。因此，統一後的德國，就面臨著推動德國東部發展的首要任務。經過多年的發展，德國東部經濟發展有了一定的起色，如表5-2所示。從表中看出，總體來說，德國東部經濟取得了更快的增長，在所列11年的指標中，東部地區有6年增長超過西部，特別是1992—1996年，東部地區生產總值增長速度連續5年超過西部，而前5年還實現了超過5%的高速增長，使東部占德國GDP比重從9.4%上升到13.2%。可以看出，德國開發東部的對策取得了顯著成效。但自1996年後，德國東部增長乏力，在全國的比重略微下降。當前德國開發東部的任務仍然在進行之中，主要進行了以下開發。

---

① 高洪深. 區域經濟學 [M]. 北京：中國人民大學出版社，2002：282-286.

表 5-2　　　　　　1992—2002 年，德國東部地區經濟增長狀況

| 年份 | 實際國內生產總值比上年變動（%） 全德合計 | 東部地區 | 西部地區 | 東部經濟在全德的比重（%） |
|---|---|---|---|---|
| 1992 | 2.2 | 7.8 | 1.8 | 9.4 |
| 1993 | -1.2 | 9.3 | -2.0 | 11.4 |
| 1994 | 2.7 | 9.6 | 2.1 | 12.4 |
| 1995 | 1.8 | 5.2 | 1.5 | 13.0 |
| 1996 | 1.4 | 1.9 | 1.3 | 13.2 |
| 1997 | 2.2 | 1.6 | 2.2 | 13.1 |
| 1998 | 2.0 | 0.9 | 2.1 | 13.0 |
| 1999 | 1.8 | 2.0 | 1.8 | 13.0 |
| 2000 | 3.0 | 1.0 | 3.0 | 12.8 |
| 2001 | 0.6 | -0.1 | 0.6 | 12.7 |
| 2002 | 0.2 | -0.2 | 0.2 | 12.7 |

資料來源：宋堅. 德國經濟與市場［M］. 北京：中國商務出版社，2003：239-240.

1. 西部對東部地區援助

從 1990 年起，德國聯邦政府、西部各州每年給東部大量的、各種形式的援助，年均在 1,000 億馬克以上。到 2001 年年底，已援助近 2 萬億馬克。主要援助：一是聯邦的財政援助，兩德合併後，聯邦政府主要通過返還、減免稅收，直接贈予等形式給予東部地區大量財政援助，從 1991 年的 750 億馬克上升到 2001 年的約 1,500 億馬克，占德國 GDP 的 4%～5%。總的來說，聯邦政府對德國東部的援助在逐年增加。二是西部各州及地方的財政援助，這類援助除 1991 年和 1992 年外，其餘各年均超過 100 億元馬克。三是設立「德國統一基金」，該基金總額超過 1,490 億馬克。四是歐盟的財政預算。歐盟支持德國的統一，並從財政預算中拿出一部分支持德國東部的發展。五是政府各部門的支持。聯邦勞動局對德國東部的失業人員給予特別資助，每年約 100 億馬克。政府的福利、交通郵電等部門也積極支持東部。如果把聯邦政府和西部地區對東部的援助，減去聯邦政府從東部獲得的收入，東部地區獲得的實際援助每年 1,000 億～1,500 億馬克。

2. 實行企業私有化改革

在統一前，德國東部的工業和經濟在東歐社會主義陣營算最強的，但計劃經濟體制下，建設了大量的國有企業和集體企業，這些企業由於設備老化，管理僵化，產品和市場沒有競爭力。統一後，這些企業不能適應市場經濟，多數面臨倒閉的邊緣。為了發展德國東部經濟，使東部經濟融入市場經濟體系，德國在統一後，成立了託管局。該局接受了 8,000 個聯合企業，4.5 萬個企業，總資產近 6,000 億馬克，從業人員 410 萬。該局根據社會統一的要求、兩德統一協議及德國的法律制度，有針對性地拆散、分解了東德的國有企業。將已經股份化了的企業以股份公司的形式

迅速出售，同時，允許大中型企業的前經理、部分職工購買較小的公司或成為大公司的股東。至 1994 年底，德國東部 8,000 多家大型國有企業分解為 17,000 多家企業，剔除非經營性資產和無效資產後，絕大部分已經賣出。其中全部資產出售 6,321 家，大部分資產出售 255 家，小部分資產出售 8,054 家，有 3,200 家倒閉。新的企業吸收就業人員 150 萬，占原企業職工人數的 37%[①]。通過實行私有化，東部地區的勞動生產率得到了提高，由 1990 年相當於西部的 25% 上升到私有化後西部的 40%。

3. 提高東部地區的工資水準

為了防止統一後大量人口湧入西部，聯邦政府實行了提高東部工資的政策，使東西部工資差距大大縮小。1992 年，西部地區人均月工資為 5,000~6,000 馬克，而東部地區為 3,000 多馬克。西部的工資提高，東部人均收入相當於西部的 60% 左右，但東部地區的房租、客運、能源仍然實行計劃價格，所以東部生活成本較低。因此，東部向西部人口遷移大幅度較少，從 1990 年的 35 萬人減少到 1992 年的 5 萬人。

4. 加快基礎設施建設

德國東部地區的基礎設施欠佳成為東部地區經濟發展的重要障礙，為此，德國每年投入數百億馬克，大力改善東部能源、交通、郵電、通信、環保設備等基礎設施。這類投入每年還在增長，目前德國東部的基礎設施得到大幅度的改善。

5. 鼓勵中小企業發展

德國東部的中小企業（250 人以下）較少，僅 7,000 多家，這些企業難以適應市場經濟。為了減少企業裁員，更新設備，提高企業的專業化程度，德國聯邦政府對能保住就業機會或創造新就業崗位的中小企業，給予適當的補貼或其他優惠。同時，對東部的大型企業採取分解的辦法，將其變為中小企業，提高企業適應市場的能力。德國聯邦政府根據新辦的中小企業的投資規模和解決就業的數量，給予補貼和優惠。

不可否認，德國統一後，東部經濟有了較快的發展，但是根據《2014 年德國統一狀況年度報告》，德國東部的人均地區生產總值僅為西部的 71%，平均月工資為 2,317 歐元，相當於西部的 3/4。一名電工在西部每小時能賺 9.9 歐元，但到了東部只有 8.8 歐元。超過 1/5 的東部地區人口有陷入貧困的危險，比例約為西部地區的兩倍。從家庭財富來看，德國西部家庭平均擁有資產 19.9 萬歐元，東部僅為 8.7 萬歐元。西部有半數人擁有房產，東部不到 1/3。[②] 同時，2015 年柏林人口和開發研究所發布的研究報告稱，德國在重新統一 25 年後，東部和西部在一些領域仍然存在巨大差異，如在人口發展趨勢、經濟、財富等方面，尤其在對待外來移民問題上。在東部，外來移民融入德國社會的意願較低，且極右觀點更常見。調查還表明在東部，只有二分之一的德國人歡迎外來移民。在西部，該比例為三分之二。東部人對

---

[①] 李東紅. 東歐國有企業之路 [M]. 蘭州：蘭州大學出版社，1999：232.
[②] 德國：東西部經濟社會領域發展仍不均衡 [N]. 人民日報，2014-12-21.

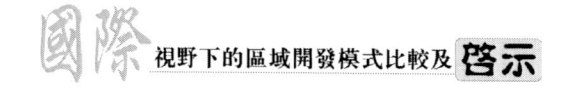

生活的滿足感比西部人低，而且收入也比西部人低。東部人的月毛收入目前為2,800歐元，多年來一直是西部人的四分之三。這說明德國推動東西部的均衡發展，還有很長的路要走，但其經驗仍值得中國借鑑。

(三) 魯爾區的振興

魯爾區位於德國西部的北萊茵—威斯特法倫州，介於萊茵河與其支流魯爾河和利珀河之間，面積4,433平方千米，人口530萬。魯爾區以中小城市為主，呈現多中心、人口密集的特徵，區內人口5萬人以上的城市有24個，其中埃森、多特蒙德和杜伊斯堡超過50萬人。由於城市密集，城市之間界限模糊，城市之間實際連為一體，構成城市群。魯爾區是歐洲人口密度第三的都市區，僅次於巴黎、倫敦，是歐洲的「心臟」。魯爾區交通方便，7,000噸的海輪可以達到魯爾區的杜伊斯堡港，且鐵路、公路四通八達。魯爾區煤炭資源豐富，地質儲量2,190億噸，其中經濟可採量約220億噸。煤炭質量也好，可煉優質焦炭。從19世紀中葉開始，魯爾區以煤炭產業為基礎，又從外地運入鐵礦石，發展鋼鐵工業，逐步建成了以煤鋼為核心的重化工業基地。但是，從1954年開始，由於國外的煤炭價格較低且輸入量較大，使得魯爾區開始面臨「煤炭危機」。僅1958—1964年，就有27家礦井關閉，減產1,400萬噸/年，導致5,300多人失業。20世紀60年代開始，隨著其他國家鋼鐵業的不斷發展，德國在成本上逐步喪失優勢，並受歐洲戰後恢復重建高峰期已過、新材料替代等因素影響，魯爾區又遭遇了「鋼鐵危機」。1988年，魯爾區失業率達到15.1%，比全國平均水準高出近1倍。同時，大量人員外出謀業，1965年和1984年，分別遷出人口74.7萬和47.4萬。

面對魯爾區結構性衰退的危機，德國政府和魯爾區並沒有坐以待斃，而是努力振興魯爾區，不斷調整魯爾區的結構，使魯爾區經濟獲得了較快的增長，目前仍然是德國的發達地區。

綜合來看，魯爾區的振興之路分為三個階段：第一階段是工業內部轉型階段。有針對性地選擇一些城市發展化學、汽車、信息通信、機械製造等新的工業。第二階段是去工業化階段。由於新工業難以從根本上解決距離問題，許多城市開始轉向重點發展零售業、旅遊、多媒體等新興服務業，並建立高新技術開發園區。第三階段是再工業化階段。2008年金融危機後，魯爾區遭受了巨大衝擊，開始積極發展換班、新能源等新型工業。在這一過程中，德國和魯爾區主要進行了以下工作。

1. 成立權威領導機構，統一規劃魯爾區的發展

1920年，德國聯邦政府成立了魯爾煤管協會，是魯爾區的最高規劃機構，該機構的職能和權限隨著魯爾區的發展而不斷擴大，現已成為區域規劃的聯合機構。為了振興魯爾區經濟，1960年，協會提出把魯爾區劃分為三個地帶：第一地帶為「南方飽和區」，主要位於魯爾河谷，是早期的礦業集中區；第二地帶為「重新規劃區」，是魯爾區的核心地區，城鎮、人口密集；第三地帶為「發展地區」，主要位於魯爾區西部、北部和東部。同時，魯爾區還針對不同時期經濟轉型所面臨的主要矛

盾和問題，先後制定和實施了多項規劃，如《魯爾發展綱要》（1968年）、《魯爾區域整治規劃》（1969年）、《1980—1984年魯爾行動計劃》《煤鋼地區的未來倡議》（1985年）、《國際建築發展計劃》（1989年）、《「未來魯爾」倡議》（2007年）等。對爭議較大的項目，採取全民公決的方式進行決策。正確的和全民參與的規劃為魯爾區的發展指明了方向。

2. 調整工業結構

首先，調整煤鋼結構。魯爾區原有工業主要是煤炭和鋼鐵，而這兩個產業由於競爭力下降，先後出現不同程度的衰退。魯爾區的產業結構調整就是從這兩個產業開始的。1966—1976年，政府撥出150億馬克支持煤炭工業技術改造。1969年，魯爾區原有26家煤炭公司聯合成立魯爾煤炭公司，關閉小煤礦，提高機械化水準，統一部署，安排生產。由於魯爾區進行產業結構的調整，截至2012年，僅有杜伊斯堡市的四座高爐在運轉。煤炭生產方面，只有博特羅普市的兩座煤礦還在生產，也將於2018年年底關閉。

其次，發展新興產業。聯邦和州不斷改善魯爾區的投資環境，培育新的帶頭產業。魯爾區勞動力充足、廢廠地多、技術雄厚、交通便利、市場廣闊，利用這些優勢，魯爾區不斷新建和遷入新企業，這些企業大多是技術精良的中小企業，使魯爾區形成了汽車、煉油、化工、電子、服裝和食品等新興工業。魯爾區產業結構發生了根本性的轉變，重新成為德國具有活力的工業區。魯爾區還建設了10多座煉油廠，年加工原油超過4,000萬噸。

最後，魯爾區還大力發展第三產業。魯爾區原有的第三產業發展水準較低，並且主要是傳統的第三產業，如餐飲、運輸等。隨著新興產業的發展，魯爾區發展了諮詢、金融、保險、貿易、創意文化等新興的第三產業。當前，魯爾區內有3,500多個工業遺址、200多座博物館、100多座音樂廳、100多座文化中心、250個節慶與慶典活動、5個芭蕾舞團、6個交響樂團。由於新興的第三產業吸引了大量勞動力，原來沒有一所高等學校的魯爾區，當前具有6所綜合性大學和10所應用技術大學，成了學生總數超過了24萬人的歐洲大學最密集地區。

3. 加快中小企業發展

過去，魯爾區的工業以大型企業為主，中小企業比重低於北威州和聯邦德國的水準。20世紀70年代以來，魯爾區鼓勵發展中小企業，並給予一定的優惠，中小企業得到更快發展。根據不完全資料統計，1978年魯爾區的礦山和加工企業共有5,303個企業，其中小於20人的企業有2,744個，500人以上的大企業241個。到1982年，大企業下降為226個，小企業上升到3,388個；而同期，該類行業的大企業就業人數下降了41,009人，而小企業職工人數上升了1,696人。

另外，魯爾區還建設了多個工業技術中心、創業園區和技術創新基地，鼓勵高校教師進行自主研發，推進高校與企業的協同合作。同時，魯爾區內所有大學和研究所都設有「技術轉化中心」，幫助企業把技術轉化成生產力，實現研究成果向生

產實踐的迅速轉變，為落戶的企業提供技術支持。魯爾區還不斷改善環境，除大型企業建設污水處理廠外，還集中建設大型的城市污水處理廠，在城市之間設綠化隔離帶、開挖人工河道、治理採煤區環境等，使魯爾區生態環境大大改善。

# 第二節　德國區域開發模式的主要特點

### 一、政府作用的特點

德國的區域開發，政府對其有強的推動作用。現在德國區域佈局的形成，雖然有市場力量的作用，但政府的作用仍不可忽視，甚至很強。一些城市、集聚區的形成，主要得益於德國政府充分、善於運用市場的力量，進而使得德國的區域開發、區域佈局呈現合理的局面，符合政府的意圖，體現了政府的作用。德國政府在區域開發中的作用主要體現在以下多個方面。

（一）區域開發以法律為依據

德國的區域開發通過法律來強制實施是德國區域開發的重要特點。1949年，德國《聯邦基本法》規定：聯邦各區發展與居民的生活水準應該保持一致。1950年，德國頒布《聯邦德國區域規劃法》。1965年，德國聯邦議院頒布《聯邦空間佈局法》，該法規定應全面發展聯邦的領土。後來，該法又通過多次修改，規定了區域整治應達到的目標、任務、區域規劃的原則與設施，同時規定了州一級的區域整治職責等。該法將全國劃分為集聚區、經濟欠發達地區、農業區和邊境區四類，特別強調要大力改善欠發達地區的基礎設施。1969年，將「改善地區經濟結構共同任務」引入了《聯邦基本法》，標誌著德國政府為縮小地區發展差距進入新的階段，即政府對欠發達地區進行強有力的援助。同年，德國通過了《改善區域經濟結構共同任務法》，規定聯邦和州的共同任務範圍：一是以企業的設立、擴建、改建等措施來促進需要改善地區的經濟發展；二是擴建這些地區的基礎設施，改善這些地區的發展條件。該法還規定了改善地區經濟結構的投資補貼、長期貸款、利息補貼、擔保等資金支持的辦法。此外，德國在1950年還頒布了《區域規劃法》；1967年，頒布了《促進經濟穩定與增長法》《區域經濟政策的基本原則》；1969年頒布了《投資補貼法》；1975年頒布了《聯邦區域規劃綱要》，這些法律法規對德國的區域開發起到了極大的作用。同時，德國還依法成立了聯邦規劃委員會來指導區域發展政策的實施。根據以上分析看出，德國政府通過以立法為主的形式，強制實施區域開發，以達到政府的目的，推動國土的整體發展。

（二）區域開發重視用區域政策調控

德國區域佈局的重要特點是均衡佈局，追求地區分配平衡、發展平衡和結構平衡。為了達到均衡發展目的，政府實施了一系列區域政策。而德國的區域政策的特

點是以財政平衡政策為中心。具體來說，德國的區域政策主要有以下四點。

1. 財政平衡政策

德國財政收支分為三級，即聯邦、州和鄉鎮，各級財政收入主要來源於稅收，並實行分稅制。各級政府有不同的建設任務，需要財政支持。由於各區域人口分佈、經濟發展水準有差異，所以，財政收入有差異。而德國為了平衡地區發展，首先要求區域之間財政平衡。德國的財政平衡分為兩類，即橫向財政平衡和縱向財政平衡。

橫向財政平衡是指州與州之間的財政平衡，即以州為單位，通過法人稅的分配、富裕州向窮州稅款轉移和聯邦特別撥款等手段，實現州之間人均財政的大致均等。德國聯邦政府規定，75%的法人稅根據人口數量進行分配，另外25%的法人稅由聯邦用於支持財力較弱的州，通過法人稅的再分配，可以使德國財力最弱的州的人均財政收入達到全國平均92%。法律還規定，人均財政收入高的州有義務轉移部分稅款給財力弱的州。人均財政收入超過全國平均2%～10%的部分，其中的70%要上繳；而超過全國平均水準10%以上的部分要全部上繳，用於平衡收入。通過這樣的平衡，人均財政最低的州，其人均財政收入也能達到全國平均水準的95%，不足部分由聯邦政府補助。

縱向平衡指州與鄉鎮之間的財政平衡。各州內鄉鎮之間的財政收入也要盡量平衡，各州不僅要從富裕的鄉鎮抽取稅收補貼落後的鄉鎮，而且州的財政也要參與這種平衡，通過這樣的平衡，使鄉鎮之間財政也能基本平衡。

2. 支持落後地區的企業發展

德國要實現區域經濟的平衡發展，關鍵要發展落後地區，而要發展落後地區，關鍵是發展工業企業，增加就業，因此德國對落後地區的企業新建和發展有較多的支持政策，主要表現為資金支持。

（1）投資補貼政策。

主要是對落後地區的企業給予財政補貼。德國制定了《投資補貼法》，規定了受補貼的地區、補貼標準等。德國的補貼地區主要是鄰原東德的邊境地區、西柏林和其他問題地區，兩德統一後，受補貼的地區主要是東德。1992年，德國東部地區有85.6%的企業受到補貼。

（2）提供低息貸款。

為了支持落後地區中小企業的發展，由國家作擔保，擔保貸款額可高達90%，利率大大低於市場利率，貸款期限最長可達到20年。1991年和1992年，分別貸出70億和65億馬克，有力地支持了地區經濟的發展。

（3）稅收優惠與特殊折舊。

為了支持落後地區企業發展，德國不僅對落後地區的企業，而且對落後地區的地方稅給予不同程度的減免或優惠。特殊折舊是對落後地區的新建企業給予較高的折舊率，使企業的稅負減輕，扶持新建企業的發展。據估計，通過特殊折舊，國家每年減少稅收約16億馬克。特殊折舊政策在1996年已經取消。

(4) 特定資助。

該支持主要針對產業結構老化的老工業地區和城市，如魯爾區、薩爾區和不萊梅市等，支持這些地區改變產業結構，減少傳統工業企業的裁員，支持就業。復興信貸銀行對老工業區改造有大量投資，如老礦區改造、自行車道、旅遊設施、污水處理、園區等基礎設施建設及物流業發展等，1993年貸款總額高達21.99億歐元，2014年貸款總額為5.83億歐元。

(5) 重視中小企業的發展。

為了支持中小企業的發展，政府在立法、稅收與財政、資金等給予了大力支持，並且積極營建良好的投資環境，為中小企業發展提供良好的發展外環境，有力地支持了中小企業的發展。歐盟、聯邦和州政府為支持區域經濟的發展，1993年出資額高達40億歐元，2015年合計出資約12億歐元。

3. 支持落後地區發展環境的改善

為了支持落後地區的發展，德國政府對落後地區的環境改善給予大力支持。一是改善地區基礎設施，主要改善地區交通、能源、郵電通信、供水等，在一些工業區還進行土地平整等。為此，德國政府在落後地區興建水電站、火電站等，發展煉油產業。這些措施使落後地區發展的基礎設施瓶頸得以消除，為新企業的建設鋪平道路。二是在落後地區興辦大學和職業教育，為落後地區發展提供人才支撐。三是在落後地區建設研究機構、技術開發中心，為落後地區的發展提供基礎支持。

4. 其他政策支持

德國的區域政策手段多樣，內容極為豐富。為了支持老工業區和傳統產業的發展，德國採取了政策支持或補貼來支持傳統產業發展。例如，為了支持魯爾區煤炭工業發展，德國規定火電廠必須用一定比例的國內煤炭，實際支持了魯爾區的發展。德國對農業補貼的政策，實際支持了農業比重較大的落後地區的發展。德國為了支持落後地區發展，在落後地區佈局基礎設施和基礎工業項目，如水電站、煉油廠等，這些企業的佈局成為落後地區的先導產業，帶動了落後地區產業的發展。同時支持有條件的落後地區發展高科技，使落後地區迅速發展起來，德國的巴伐利亞州就是因為發展高科技產業由一個落後的州迅速發展成為德國的經濟強州。[1]

(三) 重視區域規劃的指導作用

德國非常重視區域規劃，其區域規劃有較長的歷史，是發達國家中最早開始區域規劃的國家。德國區域規劃主要是通過將州、市（縣）兩級政府作為規劃的組織者，專業規劃部門、科研研究機構、國內外公司、投資商及當地居民作為規劃內容的參與者，從區域整體發展的角度提出總體框架。關於規劃的主要部分，如生產力佈局、產業發展等，則由國際專家來制定。對爭議較大的項目，採取全民公決的方式進行決策。規劃最終通過市議會形成決議，以立法形式確定，並委託專門的執行

---

[1] 孫超英，等. 各國（地區）區域開發模式比較研究 [M]. 成都：四川大學出版社，2010：104-108.

機構根據相應的法律條款嚴格執行。

這一完善的區域規劃過程始於 19 世紀末 20 世紀初。1923 年，德國制定了魯爾工業區總體區域規劃，並於 1935 年建立了區域規劃工作部，主要負責全國整體區域規劃、交通建設和國土開發等工作。1950—1965 年，德國議會分別通過了《聯邦德國區域規劃法》和《聯邦德國區域整治規劃法》。1974—1980 年，德國還編製了《國土整治規劃綱要》。20 世紀 70 年代，德國形成了聯邦、州、管理區（由多個城市、鄉鎮組成的區域，不是一級政府）和市鎮（包括縣，下同）四級區域規劃體系。兩德統一後，德國編製了《聯邦德國區域規劃報告》。德國各級區域均設有區域規劃管理機構，為了加強地區和部門的協調，聯邦設有由聯邦有關部門、16 個各州區域規劃部和專家組成的區域規劃協調委員會。

聯邦區域規劃主要是一種框架式、綱領性的規劃，為州及州以下區域規劃的指導和依據。主要內容包括區域均衡、跨州基礎設施建設、環境保護等。州區域規劃也主要是綱要性的規劃，主要內容為進行綜合經濟區規劃、提出重點發展地區、州內基礎設施建設、資源開發等內容。該規劃也是州以下規劃的依據和指導。管理區區域規劃對區域內的土地利用、基礎設施、各市鎮職能等進行統一、詳細規劃，使區域內城鎮之間能夠更好地協調發展，做到基礎設施共享、各地資源合理利用等。市鎮規劃是最詳細的規劃，對建築物形式、道路等進行詳細規劃。

德國區域規劃主要依靠法律、經濟政策和土地利用管理等手段實施，規劃一旦通過州以上議會批准，就成為法律條文，不得隨意更改、違背，因此具有強制性。而區域經濟政策在區域規劃中的作用也十分重要，政府利用區域經濟政策，鼓勵、幫助落後地區發展。通過土地管理，政府制止企業不合理的佈局和土地開發，引導區域佈局合理化。

## 二、區域開發佈局特點

(一) 重視國土均衡佈局

德國非常重視區域均衡佈局，《聯邦基本法》規定各地的經濟發展水準和居民生活質量應保持一致。在法律要求下，德國非常重視國土的均衡發展。地區平衡指政府幫助落後地區發展利潤高的產業。而地區結構平衡指幫助結構單一的地區發展多個產業，增強地區面對危機的抵抗力。德國區域均衡發展主要追求區域三大平衡，即地區分配平衡、地區發展平衡和地區結構平衡。地區分配平衡根據各地人均收入、人均稅收、失業率等指標評價各州發展水準，窮州可以得到財政補貼，將富州與窮州的人均財政收入差距控制在 19% 以內。

在二戰以前，德國的經濟中心在北部，南部和東部相對落後。在二戰後，德國致力於南部地區發展，在南部地區發展高新技術產業，使南部地區經濟發展水準超過北部。為了扭轉魯爾區的衰退，聯邦政府提出振興措施，幫助魯爾區再生。兩德

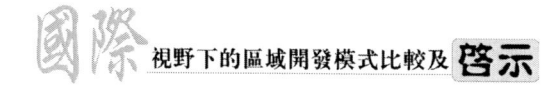

統一後，德國區域發展的重點又轉向了東部。由於不斷致力於區域均衡發展，原西德成了世界區域差異最小的國家之一，真正做到了全國的共同發展。

（二）重視發展集聚區和發展軸

雖然德國重視全國的均衡發展，但是根據市場經濟的規律，區域發展有集聚性。經濟密集的地區，可以獲得集聚效應、規模效應、競爭效應和低成本效應，企業也能夠獲得更多的外部效應，所以企業在經濟密集的地區發展更有利，這將導致增長極、發展軸和集聚區的形成。而德國政府順應市場經濟規律，重視利用市場發展地區經濟。例如德國發展魯爾區，使其成為由 20 多個城市組成的經濟密集區，城市彼此相連，構成一個城市群。通過魯爾集聚區的構建，魯爾區成了德國乃至歐洲工業的「心臟」，為德國躍升為歐洲第一經濟強國奠定了堅實的基礎。

同時，為了充分利用萊茵河航道，發展萊茵河地區，德國構築了萊茵河發展軸。為了構築萊茵河發展軸，德國在萊茵河沿岸建設了密集的交通設施，德國將第一條高速公路佈局在萊茵河沿岸。德國不僅在萊茵河兩岸修建鐵路，而且在萊茵河兩岸修建高速公路，還建設輸油和輸氣管道，這些交通線的建設，將萊茵河沿岸的城市、工業區聯結起來。美國「馬歇爾計劃」對德國的援助主要就投資在萊茵河發展軸。這些措施，強化了萊茵河發展軸在全國的地位。

德國的集聚區和發展軸戰略與國土均衡發展戰略並不矛盾，正因為集聚區和發展軸的發展，使全國的經濟實力增強，聯邦政府才有經濟實力支持落後地區的發展，發達州才能有實力支持落後州，才能實施國土均衡發展戰略。

（三）重視區域特色產業發展

德國非常重視區域特色經濟的發展。聯邦政府根據各地區發展條件、歷史特點，幫助各地發展特色產業和產業集群，因此，在德國，多數城市均有自己的產業特色。各城市圍繞自己的特色產業，形成數十家乃至上千家企業集聚的局面，形成產業集群，使該城市的特色產業在全國乃至世界經濟舞臺上有一席之地。例如 1989 年，魯爾區開始實施國際建築展覽 10 年行動計劃，利用老工業區的廢棄建築物，建設各種具有地區特色的服務設施和文化藝術景點。同時，聯邦政府在佈局區域第三產業時，也注意分散重要的第三產業的佈局，使某些城市成為全國該類第三產業的發展中心，如漢堡的出版業、法蘭克福的金融業等。[①]

## 三、區域開發產業特點

（一）重視傳統產業的改造

德國在區域開發過程中，特別在對老工業區的改造過程中，並沒有放棄傳統產業，而重視對傳統產業進行改造，並在此基礎上，進一步開發區域經濟。在魯爾區

---

① 孫超英，等. 各國（地區）區域開發模式比較研究［M］. 成都：四川大學出版社，2010：109-110.

的振興過程中，德國首先對魯爾區傳統的煤炭和鋼鐵工業進行改造，採取的措施是關閉小煤礦，合併大煤礦，建立煤炭聯合公司，大力提高煤炭開採技術，提高煤炭開採機械化水準，降低生產成本。同時國家政策有利扶持煤炭產業的發展，國家規定火電廠必須用一定比例的國內煤炭。有了這些措施，才使魯爾區的煤炭工業沒有被淘汰，魯爾區目前仍然是德國最大的煤炭產區。而魯爾區的鋼鐵工業也通過提高技術、合併等策略，使其得以再生。同時，魯爾區積極利用煤炭、鋼鐵及其裝備製造、技術研發等方面的優勢，積極發展環保、新能源等新型工業。例如，曾是德國重工業象徵的蒂森克虜伯公司，依託在鋼鐵及機械製造方面的技術累積，積極發展汽車零部件、電梯、工程設計和貿易等。此外，德國對農業的發展也是有大量的補貼，其支持農業技術的提高、支持農業技術培訓，使德國成為世界農業生產技術水準最高的國家之一，且大量出口農產品。

（二）重視發展新興產業

德國的區域開發非常重視新興產業的開發。新興產業具有技術水準高、產品附加價值高、需求增長快的特點。因此，新興產業推動落後地區的快速發展具有重要意義。德國在開發落後地區的過程中，非常重視用新興產業推動落後地區的發展。西德在發展南方的過程中，就是用新興產業得以使南方迅速發展起來，並超過北方地區。德國發展南方主要發展了多類新興產業。一是發展以電子信息產業和生物技術為代表的高技術產業，如德國重點在巴伐利亞州發展電子信息產業，慕尼黑成為德國的「硅谷」，巴伐利亞州成了德國的「加利福尼亞」，被稱為德國的高技術中心。德國的航天工業也主要分佈於南部。二是發展資金技術密集型產業，這類產業在二戰後發展迅猛，主要有汽車產業和石油化工產業。德國南部的巴登州成了德國汽車工業基地，斯圖加特成了汽車工業中心。同時二戰後新起的煉油工業也主要在南方。德國通過在法國和義大利的港口利用管道輸入原油，在南方建設了多個煉油工業基地。三是在南部發展新興的第三產業，主要包括旅遊業、航空業、金融業等。南部法蘭克福成了德國的航空和金融業中心。

（三）重視扶持中小企業發展

德國在重視落後地區的產業發展和產業結構調整的同時，也很重視中小企業的發展。德國在發展落後地區和振興問題地區的過程中，非常重視發展中小企業。為了發展中小企業，德國政府對中小企業提供大量的資金支持政策，如補貼、政府擔保、低息貸款等，同時給予稅收減免等優惠政策，還幫助科技型中小企業獲得風險基金等。德國通過支持中小企業，使區域的中小型企業增加，區域經濟日益活躍。

## 四、大力扶持問題地區的發展

（一）重視落後地區的發展

德國重視區域之間的均衡發展，發達地區自我發展能力較強，無須政府更多的

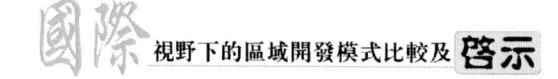

傾斜政策，所以，德國聯邦政府發展重點就是推動落後地區快速發展，使其盡快趕上發達地區。在德國，實際上沒有絕對的落後地區，只有相對落後地區。對於落後區的發展，德國政府干預較多，主要通過土地政策、價格政策、投資政策、區域發展政策等支持落後區發展。德國政府支持土地適度的經營規模，增加農業企業的土地經營規模；為解決農產品過剩的問題，政府支持土地實行粗放經營，減少農藥、化肥的投入對農業生產環境的破壞；政府也強制實行15%的休耕政策。在20世紀50至70年代，德國政府為了刺激農業生產，採用農業補貼價格。到20世紀90年代，為了使德國農產品走向國際市場，德國政府對耕種土地實行補貼。

德國政府還在落後地區大力建設基礎設施，改善投資環境。為了吸引企業到落後地區投資，德國政府還提出了許多優惠政策，如提供企業建設投資補貼、無息和低息貸款、企業享受稅收減免、政府為企業員工工資提供部分補貼。各地區的優惠標準略有不同。

（二）重視老工業區的振興

德國對老工業區的振興也非常重視，典型的例子是對魯爾區的振興。德國對魯爾區的振興並不是拋棄傳統產業，而是重新發展新產業。轉型初期階段，魯爾區通過佈局發展新工業，解決經濟發展衰退和下崗失業問題。轉型中期階段，魯爾區積極轉變經濟增長模式，大力發展服務業和高技術產業，增加就業機會。當前階段，魯爾區則依託在製造業中技術、研發和管理優勢，加強自主創新能力建設，面向全球走「再工業化」道路，以提升區域產業的結構競爭力。同時，為增強魯爾區的活力和吸引力，德國政府在魯爾區大力發展中小企業和現代化第三產業。此外，德國政府還不斷改造基礎設施，重視科教文化，從而使得魯爾區的區域投資環境大為改善、人力資本價值得以提升，增加了該區域的吸引力。總的來說，德國政府對老工業區的改造是成功的。

# 第三節　德國區域開發模式的啟示

## 一、政府重視區域開發，並以法律作為保障

德國雖然是資本主義國家，但在二戰後，西德選擇什麼樣的體制模式，存在兩派：一派主張以私有制為基礎的市場經濟，另一派主張以公有制為基礎的計劃經濟。兩派經過反覆磋商，最後提出實行社會市場經濟模式，既形成「政府+社會+市場」的經濟模式。該模式認為要充分發揮企業的作用，實行自由競爭；同時建立和完善社會保障體系。在這樣的體制下，德國重視國土的均衡發展。為了推動區域均衡發展，政府制定一系列區域政策支持落後地區的發展。同時，德國的區域開發以法律為保障，《聯邦基本法》和許多相關法律都制定了促進區域均衡發展的法規。

对於中國的區域開發，雖然各級政府也重視，但缺乏法規來規範和強制實行，使得中國全國性、區域性的區域開發缺乏法律依據，因此顯得很隨意，發展哪裡，發展什麼，往往與地方領導人的偏好有關。這對落後地區的發展特別不利。落後地區基礎薄弱、財力不足，在缺乏上級政府的幫助下，難以通過自身的力量迅速發展起來，難以趕上發達地區。因此，這需要政府在推進落後西部地區的發展過程中，明確發展方向，始終將發展產業、解決就業、增加落後地區人民的收入作為基本方向。在發展內容上，應充分尊重市場發展規律，根據不同階段的內外部情況，不斷探索調整目標和任務。同時，中國落後地區的發展工作要因時因地制宜，政策指向不能一成不變，要處於一種動態連續的發展過程，不斷根據市場需求和自身環境進行調整。如在推進落後地區的搬遷改造過程中，應加強對搬遷改造方案執行情況的評估檢查，及時掌握政策落實情況，並監督政策有效落實。

## 二、區域開發要根據區域規劃逐步推進

德國的各級區域開發，都有區域規劃先行，為區域開發提供指導和依據，同時規範區域開發，使區域開發佈局合理。德國的區域規劃一旦通過各級議會審議，成為法律條文，就不得違反。德國的管理區規劃屬於州以下多個市鎮的聯合規劃。管理區雖然不是一級政府，但其規劃為各地方政府和有關專家共同完成，規劃一旦生效，也具有法律意義，各地不得違抗。為避免規劃脫離實際，德國有專門的區域規劃管理機構，其規劃委員會由政府官員和著名專家組成。

中國多數區域也有區域規劃，但有些區域特別是基層的鄉鎮，缺乏區域規劃。同時由於中國的區域規劃的法律性不強，因此對區域開發的約束力也不強，經常出現違反區域規劃發展的現象。這就需要我們積極借鑒德國區域規劃的方法，將區域規劃落到實處，並保證其連續性和合法性。在中國，經常出現相鄰的地區、城市，甚至縣以下各鎮發展不協調的現象，這些地區可能出現同一個工業項目、產業結構雷同、排放污染不顧相鄰地區、市政設施各自為政等現象。在這一點上，中國可以學習德國管理區的經驗，由上級政府成立管理區，並成立規劃委員會，規劃組成員應包括政府領導、相關部門領導和專家，在規劃出抬前，應向公眾公布規劃方案，搜集公眾的意見，並進行適當合理的修改。經公眾參與後的規劃，一旦確定並宣布規劃生效，各地應嚴格按照規劃執行。

## 三、規範對落後地區的財政援助

德國為了發展落後地區，制定了大量的區域政策。德國的區域政策是以財政援助為中心，通過聯邦和州之間的財政轉移支付，使各州的人均財政大致相等、差距縮小。通過州內的垂直轉移支付，使州內各地區之間也能得到大致相等的人均財政

收入。德國的財政援助，具有簡明、對落後地區支持明顯的特點。

中國經濟還不發達，不可能像德國一樣對落後地區實行大規模的財政援助計劃。但是，中國也應該借鑑德國的一些經驗。中國雖然實行了西部大開發，國家也給了西部大量的財政援助，但這些援助沒有像德國一樣實現經常化、規範化，並且這些財政轉移支付還有一定的條件，加大了受援地區獲得財政轉移支付的難度。中國對落後地區的財政轉移支付應如德國一樣，制定受援地區的條件、受援助的數額等，規範財政轉移支付，真正體現促進落後區發展的決心。

## 四、國土的均衡發展與重點地區開發同時進行

為了使全體人民能享受平等的福利，德國提出了均衡發展戰略。但是德國的均衡發展不是一味追求全國市縣一級經濟規模的平均，追求全國的產業平衡。所謂均衡發展就是全國以州為單位的區域人均地區生產總值相近，而並不是各區域的地區生產總值規模相近。所以，從地區生產總值在全國的分佈來看，實際分佈也是不均衡的，而是高度集中在某些發展軸線，使區域經濟形成「大平衡、小集中」的狀況。然而，德國對落後地區的開發也不全是均衡開發，而是採取傾斜－協調的發展方式，重點發展中心城市和主要軸線。德國南部巴伐利亞州的開發，主要以慕尼黑為中心。而德國東部的開發，也是以柏林為中心。

因此，中國開發也應該借鑑德國的經驗，遵循市場經濟規律，發揮市場的效率。在區域開發時，應優先開發基礎條件較好的地區。如西部開發，應選擇各省級行政區發展條件較好的經濟核心區優先開發，特別以核心經濟區的中心城市和重要軸線為重點，提高這些地區的集聚能力，通過核心經濟區的發展帶動地區各省級行政區的發展。目前西部應優先發展的經濟核心地區主要包括成渝經濟區、關中地區、滇中地區、黔中地區、廣西南北欽防地區、內蒙古呼包地區、寧夏平原、蘭州—西寧地區、天山北麓地區、西藏拉薩—日喀則地區等。[①]

## 五、地區產業重視專業化

德國高度重視地區專業化發展。在一個城市集中發展少數產業，而一個產業可以吸引眾多專業化企業及相關企業投資，這樣不僅降低了專業化產業的投資門檻，而且形成規模效應、外部效應，對專業化產業的發展起到巨大的作用；並且在相對小的地域內形成高度相關的產業鏈，企業之間高度關聯，構成產業集群，也將極大推動企業和產業的創新，提高產業集群的生命力。

中國許多地區發展缺乏支柱產業，各產業只有少數甚至只有一個企業投資，難

---

① 孫超英，等. 各國（地區）區域開發模式比較研究［M］. 成都：四川大學出版社，2010：114-115.

以形成產業集聚,共享產業集聚帶來的好處,使得產業競爭力弱,隨時有被市場淘汰的危險,從而導致區域的競爭力變弱。同時,由於區域各產業弱,產業盈利不足導致產業創新投資不足,從而致使產業創新不足,最終又導致產業競爭能力衰弱。為了保持區域經濟更好地發展,各區域總是考慮不斷調整產業結構,總是想發展高附加價值產業,使區域之間在高科技等產業領域形成低水準競爭,區域之間產業同構化明顯,造成了大量的資源浪費。因此,中國各地區應該發展具有區域特色的產業集群,通過集群發展,使地區實現差異化發展道路,減少區域之間的惡性同質化競爭,以加強區域的產業和地區競爭力。同時,中國各地區應該努力提高產業的專業化水準,延長產業鏈,發展一批高效率的配套產業,使地區發展實現產業專業化和產業多樣化。

## 六、開發落後地區重視新興產業的佈局

德國發展落後地區時高度重視新興產業的發展,通過發展新興產業,使落後地區反而成為國家經濟發展的主流。中國應該學習德國在落後地區的產業發展的經驗,應該重視在重點開發地區佈局新興產業。根據中國的傳統發展模式和產業梯度轉移理論,中西部應該發展沿海地區轉移出的產業,東部地區應在現有產業基礎上,著力發展高新技術產業,建設世界一流的科技創新中心。但是,西部本來就落後,如果僅以沿海地區轉移出的產業為主導產業,勢必趕不上東部沿海地區的發展。同時,由於沿海地區傳統產業在沿海已經形成了完善的產業集群,具有較強的鎖定效應。如果將產業轉移到內地,雖然勞動成本下降,但是其他成本的增加甚至超過勞動成本所節約的,而且也面臨著一些產業轉移到西部地區,而另一些配套產業卻仍在東部地區的窘境。另外,沿海地區傳統產業多是沿海的主要出口產品,這些產業如果轉移到內地,由於內地尤其是西部地區出口區位欠佳,將削弱轉移產業的出口能力。所以,中國西部應該學習德國開發南部的經驗,在西部自身的區位優勢和地理環境條件下,適當地承接東部沿海地區轉移出的產業,著重發展具有西部特色的產業,兼顧高新技術產業和戰略新興產業,逐步調整西部地區的產業結構,使其日趨合理,只有這樣才能真正起到開發西部、縮小東西差距的目的。

# 第六章 義大利區域開發模式研究及啟示

區域經濟社會發展的差距在義大利體現為南北經濟發展的差異，義大利的工業現代化進程首先在北方進行，也由此導致了義大利南北發展的不平衡，這種不平衡累積到一定程度就會帶來一系列的問題，甚至威脅到國家的穩定和統一。因此，從20世紀70年代開始，義大利政府對南北差距進行特別干預，大力推進南方的工業化進程，每年將國家財政收入的一半以上投向南方，並先後頒布20多個相關法令，實施了上千個項目，國家在稅收等方面優惠南方，增加對南方的公共服務投入，包括教育的投資，如大力興辦大學和高等院校。通過各方的努力，義大利南北方經濟發展差距逐漸縮小，儘管差距依然存在，但分裂危機已不存在了。義大利的區域協調發展歷時三十多年，在解決南北經濟差距方面既有好的經驗，也有失敗的教訓，這對中國促進區域經濟的協調發展、縮小地區間差距是有啟示作用的。

## 第一節 義大利南北區域差距及區域協調發展措施概述

19世紀80年代，義大利北方因靠近歐洲大市場和具有廉價的能源等經濟資源優勢和發展條件，迅速推進了現代工業化進程。而義大利的南方沒能抓住這一歷史發展機遇，南北地區的差距由此逐漸拉大。二戰後，義大利政府為了改變這種經濟發展極不協調的局面，先後實施了多項政策措施，以振興南部經濟、縮小南北經濟差距。義大利成為資本主義國家在二戰後最早著力解決區域經濟發展不平衡的國家之一。

### 一、義大利南北方經濟發展差距概況

義大利位於歐洲南部，以阿爾卑斯山為界，北與法國、瑞士、奧地利和斯洛文尼亞相鄰，南隔地中海和突尼斯海峽與非洲大陸相望，東濱亞得里亞海，西臨里古里亞海和第勒尼安海。領土包括地中海上的亞平寧半島、阿爾卑斯山脈以南的大陸部分和西西里島、撒丁島。義大利國土總面積為30.1萬平方千米，其中山地面積占總積的35%，丘陵占總面積的42%，平原占總面積的23%。

## 第六章　義大利區域開發模式研究及啟示

義大利以羅馬以南 30 千米處馬佩斯卡拉的連接線為界大致可以分為北部和南部兩個大的區域，界線以南稱為「南部義大利」或義大利的「南方」，界限以北稱為「北部義大利」或義大利的「北方」。20 世紀 50 年代末，義大利北方的倫巴第和皮蒙特兩個大區共有 1,125 萬人，占當時全國總人口的 22.4%，但卻占當時義大利紡織業就業人口的 66%，冶金業就業人口的 57%，機器製造業就業人口的 56%，化學工業就業人口的 54%。而義大利南方當時共有人口 1,850 萬人，占全國總人口的 38%，卻只占義大利紡織業就業人口的 5%，冶金業就業人口的 8%，機器製造業就業人口的 8%，化學工業就業人口的 7%。在佛羅倫薩以北，工人總數超過 1.5 萬人的市有 29 個，而在佛羅倫薩以南只有 4 個。義大利南方地區包括阿布魯佐、莫利塞、坎帕尼亞、普利亞、卡拉布里亞、巴西利卡塔大區，以及西西里島和撒丁島，面積占義大利國土面積的 40.8%，人口占全國人口的 38%。南方地區人口密度低於北方人口密度。這樣大面積的欠發達地區是其他發達國家沒有的，南北差距懸殊給義大利造成嚴重的經濟、政治和社會問題。為了促進南北區域經濟的協調發展，從 1950 年開始，義大利政府對南方進行了大規模有計劃的開發扶持，投入大量資金，完成上千個項目，取得了較明顯的成效，但也有一些挫折與失誤，其中的經驗教訓值得我們認真研究和總結。

義大利南方地區遠離歐洲大陸市場，自然條件相對較差，地貌崎嶇不平，山丘遍布，平原面積僅占總面積的 12.3%，水力、礦產等自然資源相對貧乏。這是南方的經濟落後於北方的自然條件根源。

1860 年，在義大利人引以為傲、有義大利南方「珍珠」之稱的西西里島，占據著支配地位的是封建經濟，當時大片的土地被少數大地主和教會勢力把持。這種落後的莊園經濟在義大利全國統一後並沒有立即消失，在一段時間內還保留大量的殘餘，這是造成義大利的南方貧窮落後的歷史根源。

義大利南方落後於北方還有另一個更重要的原因，那就是第二次世界大戰期間及戰後恢復重建國家對北方的大量援助。在戰爭期間，為了保障戰爭供給，墨索里尼在義大利北方強制推行工業化，將國家投資的絕大部分用在了北方。與此同時，南方的工業在二戰期間不但沒什麼發展，而且由於盟軍在西西里島的登陸，南方還成了主戰場，使原本脆弱的南方工業遭受重創。加上戰後經濟恢復期間，義大利當局的急功近利，將「馬歇爾計劃」[①] 的絕大部分援助款用在了北方，這更加拉大了義大利南北部之間的經濟差距。我們以人均收入為例來說明，1952 年同 1938 年比較起來看，在這十幾年時間裡，義大利北部的人均收入增加了 23%，而南方卻減少了 10%。20 世紀 50 年代初，南方的工業、農業和服務業產值分別為北方的 18.4%、

---

① 官方名稱為歐洲復興計劃，是第二次世界大戰結束後美國對被戰爭破壞的西歐各國進行經濟援助、協助其恢復重建的計劃，對歐洲國家的發展和世界政治格局產生了重要的影響。該計劃於 1948 年 4 月正式啟動，持續了 4 個財政年度。在這段時期內，西歐各國通過參加經濟合作發展組織總共接受了美國包括金融、技術、設備等各種形式的援助合計 131.5 億美元。

47%和29.7%。南方人民的生活水準大大低於北方。

　　當然，義大利南北方的差距除了上述三個原因外，還存在北方較早地完成工業化，在每個地區都構建了自己獨特而趨於穩定的經濟架構的原因；而南方作為整個歐洲左派的大本營而造成的社會不穩定因素，客觀造成投資者遠離及南部教育水準較低等人文因素原因。

　　義大利存在的這種顯著的南北地區差異，其表現是多方面的。無論在基礎設施、國民生產總值、人口密度、人口素質、人均收入、經濟發展水準和經濟結構，還是在文化、教育、就業率、醫療衛生等各個方面，都表現為北方發達，南方落後。北義大利與發達國家的生產、生活水準相差無幾；而南義大利則與發展中國家近似。而且，這種差異直到現在依然沒有完全消除。

　　1995年，義大利經濟觀察研究所的學者對義大利國內各個省份的經濟發展做了一次調查分析。根據他們的調查結果，把義大利全國90多個省份分為5類：

　　第一類，發展緩慢的省份，共31個，全部位於義大利南部。這些地區的經濟發展特點是對外開放程度低，僅為全國平均水準的1/3；失業率高；居民收入遠遠低於全國平均水準。

　　第二類，中等發展水準的省份，共28個，大部分位於義大利中部，少數位於北部。它們無論在經濟開放程度還是在居民收入水準方面，均處於全國平均水準之上。失業率略低於全國平均水準。

　　第三類，非典型省份，很少，其中包括東北部的第里亞斯特省。這些省份的出口能力很強，但失業率高於全國平均水準，居民收入處於全國中等水準。

　　第四類，發展強勁的省份，共25個，均位於北部地區或中部偏北。這些地區經濟發達，出口能力很強，失業率低於全國平均水準，居民收入大大高於全國平均水準。

　　第五類，最富發展動力的省份，共7個，全部位於北部地區。這些地區產品出口額在增加值中的比率超過55%，失業率低於5%，人均收入不僅大大高於全國平均水準，而且高於發展強勁的省份。

## 二、義大利縮小南北差距的對策及其對南方的開發

　　貧窮落後使得義大利南部的人口持續減少、社會動亂不安、黑惡勢力猖獗，而且隨著經濟差距的日益擴大，義大利南北方之間的對立情緒也越來越嚴重，北方視南方為包袱，南方則視北方為殖民者，南方的落後拖了義大利經濟發展的後腿。在南北方對立情緒滋生、影響社會穩定的情況下，20世紀50年代初期，義大利政府開始著手解決其南北部經濟社會發展差距的問題，對南方採取特別的干預和扶持政策。為此，義大利成立了南方工業發展委員會，對實施南方開發的可行性進行專題研究。

1950年義大利國會通過第646號法律，制定了一個全面的南方開發方案，由此拉開了義大利振興南方戰略的帷幕。根據646號法律，1950年8月義大利政府拿出了1萬億里拉（相當於當年義大利國民總收入的10%）成立了一個叫「義大利南方公共事業特別工程基金」的新組織（簡稱為南方基金局，又稱南方開發銀行），剛開始預定該機構的活動年限為15年，後來這一期限不斷被延長並不斷增加活動基金，直到1984年南方基金局才宣告完成使命而終結。該機構的成立對振興義大利南部起到了很大的作用，當時義大利對南部的投資幾乎全由南方基金局提供和管理。

義大利的南方開發計劃大致經歷了四個階段。

第一階段，1950—1957年。南部開發計劃的重點措施是加大對農業發展和基礎設施建設的支持力度，為義大利南方的工業化進程做準備。這個階段的發展政策主要包括三項內容，即土地改革、成立南方基金局和進行基礎設施建設，其中南方基金局在整個南方開發計劃中發揮了至關重要的作用。

這一階段的發展政策主要內容包括，一是實行土地改革。土地改革的主要目的是徹底消除南部缺乏效率的莊園經濟對農業發展的影響，以振興南部的農業。二是成立南方基金局，為南部開發提供組織保障。依據1950年第646號法律組建的南方基金局在當時的任務是改良農業，並為建設工業基礎性工程提供融資服務，它有權與外國公司簽訂貸款合同，負責為工業發展提供財政援助。從義大利政府的開發措施看，在第一階段中，南方基金局將50%的投資資金用在了墾荒和水利上，18%用在了居民飲用水和生活排水改造上，18%用在了公路建設上，剩餘的部分主要用在了鐵路建設和南部的旅遊資源開發上。到1957年南方開發計劃第一階段結束時，義大利整個南部地區已被批准的工程項目價值達到8,840億里拉，其中70%已經完成。應該說，這一階段的開發為南方的工業化創造了一個有利的環境，因此，也稱之為工業化準備階段。三是進行大規模的基礎設施建設。義大利政府希望通過這些措施，為後來推行南部工業化進程創造條件。為此，南方基金局在20世紀50年代把60%的開發基金用在了農業上，其餘的40%全部用在基礎設施建設上。在農業方面，政府首先實行土地改革，在南部徵收了4,930平方千米的地產，通過分期付款和優惠貸款的辦法分配給無地或少地的農民，這一舉措使南部十多萬戶家庭獲得了土地。在基礎設施建設上，主要是進行居民飲用水和生活排水改造，以及交通設施的建設。

由於義大利南方薄弱的工業和脆弱的經濟發展基礎，加上北方工業生產基數大，因此南北方經濟發展的差距在第一階段開發計劃實施後並沒有立即縮小。但經過第一階段的政策和資金幫扶，義大利南方農業生產率得以提高，南方的農村市場得以開拓，南方的交通設施及居民的社會福利得以明顯改善，這些為後來南方的持續開發奠定了必要的基礎。

第二階段，1957—1976年。這個階段國家對南方干預的重點是實施工業化發展戰略。1958年開始，義大利政府對南方開發的政策重點從發展農業、大規模興建基礎設施轉向大力促進工業發展。這個時期基金局70%的開發資金都用在了工業上。

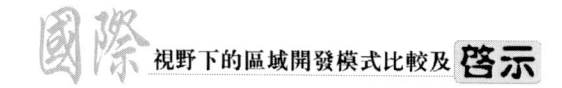

第二階段義大利南方開發計劃的具體措施主要有兩項：

一是在工業開發佈局上採用了「面」與「點」相結合的方法。「面」就是確立「工業發展區」，把一些工業發展條件較好、具有較大發展潛力的地方確定為重點開發地區或核心區，在重點開發區域優先投資開發並依靠其輻射作用來帶動整個南部的振興。國家確定重點開發地區的原則：擁有 20 萬以上的人口，有一定的工業基礎、金融服務設施及潛在的市場和勞動力資源等。工業發展區的基本建設由地方當局組織開發公司承包，南方基金局提供其中 85% 的資金。

點即「工業發展點」或「開發核心」，由已選定的發展地區內的核心企業或企業群組成，工業發展點的選取政府要求不高，只要有幾種能為明確規定的市場供應的產品、便於利用當地的原料、與當地經濟發生產業關聯的中小企業都可入選，入選企業即可獲得南方基金局的資助。在這樣的政策扶持下，到 20 世紀 60 年代中期，義大利的南方逐漸形成了 16 個工業發展區和 5,000 多個工業發展點。點面結合為南方工作發展確定了增長極。

二是鼓勵國家控股公司和私營企業在南方投資建廠。為了吸引企業到南方工業發展區投資設廠，義大利政府制定了多項激勵措施，如：①對在南方新辦的工廠給予 10 年免徵利潤稅的優惠條件，新廠房建設經費可獲得政府 25% 的補貼，購置機器設備的經費可獲得政府 10% 的補貼（如果從南方購置機器設備，政府補貼增加到 20%），新建企業投資可以獲得政府提供的 70% 以上的優惠貸款。②中央政府將其採購總額的 30% 用於南方。③義大利出抬相關法律，規定國家參與制的企業必須把它們工業投資總額的 40% 和新建工業企業投資的 60% 投到南方。④為了提高企業的管理水準和技術水準，1965 年南方基金局創建了南方職業培訓和研究中心。在這一系列優惠政策的吸引下，1959—1963 年南方第一次出現工業投資高潮，工業投資的 72.9% 為冶金和石油化工業所吸收。當時絕大多數新建工廠屬於國家參與制企業。1965 年頒布的第 717 號法律、1967 年頒布的第 1,522 號共和國總統令和 1971 年頒布的第 853 號法律，延長了南方基金局的活動年限，進一步放寬政府對南方工業企業的優惠條件。如第 853 號法律規定，1971—1975 年，國家對固定資本投資在 1 億~15 億里拉的企業的創建、改造或設備更新提供所需資金 35% 的補貼（以提供設備、原料和半成品為主，對人菸稀少地區企業的補貼達 45%）；對固定資本投資在 15 億~50 億里拉的企業提供所需資金 15%~20% 的補貼，35%~50% 的優惠貸款；國家參與制企業，80% 的新建工廠投資和 60% 的工業投資總額必須投向南方。這些措施使南方在當時出現工業投資潮。假設 1960 年南方工業投資額為 100 的話，1968 年則為 82.3，而 1974 年猛增到 226.5。第二次工業投資高潮主要涉及鋼鐵部門、機械和電子部門，以及初級化學部門，仍然是國家參與制企業一馬當先。

在國家優惠政策的吸引下，義大利包括菲亞特集團、蒙特愛迪生集團等在內的大型私企紛紛到南方落戶。大企業優秀的管理層、雄厚的資金和先進的技術，給義

大利南部經濟發展注入了新的動力。經過這一階段的努力，義大利南部工業化進程明顯加快，有兩段時期南方的工業發展速度超過了全國的平均水準：一是1963—1966年，全國平均水準為4%，南方為5.8%；二是1970—1973年，全國平均水準為3.8%，南方為6.1%。

第三階段，1976—1984年。這個階段國家對南方干預的重點是以良好的財政金融服務、先進的技術裝備來發展中小企業。

這一時期正值世界因石油危機而導致兩次經濟衰退的時期。南方的大型企業受到了較為嚴重的衝擊，而中小企業卻顯示了它在生產和就業上的靈活性和生命力。為緩解因經濟衰退導致的就業壓力，義大利南方開發計劃開始轉向重視中小企業的發展。1976年國家頒布183號法令，決定改變以前單純依靠大企業來促進南方工業化的做法，撥款18.2萬億里拉用於中小企業的發展。1977年，政府又頒布第675號法令，對更新設備和進行結構改造的中小企業給予投資總額的70%的優惠貸款；同時規定減少南方企業的增值稅和法人所得稅。此外，20世紀70年代中後期，義大利還成立了南方金融租賃公司，專門向南方中小企業優惠出租先進技術設備以幫助中小企業更新設備，提高生產率。在政府的大力支持下，南方中小企業迅速發展，提供了大量新工作崗位，到20世紀80年代中期，義大利南方的就業壓力逐步緩解。

第四階段從1985年開始至今。這個階段義大利對南方開發的重點是促進南部地區經濟和社會平衡發展。

1986年3月，義大利當局頒布當年第64號法令，結束了南方基金局的使命，代之以直接隸屬總理府的南方局，並下設南方發展促進公司等執行機構。政府將這一階段的政策重點放在了促進南方地區經濟與社會的平衡發展上，南方開發計劃從此進入了綜合性和高層次發展的階段。

64號法令進一步放寬了對南方工業企業的優惠條件，積極推動南方企業實施技術革新，這使得南方的工業化進程進一步加快。在社會生活方面，義大利花更大精力發展基礎設施和服務設施，並加大環境保護和生態建設的力度，保證勞動力特別是青年的就業。此外，為了營造一個穩定的社會環境，保障投資者在南方的利益，義大利政府還加大了掃黑反腐的力度，20世紀90年代以來，一些黑手黨頭目相繼落網，既顯示了政府掃黑反腐的決心，又對經濟發展提供了一個相對穩定的社會環境。這些措施對南方的發展起了極好的促進作用。

始於20世紀50年代的義大利南部開發計劃已走過了半個多世紀。開發計劃中義大利政府向南方投入了上百萬億里拉的巨額資金，支持完成了上萬個項目，不僅推動了南方經濟的發展，而且極大地改變了南方的社會面貌。雖然南北方之間在工業化程度上還有一些差距，但過去被義大利人稱為「基督不到的地方」的南方從落後的農業社會步入了現代工業社會確是不爭的事實，這也證明義大利振興南方的政策主流是正確的、激勵措施是成功的。

### 三、義大利南方開發計劃中經費投入概況

義大利南方開發計劃中的經費投入有三個特點。

一是在開發的整個過程中政府都提供數額巨大的財力支持。義大利南方開發計劃所需的資金投入是巨大的，其中政府直接提供的資金起主要作用。1950年的第646號法令規定，義大利政府從馬歇爾援助計劃中拿出1萬億里拉專供南方基金局使用，這一數字相當於當年義大利全國國民收入的10%。按計劃，1950—1960年政府每年投入1,000億里拉。1952年義大利政府將南方開發計劃期限從10年延長至12年，每年投入的資金從1,000億里拉增加到1,250億里拉。1971年政府對南方基金局追加撥款3.125萬億里拉，1974年又再次追加到4.125萬億里拉。截至1982年，政府南方開發經費實際到達94萬多億里拉。

二是政府通過優惠政策和收益激勵，合理引導政府及社會的投資方向、注重投資效益，對政策性投入和援助資金進行規範運作和市場化。南方基金局採取市場方法對政策投入和援助資金進行分配管理，將有限的資金投入到重要的基礎設施，以及能充分利用當地資源、具有較高科技含量和競爭優勢的產業上，盡量降低國家投資成本。1953年，南方基金局創建和改組了三個銀行，即義大利南方經濟發展銀行、西西里大區工業投資銀行和撒丁工業信貸銀行，這三家銀行專門為新建或擴建工業項目提供長期信貸。這些機構經營的業務雖然都是國家援助性的信貸項目，但它們對貸款的發放與管理都嚴格按照商業銀行標準進行。義大利政府規定企業必須符合下列條件之一才能獲得貸款：使用南方地區的原料或半成品進行生產、生產南方企業所需的產品；生產與生產力發展相關的資本貨物、設備及其零配件；改善和合理利用當地資源；所生產的產品能爭奪國際市場和進出口；有利於當地和國家生產部門的現代化尤其要有利於降低生產成本、提升技術水準、改善銷售渠道；引進新的生產工藝和產品。符合條件的企業均可獲得低息貸款、原料儲備補貼和相當於其固定資產投資總額40%的贈款。

三是政府推行配套的稅收、金融等優惠政策。義大利政府為了吸引私人企業參與南方開發，專門制定了優惠的稅收和金融政策。例如，1950年的第646號法令規定：在南方新開工廠的企業將會獲得政府提供的70%以上的優惠貸款，並將在10年內免徵其利潤稅，廠房建設補貼25%，購置機器設備補貼10%，如果從南方購置設備，補貼率提高為20%。另外政府還承諾為私營企業在南方新增投資提供必要的基礎設施。

義大利南方開發計劃的成功表明，對欠發達地區的開發，必須將政府的行政干預和市場機制的調節很好地結合起來，並時刻追蹤關注政策和經費投入的效應，保障國家巨額財政投入規範、高效使用。

## 第二節　義大利南方開發計劃的主要做法及經驗和教訓

### 一、義大利南方開發計劃實施的理論基礎

義大利實施南方開發的理論依據是增長極理論。

增長極理論產生於 20 世紀 50 年代，由法國經濟學家佩魯 1950 年在其發表的《經濟空間理論與應用》一文中首次提出。增長極理論是佩魯在其非均衡發展觀點的基礎上吸取了熊彼特的創新和大作用單元理論的合理成分而提出來的。增長極理論被認為是西方區域經濟學中經濟區域觀念的基石，是非均衡發展理論的依據之一。佩魯以抽象的經濟空間為出發點，將抽象的結構關係定義為經濟空間，並將其劃分為計劃經濟空間、市場作用經濟空間和均質經濟空間三種類型。佩魯著重分析市場作用經濟空間。佩魯認為，經濟增長應該是不同部門、行業或地區按不同速度不平衡增長的。主導產業部門和有創新能力的行業集中於一些大城市或地區，以較快的速度優先得到發展，形成「增長極」。這些作為增長極的推進型產業，通過其吸引力及擴散力不斷地增大自身的規模並對所在部門和地區發生支配作用，使所在地區迅速壯大發展，進而帶動其他部門和地區的發展。那些被帶動發展的產業，佩魯稱之為被推進型產業。20 世紀 60 年代中期布代維爾重新系統地界定了經濟空間的概念，進一步拓展了佩魯的增長極理論。布代維爾認為，經濟空間不僅僅包括與一定地理範疇相聯繫的經濟變量之間的結構關係，還應該包括經濟現象的地域結構關係。綜合上述觀點，我們可以看出增長極理論至少包括兩種內涵：一是從經濟角度特指某一推進型產業或企業，即指具有創新能力、規模大、增長迅速、關聯效益明顯的推進型主導產業部門，通過推動效應帶動其他部門的發展；二是從地理角度特指某個地理區位或空間單元，即指區位條件優越的地區，它通過極化效應和擴散效應帶動整個地區及相鄰區域的經濟發展。

第二次世界大戰以後，義大利政府在南方精心挑選了一些地域作為增長極，期望通過這些極點的支配和帶動作用實現其南部貧困地帶的工業化，縮小南北方的經濟社會發展差距。為此，義大利政府在南部地區大量興建基礎設施，並對願意投資或遷入的企業給予種種優惠政策。到了 20 世紀 70 年代，義大利政府又在南方大力建設重化工產業，希望通過重化工產業發展產生的乘數效應帶動南方其他產業的發展，但結果並不理想，重化工產業不僅沒有帶動相關產業的發展，自身的發展也面臨重重困難，發展並不可持續。由於義大利南方開發計劃最終沒能徹底消解義大利南北方之間的差距，因此導致人們對增長極理論的實際效果產生了不同程度的疑惑。

但增長極理論作為區域不平衡發展的代表理論之一，還是在世界範圍內產生了極大的影響。20 世紀 50 年代初到 70 年代初，許多發展中國家實施了增長極政策，

在這些國家中成功和失敗的例子幾乎各占一半。自20世紀70年代以來，發展中國家和欠發達國家曾一度使用增長極理論作為經濟發展規劃的重要工具。中國也從20世紀70年代末期80年代初期開始設立和建設沿海開放城市、經濟特區，即中國經濟發展的增長極，通過發揮這些增長極的極化效應和擴散效應，不僅有力地推動了沿海地區經濟發展，還帶動中國社會發生了翻天覆地的變化，這也是增長極理論應用成功的典範。

義大利南方開發計劃執行至今也沒能消除南北差距，但毋庸置疑的是南方開發計劃對改變南方的落後面貌起到了非常積極的作用。南方的產業結構得到了有效的改善，第二產業、第三產業發展提速、比重大幅度提高，農業的勞動生產率也大幅度提高；現代化的交通網絡初步形成；教育水準明顯提高；南方居民的生活條件和生活水準也得到顯著改善；南北方的對立情緒也因此逐漸消散。

## 二、義大利南方開發計劃的主要做法及特點

（一）義大利實施的南方開發計劃的主要做法

1. 政府積極承擔了自己應盡的職責

市場機制在調節區域發展差距上的失靈是政府必須發揮作用的根源。任何國家的落後地區一般都不具備發展經濟的先天優勢，既缺乏區位條件又缺乏法治經濟的基礎。因此政府尤其是中央政府不可避免地成為開發落後地區的第一主角。落後地區之所以落後，往往源於其自身缺乏推動經濟發展的因素，因此必須採取必要的行政手段，創造經濟發展的條件，補償經濟發展的不足。補償的方式可以是經濟的、社會的、文化的和技術的，甚至還可能是心理的、精神的，最終要通過政治的形式即國家政策制度的方式來體現。

中央政府作為開發落後地區的倡導者、計劃者、推動者和實行者，必須有效地動員各個階層和群體的支持、充分有效地利用國家的物質資源和社會資源，並且證明開發落後地區終將給社會各個階層和群體帶來利益。從義大利南方開發的實施措施及相關政策來看，義大利中央政府發揮了巨大的作用。各級政府在義大利南方開發計劃中的重要作用體現在三個方面：一是通過立法將南方開發計劃上升到法律地位的高度，二是通過投資優惠、稅收優惠、政府補貼等區域性經濟發展激勵措施或強制性的行政性命令吸引經濟發達地區的企業投入到南方的開發，三是直接以財政投資的方式參與南方的開發。

2. 實施工業化是開發落後地區的有效方式

義大利的南方是一個傳統的農業區，在實施南方開發計劃的初期，占主導地位的意見認為，對於落後地區來說，只要農業發展了，其他部門就會得到帶動發展。於是義大利政府在南方開發計劃的第一階段，大力支持農業發展和基礎設施建設，當時用於農業的資金占了總投資的50%。但事實是，農業的發展並沒有帶來經濟和

社會的繁榮，也並沒能縮小南北方之間的差距。因此，南方開發計劃執行的第二階段，義大利政府把推進工業化作為了重點。從這個時候開始，南方出現了農村勞動生產力的大量轉移和農業勞動生產率的大幅度提高。義大利南方開發計劃的成功，歸根究柢在於中央政府推進南方地區工業化進程。從理論上看，工業化列在了同資本累積和國家干預同等重要的地位。在推動落後地區工業化進程時要注意兩點：一是要結合落後地區的實際情況，大力發展符合落後地區自然資源和生產要素等具有比較優勢的產業。伊萊・赫克歇爾和伯蒂爾・俄林的貿易理論指出，已達到發達狀態的活動，應當是那些所需生產要素的投入具有充足的供給的活動。對落後地區而言，這就是指某些類型的自然資源，以及大量的非熟練勞動力。因此，落後地區的發展在初始階段一般都應該集中在自然資源密集型和勞動密集型產業上。二是工業發展不能盲目求大，要積極鼓勵和支持落後地區中小企業的成長和發展。發展經濟學家赫拉・明特就認為，「由豐富的土地和資本提供的比較優勢，可以在相當大規模生產單位的基礎上去求得；而由富勞動供給提供的比較優勢，可以在小規模生產單位的基礎上更有效率的去求得」。工業化的分散模式符合落後地區一般地域遼闊、工業基礎落後的實際情況。

3. 政府行為與市場機制完美結合

政府行為和市場行為各有優缺點，各有自己適合發揮作用的領域和範圍，因此開發落後地區需要兩者結合，相互彌補短板、發揮優勢，這樣出現資源配置低效率的概率就會降低。義大利政府在這方面提供了堪稱典範的案例：首先，在管理政府援助資金方面，南方基金局採用市場方法對資金進行分配管理，實現了援助資金的市場化配置。其次，通過制定傾斜的區域性經濟政策吸引北方企業參與南方開發。在對落後地區進行開發的初期政府必然是主角，但從長遠的發展來看，企業應該成為主角。

4. 實施非均衡的經濟發展戰略

義大利在南方開發計劃中很好地運用了非均衡發展戰略，如在地區上首先確立「工業發展區」和「工業發展點」；在產業上優先發展那些南方有資源比較優勢的產業。非均衡發展戰略的優勢在於能使有限的投資迅速投入到關鍵的領域和項目上。義大利在南方開發計劃期間實施的非均衡發展戰略效果非常明顯，在開發20年後，南部亞得里亞海沿岸的阿布魯齊、莫利塞和布里亞三個大區的工業化程度已經超過中部的拉齊奧大區，其中阿布魯齊大區的工業化水準甚至與東北部一些地區接近。這些先進的大工業中心的輻射和牽引作用極大地促進和推動了整個義大利南部地區的工業化進程。

5. 大力發展教育、引導民眾轉變觀念

從長遠發展來看，影響落後地區發展的制約因素是人，而教育對人的影響是顯而易見的。教育的功能表現在兩個方面：一是傳授知識技術和幫助人們樹立價值觀念。通過傳授技術知識可以增進人們的勞動技能、提高勞動效率。對於經濟社會發

展,教育的作用在於能改變人們的價值觀念。落後地區之所以落後,其落後的價值觀念往往在其中起著很重要的影響。丁伯根認為:「人們也許會在最古老的居留地內找到最貧困的種族。」發達地區之所以出現非同一般的經濟發展,也在於它有適應市場經濟發展所需要的價值觀念,尤其是企業家的創新精神。英國經濟學家舒馬赫說:「全部歷史以及當前的全部經驗說明這樣一個事實,最基本的資源是人而不是自然提供的,一切經濟發展的關鍵因素都是從人的頭腦中產生的,教育是一切資源中最重要的資源。」果敢行為、首創精神、發明創造、建設性活動都是通過教育得到保持甚至加強的。商品價值觀念是一個國家經濟增長的前提,從這個意義上可以說不發達和落後可能是一種心理狀態。因此對於任何一個落後地區來說,培養居民具有現代性的心理特徵、態度和行為是促進經濟社會發展中極為重要的一個環節。只有落後地區的民眾在心理上和行為上都發生了轉變,這個地區的經濟社會發展才會有了長期穩定的基礎。不然,即使引進了先進的技術、制度,即使引導了經濟發展的起飛,也不會有自我持續和長期穩定的經濟社會發展。正是基於這種認識,義大利政府在其南部開發計劃中投入了大量的人力物力發展教育事業。1951年南方高級中學在校學生占14~18歲青年的比重只有9%,1981年上升到49%;同期南方大學的數量也從7所上升到了15所。

(二)義大利南方開發計劃的主要特點

南方開發計劃是第二次世界大戰後義大利實施的一項規模最大、期限最長的區域性經濟開發計劃,同時也是一項關係到義大利經濟發展全局和社會和諧穩定大局的戰略性舉措。其開發特點可以概括為以下幾個方面。

1. 由政府整體規劃,明確開發規劃和開發目標,分段實施,並在實施過程中不斷調整開發重點,逐段提高開發目標

自20世紀50年代以來,義大利政府根據南方地區的自然條件、經濟結構、人口狀況和發展潛力,把推進南方地區的工業化、緩解南北差距作為開發和干預的總體目標,制定了南方地區總體開發規劃。與此同時,義大利政府還根據不同時期經濟發展的情況制定不同階段的開發目標、開發規劃和干預重點。1952—1957年為第一階段,開發的目標重點是加速農業的發展和基礎設施建設;1957—1976年為第二階段,開發的目標重點是加快重工業和大企業的發展;1976—1984年為第三階段,開發的目標重點是加快中小企業的發展;1985年後為第四階段,開發的目標重點在於加強技術創新和社會環境建設等。

2. 實行財政和投資傾斜,吸引資金流入

義大利政府把資金投放和優惠政策作為特別干預的重要手段,並以此作為加快南方開發和工業化進程的第一推動力。為了吸引各類企業到南方工業發展區投資建廠,政府制定了一系列優惠措施並提供必要的技術支持,如創建南方職業培訓和研究中心等。

3. 開發模式及時由政府主導型向企業主導型轉換

1984年義大利政府宣布清算終止南方基金局,取而代之的是南方發展促進公

司，這標誌著義大利政府對南方的開發政策由曾經的政府主導型向市場（企業）調節型轉變。南方發展促進公司是一家具有法人地位的公私合營企業，公司的資金來源主要包括兩方面：一是南方經濟開發銀行、西西里工業投資銀行和撒丁工業信貸銀行三家銀行的捐款，二是南方發展資助局、南方職業培訓和研究中心、南方發展協會等國家公有機構的入股。從這個時段起，義大利南部新的開發目標是促進南方地區的經濟社會平衡發展，在繼續促進、保護和發展生產，繼續發展基礎設施和服務的同時，大力推動技術變革和進步，保證勞動力特別是青年人的就業。

4. 在南方培育工業增長極點，促進南部工業化進程

1958 年開始，義大利南部開發政策的重點從大規模興建基礎設施轉向大力促進該地區的工業發展。政府首先在南方建設「工業發展區」，工業發展區的基本建設任務由開發公司承包，並通過配套的優惠政策扶持工業發展區的壯大，為南方工業發展創造一個良好的基礎性環境。

5. 扶持培育中小企業發展壯大

義大利地方開發的第三階段的政策重點是發展中小企業，以緩解當時的嚴重失業問題。1976 年，政府頒布法律規定，改革以往單純依靠大企業來促進南方工業化的做法，撥款 18.2 萬億里拉用於發展中小企業。對南方興建企業、擴建和改造老企業給予占固定資本投資的 40% 優惠貸款，利率為普通利率的 30%，貸款期限為 15 年（新建企業）和 10 年（其他項目）。上述企業還可以從政府得到投資補貼，對更新設備和進行結構改造的企業給予占投資總額的 70% 的優惠貸款，期限為 15 年。20 世紀 70 年代中期成立的南方金融租賃公司專門向該地區中小企業優惠出租先進技術設備和生產流水線。

6. 加強對職業培訓和研究中心的支持力度

義大利進行南部開發的第二階段成立了南方研究和培訓中心，免費培訓企業管理人員，提高企業的管理水準和技術水準，加強了對南方的職業培訓和研究。第三階段，在南部建立各層次職業教育和大學，主要接收貧困地區和家庭的子女，並對其進行基礎教育。在第四階段，義大利進一步通過制定法律法規，將技術創新作為新的開發目標，並增加對南方科學技術研究的優惠和補貼。新建和擴建的研究所可享受所需資金的 50% 的投資補貼，擁有 15 個雇員以上的研究所均有資格享有補貼；直接為生產服務的新建研究單位可享受相當於投資的 80% 的補貼。

## 三、義大利南方開發計劃的效果及主要經驗

（一）義大利南方開發的成效

從義大利南方開發計劃的實際效果看，義大利政府的這一計劃取得了明顯成效。1951—1985 年，南方農業就業人口的比重，從 57% 下降到了 18.7%；而服務業的從業人員，卻達到總人口比例的 57.1%，第一、第二、第三產業發展相對合理，產業

結構的調整是比較成功的；基礎設施建設取得了巨大成績，南方的公路增加了兩倍多，鐵路基本實現了電氣化；按不變價計算，人均產值也增加了 3 倍，南方的生產生活水準大大提高。但總體上看，義大利經濟發展「北強南弱」的格局並沒有得到完全的改變。

義大利國家統計局公布的數據顯示，2013 年西北部地區的人均地區生產總值為 3.35 萬歐元，東北部地區為 3.14 萬歐元，中部地區為 2.94 萬歐元，南部及島嶼地區為 1.72 萬歐元，由此可見，義大利南北地區經濟水準差距依然存在。人均地區生產總值最高的大區為波爾扎諾大區，為 4 萬歐元；最低的大區為卡拉布里亞大區，僅為 1.6 萬歐元。根據義大利稅務部門的統計，目前義大利南北方的納稅金額的差異也是比較大的，概言之，北方的納稅額度幾乎相當於南方的兩倍：北方人均納稅金額是 10,229 歐元，而南方的人均納稅金額是 5,841 歐元。而與此同時，義大利全國層面的人均納稅額度是 8,572 歐元。納稅差異從一個側面反應出經濟發展水準和人均收入的差距。據義大利國家統計局發布的報告，在南部的坎帕尼亞、普利亞等大區和撒丁島、西西里島等地，超過四分之一的學生念完初中就輟學。南部地區的失業率大大高於北部，南部地區 15～24 歲年輕人的就業率只有北部地區的三分之一。義大利南部地區集中了該國 70% 的貧困家庭，平均收入僅為北部地區的 75%。

進入 21 世紀後，義大利一些北部大區的議員甚至鼓吹組成「北部聯盟」，建議將南方的發展從國家整體計劃中剔除出去。這樣看來南北方在經濟社會發展中的認識仍然不一致，對於彼此的不信任感依然存在，因此要從根本上解決義大利北方發展的差距問題依然還有很長的路要走。

(二) 義大利南方開發計劃提供的主要經驗

1. 強有力的政府干預，為開發計劃的執行提供政策基礎

國家對落後地區的開發本身就是一種政府行為。邁達爾的累積因果論認為，「市場力的作用傾向擴大而不是縮小地區間的差別」。在市場機制的影響下，不管基於什麼原因，一旦地區間發展的水準與發展條件出現了差距，條件好而且發展快的地區，就會在發展過程中不斷地為自己累積有利因素，從而進一步制約落後地區的發展，從而使得區域差距越拉越大。核心與邊緣區理論也認為，雖然發達地區基於擴散效應會使經濟核心區在一定程度上帶動落後邊緣區的發展，但同時極化效應則會使生產要素從邊緣地區迅速流入核心區。在市場自發作用下，極化效應的作用要強於擴散效應。要改變這種情況，縮小地區差距，唯一可行的辦法是國家進行干預。

義大利南方開發計劃實施幾十年來的經驗表明，區域經濟發展如果走「忽視落後地區、重點發展發達地區—累積資金—開發落後地區」的路子，就容易演變成地區相差懸殊甚至對立，要消除差距就不容易了。義大利有的經濟學家就指出，如果一開始就注意南方的發展，那麼國家付出的總代價會比開發計劃的投入小得多。

2. 專門設置統一的機構，為開發計劃的執行提供組織保障

義大利為大規模開發南方，於 1950 年 8 月成立南方基金局。最初，南方基金局

作為政府內部的跨部門機構，其任務是協調各部門開發南方的長期計劃，並在計劃執行過程中給予資金方面的保證。後來，為了加強各部門的協調工作，於 1959 年成立了南方開發部委員會，而南方基金局則成為一個提供資金保證的執行機構。

3. 制定專門的法令，為開發計劃的執行提供法律保障

義大利在整個南方開發計劃的實施過程中，非常重視法律支持。幾乎所有開發南方的措施都以法律形式頒布，為區域開發提供了有力的法律依據和保障。而對比法國、巴西等國，它們在進行區域開發時主要採取制定規劃、計劃、方案等形式，由於規劃、計劃等方式不具備法律效力，很容易隨政府更迭和國內外形勢變化而變化。而且，由於其不需要像制定法律一樣經過嚴格的討論和審批程序，故容易受制定人主觀意志的影響，出現所謂「面子工程」「政績工程」，給國家帶來損失。

4. 大力推進工業化，為開發計劃的執行明晰了方向

事實上，工業代表著已在生產中應用的先進科學技術和先進生產力，沒有發達的工業來武裝農業，就不可能實現農業現代化，也不可能實現社會經濟的全面繁榮。在工業中，又數技術先進、附加價值高的資本密集型產業最有帶動力。義大利在南方開發的第二階段開始大力推進南方的工業現代化，特別是重點興辦冶金、石化工業，出現了農業生產率的大幅提高和農業人口向非農業部門的大規模轉移。

5. 重視增強地區「造血」機能，實現區域的可持續發展

根據「開發重於救濟」的原則，在開發資金的分配上應做到「最有潛力者優先」而不是「最困難者優先」。從義大利的實踐經驗來看，要把開發資金集中投放到條件最好、具有發展潛力的地區，在這些地區盡快形成一批經濟增長中心，也就是佩魯所說的「增長極」，而增長極具有自我累積、自我發展的能力，在擴散效應的作用下帶動整個區域經濟發展，實現經濟社會發展的提速。

增長中心可以是一個密集的城市群體，也可以是一個大城市、一個中等城市，甚至是一個小城鎮，其大小取決於經濟區的級別、規模和經濟發展水準。義大利南部當時選取的那不勒斯—薩勒諾—卡塞塔城市帶和塔蘭托、杰拉、阿普利亞等中心城市的發展迅速，為南方地區的迅速發展奠定了很好的基礎。

總之，義大利在開發南方過程中，一方面，通過制定政策法令強制推行區域經濟政策，改善基礎設施和投資教育；另一方面，以市場運行規劃為基礎，以經濟手段為主，行政手段為輔，並在工業化進程中結合優惠政策，重視企業技術水準的提高。

## 四、義大利南方開發政策應吸取的教訓

義大利的南方開發計劃雖然取得了明顯的成效，但在政策實施過程中也有不少值得我們吸取的教訓。

(一) 開發初期部分人急功近利的思想阻礙了南方經濟的長期穩定發展

在開發計劃初期，義大利部分政策制定者認為，只要在南方建設一些大型重化

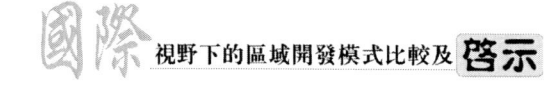

工廠就可以迅速提高南方的工業化水準。這種資本密集型重化工業的興建在短期內確實改變了南方的某些工業指標，但這類工業的發展並未為失業嚴重的南方增加更多的就業機會，也沒能盡快改變南方落後的經濟社會發展現狀。另外，由於義大利對這些新建工廠的支持和優惠，進一步擠占了南方本地企業的發展空間，再加上忽視對本地原有中小型企業的幫助和支持，使許多南方本地企業特別是中小企業因缺乏技術、資金和原料而發展受阻。外來企業由於缺乏大批本地中小型企業的協作配合，也就變成了「沙漠中的教堂」（好看而無用）。當時，還有一些人認為，南方人到北方工業發達地區勞動賺錢，不僅是提高收入、拉平南北人均收入水準最便捷的途徑，而且可以為政府節省大量財政補貼。因此，南方勞動力北上的提議得到了鼓勵。對於勞動力過剩的地方，或自然條件非常惡劣的地方，「向外移民」確實是改變人均收入的一種好辦法。但是，大範圍、長時間地出現大批量向外移民的做法並不可取，不僅是因為它掩蓋了一個事實，即南方為北方花錢培養了大批廉價勞動力；更重要的是，由於大批移民，降低了南方勞動力供應的質量，反而有礙於外部資本南下，最終影響了南方工業的長期穩定發展。

（二）開發初期單純用行政命令的手段有違經濟規律

義大利政府在執行南方開發計劃初期，大多通過行政命令對企業投資進行干預，要求企業新增資本集中投向南方。這種靠政府強行的行政命令，以「拉郎配」的形式促成南方的投資，因為整體環境的不配套，南方缺乏勞動力、產品市場、技術創新等各方面的支撐，使企業的經營很快就陷入困境。一些北方來的大型企業不僅沒有解決南方的問題，自身反倒變成了問題。這樣不僅使本來支持南方發展計劃的企業家和政府人士心寒，而且也成為不支持此項計劃的人批評政府的口實。

（三）在改善社會環境、提高人口素質等方面力度還不夠

義大利政府為吸引資金投向南方，制定了許多優惠政策，但由於南方地區社會環境秩序不優，政府治理力度不足，社會安全問題層出不窮，經濟發展出現了瓶頸。南部地區廣泛存在的黑社會組織以及與之相適應的腐敗文化極大地增加了經濟發展的成本。有報告指出，黑手黨等犯罪集團在南部地區的廣泛存在導致當地的企業和其他生產活動部門的產值每年減少75億歐元，約占該地區生產總值的3.1%。南方的教育，特別是中等職業教育比北方差得多，這明顯有礙於創業精神的培養。這些因素使大部分外部資本望而卻步。

（四）對技術革新和現代第三產業的發展支持不夠

儘管義大利政府花了大力氣在南方新建了10個工業區，但和北方相比，這些工業區比較優勢並不突出。而南方瑰麗雄奇的自然景觀和綺麗風光，應該是推動旅遊業發展的絕好資源，但政府卻沒有意識到這一點，對旅遊資源開發不足、投入不夠。如果在義大利政府的推動下充分開發利用優美的自然資源，帶動相關的現代服務業和現代農業發展，義大利南方完全可以在並不增加大量投資的情況下實現經濟社會的高速發展，然而義大利政府在這方面做得很不夠。

# 第三節　義大利南方開發模式對中國區域協調發展的啟示

## 一、義大利南方開發計劃對中國區域協調發展的理論啟示

（一）地區發展不平衡既是經濟社會問題，也是政治問題

義大利實現民族統一，成為獨立國家，經歷了一個極不尋常的歷史歲月。但在實現國家統一一百多年、已進入發達國家之列之後，卻因為南北方之間經濟社會發展的巨大差距，使得南方的極端分子猖獗，甚至以南方落後為借口，要成立政黨，分裂國家。由此可見，地區發展極度不平衡，不僅會影響整個國家國民經濟的發展步伐，還可能引發深層次的社會和政治問題，甚至會影響國家的統一和和平穩定。因此，中國自西部大開發開始，在十幾年時間內逐步推行西部大開發、東北老工業基地振興和實施中部崛起戰略，一方面是基於國家協調發展的需要，另一方面也是對諸如義大利這種由於經濟發展差距而引起社會甚至政治問題的深刻認識和把握的體現。

（二）在不同經濟體制、不同發展水準的地區，運用增長極理論解決問題的效果可能不同

在經濟社會發展相對較好的地區，由於其產業結構和城市體系發育相對成熟，通信網絡發達便捷，產業之間的關聯效應相對明顯，各產業推進中心之間也具有較強的空間相互作用，引進一個新的增長極，就有可能產生較強的帶動作用，通過區域乘數效應推動整個區域經濟的發展。相反，在經濟社會發展相對落後的地區，由於其產業結構和城市體系發育也相對遲緩，產業之間缺乏聯繫效應，基礎設施建設滯後。因此，引進一個新增長極時，需要在區內創立經濟聯繫與空間聯繫，使得增長極發揮作用的效應滯後且緩慢。

從擴散效應來看，任何一種理論都有其存在的必要前提條件。增長極理論從總體上講是以發達的市場經濟體制為背景。諸如比較完善的工業體系、較為成熟的技術力量、比較廣闊的區域市場以及發達的交通運輸網等。佩魯指出增長極的形成有三個條件：其一，必須有創新能力的企業和企業家群體；其二，必須有規模經濟效益；其三，需要有適當的周圍環境。對於發展中國家，由於與發達國家環境條件的差異，增長極理論的簡單引入往往會導致失敗。即使是發達國家，在開發落後地區時，運用增長極理論也是存在問題的。例如義大利南部地區，政府本想通過增長極產生聯動效應從而帶動當地經濟發展，但由於增長極與當地的產業結構不能較好地發生聯繫，現代化資本密集型工業與當地傳統工業依然是兩塊獨立的陣地，二者之間形成了典型的二元經濟形態。鋼鐵工業、化工工業與傳統的榨油、家具製造業也

並不相關。由於二元結構中產業之間的隔離作用，使得企業之間的連鎖作用、擴散作用未能充分發揮。不能說這些不是削弱增長極作用的原因。

（三）增長極需要有適宜的周圍環境與之密切配合才能成為區域經濟的「增長點」

區域增長極是否具有較好的擴散效應，除了在區域內具有推進型產業外，還需要有良好的區域環境和相關條件與之配合。增長極產生效果需要有發達的經濟基礎，有發達的交通通信網絡和密切的產業聯繫等條件。如果周圍地區的條件不優或滯後，也沒有可與之配套的成熟產業體系，那麼增長極通過產業關聯效應和空間擴散效應難以在區域內產生乘數效應，進而難以推動區域經濟的發展，增長極也有可能成為區域經濟中的「飛地」或「孤島」，不能很好與區域相容。可見，增長極的發展及其帶動作用的發揮必須與周圍地區經濟水準的提高相聯繫，二者是相互影響、相互制約的。因此，在某一區域設立或培植增長極時，需要全面分析該區的條件和特點。

義大利在開發其南部地區時，曾從法律上規定中央政府必須把它投資總額的40%投向南方，同時以行政性方式規定國家參與制企業必須把它們工業投資總額的40%和新建工業企業投資的60%投向南方。在這樣的政策引領下，義大利南方地區建立了許多大型工廠，國家也對這些工廠從設備、原料到銷售等方面創造許多優惠條件，然而由於忽視對當地原有中小型企業的扶持，大型企業缺乏中小型企業的配套支撐。結果本地企業由於受到大型企業的擠壓而缺乏勞力、資金和原料發展受阻，而外來企業由於缺乏大批中小型企業的配套支撐，也缺乏發展活力和後勁，失去了其在發達地區顯現出來的優勢。

（四）增長極所產生的經濟推動效應要以其對區域的誘發為基礎

增長極要發揮經濟作用，必須以其先進的技術和部門誘發當地的經濟活動，使當地能夠實現內生性、自主性的經濟發展。中國的區域發展軌跡表明，政府大力推動建立的區域經濟增長極（如計劃經濟時期佈局的中西部重化工產業），在傳統的高度集中計劃經濟體制下，由於制度制約了區域經濟增長與區域利益之間的關係，嚴重阻滯了增長極的自我發展過程。而且這些增長極並不以誘發本地經濟為宗旨，而是通過計劃指令保證能源、原材料和初級產品的供應。因此，中西部地區計劃經濟時代所引入的「極」，其極化效應和擴散效應不能正常發揮作用，幾乎被計劃體制完全淹沒。

在東部地區努力實施「城市增長極」戰略時，中西部地區要協同沿海地區的結構調整和升級，依靠自身資源優勢和已有的經濟技術基礎，努力創建經濟增長極。中西部增長極的推進既要考慮整個國民經濟的協調發展，也要兼顧中西部自身的利益。考慮到中西部承受能力和結構性矛盾的影響，必須尋找聯合創建增長極的方略。一方面保證區域間協調發展，另一方面要避免類似傳統的重型化結構戰略的致命缺陷的再現。從中西部自身條件來看，依託原有技術，不斷引進適宜技術，努力發展輕工業、基本消費品工業和組裝加工業，是符合產業結構深化戰略的，也是對原有產業缺陷的彌補。在東西部建「極」發展中，國家要在適應區域經濟一體化趨勢

中，按規模經濟原則，促進地區間的分工和協作。

## 二、義大利南方開發計劃對中國西部開發的啟示

歷時 50 多年的義大利南方開發計劃涉及全國 40.8%的國土面積和 36%的人口，其實施時間之長、規模之大，是世界罕見的。經過對義大利南方開發計劃的理論分析，總結其成功經驗，至少能夠為中國的西部開發提供以下七點啟示。

（一）對西部地區開發，既要制定長期戰略，又要堅持有步驟、分階段地實施

中國西部地區的發展，從根本上來說是穩定、繁榮與發展的問題。促進落後地區的發展是個複雜的綜合性工程，它不僅涉及經濟方面，而且還涉及社會環境的改善、人口素質的提高、傳統觀念的改變，這些都不是一蹴而就的，因此西部開發將是一個長期的戰略任務。為此，制定長遠開發與發展規劃就成為必要的條件。西部開發要根據國家經濟發展的整體需要和西部自身的客觀情況，因地、因時制定每一階段的開發目標和發展規劃，適時轉換和推進，確保開發的成效。而且，在制定每一期開發規劃和目標時，注意中央與地方之間的協調和分工，避免在實施過程中的衝突和扯皮，切忌急功近利，造成規劃和目標空置，應增強規劃和目標的透明度、權威性、協調性和可操作性，提高其實施的效率和質量，保障開發有序推進。在國家投入西部的人力、財力、物力有限的情況下開發，應盡量避免「普遍撒網、廣種薄收」的模式，而要靈活運用增長極理論，採取局部突破進而帶動全局的策略；在資源富集、成本核算相對低的地區優先修建基礎設施，制定區域優惠政策，引導發達地區的企業到特定區域投資建廠，並且注意吸收能形成前導性產業的企業進入經濟開發區域，以期形成經濟增長中心。在西部開發初期，要處理好基礎產業與龍頭產業的關係；在西部開發中後期則要處理好西部內生發展能力培育與產業結構升級、技術創新能力提升的關係。

（二）強化政府對西部開發的干預職能

在中國西部開發問題上，我們不能太寄希望於市場機制。東部的發展是政府行為的結果，西部的開發也同樣需要政府的支持。西部大開發將主要由政府尤其是中央政府推動。

從義大利政府對其南部實施開發的效果來看，如果沒有義大利國家層面的特別干預，義大利南方很難達到今天這樣的水準。中國西部地區市場經濟基礎相對薄弱，在原有體制下所形成的市場分割、區域壁壘、條塊阻礙還未徹底被打破，地方政府各自為政，追求本位利益最大化的現象仍然存在。市場力量薄弱，市場對資源合理配置起決定性的調節作用顯得很不足，為此，強化中國政府對經濟的干預職能就顯得很重要。政府干預經濟的職能不僅是政府間接管理職能的維持，還包括政府直接管理職能的增強和效率的提升。具體說來，就是政府通過財稅、金融和行政指令等手段對經濟組織施加強有力的影響，強化政府經濟干預職能，旨在啟動西部自我造

血機能，以誘導市場機制的生長發育。

(三) 工業化是改變西部地區落後狀況的關鍵

從義大利南部開發的成功經驗來看，推動工業化進程是改變區域經濟發展落後狀況的重要一環。1959年以後，義大利政府將投資重心轉移到工業化建設上，選擇並指定了極有發展潛力的「工業發展區」和「工業發展點」。對於到區內進行投資建廠的企業，義大利政府給予財政、金融上的一系列優惠措施，極大地推動了南部落後地區工業化的進程。

中國在西部開發過程中可以借鑑這樣的經驗，但在制定具體的西部工業化發展戰略的時候，要根據西部的實際情況，選擇適合的工業化發展模式。首先，中國西部的發展應該也只能集中在自然資源密集型和勞動密集型產業上，這既是西部的基礎條件決定的，也是為解決西部的就業問題而不得不進行的選擇。其次，西部的工業發展不能盲目求大，要積極鼓勵和支持西部中小型企業的成長和發展，要有意地鼓勵分散的工業化模式。在這種模式中，分散的小規模勞動密集型工業與動態的勞動密集型農業部門緊密結合而運行。最後，實現農村的剩餘勞動力轉移方式實現多樣化，除了正規向城鎮移動外，還可以在非全日或季節性需求時，廉價並靈活地實現輸出。

(四) 政府行為要和市場機制相結合

從長遠來看，政府的作用以什麼方式體現非常值得研究。在西部大開發的過程中，政府的行政行為最終都得轉化為企業的經濟行為，這樣的轉化才能使得經濟活動富有效率。政府主要是提供各項有吸引力的政策、保障地區的和諧安全環境、做好促進經濟起飛和發展的基礎準備，如大力發展教育、進行職業培訓、推進基礎設施建設、維護地區的安寧等。具體的經濟活動則必須由企業按照市場機制的原則來進行。另外，政府部門在發展資金的管理和運用上，也可以效仿義大利的做法，引入市場機制來提高資金的運用效率。中華人民共和國成立以來，中國對西部的開發有三次大的動作。第一次是在「一五」時期。第一個五年計劃的重大骨幹項目共156項，其中的80%安排在內地。而且僅甘肅和陝西兩省就有約40個項目。第二次動作是「三線」建設時期，差不多經歷了三個五年計劃，國家投入2,050億元。第三次是在20世紀70年代初，當時共引進了47個石油化工和冶金工業成套設備項目，其中23個放在了西部。這些動作雖然奠定了西部地區工業化的基礎，但是效果並不理想。一個重要的原因就是這些企業中的很大一部分沒能很好融入西部，一開始就與西部地區處於半隔離甚至隔離狀態，它們自身是一個個封閉的系統，對西部本土企業的帶動作用非常有限。產業關聯度低，外來企業與西部地區的經濟沒有太多的物資、信息和人員上的往來，不能夠帶動當地經濟的發展，被費孝通先生稱為「飛地經濟」。因此西部大開發必須接受前幾次的教訓，要引入市場機制，變政府行為為企業行為。

(五) 西部開發應實行非均衡發展戰略

西部地區包括12個省（區、市），面積545萬平方千米，占全國陸地面積的

68%，人口約3.6億，占全國總人口的28%。2014年全國共有國家級貧困縣592個，其中中部地區217縣，西部地區375縣，西部地區的國家級貧困縣占全國總數的63%以上。中國西部地域遼闊，條件較差，發展極不均衡，目前國家在還沒有巨額財力、物力的情況下，可以考慮選擇那些在政治、經濟上具有戰略地位，在資源、人才、科技教育方面基礎和條件較好的地區，鼓勵它們先發展起來，然後又回來輻射和拉動其他落後地區的發展。

雖然從整體上來說西部地區仍然處於工業化的初期階段，但中國堅持不懈地努力，西部部分中心城市，如重慶、成都、西安和蘭州也都成了全國重要的工業中心，高科技產業初具規模。西安是全國僅次於北京和上海的第三大教育中心。成都高新技術企業發展迅猛，2014年，成都高新區經濟密度達到每平方千米經濟產出9.06億元的水準。在科技部國家高新區2014年綜合排名中，成都高新區名列全國第四位、西部第一位。其中，「知識創造和技術創新能力」及「產業升級和結構優化能力」位列全國第三。因此，西部開發首先可以依託現有的經濟發展情況良好的大中城市和分佈於各省（區、市）的國家級高新技術開發區發展有比較優勢和核心競爭力的產業，尤其是西部的特色產業，然後再通過這些經濟中心（增長極）的輻射作用形成一系列以機場、鐵路、公路、江河等交通樞紐及交通線串聯起來的中心城鎮經濟圈，進而實現整個西部地區經濟的發展。

（六）應重視和扶持中小企業的發展

在1975年以前，義大利政府在南方開發計劃中過於強調發展大型企業，這樣的策略沒能有效地推進南方的工業化進程，由於大企業對當地自然資源、人力資源的擠占，使得當地的中小企業面臨更大的發展難題。因此，義大利政府於1975年後對南方開發計劃進行重大調整，由過去的注重大型企業發展轉變為重點扶持當地中小企業發展。中國西部地區交通通信、人力資源、教育培訓、技術創新等相對東部地區而言是落後的，但西部地區擁有豐富的經濟資源、勞動力成本低、自然風光綺麗，如果依託西部自身的比較優勢，大力發展中小企業會更適合西部的市場容量、收入水準和消費結構，而且也有利於大企業在西部地區實現配套建設。隨著中小企業的大力發展，經濟實力和配套建設的逐步改善，中國可以選擇西部地區發達中心城市，圍繞當地支柱行業，通過中小企業的聯合兼併，慢慢做大、發展成具有真正長久競爭力的大型企業。

（七）在開發中重視資源與環境保護，實施可持續發展戰略

中國的西部開發，絕對不能走只顧經濟效應、不顧環境損害，只顧眼前發展，不計長遠利益，只求發展速度，不重發展質量的粗放型經濟增長老路；不能走發達國家曾經走過的「先污染，後治理」的老路；不能為了眼前的既得利益而忽略可持續發展的基礎。西部開發必須實現開發與環境保護並進，在發展中融入生態文明理念，促進經濟、社會、資源、生態環境協調發展，實現區域的可持續發展。借鑑義大利的經驗、吸取義大利南方開發的教訓，結合中國實際情況，西部實施可持續發

展時要特別注意兩點：一是在進行西部地區開發的總體戰略時，要對西部資源、環境保護和生態建設做出部署，要對西部地區生態文明建設提出要求；二是形成中央政府和地方政府共同負責的資源、環境保護與生態建設機制，嚴格實行「誰開發誰保護、誰受益誰補償」的原則。

### 三、義大利南方開發計劃對中國區域協調發展的啟示

中國人民大學著名的區域經濟專家張可雲在 2001 年指出，中國迄今為止尚無真正意義上的區域政策，這是中國區域發展一直走不出惡性循環的主要根源，其理由：①中國沒有形成完善的區域政策的制度基礎。一方面，區域政策實施機構不是立法的產物；另一方面，中央政府部門有很多涉及對地方援助的機構，但沒有專門負責區域政策的職能部門。②區域政策工具不健全，除目前實施精準扶貧政策外，其他區域政策工具還不足。③缺乏有效的政策監督與評估機制。張可雲的這種觀點不無道理。結合義大利南部開發和歐盟等國對落後地區開發的經驗，我們可以得出如下六點啟示。

（一）必須綜合採用法律、經濟、行政等多種區域協調手段

中國區域協調發展的首要條件是構建區域開發的法律基礎。例如，在憲法中增加促進區域經濟社會協調發展、遏制區域差距懸殊的條款；制定中央與地方關係法，厘清經濟發展中中央和地方政府之間的關係和各自的權責，明確中央政府與地方政府各自的事權和財權，避免政府間關係混亂和隨意侵權現象的發生；健全國家區域開發方面的專項法律，如西部開發法、東北老工業基地振興法等法律法規的制定和實施；整合現有的區域發展相關機構，如「國務院扶貧辦」「國務院西部開發辦」和國務院部委機關中與地區開發有關的機構，設置成專門的區域協調發展機構，還可在人大設立區域發展委員會（立法機構）、國務院設立相應的行政執行機構等區域發展的權威機構。

除了區域協調發展的法制基礎外，經濟和政府的行政手段也是區域協調發展不可缺少的條件。就經濟協調發展的手段而言，可以像歐盟那樣成立結構基金、聚合基金、團結基金等設計精準的政策工具。對西部地區而言，因其欠發達的成因複雜，光有目前的扶貧資金、支農資金和西部開發轉移資金是不夠的。中國成立的這些扶持資金由於政策瞄準對象有些是不到位、不具體的，而有些又過於精準，不能形成很好的合力和規模效應，即使投入了大筆資金也不見得能收到預期的效果。中國還應該健全區域發展基金的籌集制度、區域援助的通用規則、嚴格的報批流程和科學合理的決策程序，避免區域發展項目的隨意審批、扶持資金的尋租分割等違規現象。

（二）必須探索新的區域劃分框架和多元化的區域協調發展模式

中國原來的東部、中部、西部，直觀上說是按照發達地區、次發達地區、邊遠落後地區這種方法區分的，但實際上這種區域劃分框架是比較粗略的，不具有真正

實施區域政策的意義。中國「十一五」規劃對國土空間按照主體功能進行了重新分區，共分為「優化開發」「重點開發」「限制開發」和「禁止開發」四種不同類型的區域。這種根據空間的主體功能並融合生態文明理念進行的區域分類較之前籠統的東部、中部、西部地區的劃分是一大進步，但比照發達國家的區域分類框架，還可以對這四類功能區分出二級乃至三級等更精細的區域。同時，中國要針對不同功能區域的實際問題，實施差別化、分類指導的區域發展模式，如問題區域治理模式、「創新都市」模式、跨境合作模式、行政區邊境合作模式、區域集群模式、江河流域治理模式，等等。從中國的空間特徵來看，黃河、長江、珠江、淮河、松花江等大江大河基本上是由西向東流向的，而且河流的上、中、下游大致就是經濟社會發展的落後區域、次發達區域和發達區域，所以江河流域治理模式也可以作為區域協調發展模式予以探索和創新。我們可以學習和借鑑萊茵河治理模式的成功經驗，構建流域生態系統共建機制和補償機制，平衡上、中、下游地區的發展權利，實現流域內地區間的協調發展。

(三) 解決地區發展不平衡問題，政府要知難而進，要有打持久戰的準備

從義大利開發南方的經驗及教訓來看，促進落後地區的發展、實現國家各區域協調發展是一項複雜的系統工程，它不僅涉及經濟方面，而且還涉及社會環境的優化、人口素質的提高、傳統觀念的變革、生態環境的治理，這些都不是一朝一夕能夠奏效的，所以促進落後地區的發展不能急功近利、急於求成。在推進區域平衡的過程中，落後地區會埋怨政府對其不重視，干預不得力；發達地區會指責政府拿走的多，給予的少，各界往往對政府的有關舉措品頭論足，而給予肯定的則不多。因此，政府必須在各種意見面前保持清醒的頭腦，避免急功近利的做法，長期堅持不懈地推動發展。

(四) 工業化和城鎮化是改變落後地區面貌的必要途徑

在工業相對薄弱、但富有發展潛力的地方建立「增長中心」，以帶動周圍地區的經濟發展，縮小落後地區面積。增長中心應選擇在中等城市，這是因為與小城市相比，中等城市有一定的經濟基礎，建設成本和風險相對較低；與大城市相比，中等城市發展空間大，建設增長中心不會出現過度集中的弊端；中等城市本身發展潛力較大。政府應集中力量支持和刺激增長中心的發展，使其盡快在工業發展、技術革新、教育培訓、信息服務等方面成為周圍地區的「帶頭人」。義大利的經驗與教訓提醒我們，發展工業特別是大型重工業不是欠發達地區發展經濟的唯一途徑，發展第三產業特別是先進的第三產業也是可以培育新的經濟增長點。落後地區的發展不應該是發達地區發展過程的簡單複製，而應立足當地優勢、突出特色、因地制宜，根據自身的資源和經濟條件，走適合自己的發展道路，同時要重視中小企業的發展。在中小企業比較活躍的地區，應把支持政策重點放在促進中小企業專業化生產和社會化服務系統的建設上。

(五) 落後地區的發展，要重視創新，走出自己的特色

落後地區絕不能為了求得一時的發展速度，重複「村村點火、戶戶冒菸」「先

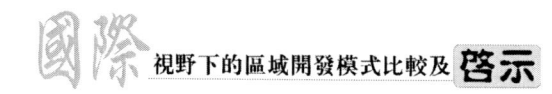

污染、後治理」的急切追趕式發展模式，也不能成為發達地區甚至境外高污染、高能耗企業的承接轉移地，更不能走掠奪式開發經濟資源的道路，而是要向先進科技要生產力，要從地方生態資源豐富但脆弱的實際出發，走低耗能、少污染、可持續的發展道路，這樣才有可能後來居上。

（六）營造一個適合經濟發展的安全環境至關重要

義大利的經驗告訴我們，只有維護社會穩定、消除腐敗、提高政府干預的效率，才能發展經濟、構建和諧社會。要改變欠發達地區的面貌，既要重視「硬環境」的建設，也要重視「軟環境」的改造。

總而言之，義大利促進區域協調發展的南方開發計劃在政府的強烈干預下，從政策法規的支持、到國家財政和國內部分企業的支持、從基礎設施建設和教育的發展到社會穩定的推進，其中有許多好的經驗值得我們借鑑和學習，也有值得我們規避的問題。有鑒於此，中國一方面注重對區域差距的強力干預，一方面注重對欠發達地區實施更大力度的公共服務供給，加快基礎設施建設、加大教育投入，從經濟發展的軟硬環境著手解決區域差距問題，取得的成績也是全世界有目共睹的。今後，中國推進區域協調發展的過程中還需要更多地研究先進國家在這方面的做法，吸取經驗，規避不足，使中國在這方面少走彎路，進一步促進區域協調發展和促進社會和平穩定。

# 第七章　加拿大區域開發模式研究及啟示

　　加拿大地域遼闊，人口和資源分佈不均，受自然條件的影響，加拿大的工業佈局高度集中於東部地區，因此也造成其東部與西部地區之間的經濟發展水準懸殊。加拿大對其西部的開發主要發生在 19 世紀 70 年代至 20 世紀 20 年代。雖然是在資本主義條件下對自由土地的開發，但加拿大政府確實是在制定好相關政策前提下，有計劃、有步驟地對其西部進行開發的。「國家政策」是加拿大西部開發取得成功的重要因素，也是加拿大西部開發的一個特色。「國家政策」主要包括保護關稅、修築鐵路和鼓勵移民三項內容。加拿大西部卓有成效的開發對其崛起成為世界大國乃至強國非常關鍵，同時對中國區域協調發展提供了不可多得的經驗樣本。

## 第一節　加拿大西部開發概況

### 一、加拿大東西部經濟發展差距概況

　　加拿大位於北美洲北部。東臨大西洋，西接太平洋，西北部鄰美國阿拉斯加州，東北與格陵蘭（丹）隔戴維斯海峽遙遙相望，南界美國本土，北靠北冰洋達北極圈。海岸線長約為 24 萬千米。東部氣溫稍低，南部氣候適中，西部氣候溫和濕潤，北部為寒帶苔原氣候。中西部最高氣溫達 40℃ 以上，北部最低氣溫低至 -60℃。加拿大是世界上海岸線最長的國家。南部與美國接壤，國境線長達 8,892 千米。加拿大是一個擁有 998 萬平方千米土地面積的國家，其國土面積幾乎與歐洲一樣大，而人口在 2014 年時僅有 3,554 萬人，人口密度平均每平方千米 3.5 人。加拿大原是英國的殖民地，但最早在這裡建立殖民地的是法國而不是英國。英國與法國竭力爭奪對北美的控制權，英國於 1763 年打敗法國，占領魁北克。1867 年 7 月 1 日，安大略、魁北克、新斯科舍和新不倫瑞克四省在渥太華成立聯邦式「加拿大自治領」，宣布獨立，成為北美第二個獨立國家。此後在短短的六年內，自治領政府把原英屬北美殖民地納入自己的版圖，以驚人的速度完成了跨越大陸的擴張，但這種擴張速度也使之缺乏內容，實際上只是立上界標，要真正使空曠的西部融入聯邦，還必須填補內容，進行開發，當時的聯邦領導人對此也有清醒的認識。

119

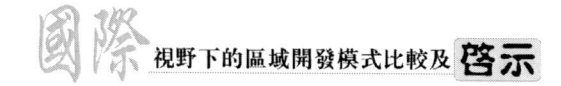

# 國際視野下的區域開發模式比較及啓示

受自然條件、人口及資源分佈、工業佈局的影響，加拿大東部與西部地區之間的經濟發展不平衡，表現出「東強西弱」的特徵。我們這裡所說的「東部」「西部」是加拿大歷史上的東部、西部。東部主要包括安大略、魁北克、新斯科舍和新不倫瑞克四省；西部主要包括今草原三省（阿爾伯塔、薩斯喀徹溫和馬尼托巴）、不列顛哥倫比亞省、西海岸區和育空地區。目前加拿大劃分為五大地理區，分別是東部大西洋區、中部區、北部區、草原區和西海岸區域。東部區以漁業、農業、森林、採礦業等為主；中部的安大略省和魁北克省是加拿大人口最密集的區域，加拿大四分之三的製造業分佈在這裡；草原區包括曼尼托巴、薩斯喀徹溫和阿爾伯達省，草原區土地平坦肥沃，能源資源豐富；西海岸區是不列顛哥倫比亞省，是著名的山區和森林區，木材、水果、海洋資產等資源豐富；北部區由育空和西北領地組成，盛產石油、天然氣、金、鉛和鋅。

加拿大聯邦政府成立之初，草原三省還處於無人居住的原始狀態，但卻擁有可以充分發展的空間和資源，是覆蓋著綠草和金色穀物的波狀平原區域，平原下蘊藏著的豐富礦物資源，使草原三省具有了很大的經濟發展潛力。西北地區是加拿大面積最大的地區，人煙稀少，氣候高寒，其中50%的居民是土著居民。1789年加北西公司和哈德遜灣公司在西北地區開拓皮毛貿易，取得了較大成功；19世紀末，這裡發現金礦，但由於儲量少和交通不便而少人問津。育空地區位於加拿大大陸的西北角，面積48.2萬平方千米，約占全國面積的4.9%，是加拿大北部三個行政區之一，是北美唯一有公路可進入北極圈的省份。

加拿大在行政區劃上雖然分為五個地區，但全國75%以上的製造業集中在安大略和魁北克兩省。安大略的製造業占加拿大整個製造業的50%以上，其中交通設備及汽車製造占很大比重，其他如食品加工、金屬冶煉、金屬加工、電氣產品、化工等都很發達。魁北克省的製造業占加拿大整個製造業的1/4以上，該省的輕工業相當發達。加拿大礦產豐富、分佈廣，全國各地都在進行勘探和開採，但到目前為止，礦產量最集中的是阿爾伯塔、安大略、魁北克、不列顛哥倫比亞和薩斯喀徹溫省。受地理環境和氣候條件的影響，加拿大的農業生產主要分佈在南部地區。經濟發展的區域差距使得人口分佈也不平衡，而人口分佈不平衡反過來又加劇了地區之間的發展差距。加拿大80%以上的人口集中在魁北克、安大略、不列顛哥倫比亞和阿爾伯塔四省。

在歷史上，加拿大廣闊的西部地區非常落後，在加入加拿大自治領之前以及加入的初期，整個西部處在城市化的前夜，沒有一個據點可稱為城市中心，工業與現代交通一片空白。但在加拿大創始者們眼中，西部的地位仍然舉足輕重。他們認為西部是「千百萬人民未來的家園，新國家資源的巨大寶庫，東部工商業的市場，並且是通向太平洋和東方的西北通路」。因此，早在1869年3月，加拿大自治領政府以30萬英鎊從英國人那裡購得魯珀特地區和西北領地的所有權後，就開始了向西部移民、實施開發西部的舉措。

## 二、加拿大西部開發的主要歷程

獨立後的加拿大聯邦政府為了推動當時西部地區的發展，採取了許多措施。從開發的規模和效果看，以二戰為界，大致分為兩個階段。

第一階段從1867年至二戰，以鼓勵移民入境和在西部草原地區建立居留地、修築鐵路等為主要策略。

1867年加拿大自治領成立時，由於傳統的毛皮貿易排斥移民，所以整個西部定居者很少，勞動力嚴重不足。1872年，加拿大聯邦政府為此制定了《自治領土地法案》，該法仿效美國《宅地法》推行的鄉鎮模式，將草原地區的可耕地劃成每邊長6英里的正方形區域，稱之為「鎮」，每個鎮再割分成36個一平方英里大小的地塊，任何想移居西部的宅地人（Homesteaders），只要支付10美元的註冊費，便可以得到每小塊土地的1/4（即160英畝）；為了使得移民政策順利實施及推動西部地區經濟發展，加拿大聯邦政府開始興建以鐵路為主的基礎設施。為了資助西部地區的鐵路建設，政府將西部的一些地塊授予鐵路公司，鐵路公司可以將其出售、出租等，將土地資源資本化；同樣，為了發展教育，每個鎮還保留兩個地塊作為學校土地，出售後所得款項用於建蓋學校。儘管這些條件比美國《宅地法》還優厚，但在19世紀七八十年代，加拿大聯邦政府預計的移民潮並沒有出現。究其原因，最主要的就是西部地區交通太落後，當時甚至連一條鐵路都沒有。為改變西部的交通狀況，加拿大聯邦政府於1880年授權太平洋鐵路公司，委託它修築一條從溫尼伯往西橫穿大草原，再從靠南的山口穿越落基山脈一直通往太平洋的鐵路。1885年，鐵路竣工，這就是加拿大有名的太平洋鐵路，它在二戰前一直是西部發展的重要基礎支撐，並逐漸改變了西部地區的面貌。

太平洋鐵路推動了加拿大西部礦產資源和旅遊資源的開發。而且隨著鐵路的延伸，大量移民湧入了西部，加拿大聯邦政府在西部草原建立居留地的目標終於得以實現。1891年整個加拿大西部的人口還不到35萬人，但經過20年的開發，西部人口達到了180萬人，是1891年的5倍多。隨著人口的急遽增長，以農業為主的西部經濟發展了。從1890年後期到1920年末的30餘年中，加拿大草原三省得到充分開發，農業得到巨大發展。1901年小麥種植面積為430萬英畝，1931年增加到2,600多萬英畝，同時大草原地區有60%以上的就業人口從事以小麥生產為主的農業耕作。這種土地開墾和農業發展速度是加拿大歷史上從來沒有過的。

1900—1930年，草原省份的農田開墾面積從1,500萬英畝增加到1.1億英畝，而國家的小麥產量也從5,557.2萬斛（容量單位，十鬥為一斛。1斛＝7.5千克）增長到5億多斛，其中在1929年出口4.07億斛，占當年世界穀物貿易的40%以上。與此同時，小麥出口量由不到加拿大出口產品的5%增長到40%，成為當時換取外匯最多的產品。加拿大西部的小麥生產贏得了世界小麥冠軍的美譽，以致加拿大西

部正在成為世界最大穀倉之一。西部開發使得加拿大經濟繁榮,西部開發成為加拿大國民經濟發展的主導動力,在1896—1913年,加拿大大草原區域的開發甚至主導了整個國家的經濟形勢。

第二階段從二戰後至今。經過第一階段的大開發,加拿大西部許多地區的經濟已達到了全國平均水準,加拿大政府將援助的對象由過去面向整個西部轉為面向個別存在經濟困難的地區。1969年,加拿大政府專門成立「區域經濟擴張部」,目的是解決區域經濟發展不協調的問題,部門成立的宗旨是促進經濟發展佈局向不發達地區延伸。區域經濟擴張部根據當地失業率、人均收入和所屬省的財力三項指標對各地區進行評估,在全國選擇了23個符合條件的「特別地區」作為援助的對象,並由政府出資在這些地區大力建設基礎設施,以吸引私人投資。

除此之外,加拿大政府還實施一項「區域工業援助計劃」。該計劃主要支持那些雖屬困難但仍具有較大發展機會和潛力的地區。重點支持這些地區,一方面可以使同樣的援助資金在較短的時間內見到效果,從而有助於緩解國民經濟目標與區域政策目標的衝突;另一方面還可以對其他落後地區發揮示範帶動作用。這一計劃的具體做法是:在受援地區區域內投資的企業,可以得到相當於其資本額20%的補貼;老企業更新改造可以得到600萬加元的資助;對於使用新技術裝備和推出新產品生產的企業,政府則給予相當於其新投資資本總額50%的補貼,或者企業每創造一個就業機會政府就給予500加元的補貼。

在重點解決地區性經濟差距的同時。加拿大政府還著力解決地區性貧富差距。在1967年,太平洋沿岸加拿大省份的家庭貧困率是安大略省的3倍。為減少貧困地區性差異,加拿大聯邦政府於1974年、1980年分別對貧困人口最多的三省(薩斯喀徹溫、魁北克和馬尼拉巴省)的勞動型貧困者提供一種補充性收入(除社會保障外的一種特殊救助)計劃。1990年,《加拿大補助計劃》又規定三個經濟最富有的省(安大略、不列顛哥倫比亞和阿爾伯塔)在許多服務項目上與國家按70:30的比例分擔經費開支,而其他各省則按50:50的比例分擔。這一系列政府的平衡措施收效是很明顯的,到1994年太平洋沿岸省份的家庭貧困率為14%,已接近安大略省12%的水準。

在經濟結構上,由於二戰後在加拿大西部發現了豐富的石油、天然氣和煤炭資源,西部諸省開始從農業向以石油化工為主的產業結構轉變。隨著石油、天然氣、煤炭等自然礦產的開發,大量收入源源不斷地流入草原省份,改變了過去單純依賴小麥的生產結構。這其中以阿爾伯塔省的經濟增長最為突出。由於它擁有加拿大最大的石油、天然氣和煤的儲量,從1947—1982年成為加拿大發展最快的省份。

加拿大第二階段的西部開發與第一階段相比,策略做出一些調整,具體體現在以下三個方面:

第一,資金投向重點開始從生產領域轉向基礎設施建設領域。西部地區相對落後的基礎設施,是制約其經濟社會發展的重要原因。優先發展基礎設施,改善企業

外部環境成為加拿大聯邦政府一個重要的政策選擇。聯邦政府與省政府合作，採取共同選擇投資項目、聯合出資的方式大力發展以交通為主的基礎設施。

第二，發展方式由第一階段的吸引外部資本為主轉向注重發揮內部資本的作用為主。第二階段，政府著力培養西部地區企業的內生發展能力。西部地區以中小企業為主，缺乏吸引和留住人才的能力，致使企業的管理水準不高、發展水準低下。但與大企業相比，中小企業在生活必需品的生產和創造就業機會等方面具有比較優勢；與投資新企業相比，它有成型的產品銷售渠道，易於與當地社會、文化融合。因此，扶持已有的中小企業成為聯邦和省政府的重要選擇。為了避免優惠政策帶來的不公平，加拿大聯邦各級政府對企業的扶持重點逐步從最初的以資金資助為主向以智力扶持為主轉變，採取各種措施幫助中小企業留住和吸引人才、改善人員結構、提高人員素質。中小企業雇傭理科大學畢業生，政府在3年內為其提供50%的工資。這一措施使得西部就業的大學生與發達地區的收入水準差距迅速縮小，極大地促進了人才向西部地區轉移。

第三，決策和管理方式從最初的政府獨立實施轉向了第二階段的政府、市場、社會公眾多方參與。經過探索，加拿大在西部開發中逐步形成了政府開發協調機構與商業銀行、信用合作社、社區組織合作，多方參與決策的資金運作模式。

政府將開發基金無償給予商業銀行，作為銀行的壞帳準備金，條件是銀行向西部地區的新型產業和新技術開發企業提供政府給其資金8倍以上的貸款，節餘部分作為銀行的利潤，發生壞帳超出部分由銀行承擔；支持的對象由聯邦政府開發管理機構、當地政府、社區組織、銀行共同決定。對小企業的小額技術改造貸款，則通過信用合作社來進行，貸款額度在政府給其壞帳準備金的5倍以上。而以社區組織為紐帶選舉產生的「社區未來計劃理事會」則組織社會力量幫助企業培訓以便提升其管理能力。與上級政府相比，社區更貼近企業實際，更能準確地瞭解企業的需求，使得政府通過社區而為企業提供的服務更具有針對性和有效性。

## 三、加拿大實施西部開發政策的成效分析

在加拿大實施西部開發的第一階段，以農業為主的西部大草原的開發、小麥耕作及其穩定性和永久性特徵，成了後來加拿大西部大規模開發的中心和堅實基礎。

到19世紀末20世紀初，隨著西部的開發及由開發而形成的對整個經濟發展的巨大推動力，加拿大的工業和製造業得到了長足發展。與獨立之初的加拿大相比，製造業生產的淨值增加了2.5倍多，紡織業生產提高了1倍多，鋼鐵生產提高了3倍多，面粉及磨坊產品幾乎翻了五番。製造業雖然還主要集中在安大略和魁北克，但西部的開發為之提供了廣闊的市場和充足的原材料。安大略和魁北克等省份的工業發展反過來加強了加拿大東西部之間的經濟聯盟和國內統一大市場的形成。安大略和魁北克等省份將工業製成品西售至大草原幾省，大草原省份的小麥東售到世界

市場，而大草原農業經濟的繁榮使得農民購買力得到提高，工業製成品的市場也得以擴大。因此，在 19 世紀末 20 世紀初，加拿大出現了西部開發和工業化進程同時進行的良好局面。

第二次世界大戰以後的 40 年間，加拿大西部幾省經濟多樣化發展更是取得巨大成就。第一，經濟結構同以前相比，變的更加合理，第二、第三產業比重大幅提高，交通基礎設施的改善使得加拿大西部綺麗的風光成了旅遊開發的重要資源。第二，伴隨著加拿大西部地區能源的開發利用，資源工業在各省經濟中逐漸占主導地位，如薩斯喀徹溫省的鉀鹽和鈾礦開採，阿爾伯塔的石油化工，不列顛哥倫比亞的紙漿和造紙等，不僅具有地區特色優勢，在世界市場上也取得一席之地，競爭力強勁。第三，西部許多皇家公司也頗具規模，成為當地經濟發展的龍頭企業，這些龍頭企業不僅為當地創造了巨額的產值和效益，更重要的是，它們為西部地區培養起了企業家階層，這批社會精英群體是推動西部工業發展和社會進步的寶貴人才。進一步看，20 世紀 50 年代以來的能源開發使西部成為加拿大經濟發展的中心，不僅一改西部過去的蕭條和人口外流局面，而且使卡爾加里、埃德蒙頓等西部城市逐漸發展成為全國的金融和石化中心，在草原地區形成了卡爾加里—埃德蒙頓沿線的發展走廊，與太平洋岸邊崛起的溫哥華相互呼應，加拿大西部發展的基本框架形成。

在近現代發生的世界各國開發落後地區的活動中，加拿大對其西部的開發是比較有特色而且卓有成效的。100 多年前，加拿大的西部地區基本上是無人居住的荒涼地帶，經過加拿大人民 100 多年不懈地開發後，如今的西部無論是經濟生活還是社會文化生活都發生了翻天覆地的變化。1994—1997 年加拿大連續四年被聯合國人類發展報告評為人類發展指數居世界第一的國家，這與加拿大西部的成長與壯大功不可沒。可以說，沒有西部的有效開發，就不可能有加拿大的崛起。

# 第二節　加拿大西部開發的主要做法及經驗

## 一、加拿大西部開發政策的主要做法

（一）以「國家政策」作為西部開發的總綱領、總規劃

加拿大聯邦自治領成立後，國家的基本政體有了，但是國家的發展沒有生命力的現實迫使加拿大的決策者們開始出謀劃策，他們意識到要實現國家的快速發展就必須把已經成為自治領的龐大的半個大陸（西部）的發展潛力挖掘出來。「國家政策」就是在這種背景下逐漸萌芽並形成的。「國家政策」集中反應了當時加拿大社會的利益與發展西部、發展國家的思想，雖然它是加拿大初期的建國綱領，但其宗旨是實施西部開發。

「國家政策」在 1878 年選舉中作為保守黨的競選綱領首次全面提出並公布於

眾,其內容包括:大規模向西部移民,開發西部地區;修建太平洋鐵路,使得橫貫大陸的鐵路運輸體系逐步完善;實行保護關稅政策,保護正在發展的製造業,以實現工業化。鐵路、移民和關稅是「國家政策」的三大支柱。

(二) 解決好西部「土著居民」及社會穩定問題為西部開發提供了秩序保障

在開發西部之前,加拿大聯邦政府首先面臨一個與美國類似的問題,即如何處置這一地區的土著居民。1870年,在加西部大草原生活著大約2.5萬~3.5萬名印第安人,不列顛哥倫比亞約生活著2.5萬名印第安人。鐵路的修建、移民的西移必然要與印第安人發生衝突,對他們的傳統生存資源要形成破壞。因此,如何安置這些原始土著部落居民成了一件棘手的事情。美國就曾因在西進中大肆屠殺印第安人而沒有解決好這一問題在國際上受到強烈譴責。加拿大政府吸取美國的教訓,一開始就把保護、文明、同化作為安置印第安人政策的核心。在這一政策指導下,1869年首先把對印第安人實施的政策確立為「保留地制度」,即通過協商與印第安人部落訂立條約來購買印第安人的土地,同時讓印第安人住進保留地,把他們限制在相對狹小的空間裡,為西部開發騰出來大量土地。然後再在保留地內實施「文明與同化」手段。保留地制度是這一階段加拿大解決印第安人問題的重要制度。通過條約體系和保留地制度,完成了西部內陸土地主權的轉移,政府獲得了對土地的主權。

加拿大基本以和平協商的方式解決了印第安人問題。但是,僅靠條約並不能完全保證土著人與新移民之間互相尊重對方權利的問題。一方面為了解決這個問題,另一方面為了在新建的西北地區確立加拿大的主權和秩序,1873年5月加拿大議會緊急通過了設立警察隊伍的法案。這支警察隊伍按照騎兵聯隊的形式編製,稱為「西北騎警」,騎警隊總部設在位於馬尼托巴聖拉扎爾附近的艾里斯堡。由據點和巡邏線構成的網絡覆蓋了整個西北地區。設立西北騎警主要是為了保障政府對西部的有效管控,並保證西部的社會安定與秩序。當然,除維護安全和秩序外,西北騎警還幫助處理移民事務,給移民提供幫助,並負責傳送郵件,做人口普查,調研風俗民情,提供醫療幫助等具體事務。

西北騎警及其活動在加拿大西部開發史上發揮了非常重要的作用。聯邦政府當時只是把它作為設立農村警務的一個「臨時性的」嘗試,計劃在土地問題和平解決後就解散該警備隊。但今天這只警察部隊(現已更名為加拿大皇家騎警隊)已從小小的、臨時性的農村警力,演變為享有國際聲譽的一支警察隊伍,100多年以來在國內外一直是加拿大獨具特色的象徵。

(三) 以「太平洋鐵路的修建」作為西部開發的先導

修築一條橫貫大陸的鐵路意味著什麼?它不僅可以溝通大陸東西,維護國家統一,而且有助於形成國內大市場,也是推進加拿大大量移民和開發西部的交通保障,使得加聯邦名實相符。因此有人說,開發時期的加拿大西部是太平洋鐵路的西部,太平洋鐵路被稱為是「渥太華以西的主導力量」,其活動觸及西部發展的各個方面。1883年當太平洋鐵路到達卡爾加里時,著名傳教士洛可比說:「只有經歷過以前生

活的人才知道這條鐵路意味著什麼，它是一種能夠改變整個國家命運的魔力。」

19世紀70年代初，麥克唐納政府著手實施加拿大太平洋鐵路修建計劃，並為此於1873年2月專門組建太平洋鐵路公司，但隨著麥克唐納政府倒臺太平洋鐵路公司於1873年11月解體。1878年麥克唐納再次執掌政權，太平洋鐵路再次作為「國家政策」支柱之一列入政府議事日程。1881年2月16日加政府正式組建太平洋鐵路公司。

顯然，在加拿大西部開發中，鐵路修建走到了移民等其他事務的前面，成為加實施西部開發計劃的基礎。太平洋鐵路公司除了完成了鐵路的修建外，其通過為隨後到來的移民潮提供客貨運輸服務以及充分利用政府提供的包括授地和交通、價格壟斷等方面的便利條件獲取了豐厚的利潤，18世紀90年代太平洋鐵路公司成為加拿大最大的公司，在西部甚至形成了一個「加拿大太平洋鐵路帝國」。

19世紀末加拿大又開始了兩條橫貫大陸的鐵路建設工程。一條是加拿大北線鐵路，於1899年開工，1915年9月全線建成通車；另一條是大干線鐵路，大干線鐵路向東西延長而成，鐵路東段亦稱國家橫貫鐵路，於1913年建成通車，大干線鐵路西段於1914年建成通車。這樣加拿大形成了三條橫貫大陸的鐵路。至1920年，基本形成了全國鐵路網。鐵路網的形成，對加拿大實施西部開發計劃，鞏固聯邦政府的統治地位，推動工礦業和農業的發展及沿線許多城市的建立都發揮了重要作用。

（四）以「土地和移民政策」作為西部開發的關鍵策略

在西部開發過程中，加拿大政府推行將土地資源先國有化再私有化的政策，先把西部土地收歸為聯邦政府所有，由聯邦政府統一掌管，然後再通過出售、授予等多種方式將公共土地劃歸給一些企業和私人。

1872年，聯邦政府專門頒布了《自治領土地法案》，確立了自由宅地的開發辦法，該法案自通過後一直執行了40餘年，是加拿大西部開發最重要的文件。它表明從一開始加拿大就在西部實行最優惠的自由宅地制度，土地實現了完全的商品化，土地可以作為商品在市場上自由地交換、轉讓和出售，即真正成了「自由土地」，而不帶有任何前資本主義因素的束縛。

在幾乎等同於免費的自由宅地制度吸引下，其他各地的居民陸續移民到新建的馬尼托巴省，開墾土地、種植小麥，進行農業生產。19世紀80年代初，隨著太平洋鐵路的建成通車，大批移民的到來，在太平洋鐵路沿線造成了短期的土地繁榮。加拿大統計數據顯示，1871—1891年，馬尼托巴省的人口從25,208人增至152,506人，大量荒地同時被開墾出來用於農業耕作。從1895年開始到1914年大約20年的時間裡，加拿大西部迎來了移民高潮，這也是加拿大歷史上最大的一次移民高潮。在這次移民高潮中，大約有250萬移民湧入自治領。在移民運動高峰期間，即1901—1911年，自治領人口從537.1萬人一下子增至720.6萬人，增長了將近35%。移民中的大部分（約60%）都到西部定居。

（五）解決經濟發展差距的同時著力解決居民貧富差距的問題

在大力推進西部發展經濟的同時，加拿大政府還著力解決地區性貧富差距的問

題。在1967年，太平洋沿岸省份的家庭貧困率是安大略省的3倍。為了減少地區性貧困差異，加拿大聯邦政府於1974年、1980年分別對窮人比例最高的三個省——薩斯喀徹溫、魁北克和馬尼拉巴實行對勞動型窮人提供補充收入（一種社會保障之外的補助）的制度。1990年，《加拿大補助計劃》又規定三個經濟最富有的省——安大略、不列顛哥倫比亞和阿爾伯塔在許多服務項目上與國家按70：30的比例分擔經費開支，而其他各省則按50：50的比例分擔。在此之後，政府的平衡措施收效是很明顯的，到1994年大西洋沿岸省份的家庭貧困率為14%，已接近安大略省的12%。

（六）不同的開發階段實施不同的發展策略，力求做到與西部實際相吻合

加拿大在其西部開發的初期，由於西部地區落後的基礎設施及其他條件的限制，加拿大聯邦政府首先解決土地問題、移民問題、社會治安問題，並同時大力推進農業發展、資源開發。農業發展到一定程度，又大力推進工業化進程，並在開發過程中適時調整政府參與的程度和參與的範圍，實現從剛開始的政策大包大攬、做好全部的決策，到後來充分發揮社會各界的力量、政府做好服務的大轉變。每一次的轉化都是從西部開發的實際需要出發，以問題為導向，不斷累積、分析、判斷決策的效用。在國家區域開發過程中，做好政府的效用跟蹤分析並適時調整是十分必要的。在開發旅遊資源方面，鐵路公司除改善交通運輸外，另一重要舉措是實行「風景資本化」，即在班夫溫泉、美麗的路易斯湖畔等風景勝地修建了極具特色的「班夫溫泉旅館」「路易斯城堡」，以吸引遊客。通過旅遊資源的開發，促進了這些落後小鎮的發展。

## 二、加拿大實施西部開發的主要經驗

（一）加拿大西部開發的主要經驗

加拿大西部開發的成功是多種因素綜合作用的結果，其中既包括客觀因素和主觀因素、內部因素和外部因素，又包括長期因素和短期因素等。下面我們梳理出加拿大西部開發取得成功的幾個至關重要的因素。

1. 長期堅持不懈地鼓勵移民政策

人是經濟發展的主要動力，一個國家的人口數量和質量直接影響著這個國家的發展情況和發展速度。加拿大是一個移民國家。19世紀初，來自英國、蘇格蘭、愛爾蘭的移民逐步定居東部老省區。在加拿大聯邦政府成立初，在麥克唐納總理執政時期，儘管採取了鼓勵移民西進的措施，加拿大的人口仍集中於東部老省區。西部雖然建立了新省，馬尼托巴和不列顛哥倫比亞省的人口在全國人口中所占的比重極小。20世紀初，隨著西部開發的深入及自治領政府始終堅持不懈地鼓勵移民政策、實施各種各樣吸引移民措施，如低價甚至免費的土地、提供交通服務、大力宣傳移民等。來自美國、英國和歐洲大陸的大量新移民開始湧入西部。這些移民尤其是其中構成主體的西歐移民長期受商品經濟的薰陶，市場意識強烈，而且他們都帶著改

善自身狀況、發財致富的動機而來，這些都轉化成了巨大的無形的能量，並投入到這個國家的開發事業中。移民們在改變自身的同時，也改變了加拿大。

2. 實施優越的土地政策

加拿大對西部的開發是在擺脫了任何前資本主義因素束縛的自由土地制度下進行的，這決定了加拿大西部的開發性質，是一種自由土地的開發模式，這種土地制度大大激發了國民對西部開發的參與積極性。加拿大聯邦政府和西部各自治領政府充分借鑑美國的成功經驗，實行公共土地（指廣義上的土地，包括礦產、森林等資源）建立制度，先採取措施將土地收歸聯邦政府統一掌管，再通過授予、出售等方式轉為私有，激發私人資本參與西部開發，有的資源如森林等則採取出租方式，將使用權暫時移交，使其獲得充分利用。其中最為重要的是開放自由宅地制度，政府只收取少量手續費。

3. 「國家政策」的正確規劃引領

以麥克唐納為代表的聯邦政府在1870年代制定的「國家政策」，是加拿大建國初期經濟社會發展的頂層設計戰略和總體規劃，其中就包括對加拿大西部開發的總規劃。西部對這個國家至關重要，西部開發是其崛起的必不可少的條件。實行西部開發是「國家政策」的主要內容，規劃中明確了西部開發的總框架、具體步驟和實施方式，即先發展交通等基礎設施並鼓勵移民，其次才是發展經濟。隨著交通和移民的到來，在優惠的自由宅地政策下，西部經濟也發展起來了。由此可見，加拿大政府將其西部開發計劃上升為「國家政策」並長久地堅持是極其明智的。

4. 大力利用世界市場和資本

利用外資在加拿大西部開發中也發揮了重要作用，如加拿大鐵路的修築就充分吸納了來自英、美等國的資本。一戰前加拿大以英國資本為主，後來美國資本開始大量投入加拿大市場，現代大型企業的成長也使巨大的資本投入成為可能。到1920年，美國資本開始超過英國資本在加拿大占據主導地位。充分利用外資為加拿大的西部開發和經濟發展提供了資本，解決了經濟開發中資金不足的問題，同時，也為加拿大充分利用世界市場創造了開放條件。英、美等國帶來的不僅僅是資本，還有先進的管理措施和人才，為加拿大西部開發注入了創新成分。

5. 著力培養西部地區企業的內生發展能力

到了西部開發的後期，加拿大聯邦政府充分認識到發展西部不能光靠外力的推動，還必須培育西部地區的內生發展能力，簡言之就是變「輸血」為「造血」。聯邦和各地方政府開始扶持西部已有的中小企業，幫助其提升管理能力、留住人才，以及提升員工的智力水準、創新能力。

6. 區域開發實行政府、社會、金融機構等多方力量參與的政策

加拿大政府探索實施的政府開發協調機構與商業銀行、信用合作社、社區組織合作，多方參與決策的資金運作模式，在今天看來是成功的。政府先幫助銀行和信用合作社建立一定的儲備資金，然後要求其對西部的企業發放比政府放入資金多得

多的貸款；並充分發揮社區組織力量，由於社區組織根植基層，熟悉情況，其提供的服務往往更能貼近當地企業的需求，使得實施效果更有針對性和有效性。

(二）加拿大現行的區域經濟政策的特點

1. 聯邦的財政轉移支付發揮重要作用

加拿大聯邦政府財政支出中有20%以上是撥付給地方（省）政府來使用，這對平衡各省的財政能力，保證各地方政府都能為居民提供一定水準的公共服務發揮了良好的作用。加拿大聯邦政府對省政府的財政撥付一般通過3個途徑進行：第一部分是對各地居民保健和高等教育的支持，這是加拿大聯邦政府最大的財政撥付，一般是按人口為各省提供保健和高中以上教育的支持，這部分支出能占到撥付總額的50%以上。第二部分基本上也是按人口規模，支持各省的社會服務和社會保障支出，規模接近撥付總額的20%。第三部分是財政均衡化支出，即狹義的財政轉移支付。聯邦政府按照一定的公式計算各省的財政收入能力來確定給各省的轉移支付額度，窮省多得，富省不得或少得。支付規模接近撥付總額的30%。

2. 決策過程與項目實施的分權化

從加拿大地區政策變化上可以看出，地區政策的決策與實施經歷了一個從中央集權向地方分權演變的過程。這一方面是因為行政體制總體上的分權化潮流；另一方面是為了使政策能夠更貼近各地區的實際和更有實效。現在，加拿大各地區發展機構各自實施的政策措施都根據自身情況來制定，各區域的政策彼此不同但都是針對本地區經濟發展中的突出問題來制定的，這就避免了政策的「一刀切」帶來的弊端和政策不接地氣甚至水土不服的問題。

3. 強調各參與主體間的合作夥伴關係

加拿大區域協調發展政策在實施過程中有一個突出的特點，那就是特別強調聯邦、省、社區、私人企業等不同市場經濟主體之間的合作共贏關係。這種合作夥伴關係主要是通過政策制定過程中的民主化來達成，如政策制定中的公眾參與、各級政府部門之間的及時有效溝通、建立對各部門的政策進行協調的機構、把私人企業作為地區經濟發展的主體等多種措施來實現的。

# 第三節　加拿大西部開發對中國區域協調發展的啟示

## 一、加拿大西部開發對中國區域發展的理論啟示

（一）在開發過程中要不斷總結經驗、調整工作思路和政策措施

以加拿大西部的艾伯塔省開發為例，艾伯塔省曾經是加拿大的落後地區。加拿大聯邦政府於1960年啟動的西部開發促進了該省經濟的發展。艾伯塔省幾十年的開發歷程，是一個不斷總結經驗，調整工作思路和政策措施的過程，其核心是圍繞改

革資金運作模式、提高使用效率來進行的。

在開發初期，政府把發揮自然資源優勢、吸引投資、增加就業作為工作的基本思路，建立政府投資基金，向新投資者提供低息或免息貸款，給予減免稅收優惠政策，以吸引投資，擴大就業，推動經濟發展。但這些措施並沒有達到預期的效果，西部經濟發展依然緩慢。政府給予新企業的優惠，引起了其他企業的不滿和反對；政府開發機構支配投資基金造成資金使用效率低，監管成本高，還容易造成資金損失，使得政府面臨著巨大的壓力。這些問題促使聯邦政府不斷思考、調整工作思路和政策措施：一是資金投向的重點從生產領域轉向基礎設施建設領域，二是發展方式從吸引外部投資轉向注重發揮本地企業的內生能力，三是決策和管理方式從政府獨立實施轉向政府、企業、金融機構、社會公眾多方參與。

（二）在經濟發展過程中，要妥善處理區域發展差距問題，重視居民生活福利的改善

對於非城市化國家特別是人口和地域大國而言，地區發展差距是不可避免的，而且是長期存在的。一般而言，發展差距由於受到自然條件、歷史進程的影響比較難以縮小，迄今為止，還沒有一個國家真正實現地區均衡發展。然而居民生活福利差距則比較容易縮小，可以通過政府轉移支付等手段實現。縮小生活福利差距是政府應盡的義務，縮小居民生活福利差距應該作為最重要的區域政策目標。

加拿大也曾出現過地區之間生活福利「持續的不均」（主要是居民收入和就業的不均）。早在1930年經濟大蕭條時期，加拿大地區不均尤其是就業率的不均就已經明顯了，但直到1960年前加拿大聯邦政策也只提到國家開發的概念，沒有地區開發的觀念。

1963年，加拿大聯邦政策改革，專設「地域開發署」，目的是鼓勵新的製造工業到失業率高的地區設廠，先後用稅惠、資本補貼等鼓勵措施。1965年又設「農村經濟開發基金」，解決農民低收入問題。在1967年，太平洋沿岸省份的家庭貧困率是安大略省的3倍。為減少地區性貧困差異，加拿大聯邦政府於1974年、1980年、1990年分別對窮人比例最高的省實行對勞動型窮人提供除社會保障之外的一種補充性收入、《加拿大補助計劃》啟動的一系列服務項目及經費的支持措施，等等。這些措施使政府的平衡措施收效非常明顯的，到1994年太平洋沿岸省份的家庭貧困率大為降低，東西部地區之間居民的生活福利差距大為縮小。

（三）正確處理中央和地方的關係，是區域協調發展的重要一環

對於人口和地域廣袤的國家來說，由於各地區發展不平衡，發展條件也存在巨大差異，因此集權過多並不利於調動地方的積極性，也不利於各地區因地制宜地制定符合自身發展的實際戰略和政策措施；但如果過分分權，又不利於中央政府集中財力、物力從事關係國民經濟命脈的重大建設項目的實施，同時不利於中央政府平衡地區發展、協調地區利益能力的提高。因此，要妥善處理好地方與中央的關係，實現中央政府、省、社區和企業等不同主體之間的有機結合。

在對加拿大西部開發政策歷程的回顧中，我們可以看出，其區域開發政策的決策和實施經歷了一個從中央集權向地方分權的演變過程。剛開始的集權為加拿大西部開發提供了必要的物質及政策上的保證，而後來的地方分權則使得加拿大的開發政策能夠貼近各地區的實際情況且富有成效。目前加拿大的4個大區各自都在實施彼此不同但針對本地區實際情況和突出問題的政策措施。

## 二、加拿大實施西部開發農業政策的啟示

1896—1930年，加拿大政府西部草原農業開發政策，總體上講是成功的。加拿大政府西部草原農業開發政策，為加拿大經濟的發展做出了巨大貢獻，同時也為其他國家的農業開發提供了經驗。

（一）加拿大政府實行了一系列合理的政策組合

首先，加拿大政府抓住了西部開發問題的關鍵和主要矛盾——勞動力。農業開發政策首先牽涉到勞動力問題，要在荒無人煙的西部草原地區進行大量的農業開發，沒有足夠數量和質量的勞動力是不行的。因此，加拿大政府制定了切實可行的移民政策，不僅吸引國內其他地區的居民，甚至把歐洲和美國的居民都吸引到西部草原上來，而農業開發由此獲得了必需的勞動力資源。這些政策措施的針對性和目的性都很強，如在歐洲，鼓勵英格蘭北部、蘇格蘭的農民和烏克蘭農民移民。草原開發初期，為了使更多的人瞭解西部草原並增強移民對西部草原開發的信心，加拿大政府大力實施移民宣傳，不惜花重金打廣告；而當移民數量得到滿足或預見其將對西部開發產生不利影響時，聯邦政府又迅速採取措施，對移民進行不同限制，凡此種種，移民措施收放自如，效果良好。

其次，政策的合理性體現在加拿大政府西部開發各配套政策的完整性和周密性上。加拿大西部開發的配套政策包括土地政策、鐵路建設政策、農業科研政策等。從土地開發、技術設施建設到科研對農業發展的支持一應俱全。政府的政策不管是大到移民和土地政策，還是小到技術推廣，都緊緊圍繞著農業開發這個中心，環環相扣，完整協調。加拿大政府的土地政策考慮的不僅是使移民能到西部草原來，而且還要盡可能解決他們到來之後的生計問題，要做到耕者有其田，才能保證他們進行農業開發的同時沒有後顧之憂。在土地法案的執行過程中，加拿大政府發現問題並及時做出調整，從而有效地加快了西部開發的進程。西部要開發，基礎設施的建設必須配套。太平洋鐵路、大幹線鐵路和加拿大北方鐵路的建成，不僅促進了東西部的聯繫，使東部的工業品方便地運往西部，更重要的是它們打通了西部草原向東部工業城市運輸的重要通道，打開了西部糧食走向加拿大全國乃至世界大市場的大門。如果說，土地政策和鐵路建設政策是基礎，農業科研政策則解決了如何更有效地促進西部草原農業經濟發展的問題。移民有了私有的土地，發展農業商品經濟成為可能。政府採取措施，幫助他們解決農業生產中遇到的各種問題，教授他們先進

的農業科技知識，從而有效地提高了生產力水準。

（二）政府在必要時進行了適當的政策傾斜

如果沒有政府的政策扶持，完全靠市場機制調節，加拿大的西部開發也是不可能取得成功的。自然資源管理權問題就是政策傾斜的一個例子。自聯邦成立之日起，東部各省的自然資源管理權是由省級政府控制的。但是，加拿大聯邦政府卻在西部草原三省分別加入聯邦時通過法案，將各省包括土地在內的自然資源管理權控制在了自己手中。因為在政府看來，聯邦政府取得土地的控制權是西部草原農業開發成功的關鍵。

（三）加拿大政府合理地借鑑了美國西部開發的經驗

美國的西部開發大大早於加拿大，由於地理位置和文化傳統的相似性，加拿大從美國西部開發中借鑑了許多行之有效的經驗。從整個大的西部開發的政策佈局，如頒布土地政策、吸引移民、發展交通、發展教育等基礎設施的建設和發展農業經濟，到具體的措施和法案，如1872年頒布的《自治領土地法案》、鐵路授地制度、土地劃分制度等，都可看到美國開發政策的影子。然而，加拿大政府並沒有照搬美國的政策，而是將其與本國實際有機結合起來，因而形成了符合自身地域特點的政策體系。如在農業學院的建立問題上，美國農業大學的建立早於農業科學實驗站，但加拿大政府根據本國的實際情況和條件確定了先建立農業實驗站，等到時機成熟再建立農學院的方針，從而使政府能夠在花費較少的情況下建立政府性科研機構對農業生產進行實驗和指導，保證了西部草原農業開發的順利進行。

## 三、加拿大西部開發對中國區域協調發展的啟示

落後地區的開發是大國在現代化過程中面臨的共同問題，制定和實行正確的開發政策，對國家現代化的進程舉足輕重。富有成效的開發政策可以擴大國家經濟活動的空間，加強工業化的物質基礎，開拓更廣闊的國內市場，促進產業結構的調整和產品的升級，增強國家的綜合國力。

中國西部大開發、東北老工業基地改造等區域開發政策的方向是非常鮮明的，也唯有如此才可以分析優劣、衡量成敗。從加拿大西部開發的歷程來看，我們至少可以得出以下幾點啟示。

（一）必須構建區域開發的總體框架和制度基礎

加拿大西部開發的過程中，首先由「國家政策」提出總的規劃的路線，這是西部開發的總框架，在此基礎上加拿大西部開發的每一步都會有目標、有方向，不會盲目，更不會出現不必要的反覆，也不容易浪費人力、物力、財力。因此，中國區域開發也應該借鑑這樣的經驗，先訂立框架和制度。在開發西部的過程中，加拿大做到了每一個至關重要的步驟都伴隨著一部法令的出拾。讓經濟發展在法律的框架下運作的好處是可以規避許多人為干擾。因此，中國在實施區域協調發展的過程

中，也需要借鑑這一成功的經驗，適當「移植」有著良好成效的法律法規、制定符合中國實際的政策措施等。具體而言，可以從以下幾個方面來借鑑和學習：①制定一部區域開發基本法或綜合法。②產權法律先行。制定保護投資、開放和開發的法律法規，對開發地區各種資源、能源產權的取得、界定、保護、救濟等統一規範，建立落後地區經濟開發激勵機制和約束機制，鼓勵各類企業積極從事商品開發和經營。③環境資源法律先行。落後地區的發展必然在確保資源得到妥善保護和最有效率開發的前提下進行。④制定開發地區區域法律制度。借鑑發達地區幾十年來的發展經驗，在慎重地進行成本效益分析的基礎上，制定具有落後地區特色的，適應落後地區情況的法律制度。

(二) 注重發揮交通運輸等基礎設施的先導作用

加拿大和美國等國在落後地區開發的進程中都以發展交通運輸為先導，注重開闢鐵路、公路和航線。為了加快發展交通運輸業，加拿大聯邦政府採取了一系列鼓勵政策：第一，給予適度的財政補貼。凡投資於交通運輸業者予以適度的財政補貼。第二，向鐵路、公路修建公司贈予土地。對於修築公路、鐵路者，都贈予適度數量的土地，公司可以採取出租、出售的方式自由處理土地，使土地轉化為資本，由此減輕公司的資金壓力，同時也減輕政府的財政幫扶壓力。這些措施大大促進了鐵路建設的進程。

歷史經驗表明：第一，交通運輸功能的提高有利於擴大落後地區的開放度，增強落後地區區域經濟的聚集和輻射作用；第二，交通運輸結構的改善和功能的提高，可以降低運輸費用，提高區域的可達性，並形成區域內產品成本的下降、生產規模的擴大、區域經濟比較優勢增強等一系列良性循環；第三，交通運輸條件的改善可以提高落後地區經濟的區位優勢，增加對投資者的吸引力，帶動本區域對優勢資源的開發，形成新的產業，促使區域經濟系統向更高的階段發展。

(三) 推動地區開發必須實現從資金補助到智力支持的轉變

1950年，加拿大的開發理論重心是資本（物質資本）的累積是開發的因和果。可是歷史證明物質資本並未帶來持續性的經濟增長，而且物質資本會「過時」，有被新一代的機器、技術取代的可能，因此物質資本是按時間貶值的。1980年，加拿大開始注意到地區延續的不均和開發的瓶頸，物質資本回報率下降的現象顯示了開發瓶頸不再是物質資本的不足。因此再不能單靠投資（儲蓄的轉讓），取而代之的是人類資本的概念，如果人類資本追不上物質資本，物質資本的回報率也會隨之下降。

因此，加拿大在開發西部的進程中非常注重教育和科技的發展，其主要辦法是：其一，制定相關政策，推動教育科技的發展。其二，加快高新技術研發，鼓勵各地區各企業採用新工具、新技術，提高生產效率。在西部平原進行開發、建立農業生產基地的過程中，以財政補貼和低息貸款的方式鼓勵農業機械化和科學種田方法的研究與推廣。21世紀以來，加拿大對產業發展的支持也都轉變為智力支持。如加拿

大政府對企業扶持的重點從資金補助轉向智力支持，主要是幫助企業吸引和留住人才。

人類資本的來源是教育，但人類資本的質和量是需要與物質資本相配合的。教育可以從兩方面入手：①培養「素才」是基礎。基本教育（包括大、中、小學教育）培養出的素才可以有不同用途，包括一般的經濟運作、經營和管理。②培養「專才」是目的。「專才」是素才經過專業訓練而成的，主要是配合物質資本的運用。訓練素才，然後從素才中選拔專才，比單集中訓練專才要好，因為有了素才根底，訓練成什麼專才都比較容易。物質資本的形式不斷改變，只有素才高的人才可以適應。開發人類資本的同時要實施治標與治本的戰略。中國西部地區的基礎教育相對落後，尤其是廣大的少數民族聚居區，因此，基本教育才是全面提高人力資本的唯一辦法。

（四）充分發揮金融機構的重要作用

加拿大金融業的發展在西部開發中採用了特殊政策，形成政府開發協調機構與商業銀行、信用合作社、社區組織合作，多方面參與資金的運作和策略的模式。例如，政府將開發基金無償給予商業銀行，要求獲得基金的商業銀行向新產業和新技術企業提供貸款，而且這種貸款額度不得少於政府給其資金的8倍；對中小企業的小額技術改造貸款，則通過信用合作社為其提供，貸款額度不低於政府給予其壞帳準備金的5倍。除了政府通過金融機構積極幫助中小企業獲得優惠借款和融資資助外，還協助還款擔保、借款保險、信用擔保等一系列金融服務。政府重點扶持生物科技、醫療保健、信息技術、環保新能源、新材料和高端製造、農副產品深加工、旅遊等。

同時，加拿大西部四省的金融監管是聯邦和省分權、分業監管的「兩級多頭」體制，即銀行業和保險業的監管權歸聯邦政府，證券業則由省政府主導，允許行業自律組織發揮作用。在目標型監管模式理論的影響下，自20世紀中葉開始，加拿大金融監管體制發生了一些新的變化：單一的審慎監管機構的地位得到加強，證券業統一監管有加速的趨勢，金融消費者保護問題更為各方重視。

值得一提的是，在2008年國際金融危機的影響越來越大的情況下，加拿大聯邦政府不僅沒有仿效美國和歐洲放鬆對金融的管制，反而以其西部老式的卻行之有效的金融規則在全國展開一系列保守的防危機措施。雖然這種金融體制堅實而保守，但正是由於金融體制監管嚴格，加之危機中政府不斷推出各種措施，減輕了危機對加拿大經濟的衝擊，穩定了其金融市場。從西部延伸至全國，加拿大穩健的金融政策使之成為在西方七國集團中目前為止受金融危機影響最小的國家。

（五）市場調節與行政干預相結合，保障開發的市場化和科學化

加拿大基本經濟制度是建立在市場經濟基礎之上的，經濟活動是以市場的價值規律為準則的，這在西部開發的過程中明顯地表現出來。例如，加拿大的西部開發是一個自由、開放、投資多元化的過程，實行的是中央聯邦政府與地區（省）政府

分權的權力體制，聯邦政府主要負責外交、國防，而省政府負責經濟、教育等事務。因此，西部開發的許多事務都是由省或其以下的政府承擔的。

同時，政府的行政干預也發揮了重要作用，加拿大的西部開發跨越近百年時間，經歷了明顯的、合理的產業升級的過程。此間，聯邦政府除了以憲法和法律為西部開發創造一個自由、公平競爭的環境以外，還制定和頒布了許多具體的政策，支持和保障西部開發有序有效地進行。這些政策不僅包括一系列支持開發土地的法規、優先發展交通運輸的條例、重點發展教育科技的政策，而且還有保護自然環境和發展金融業等規定。如果沒有市場調節與政府的行政干預的有機結合，加拿大的西部開發就很難取得如此巨大的成就。

(六) 決策和管理方式從政府獨立實施轉向多方參與

經過探索，加拿大在西部開發中逐步形成了政府開發協調機構與商業銀行、信用合作社、社區組織合作，多方參與決策的資金運作模式。

政府將開發基金無償給予商業銀行，作為銀行的壞帳準備金，節餘部分作為銀行的利潤，發生壞帳超出部分由銀行承擔，條件是銀行向新興產業和新技術開發企業提供政府給其資金8倍以上的貸款；支持的對象由聯邦政府開發管理機構、當地政府、社區組織、銀行共同確定。對小企業的小額技術改造貸款，則通過信用合作社提供，貸款額度在政府給其壞帳準備金的5倍以上。

而以社區組織為紐帶選舉產生的「社區未來計劃理事會」，則組織社會力量為企業提供管理能力培訓等專業服務，政府為其提供部分經費。與政府相比，它們更準確地瞭解企業的需求，提高了服務的針對性和有效性。

(七) 注重落後地區居民收入的增加，逐步縮小區域間收入差距

任何一個國家進行區域開發的目的可能都包括促進本國經濟社會持續發展、維護社會穩定、改善落後地區居民的生產生活質量。其中改善落後地區居民生產生活條件既是區域開發的出發點又是區域開發的歸宿點。加拿大在實施西部開發的過程中，除大力促進西部地區經濟法發展外，還著力解決區域收入差距的問題。解決收入差距的方法很多，也是政府部門比較容易做到的，如加大轉移支付力度、實施扶貧策略等。加拿大較突出的執行稅收優惠政策，如阿爾伯塔省總體稅率在加拿大是最低的，它是加拿大唯一免徵省銷售稅（PST）的省份；不對省內企業和個人徵收在美國和加拿大其他省份普遍施行的一般資本稅（GPT）；居民個人納稅負擔是全加拿大最低的稅（PT），各項優惠政策導致的收入差距縮小，極大地增加了對外來移民的吸引力，為西部地區的可持續發展提供了人力支撐。

# 第八章　各國區域開發空間及產業發展模式比較

　　區域是相對獨立、不以人的意志為轉移的空間客體，是社會發展和分工的必然產物。區域無論以何種形式存在，都離不開空間地理環境，也離不開區域系統。在區域及區域系統中，空間和產業二者是相輔相成的。研究區域開發空間模式和產業發展模式，有助於我們理解各國和各地區在特定背景和環境下所採取的區域開發模式的合理性和科學性。本章在上述章節研究的基礎上，重點探討了美國、日本、德國、義大利等國在區域開發過程中空間位置的選擇和與之相適應的產業發展情況，概括總結了這些國家在空間模式和產業選擇上的共性和特性，以期為中國的區域協調發展提供可借鑑的經驗及教訓。

## 第一節　各國區域開發空間及產業模式概述

### 一、美國區域開發空間及產業模式

（一）美國區域開發空間模式的特點

1. 國土均衡發展

　　美國的國土總體處於均衡發展格局。美國工業起源於大西洋沿岸（從波士頓到華盛頓地帶）。在19世紀初，由於蘇必利爾湖鐵礦和阿巴拉契亞煤礦的開發，在中北部地區建立了鋼鐵、採煤、機械、汽車等工業，這一帶與大西洋沿岸成為美國最大的工業區。19世紀，美國逐漸取得了中西部和南部的主權，也開始開發中西部和南部。美國開始主要在中西部和南部進行小麥、畜牧和礦產資源的生產和開發。自二戰以來，美國主要通過軍事和高科技產品採購，發展航天航空、電子工業、軟件等，並進行石油開採和冶煉，發展旅遊業，這些新興產業的發展使西部和南部成為美國新發展區，並在發展水準上趕上了東北部地區，使國土均衡發展。現在，美國最大的4個城市分別是紐約、洛杉磯、芝加哥和休斯敦，這4個城市也散布在美國東、西、南、北四個方位上。其中紐約位於東部大西洋沿岸、洛杉磯位於西部太平洋沿岸、芝加哥位於中部北方密歇根湖沿岸、休斯敦位於西南方墨西哥灣地區。而

美國前十大城市中，東部大西洋沿岸2個，西部太平洋沿岸2個，北部地區2個，西南部4個。大都市分佈較為均衡是區域經濟空間佈局均衡的表現。

2. 區域產業佈局專業化

美國區域產業佈局專業化就是一個產業高度集中於某一區域或少數區域，其他區域很少甚至沒有，而一個或少數地區的生產就能滿足全國的需求，形成以一個地區為主導的生產佈局模式。一個區域發展的產業一般較少，且高度集中於發展一個或少數幾個產業，因此區域或城市承擔的功能相對較為單一，這種情況在中小城市特別明顯。也就是說美國的區域產業佈局是以全國為整體，構築區域專業化，但這種情況要求運輸成本高。從製造業來看，美國的製造業高度集中於東北部大西洋沿岸和五大湖沿岸，該地區面積僅占全國11.5%，而人口占全國的50%以上，製造業人數占全國的三分之二，而製造業產值占全國四分之三以上[1]。從工業類型來看，美國東北部地區主要是傳統製造業，如採礦、鋼鐵、能源、汽車、機械、船舶、輕工業等；而西部和南部主要發展宇航、航空、電子信息、導彈、石油開採與冶煉等新興工業部門。美國的石油生產高度集中於墨西哥灣沿岸。煉油能力最高的是科珀斯克里斯提—休斯敦—博蒙特地區，占全國的40%，其次是加利福尼亞和阿拉斯加。鋼鐵工業主要分佈於以布法羅為中心的五大湖區；汽車工業主要集中於以底特律為中心的地區，美國三大汽車公司（福特、通用和克萊斯勒）總部均位於底特律；飛機工業主要集中於西雅圖和洛杉磯；電子工業則集中在硅谷——最大的電子工業中心。而美國的農業更是高度專業化，一個大區域往往只生產一、兩種農產品，並且是全國唯一或主要的產區。因此，美國的農業生產成帶分佈，形成了乳酪帶（東北部和五大湖地區）、小麥帶（中部平原的西部）、玉米帶（位於乳酪帶以南）、棉花帶（南部）等，西部山地地區主要發展畜牧業和灌溉農業，太平洋沿岸發展水果、蔬菜和灌溉農業，北部發展小麥和林牧業。所以，美國形成了全國分工型區域佈局模式。

美國這種專業化佈局的形成與美國良好的自然條件有關。美國國土廣闊，人口多，氣候條件較好，地勢較為平坦，因此區域經濟的佈局受自然條件的制約較少。而且由於現代交通的發展，使產品能夠在全國範圍內方便運輸。而專業化佈局是一種高效佈局，能夠產生強大產業集聚效應，在高度發達的市場經濟下，產業集聚會隨著市場的發展而逐步形成。因此，美國產業能夠在市場引導下形成高度專業化佈局。

3. 大都市帶主導全國經濟發展

美國是高度發達的國家，城市化水準高，擁有大量的城市。而在一些經濟發達的地區，城鎮密集，城市之間彼此相連或相隔較近，形成城市綿延帶。這種城市綿延帶是經濟區的核心，主導國家和區域經濟的發展。在美國，已經形成了多個這樣

---

[1] 王建. 中國區域發展報告：區域與發展 [M]. 杭州：浙江人民出版社, 1998.

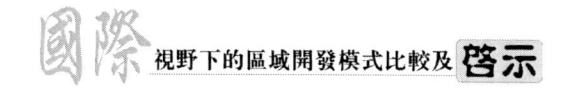

的城市密集區。一是大西洋沿岸，包括波士頓、紐約、費城和華盛頓等城市，人口4,000多萬人，是全國最大的城市密集帶；二是五大湖沿岸區城市帶，包括芝加哥、底特律、匹茲堡、布法羅等城市；三是太平洋沿岸南部城市帶，包括聖弗朗西斯科、洛杉磯、聖迭戈等城市；四是得克薩斯州城市密集區，包括休斯敦、聖安東尼奧和達拉斯等城市。這些城市密集區是美國的經濟主流。

4. 科技園區成為區域經濟的新增長點

美國科技發達，很重視科技開發，並大力建設科技園區。美國最早的科技園區是以斯坦福大學為依託的硅谷。現在，硅谷已成為高科技代的名詞。美國另一個著名的科技園區是波士頓128號公路園區，128號公路是環繞波士頓的高速公路，在早期，該區依靠國家軍事採購發展了一些高科技企業。但園區的正式建立在20世紀五六十年代，美國政府在128號公路兩側建立了電子、宇航、國防、生物等高科技企業。波士頓科技工業園區附近有著名的哈佛大學和麻省理工學院，且受益於軍事、國防採購，該園區一度是美國最大的科技園區。後來，由於硅谷的快速發展，超過了128號公路園區。美國其他的科技工業園區還有位於華盛頓的I-270高科技走廊、北卡羅來納州的硅三角、位於科羅拉多州丹佛市的硅山、位於得克薩斯州的硅原、位於田納西的技術走廊。高科技工業園區在美國分佈普遍，並改變了工業依靠資源而發展的局面，這些高科技園區成為美國經濟的支柱。

5. 工業主要分佈在中小城市

1980年，美國有19,075個城市，其中：人口大於100萬的特大城市僅6個，占城市總人口的12.5%；人口超過200萬的城市只有3個，占城市總人口的9.3%。人口小於40萬人口的城市19,044個，占城市總人口的76.9%。美國的製造業主要分佈在5萬~25萬的城市內，而100萬人口以上的城市主要以專門職業、政府管理為主。[①]

(二) 美國區域開發產業模式的選擇

1. 早期美國西部開發產業的選擇

美國的西部是一個不定的概念，根據有關研究，主要指從位於美國、加拿大邊境的北達科他州到位於墨西哥灣的得克薩斯州及其以西的部分。從自然地理來看，主要指美國大平原及其以西的部分。

早期，美國西部人菸稀少，主要居住的是印第安人。美國自從19世紀前半葉，獲得了該部分領土的管轄權之後，不斷向該地區移民。美國為了鼓勵人口西進，以極低的土地價格將西部土地轉讓給移民，所以早期的移民均能獲得大量的土地。加之後來在聖弗朗西斯科發現金礦等，吸引了大批淘金者西移。最開始，美國西部的開發主要是進行三大產業的開發：一是糧食生產，以西部豐富的土地資源為基礎；二是畜牧業，主要依靠西部大草原豐富的牧草資源；三是採金業，在聖弗朗西斯科

---

① 孫超英，等. 各國（地區）區域開發模式比較研究 [M]. 成都：四川大學出版社, 2010: 198-200.

和洛杉磯發現金礦後，吸引了大量的淘金者到西部採礦。雖然聖弗朗西斯科的淘金熱在1853年後有所下降，但是同時西部地區的其他金礦和其他礦種的開採又開始興起。據統計，1948—1931年，西部各州共產黃金42億美元，銀31億美元。採礦業帶動了西部工業、農業和畜牧業、交通運輸業的發展，成為吸引人口定居西部的重要因素①。

2. 國防工業和高科技產業的發展

雖然向美國西部轉移的產業有很多，但給西部發展帶來深刻變化的產業主要是國防工業和高科技產業。而這些產業主要從二戰開始發展起來的。

在20世紀四五十年代，巨額的國防預算，為美國西部經濟發展奠定了基礎。1940年，西部人口占全美國的20.4%，製造業產業占全美的10.7%，但1940—1945年，西部的戰時工業設施工程、軍事設施工程、戰鬥裝備合同三類開支，分別占美國國民生產總值的40.4%、25.9%和20.5%。② 由於軍事合同增加，西部許多城市就業增加，城市規模擴大。20世紀50年代，美國開始採用雙重政策，國防開支接近國民生產總值的10%，而防務預算的增加對西部各州的發展有促進作用，加利福尼亞州、得克薩斯州和華盛頓州一直居領先地位，在二戰中得到主要合同的14%，朝鮮戰爭期間是20%，到20世紀50年代末則超過33%。除了對飛機、導彈、宇航、電子信息等工業產品的需求外，美國國防部還大量雇傭平民雇員，在聖弗朗西斯科和洛杉磯的平民雇員超過3萬，聖迭戈、鹽湖城、聖安東尼奧則超過2萬。

在西部國防工業發展的同時，西部以電子信息產業為中心的高科技產業逐步形成。廣義的來說，航天航空、導彈、電子信息、通信設備、醫藥工業都是高科技產業，除醫藥工業外，其餘產業的最大客戶都是美國聯邦政府。20世紀70年代，亞利桑那州、加利福尼亞州、華盛頓州、堪薩斯州、猶他州和科羅拉多州的高技術就業人數占總就業人數的比重在全美國五十個州中居前十，而這六個州得到的防務經費也進入前十位。位於聖克拉拉縣的硅谷是西部高科技產業的代表，是以斯坦福大學為基礎發展起來的以電子工業為特色的工業區，與西部的飛機、導彈工業相比，硅谷的電子工業主要是通過商業採購發展起來，但到後來也得到較多的軍事與國防採購。隨後，美國還形成了硅原（達拉斯和奧斯汀）、硅沙漠（菲尼克斯）、硅山（斯普林斯）、硅森林（波特蘭）等。

美國西部環境優美，陽光充足，也吸引了大批美國退休人員到西部定居。同時西部利用良好的環境，發展了以旅遊業為中心的服務業。西部服務業包括旅遊業、金融業、電影、體育等。美國西部主要旅遊業有娛樂、休閒、觀光等。而位於美國西部的拉斯維加斯是世界著名的「賭城」。

---

① 本書編寫組. 他山之石——國外欠發達地區開發啟示錄 [M]. 北京：中國林業出版社，2005：84-105.

② 卡爾·艾博特. 大都市邊疆——當代美國西部城市 [M]. 北京：商務印書館，1998：67.

## 二、日本區域開發空間及產業模式

（一）日本區域開發空間模式的特點

1. 工業佈局高度集中於太平洋工業地帶

日本工業高度集中於東京—名古屋—大阪—北九州的太平洋沿岸的地帶內。雖然日本的工業長期主要集聚在太平洋沿岸，但是二戰前就形成了北九州、京濱、中京、阪神四大工業區的雛形。四大工業區在1920年佔日本全國工業總產值的57.9%，1940年上升到64.1%。在二戰後，四大工業區發展強勁，並在阪神和北九州之間產生了瀨戶內工業區。這樣日本在太平洋沿岸形成了五大工業區，這五大工業區呈軸狀分佈於太平洋沿岸，構成太平洋帶狀工業地。1995年，該地帶面積約10萬平方千米，人口6,562萬人，分別佔全國的23.9%和59.14%，而工業企業數和工業產值分別佔全國的67.23%和75.12%。該地帶成為日本工業的支柱。

日本工業高度集中於太平洋帶狀工業地帶，有其合理性。該區域港口多，海運方便，而日本原料、燃料多依賴進口，所以在太平洋沿岸便於與世界進行經濟交流；日本多山，在太平洋沿岸地區地勢相對較平，所以該地人口多，城市密集，企業在此建廠也可以很容易獲得國內市場。

2. 工業佈局的臨海性

因為日本國土面積較小，人口眾多，國內資源貧乏，所以日本發展工業的生產要素主要從外國進口。同時日本雖然人口稠密，但國內市場有限，所以工業發展需要海外市場，其工業產品需要出口。從這些發展條件和制約看出，日本需要發展外向型經濟。同時，日本緊鄰太平洋，優良港灣較多，很適合建立優良港口發展工業。在二戰後，特別是20世紀五六十年代，日本重點發展重化工業，如鋼鐵、煉油等，需求原料多，出口產品多。在這種背景下，日本發展了臨海型工業：一方面，重點工業區、工業城市依靠海港而建；另一方面，許多大型的工廠直接臨海而建，企業擁有港口，進口資源和出口產品通過自有港口進出，不僅降低企業運輸成本，而且節約時間等。在沿海地區，便於填海造陸，這對土地資源狹小特別是平地資源極少的日本來說，極為關鍵，大大降低企業成本。因此日本形成了臨海型工業佈局的模式，這是一種高效的佈局模式。

3. 相對獨立的經濟圈佈局模式

日本山地較多，平原面積狹小，主要平原分佈於東京地區、名古屋地區和阪神地區，均位於沿海。日本經濟主要集中在沿太平洋地帶的東京都市圈、名古屋都市圈和阪神都市圈。據統計，1985年，三大都市圈人口佔全國63.3%，GNP佔全國68.5%，三大圈成為日本經濟的主導。雖然，三大圈的某些產業有一定特點，如東京圈的出版印刷業和精密機械業、名古屋圈的運輸機械製造業、阪神圈的鋼鐵業，但總體來說，三大圈之間的經濟結構特別是製造業結構大體相同，各自形成一套相

對獨立的經濟結構，因此，形成圈內城市分工與合作非常密切、而圈與圈之間分工並不明顯的佈局模式。這也使日本圈與圈之間的經濟聯繫並不密切。這種佈局模式，可以減少交通運輸，從而減少對土地的占用，同時提高效率。日本資源高度依靠外國，所以有條件形成這樣的佈局模式。

4. 以大城市為中心的經濟發展特點

1985年，日本雖然城市人口僅1億多，但人口超過100萬人的城市有11個，其人口占全國人口的26.1%。其中，人口超過200萬人的城市有4個，居住人口占全國的16.9%；小於40萬人的城市人口占全國60.7%，而美國這一比例高達76.9%。日本大城市，不僅是日本服務業中心，而且也是製造業中心。1985年，東京、名古屋、大阪、神戶的人口占全國的11.7%，而工業占全國的21%。

5. 日本工業的擴散

經過二戰後十多年的發展，日本太平洋工業地帶形成工業高度密集的特點。所以，從20世紀60年代開始，日本逐步進行工業的分散佈局，重點開發落後地區，形成多極化趨勢。1962年和1969年，日本制訂了第一次和第二次全國綜合開發計劃；1976—1985年，進行了第三次全國綜合開發計劃；1987年，又開始了第四次國土綜合開發計劃。在這些計劃中，都提出了開發落後地區、進行分散佈局的措施。一是新技術產業向原有工業外圍地區和新開發區轉移。例如，日本在九州島致力於微電子工業的發展，1985年，九州島IC產業產量占日本的39.1%，產值占日本的39.8%，成為日本的「硅島」。二是工業向消費區和勞動資源充足區擴散，這些地區人口相對密集，勞動力相對較多，市場相對較大。三是在邊遠地區建設地方性工業據點。通過這些措施，日本在本州島東北、日本海沿岸、四國島、北海道等地區建設了大量的工業基地，使工業在全國範圍內初步分散和均衡發展。①

(二) 日本區域開發產業模式的選擇

1. 工業佈局的軸狀發展

日本經濟是以發展軸模式開發的，在太平洋沿岸地區，形成了京濱工業區、中京工業區、阪神工業區、瀨戶內工業區和北九州工業區，這五大工業區成軸狀分佈在太平洋沿岸。這種分佈的形式一方面是由於日本國土狹小、多山，而太平洋帶狀工業地帶平原相對較多、人口較密集、港口優良等因素；另一方面是與日本長期重視該區的開發有關。日本在該區建設了從東經名古屋、大版、廣島，直到北九州的鐵路、高速公路，並且建設了密集的港口及其他基礎設施，海運、陸上運輸成為軸線形成的關鍵。20世紀60年代，日本在該軸線沿線修建了高速鐵路——新干線，大大提高了軸線的客運能力，進一步增強了軸線的集聚能力，使軸線實力得到強化。目前，日本主要工業，包括汽車、鋼鐵、造船、石油化工、機械、電子等工業主要集中於該軸線。而該軸線對人口的集聚能力更強，日本的11個特大城市，有10個

---

① 孫超英，等. 各國（地區）區域開發模式比較研究[M]. 成都：四川大學出版社，2010：202-204.

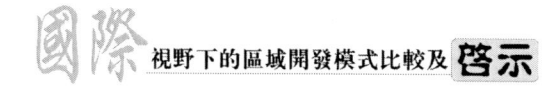

位於該軸線上。

2. 政府主導產業演進

在 20 世紀 40 年代後期和 50 年代初，日本政府通過進口配額權、技術引進、外國投資對日直接投資批准權等，對產業進行干預。在 20 世紀 60 年代，日本為了保護本國工業，謹慎地實行貿易自由化和資本自由化。為了保護本國汽車、電子計算機等工業的發展，日本政府盡量延開貿易自由化的時間，並且提高部分商品進口關稅。為了減少國內企業之間的過度競爭，日本政府努力實行企業之間的合併，將「過小」的企業通過合併達到合理的規模，提高企業的競爭力。為了改善政府與企業的關係，日本政府採取了官民協調的方式，其主要目的是將資金分配給特定工業部門和企業，增強產業與企業的競爭能力。日本還在政府與企業、金融、專家之間建立協調的機制，對工業發展進行人為的調控。為了推動企業的合併、提高生產規模，日本開發銀行提出優惠貸款政策。日本還對新興產業進行扶持，如 20 世紀 60 年代對計算機工業的扶持，支持計算機企業的聯合，給予企業補足金，限制外國計算機的進口，終於使日本計算機工業發展起來。

通過政府的主導發展，日本政府根據產業演進規律，規劃出各時期重點支持的產業，政府從財政、金融、外貿、科技等方面給予支持，推動了重點產業的發展，從而確立日本在世界經濟大國的地位。

3. 支持大企業集團的發展

在二戰結束後，日本解除了財閥。但不久後，像住友、三菱、三井等企業紛紛繼承原有財閥的衣缽，形成新的企業集團；一些獨立企業和戰後形成的新興企業也加入企業集團；這些企業集團以大銀行為中心，形成新的企業集團。銀行在集聚企業集團的過程中充當主要角色，銀行不僅為企業提供資金，而且與企業互相參股、派遣人員、發展新產業。銀行還對經營不良的企業進行改造，使其趕上同行業水準[①]。而日本銀行則從中央銀行獲得大量貸款，以支持企業發展。同時在一個大集團內，企業之間也相互參股。通過大企業集團的發展，使日本經濟控制在大企業集團之中。日本政府也支持中央銀行貸款給大企業集團的銀行，以便銀行支持企業發展政府重點支持的產業和新興產業。通過政府與銀行的控制，日本的產業沿著政府規劃的思路發展。

日本大企業、總公司還通過系列化控制中小企業的發展。系列化就是總公司將有關的企業納入本系列的組織之內，成為總公司的零部件提供商。進入系列的中小企業除了在總公司不景氣時有風險外，其餘時間可以獲得穩定的訂貨和市場。在汽車、家電等領域存在典型的系列化現象。

4. 出口導向型經濟

日本國土狹小，人口眾多，而資源，特別是礦產資源極為貧乏。在二戰之前，

---

① 界憲一. 戰後日本經濟 [M]. 北京：對外經濟貿易大學出版社, 2004：52-53.

日本主要通過發展殖民地獲得經濟發展的資源。二戰後，日本主要發展加工貿易、外向型經濟，主要依靠優良港口眾多的優勢，大量進口資源，特別是礦產資源。日本對礦產資源的進口實行低關稅，或者免稅。這些資源在日本通過加工，發展成消費品，向世界各地大量出口。而為了保護本國工業，日本對一些不成熟的產業、新興產業實行高進口關稅，等到國內產業發展強大後，再實行貿易自由化。通過發展外向型經濟，日本成為世界貿易大國，其出口量長期居世界第二位。而外貿的發展，也促成日本成為經濟大國。

## 三、德國區域開發空間及產業模式

（一）德國區域開發空間模式的特點

1. 按照發展軸模式組織區域開發

德國經濟空間佈局主要按照發展軸模式進行建設。19世紀末，德國高度重視萊因發展軸的建設。德國地處歐洲中部，北臨波羅的海和北海。由於德國北部資源相對缺乏且不是歐洲經濟的中心，所以德國北部海岸的發展不如萊茵河。萊茵河流經荷蘭注入北海，下游是德國與法國、德國與瑞士的界河。萊茵河水量充足，流經歐洲最發達地區——西歐，其沿海地帶煤炭、鐵礦（法國）資源豐富，所以該河流是德國發展的重點。自19世紀以來，德國在萊茵河兩岸均建設了鐵路、公路、高速公路，並鋪設石油管道，使該軸線形成了魯爾區、法蘭克福、曼海姆、斯圖加特等工業區和著名城市，成為歐洲經濟最密集的地區。

2. 經濟集聚區建設

德國空間佈局的另一特點是進行經濟集聚區建設。經濟集聚區就是城市密集並且相互聯繫密切的區域。德國魯爾區就是世界最早形成的經濟集聚區之一，該區域面積4,000多平方千米，而人口達到600萬人左右，以煤炭和鋼鐵開發為中心，形成了密集的經濟區。區域以中小城市為主，城市之間彼此相連，構成一個大的城市。在20世紀五六十年代，魯爾區傳統的煤炭和鋼鐵開始萎縮，隨後魯爾區進行了工業結構調整，發展了機械、煉油、化學等工業，使魯爾區經濟得到振興。

3. 相對專業化的區域產業發展

德國是老牌的資本主義國家，在長期的市場經濟發展過程中，產業形成一定的集聚，使各區域逐漸形成一定的產業集聚，從而形成地區專業化。德國各區域或城市在全國有一定的專業分工，使各區域或城市有一個專業發展方向。德國的煤炭和鋼鐵生產主要分佈於魯爾區。汽車工業主要分佈於南部斯圖加特、慕尼黑、科隆等城市。電子、電氣工業主要分佈於南部的巴伐利亞州和巴登符登堡州，特別集中於慕尼黑。化學工業主要集中於萊茵河流域，特別是魯爾區、雷沃庫森、法蘭克福、路德維西等。造船工業主要分佈於北部的石荷州。光學製品主要分佈於維茨拉。另外，德國將第三產業分散在不同的城市，如海運和出版業主要分佈於漢堡，航空運

輸和金融主要分佈於法蘭克福。

4. 以中小城市為主的經濟發展

德國城市以中小城市為主。德國大於 10 萬人的城市有 81 個，其中人口超過 100 萬的城市僅 4 個，即柏林、漢堡、慕尼黑和科隆，其中全國最大城市——柏林的人口僅 341 萬人，人口低於倫敦、巴黎和莫斯科。50 萬～100 萬人口的城市有 10 個，其餘 69 個，人口均在 10 萬～50 萬。

5. 國土均衡發展

德國重視國土的均衡發展。二戰後，西德的《聯邦基本法》就規定全國各地區發展和居民生活水準應趨於一致。相應地，德國制定了許多法規，促進地區的均衡發展。因此，原西德，由於存在南北發展差異，北部經濟相對發達，而南部相對落後。德國通過在南部發展新興產業，包括電子、電氣、航天、煉油、汽車等工業，特別是通過發展電子、電氣等高科技產業，使南部發展迅速，經濟發展超過了北部，並成為全國新的經濟中心。西德和東德合併後，原東德所在的東部地區成為國家新的相對欠發達地區，現在，德國東部成為國家新的發展重點。[①]

(二) 德國區域開發產業模式的選擇

1. 支持南部高新技術產業的發展

德國北部是德國工業的起源地，有豐富的資源，所以從工業革命到二戰期間，德國經濟都是北部更發達，而南部相對落後。二戰後，在 20 世紀五六十年代，德國根據《聯邦基本法》要求，尋求國土的均衡發展，開始重視德國南部的開發。而對南部的開發主要以高新技術產業為主導。一是發展電子信息產業。巴伐利亞州首府慕尼黑是德國最大的電子信息產業基地，被稱為德國的「硅谷」。該州紐倫堡也是德國重要的電子、電氣工業基地。巴登符登堡州也是德國重要的 IT 產業基地，大量 IT 產業跨國公司到巴符州投資，到 2001 年，該州有 1,500 家 IT 企業，產值達到 310 億歐元，其中出口 130 億歐元。巴伐利亞州和巴登符登堡州是德國 IT 產業規模最大的兩州。二是發展航空航天工業和原子能工業。該產業主要在二戰後興起，慕尼黑為主要生產基地。西歐國家聯合研製的戰鬥機和「阿麗亞娜」火箭的發動機主要在這裡生產。三是汽車工業。斯圖加特是德國最大的汽車總部城市，而慕尼黑也是重要的汽車工業基地。四是新興的生物工程、環保產業等也主要在德國南部發展起來。

除上述產業外，德國新興的第三產業也主要分佈於南部，如巴伐利亞州的旅遊業。法蘭克福是德國最大的航空樞紐和最大的金融中心。為了支持南部地區的發展，德國還在南部發展能源工業，如水電、石油冶煉等，改善了南部地區的交通。

2. 支持中小企業的發展

為了支持德國南部地區高新技術產業發展和提高區域的自我發展能力，德國政府支持中小企業發展，主要為中小企業，特別是高科技企業，實行稅收優惠、提供

---

① 孫超英，等. 各國（地區）區域開發模式比較研究［M］. 成都：四川大學出版社，2010：205-206.

低息貸款、給予資金資助、提供商業貸款的擔保、加速折舊等，同時，支持風險企業發展。由於中小企業的發展，德國南部經濟活躍，巴伐利亞州成為近年來新建中小企業最多的州。

## 四、義大利區域開發空間及產業模式

（一）義大利區域開發空間模式的特點

義大利南方位於首都羅馬以南的 30 千米，歷史上經濟基礎比北方差，因此從 20 世紀 50 年代開始，義大利開始對其南方進行開發，其開發空間模式也有一定的特色。

1. 工業佈局具有臨海性

義大利北部工業主要位於米蘭—都靈—熱那亞的三角區域內，並且主要位於內陸地區，而義大利南部開發則主要在沿海進行。義大利國土由半島和島嶼組成，所以海岸線長；而義大利又多山，只有沿海地區有少量平原；同時義大利南方工業發展的資源主要從外國進口，這樣，在沿海地區建設工業便於進口原料，所以義大利南方開發主要在沿海進行。南方主要城市那不勒斯、塔蘭托、布林迪西等均位於沿海地帶，而交通干線等基礎設施也主要位於沿海地區。

2. 南方的工業佈局以大企業為中心

義大利南方開發主要由政府推動，並且以重化工業為導向，所以在南方建設的企業主要是國有企業，並且企業規模一般較大，如在那不勒斯建設汽車廠，在塔蘭托建設大型鋼鐵聯合企業，在布林迪西和西西里島建設大型煉油廠，在撒丁島建設合成纖維廠。這些大型企業成為當地經濟的主導，影響了地區的經濟結構和佈局結構。

3. 工業分佈相對較為均衡

義大利政府為了推動南方經濟整體發展，在南方區域內佈局工業，如在亞平寧半島的東岸、西岸、西西里島、撒丁島等區域均佈局大型工業企業，帶動地區經濟發展。義大利在對南方的開發過程中形成了幾個大中城市，其中，那不勒斯人口超過 100 萬人，巴里等 3 個城市人口在 30 萬～100 萬人之間，其餘城鎮均在 30 萬人以下。

（二）義大利東北和中部區域開發產業模式的選擇

義大利東北部和中部地區指位於義大利北部米蘭—熱那亞—都靈三角工業地帶與首都羅馬之間的地區，由於其開發晚於西北部三角工業地帶和南方地區，所以被稱為「第三義大利」。該區域的開發並不是由政府推動，而主要是由於該地區具有較強的自我發展能力，該能力得到釋放後，區域開始發展。後來政府對該地區給予一些扶持政策，使區域迅速成長起來。該地區的開發空間模式也很有特點。

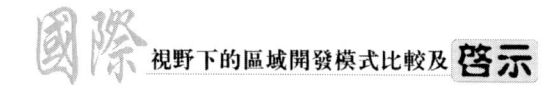

1. 地區專業化佈局

該地區的產業發展主要是適應市場需求而自然發展起來，並且主要發展傳統產業和小商品。一旦一個地區發展起了某個有市場前景的產業，該區域內很快就會有許多新的中小企業仿照生產或發展配套產業，形成產業集聚現象。區域內大量企業圍繞單一產品而生產、聯繫，形成專業化地區。一方面，這些專業化地區具有很高的集中度，一個地區的產量占全國的絕大部分，乃至占世界的很大份額，直接主導世界該產業的發展。另一方面，企業也具有高度專業化，一個企業只生產一種產品或對某個產品進行某一道或幾道工序的加工。

2. 以傳統輕型工業為主

義大利東北和中部地區開發形成產業類型、產品較多，但總的來說主要是傳統型、生產技術要求不高的輕型工業。從產業類型來說，主要涉及紡織、服裝、服飾、建材、家具、食品、小型機械等，形成了薩索洛的瓷磚、卡皮、摩德拿的針織品，巴拿的食品產業，布里安茶的家具，阿勒索的寶石等產業集群[①]。這些產業不僅是使該地區經濟起飛的支柱，也是使義大利經濟起飛的重要支柱，成為國家經濟的支撐。20世紀80年代，義大利的主要出口產品是紡織、服飾、家庭用品類產品和食品飲料等。

3. 以中小企業為主體

「第三義大利」的區域開發主要以中小企業為主。義大利雖然也有許多成功的大型企業，但在國際上具有重要地位的企業主要是中小企業，而這些企業主要位於新崛起的東北部和中部地區。該區域崛起的產業以產業集群的形式出現，即大量的企業圍繞特定產業，高度集中在一定區域內。在該區域內，以中小企業為主體，企業高度專業化，企業之間高度關聯、聯繫密切，形成企業集群。正是由於中小企業的發展，使該地區充滿了活力、企業專業化水準不斷提高、生產技術也不斷提高、企業和產業競爭力提高。所以該地區雖然發展的是傳統產業，但仍然帶領義大利成為發達國家，如義大利著名的毛紡織生產區普拉托市有中小企業1,400多家，絕大多數與毛紡有關。

4. 主要依靠市場推動

義大利東北部和中部地區的產業發展主要是市場力量推動的結果。義大利政府主要重視南方開發，在南方建設了許多國有企業，這些企業規模一般較大，並且以重化工業為主體。而義大利東北部和中部地區的產業發展主要是市場作用的結果。一開始，中央政府對該地區產業發展沒有規劃，也沒有資金支持。該地區歷史上是一個手工業發達的地區，在20世紀50年代，該地區擁有大量剩餘勞動力，當地居民依靠剩餘勞動力，繼承傳統產業，利用現代技術，發展起了現代傳統產業的生產。該地區傳統產業勞動成本低，加之相關產業在義大利基礎雄厚，且在國際市場的競

---

① 邁克爾·波特. 國家競爭優勢 [M]. 北京：華夏出版社，2002：146.

爭力較強。到20世紀70年代，由於國際市場石油和原材料漲價，義大利壓縮了化工、冶金等部門的投資，大力支持食品、紡織、服裝服飾等產業的發展，使義大利東北部和中部的中小企業得以更快地發展。

# 第二節　各國區域開發空間模式的比較分析

## 一、政府作用的比較

（一）政府主導的開發

政府主導的開發指政府不但規劃新區域的開發戰略，而且還利用掌握的資源，主要是資金，通過直接投資的方式開發新區，這主要是日本的開發方式。蘇聯西伯利亞地區的開發也是在政府主導下進行的。1928年後，蘇聯實行高度的計劃經濟，致力於建立獨立完整的工業體系，重視發展重工業，而蘇聯經濟地理理論界提出工業要接近原料、燃料地，減少運輸，達到合理佈局。在這樣的背景和理論指導下，蘇聯西伯利亞開發的產業選擇主要是就地開採資源，重點發展能源、原材料工業，如在秋明發展了石油開採，在庫茲巴斯發展煤炭工業，在坎斯克—阿欽斯克建立褐煤生產基地，在庫茲巴斯、新西伯利亞、伊爾庫茲克建立火電廠，在新庫茲涅茨克建設大型的鋼鐵聯合企業。同時，西伯利亞還在資源地或附近建立了大量的有色金屬冶煉廠，如銅、鉛、鋅、鎳、錫等，還利用西伯利亞豐富的森林資源，建立了森林工業。可以看出，由於蘇聯西伯利亞具有豐富的資源，因此以重工業為主。對蘇聯西伯利亞的開發完全是政府投資，主要是國家投資，並且在國家的計劃管理之下，同時受國家計劃指令。由於是國家投資，因此區域開發企業組織形式以大型、特大型企業為主，中小企業很少，甚至完全缺乏。

（二）政府間接主導的開發

這類模式，政府不直接投資企業，主要通過政策影響企業到政府規劃的地區投資，以此開發落後地區，其中一些政策具有強制性。日本在經濟起飛階段的開發屬於這一類，韓國也是。韓國、日本政府雖然不投資企業，但通過金融支持等手段，高度主導企業投資，使非國有企業向政府規劃的重點地區投資。但日本在科技城建設中，政府投資相對較多。義大利對南部的開發主要通過政府投資和強制國有企業投資等方式。德國通過財政平衡方式，支持落後地區的開發，也是屬於這種模式；同時，德國對在落後地區投資的企業給予各種補貼，推動了這些地區的發展。

（三）政府間接引導的開發

這類模式，政府雖然沒有制定強制的落後地區開發政策，但通過一些政策引導，支持落後地區的開發，美國對西部的開發是屬於這一類。美國雖然沒有制定明顯的政策推動西部發展，但國防採購是政府引導區域發展的重要手段，美國正是通過佈

局軍事基地、採購軍事物品,支持了西部的發展。韓國在 20 世紀 60 年代,提出的出口立國政策,走出口導向型的工業化道路,也是在政府間接引導下進行區域開發、產業發展的。

(四) 市場主導的開發

這類模式政府的作用較弱,區域的開發主要通過市場主導發展起來。政府對這類地區的發展可能有一定作用,但其作用居於次要地位,特別是在經濟起飛階段,區域發展的主要動力是市場。義大利東北部和中部地區的發展屬於這類模式。工業革命以來,義大利北部由於自然條件較好,並且鄰近發達的西歐,所以工業得以迅速發展起來,北方地區成為工業主要集中地,而又主要集中在西北的波河平原,尤其集中在以米蘭—都靈—熱那亞構成的三角地區。義大利東北和中部市場需求旺盛,形成了較多能夠滿足市場的產業門類、產品,但總的來說主要是傳統型、生產技術要求不高的輕型工業,從產業門類來說主要涉及紡織、服裝、服飾、建材、家具、食品、小型機械等。

## 二、國土宏觀佈局模式的比較

(一) 集中與均衡的比較

國土宏觀佈局相對較為均衡的有美國和德國。20 世紀初期,美國工業主要集中於東北部的大西洋沿岸和五大湖區,但經過 20 世紀中後期的開發,西部和南部發展迅猛,其經濟發展水準與東北地區已經持平,甚至超過東北部分地區。德國原來工業主要集中於原西德的北部,但原西德南部經過 20 世紀 50 至 70 年代的發展,南部地區經濟甚至超過了北部。東德和西德合併後,德國東部經濟相對落後。但總體來說,德國區域經濟發展相對均衡。

日本和義大利經濟分佈較為集中。由於自然、地理位置、人口等原因,日本經濟高度集中於太平洋帶狀工業地帶,而義大利經濟原來高度集中於西北部波河平原,自 20 世紀 50 年代以來,義大利加大了南部、東北和中部地區的開發,各地經濟均取得了巨大發展,但義大利南部相對不發達的面貌並沒有徹底改變,南北差異仍然顯著。

(二) 國土專業化的比較

美國和德國主要以全國為一個整體,實行專業化的區域與城市分工。美國東北部主要發展傳統的煤炭、汽車、鋼鐵、機械等工業,而西部主要發展航空、電子等工業,西南和南部主要發展航天航空、石油化工等工業,美國的農業也按照大區域實行高度的專業化生產。德國北部主要發展煤炭、鋼鐵、機械、造船等傳統工業,南部主要發展電子信息、航天航空、汽車、生物工程等工業。義大利也基本上實行全國性的專業分工,義大利西北部,主要以米蘭—都靈—熱那亞為中心形成鋼鐵、機械、汽車、電子等重工業,而東北部和中部主要發展傳統的紡織、服裝、制鞋、

瓷磚、小型機械等以輕工業為主的加工型產業，南部主要發展石油化工、鋼鐵等工業。相應地，這些國家形成了以專業化城市為特徵的工業發展模式，在專業化城市，形成產業集群，一個城市集群的產量占全國較大的比重，甚至占絕對優勢。

日本形成了具有相對獨立性的三大都市經濟圈，即京濱、名古屋和阪神，三大圈工業結構相似，相互之間工業聯繫相對較弱，且均發展了鋼鐵、機械、汽車、石油化工、造船等工業。

美國、德國是以市場為主導力量形成的工業佈局，在市場力量作用下，形成產業集聚，一個產業集群集中了全國較多專業化企業。而日本工業佈局受到政府的作用較強，加之日本原料、燃料主要來自國外，所以在這種背景下，日本形成相對自成體系的經濟圈。

(三) 國土宏觀佈局框架的比較

美國形成以大城市帶（城市綿延帶）為核心的佈局體系，主要大城市帶有大西洋沿岸波士頓城市帶、五大湖城市帶、太平洋沿岸南部城市帶和西南得克薩斯州城市密集區四大城市帶，這四大城市帶構成美國經濟的主體，各城市帶都有專業化工業。

德國主要構築發展軸。德國長期構築萊因發展軸，從魯爾區到法蘭克福，德國長期在萊茵河及其支流建設港口，修築沿河鐵路、高速公路，從而沿軸線的城鎮和工業增加，使萊茵河成為德國經濟的支柱。現在，萊因發展軸向南延伸到斯圖加特和慕尼黑，向北延伸到漢堡。其對全德國的支柱作用得到加強。

日本依靠海港，發展起了京濱圈、中京圈、阪神圈、瀨戶內圈和北九州圈，以此為基礎，構築了從東京到北九州長達 1,000 千米的太平洋帶狀工業地帶。韓國構築了京仁和東南沿海兩大工業地帶，一北一南分佈於國土兩端，其中東南沿海工業地帶以臨海工業為主，主要發展重化工業，如鋼鐵、機械、石油化工、汽車、造船等。義大利工業主要分佈於北部地區，其中西北部米蘭—都靈—熱那亞構成的三角區是國家工業的「心臟」，而東北部和中部主要發展輕型工業，成為國家重要的出口基地。義大利南部經濟較差，主要發展臨海工業。

## 三、國土均衡發展的比較

發達資本主義國家在經濟發展到一定階段後，區域發展地域差異增大，一些地區經濟過密、經濟發達，而其他一些地區經濟過分稀疏、經濟相對落後。出現區域差異的發達國家發展到一定階段，均進行了國土均衡發展實踐。從目前來看，不同國家實施的效果也有差別。美國、德國通過區域均衡發展戰略，基本實現國土的均衡發展，並且部分原來相對落後的地區不管從經濟總量還是從人均地區生產總值來看，均超過過去相對發達地區。而義大利、日本實施效果相對欠佳。發達國家成功實施國土均衡發展戰略由多種因素決定。

(一) 從實施區域和時間看

美國主要在二戰及以後重點發展原來經濟相對落後的西部和南部；德國從 20 世紀 50 年代開始實施國土均衡發展戰略，重點發展南部地區；義大利也是從 20 世紀 50 年代開始重點發展原來經濟相對較為落後的南方地區。這三個國家扶持落後區發展具有明顯的區域指向。在 20 世紀六七十年代，日本、韓國也相繼提出要疏散原有的工業密集區的戰略。這兩個國家沒有明顯的區域指向。這兩個國家雖然提出了工業疏散戰略，但工業發展重點仍然是原來經濟較為密集的地區，雖然地區之間人均地區生產總值相近，但經濟過分集中的局面沒有改變，所以實施效果欠佳。

(二) 從國家財力與實行措施看

美國和德國都是老牌資本主義國家，在其實行國土均衡發展戰略時，經濟發展水準名列世界前列，因為國家財力強大，所以有充足的財力來實行國土均衡發展戰略。而日本、義大利、韓國在實施均衡發展戰略時，國家還面臨著追趕發達國家的任務，所以投入均衡發展戰略的資金有限。特別是日本和韓國在實施疏散工業計劃時，原來經濟密集區仍然是國家發展經濟的重點。

實施均衡發展，美國主要採用政府和軍事採購來支援西部和南部地區的發展，推動了西部和南部高新技術產業的發展。而德國主要通過財政平衡方式，通過財政轉移支付，支持了落後地區的發展。這兩個國家依靠國家雄厚的財力得以實現均衡發展。而義大利通過國家建立國有企業的方式，推動南方發展。但由於國有企業經營效益不佳，所以實施效果不佳。日本和韓國主要通過限制老工業區工業發展，從政策和金融方面支持落後區發展。

(三) 從實施產業看

美國在西部和南部主要發展新興產業，即主要發展二戰後新崛起的產業，包括航空航天、導彈、電子信息、石油化工、旅遊業等。通過新興產業的發展，美國西部和南部實現產業跨越發展。德國主要在南部地區發展的產業與美國相似，主要發展微電子、汽車、宇航、煉油等工業，也取得了巨大成功。義大利主要在南方發展重化工業，即主要發展石化、鋼鐵、汽車等產業。日本工業疏散戰略主要在 20 世紀 60 年代實行，而在 20 世紀 80 年代主要通過在落後地區發展科學技術新城的方式，在落後地區發展高科技產業，九州島就是這樣發展起來，被稱為「硅島」。

(四) 從自然條件看

美國和德國的國內自然條件差異不大。美國西部雖然主要是山地、高原，但太平洋沿岸卻有一些平原、峽谷，這些地區氣候溫暖、陽光充足，非常適合人類生存，具有集聚大量人口的條件；美國南部和西南部更是適合人類生存，這些地區只要有產業，人口就會集聚。德國南部雖然有山地，但山地之間的平地也非常廣闊。義大利和日本，其貧困地區的地貌條件較差。義大利南部是以山地為主；日本除了太平洋帶狀工業地帶有一些平原外，其他地區特別是落後地區，平地極為狹小，難以滿足大工業、大城市發展的需要。義大利和日本由於山地多、平地少、人口稀少，新

城市的產生難以帶動周邊地區的發展，而新城市的發展也受到一定的制約，自然條件欠佳是義大利和日本平衡戰略發展效果欠佳的重要原因。

### 四、重點開發區位的選擇

各國的重點開發區域不盡相同。美國在西部開發過程中，重點地區的選擇主要通過市場方式，但政府的軍事採購對重點區選擇起到重要的作用。美國西部開發重點地區的選擇較為多樣化：一是科技教育中心，主要在科技發達地區建立高科技基地，硅谷就是這樣的背景下發展起來的。二是建立軍事基地和軍工產業的地區。美國太平洋沿岸的海港是美國海軍重要的基地，美國西部高原地區建有美國許多空軍基地和其他軍事基地。同時美國軍工產業分佈較多的地區也是西部發展的重點，西雅圖就是通過提供軍事需要的飛機發展壯大起來。三是在資源區，主要是美國墨西哥和太平洋沿岸有一些石油資源，通過開發石油資源，發展煉油工業，並迅速壯大起來。上述三類重點開發區域在地域上並不一定有嚴格界限。有些城市的發展既有軍工產業，也有資源開發，如休斯敦。一個區域發展的產業，也可能是高科技產業，其中部分為國防需要提供產品。

日本在經濟起飛過程中，優先開發的地區是京濱、名古屋、阪神等，主要因為這些地區平原面積相對較大，優良港口多，便於進口原料，同時便於出口產品。所以接近大都市圈的中心城市和港口優先得到開發。韓國在經濟起飛過程中，優先開發的地區也是沿海港口地區，也是為了進口資源和出口產品，而韓國西部開發計劃的重點地區也是海港。義大利南部地區的開發也是優先開發海港地區，特別是有一定基礎的地區。

### 五、新開發區總體開發模式的比較

新開發區佈局模式主要有三種：一是據點式佈局，即區域以單個企業、單個城市開發為主進行。這種佈局在對區域發展水準極為落後地區或一些資源地區的開發時使用較多。因為地區落後，難以實施整體開發，只能對個別地區實行重點開發，韓國的特定地區開發就是屬於這一類。一些資源地區，需要資源開發，也主要通過據點式佈局開發資源，美國對阿拉斯加石油資源的開發就是據點式開發。

二是發展軸佈局。發展軸佈局主要沿著重要軸線進行開發。政府在需要重點發展的軸線地區密集佈局多種類型的交通線，使軸線形成複合發展軸，增強地區的集聚能力，以此帶動地區經濟的發展。該類開發模式實行地區一般有一定的經濟基礎，國家有一定的經濟實力。韓國對西海岸的開發主要是建立西部沿海工業地帶。

三是網絡式佈局。網絡式佈局主要在區域內構築交通網，實行多個城市整體發展，城市之間形成分工合理、相互聯繫緊密的佈局，形成集聚區。該類開發主要在

有一定經濟基礎的地區實行。美國西部太平洋沿岸南部聖弗朗西斯科—洛杉磯—聖迭戈就是這樣的區域。

總的來說，發達國家新開發區都存在「大分散、小集中」的特點，大分散主要體現均衡性，使各區域、各行政區均具有能帶動各區域發展的中心城市，帶動整個地區趕上全國平均水準。而小集中，主要考慮在各地區自然、地理位置、經濟基礎較好的區域進行重點開發，在這些地區建設較為密集的工業或城市，甚至形成集聚區、城市群，形成能夠與發達地區抗衡的區域，帶動整個落後地區發展起來。

## 六、工業佈局的比較

（一）工業園區發展的比較

工業園區主要通過完善的基礎設施供應，為企業創造良好投資硬環境，並利用優惠政策，吸引各地投資主體，包括區內的、區外的、境外的企業和個人，到園區投資。而優惠政策主要包括稅收、財政、土地、外貿、金融等政策。通過工業園區對企業的集聚，推動區域發展。工業園區種類很多，如高科技園區、出口加工業區、保稅區、專門產業工業園區、綜合性工業園區等。工業園區一般發展的是加工工業，主要在地理位置較好、發展條件較優的城市或地區建設。由於工業園區對企業有重大的集聚作用，也有利於規範工業佈局，因此，各國在區域開發過程中，紛紛將工業園區作為推動區域開發的重要手段。

1. 傳統工業園區

新興工業化國家在經濟起飛過程中均採用這種園區發展模式，因為這些國家在經濟起飛過程中，要實現工業化，要大力發展出口或發展進口替代產業，發展傳統產業是其必由之路。為了加快傳統產業的發展，這些國家建立了傳統工業園區。

2. 高技術工業園區

老牌的發達資本主義國家在經濟發達後，為了推動國土均衡發展，在落後地區發展的產業不是資源型產業，也不是傳統的工業，而是高科技產業。高科技產業不僅是新開發區的支柱，而且也是國家經濟發展的支撐。美國為了支持西部和南部的發展，建設了大量的高科技園區，如斯坦福大學工業園等。高科技產業和高科技園區成為國家經濟增長的支撐。

（二）大型企業和工業區帶動模式

一些國家在新區域開發中，沒有進行工業園區建設，但主要依靠大型企業和工業區帶動，這類國家一般是政府管理較強的國家，如蘇聯和義大利。蘇聯對西伯利亞的開發主要就是通過政府投資，建設大型企業，或將多個相關聯的大型企業建成為工業區——地域生產綜合體。義大利對南方地區的開發也主要通過政府或國有企業投資，建設大型的工業項目，帶動地區發展。這種佈局模式往往形成一個企業或一個工業區帶動一個城市的局面，城市與大型企業形成休戚相關的局面。

（三）分散佈局模式

該類佈局模式是由大量當地人創立的中小企業主要通過市場力量產生，並且這些企業主要在創立人的家鄉，所以企業佈局分散，主要分佈於農村地區。義大利東北部和中部的工業化主要是這種形式。中國蘇南地區的鄉鎮企業和溫州個體工業佈局也主要是這種形式。

### 七、內陸與沿海開發的比較

（一）內陸地區佈局模式

德國南部區域工業佈局完全在內陸進行，而美國西部和南部開發的大部分區域在內陸。德國和美國主要依靠科技開發，建立高科技工業，使內陸地區得到良好發展。而蘇聯主要依靠資源開發，建立綜合性工業基地使內陸地區得到開發。所以，德國和美國的內陸地區呈現據點式開發狀況，其運輸主要依靠航空。而蘇聯西伯利亞主要是通過建立大型的綜合性工業區開發內地。義大利東北部和中部地區也屬於內陸地區，該地區主要發展高附加價值的傳統產業。

（二）臨海佈局模式

該模式主要是義大利南部開發、韓國西部沿海開發等所採用的。這些國家缺乏資源，需要從外國進口，因此主要從外國進口原料，發展加工業，這樣在沿海地區發展工業較有優勢，出現臨海工業佈局。臨海工業佈局企業規模一般較大，因為發展的是重化工業。[1]

## 第三節　各國區域開發產業模式的比較分析

### 一、產業選擇的比較

各國的區域開發，產業選擇各有特色，概括起來主要有以下五種模式。

（一）高科技產業模式

採取這類產業模式的國家主要是經濟發達國家，如美國、德國等。經濟發達國家，傳統產業已經飽和，而國家資金充足，需要找到新的產業投資領域。原有老工業區，投資成本較高。同時，中央政府為了改善地區經濟佈局結構，推動國土的均衡發展，因此政府對原來經濟相對落後的地區提供更多的重視。這些地區自我發展能力相對較弱，所以政府對這些地區提供更多的優惠政策。由於傳統產業已經生產過剩，如果在這些相對落後地區發展傳統產業，將加劇國內已經形成的過度競爭，

---

[1] 孫超英，等. 各國（地區）區域開發模式比較研究［M］. 成都：四川大學出版社，2010：216-222.

所以政府發展落後地區，主要是發展老工業區的高科技產業，並給予許多優惠政策。另外，高科技產業與傳統產業的關聯相對較弱，發展高科技使這些地區能夠獨立發展，能夠形成更強的自我發展能力。所以，在優惠政策的激勵下，國家的許多剩餘資本就流向了落後地區，發展高科技產業。高科技產業的勞動生產率遠高於傳統產業，所以高科技產業的發展，使這些落後地區迅速發展，經濟上反而超過原來的老工業區。例如，德國南部超過了北部，美國西部經濟發展也趕上了東部，這些新開發區反而成為國家的經濟支柱。高科技產業的發展是這些國家區域開發成功的關鍵。

（二）結構調整模式

這類模式主要是新興工業化國家所採用的，這些國家主要分佈於東亞，主要包括日本等國家。這些國家的發展主要在二戰後，短短 20~30 年時間，這些國家就從一個發展中國家變為了發達國家或新興工業化國家。其國家開發的產業選擇不是一個固定產業，而是循著從勞動密集型、資金密集型、再到技術密集型，從輕紡工業到重化工業，從傳統產業到高技術產業，從低級到高級的結構調整的過程。

新興工業化國家在工業化初期，都面臨著經濟實力較弱、工業基礎薄弱、資金不足，但國內勞動力資源豐富的情況。所以，這些國家在工業化初期一般都發展技術層次較低的勞動密集型產業，如輕紡織業和產品加工。隨著國家傳統產業競爭力的提升，國家實力的增強，政府實行產業結構調整，逐步發展重化工業。日本在 20 世紀 60 年代重點支持重化工業發展，並且不斷提高技術，提高重化工業的層次，如技術層次相對較高的汽車工業。重化工業一般是先實行短期的進口替代，然後迅速地實施出口導向戰略。隨著重化工業的發展成熟，國家經濟實力的增強，國家又很快實行技術型產業發展戰略，發展裝配的電子產業，然後發展技術層次較高的電腦、半導體、軟件等產業。

正確選擇各時期的重點產業是這些國家開發成功的關鍵。這些國家不斷調整產業結構，淘汰落後產業，發展新興產業，使國家經濟發展水準大幅度提升，並很快成為經濟發達國家或新興工業化國家。

（三）重化工業模式

該模式主要是義大利開發南部時所採用的。在二戰後，義大利南部經濟發展水準較差，與北方差距較大。義大利政府通過各種措施，發展義大利南部，主要通過推動國有企業對南方進行開發。而義大利南方開發的主要產業是重化工業，如鋼鐵、石油、汽車等，並且以大型企業為主。義大利南方開發的產業選擇也是根據義大利的情況制定。義大利北方雖然經濟發達，但義大利當時在經濟發達國家中與英國、德國、法國等國發展水準還是有一定的差距，在傳統的重化工產業方面，義大利與西歐發達國家的差距比較明顯；而且義大利的大型企業偏少，與西歐發達國家相比競爭力也偏弱。義大利剛從二戰的陰影中出來，當時義大利共產黨具有一定的實力，主張建設國有企業，此舉對義大利經濟發展影響較大。在這樣的背景下，義大利在南方主要發展重化工業，並且主要以政府投資為主。雖然政府通過重化工業的發展

推動了義大利南方的經濟發展，但總的來說，義大利南方開發並不成功，主要是由多種原因造成。

（四）資源開發模式

這類模式主要是美國西部的早期開發模式。美國西部早期開發起源於19世紀初，主要進行了小麥、畜產品和礦產開發，奠定了美國西部開發的基礎。而蘇聯充分利用西伯利亞豐富的自然資源，建立了能源、鋼鐵、木材、原材料等生產基地。美國西部資源特別豐富且人口極為稀少，人均佔有資源極高，其參與開發的人口主要從外地遷移而來，這些地區在開發之前都是人類幾乎還未開發的原始地區。所以，採用最初級的資源開發是這個地區的正確選擇，這兩地區的開發都是成功的。美國主要是通過政府制定政策，引導私人、企業參與開發，其開發主要以家庭經營和中小企業為主。

（五）傳統消費型產業開發模式

義大利東北部和中部的開發屬於這類模式。在20世紀50年代，義大利東北和中部依靠歷史傳統優勢，發展起了傳統的消費型產業，並且主要是中小企業，這些中小企業具有高度的專業化，以集群形式出現。雖然在20世紀70年代，這類產業受到政府支持，取得了巨大發展，並且成為國家的經濟支柱，並帶領義大利重新回到發達國家陣營，但該地區產業發展主要是市場選擇的結果，沒有政府規劃、指導。雖然這類產業是傳統的消費類產業，生產技術要求也不高，並且義大利東北部和中部地區從過去到現在，也並未改變產業的類型，但該地區仍然是義大利經濟的中堅力量，其產品暢銷世界各地。

為什麼該地區該類產業會長盛不衰。如果說東亞地區以產業結構的不斷演進保持了競爭力，並推動了國家工業化，那麼義大利東北部和中部地區產業的競爭力正是來自其不變的產業結構，並且這不是政府規劃的結果，而是來自市場的選擇。雖然從表面上看，義大利東北部和中部地區的產品長期不變，如薩索洛地區從20世紀50年代以來一直以生產瓷磚為主，但實際上，每個產業集群內部一直沒有停止過提高生產技術、加強管理；同時，產業集群內部產業結構在不斷改變。如薩索洛地區的瓷磚生產通過機器改良，實現自動化生產，減少燒窯時間，大大提高了勞動生產率，並且通過機器改良，利用本地的土也能燒出高級的瓷磚，減少了原料的進口。通過發展瓷磚生產，瓷磚機械設備需求增加，使薩索洛地區逐漸發展瓷磚機械，減少了瓷磚機械的進口，同時這種瓷磚機械成了世界最好的瓷磚機械，並且大量出口，成為薩索洛地區僅次於瓷磚的第二大出口產品。

義大利東北部和中部地區專業化生產的競爭力還來源於產業集群。由於該地區以高度專業化的中小企業為主，這些企業高度關聯、相互依賴、相互推動、創新不斷、使整個集群成為高效率的生產企業，主導世界同類產業發展的潮流，世界其他任何地區相同企業難以超越，因而保持了該地區的高效率。雖然發展的是技術層次不高的傳統產業，但仍然能夠帶領義大利成為發達國家，仍然使該地區創造出如高

科技產業一樣的效率。

## 二、政府作用的比較

各國產業的發展，都離不開政府的作用，因為區域開發，一般是政府提出的，為此，政府要制定較多的政策來配合區域開發，只是政府的作用力度和作用方式各不相同。主要有以下三種模式。

(一) 政府主導作用模式

東亞國家發展和義大利南方產業開發屬於這類模式。這類模式是政府制定各時期產業發展重點，同時資助重點企業發展這些產業。其中義大利政府支持的企業主要是國有企業，並且政府也在開發地區新建國有企業。日本主要支持大型企業集團發展，這些企業集團主要是以家族式大型企業為中心構建的，政府對這些企業實行大規模的金融支持，推動了產業的發展。這些政府主導發展的產業、企業規模都很大，一般是大型企業或企業集團。因此實行的是產業與企業捆綁支持的政策。

(二) 政府政策引導模式

德國南部開發和美國西部開發主要採用這種模式。這兩個國家都是世界高度發達的國家，對落後地區的開發都採用政策引導模式，其支持主要產業與地區捆綁的政策。德國提出國土均衡發展戰略，用財政平衡的方法來支持落後地區的發展。同時為了提高南部地區的自我發展能力，德國主要支持南部地區發展高科技等新興產業，政府也在南部建設有關研究機構、設立大學等，支持了南部高科技產業等新興產業的發展。雖然美國對西部的產業發展沒有明顯的政策支持，但美國主要利用國防與政府採購方式支持西部地區的發展。聯邦政府在西部地區建設軍事基地、軍事設施，同時加大對西部的軍事物資採購，這些採購對西部的支持是實實在在，支持了西部航空航天、電子信息產業等高科技產業的發展，國防採購成為美國西部發展的關鍵力量。

(三) 市場主導模式

義大利東北部和中部的開發屬於這種模式。政府在這種模式中的作用力很弱，其開發主要通過市場力量發展起來。由於存在南北發展差異，為了使國土平衡發展，從20世紀50年代開始，義大利政府主要把精力放在對南方的開發，無暇顧及經濟相對發達的北部地區。正是由於這樣，該地區原來相對落後的東北部和中部地區通過市場力量，選擇發展傳統的消費型產業，發展高度專業化的中小企業，形成以區域為核心的產業集群，迅速發展起來。在20世紀70年代，由於大型企業經營困難，中央政府才意識到支持傳統中小企業的重要性，制定了一些措施，使該地區中小企業發展加快。總的來說，該地區的發展主要是通過市場力量發展起來的。

### 三、產業組織模式的比較

(一) 大型企業模式

一般來說，大型企業具有明顯的規模效益，其競爭力強，帶動力強，對區域開發的影響明顯，能夠帶動開發地區在短期內實現快速發展。因此，政府作用強的開發地區，由於政府資金雄厚，有條件支持大企業發展，所以這類地區以大型企業的建立為主。如實行強制政府作用模式的日本和義大利南方開發，主要以建立大型的企業實行開發。這類開發模式一般以重化工業為主，因為重化工業的開發需要大型企業。

(二) 中小企業模式

義大利東北部和中部的區域開發主要屬於這類模式。該地區開發主要通過市場力量發展起來，政府作用較弱。在這種背景下，很多企業從家庭工業開始，因為資金有限，當然也不能建立大型企業。該地區的產業主要是輕型工業。該地區企業以高度專業化為特色，一些企業只生產一個零件，或只完成一個產品生產中的一個工序加工。這種背景下，中小企業更能適應這種模式。

美國和德國區域開發，對企業組織模式沒有偏好，所以大型與中小企業均有，但中小企業偏多。

### 四、其他比較

(一) 資金引進模式比較

地區產業開發需要較多資金，新開發區的資金來源成為各地區開發的重要內容。美國西部的開發資金來源於國內，主要通過財政投資等形式新建企業，支持產業發展。日本資金來源主要是國民累積，通過銀行貸款支持，少部分從外國借款。義大利南部開發資金主要來自國有企業和政府的支持。馬來西亞開發的資金主要來源是外國直接投資。德國南部和資金來源主要是國內發達地區的企業、當地企業的累積和政府的支持。

(二) 技術發展模式

在日本的開發過程中，其技術主要依靠引進，並模仿、消化實現企業的國產化。而美國西部主要通過引進國內外資金、技術，以直接投資方式進行產業發展。美國和德國的開發主要通過良好的創業條件從全國各地集聚人才，通過本地研發，發展高科技產業。

(三) 市場開發模式

日本主要實行出口導向政策，支持出口，加速產品的國際化，推動了國家的發展。美國主要採用軍事採購，擴大了西部高科技產品的市場，這些企業實力得到壯大，最終通過自己的實力實現出口。美國、德國和義大利都沒有實行像東亞國家那樣的以出口為主導的政策。[①]

---

① 孫超英，等. 各國（地區）區域開發模式比較研究 [M]. 成都：四川大學出版社，2010：242-248.

# 第九章 中國區域開發模式研究

區域是地域分工中的一個環節，是具有全國意義的地域生產綜合體，它具有發展的階段性、聯繫性、規律性以及承繼性。自中華人民共和國成立以來，由於中國各時期發展方針、發展條件、國際國內環境差異，中國區域開發與發展政策經歷了多次演變。1952—1978 年，中國重點實施了內地傾向的平衡發展政策；1978—1992 年，重點實施傾斜沿海的非均衡發展政策；1992 年後，逐步實施了以「效益為主、兼顧公平」的協調-傾斜發展策略。各時期，中國出現了不同的區域開發模式。特別是改革開放以來，中國各地在靈活的改革政策指導下，區域經濟發展呈現出各具特色的局面，湧現出特色鮮明的蘇南模式、溫州模式、深圳模式，並隨著經濟的發展衍生出新型的區域發展特色，如浙江的特色小鎮。這些具有時代性和地區特色的區域開發模式和經驗對當前欠發達地區的開發和區域協調發展具有重要的借鑒意義。

## 第一節 中國宏觀區域開發模式的演變

### 一、1952—1978 年中國宏觀區域開發模式

（一）區域開發背景

1. 全國經濟基礎薄弱

中華人民共和國成立初期，中國經濟基礎十分薄弱。1952 年，中國國內生產總值為 679 億元，其規模還遠不及目前的一個省，人均 GDP 也僅 119 元；一、二、三產業增加值分別為 342.9 億元、141.8 億元和 194.3 億元，分別占 GDP 的 50.5%、20.9%和 28.6%，是典型一、三、二產業結構，農業為國民經濟的主導，經濟結構層次低。1952 年中國主要工農業產品產量還都較低，如表 9-1 所示。除了糧食產量，大部分工農產品的產量僅相當於目前一個中等省、甚至小省的產量。當年基礎設施也極為落後，鐵路僅 2.29 萬千米，公路僅 12.67 萬千米，電話僅 39 萬部。對外貿易不發達，進出口交易額僅為 19.4 億元[1]。

---

[1] 蔣建華，馮婉蓁，季弘. 中華人民共和國資料手冊 1949—1999 [M]. 北京：社會科學文獻出版社，1999：409-501.

表 9-1　　　　　　　　　　1952 年中國主要工農產品產量

| 產品 | 產量 | 產品 | 產量 |
| --- | --- | --- | --- |
| 糧食 | 1.64 億噸 | 原油 | 44 萬噸 |
| 水產品 | 167 萬噸 | 發電量 | 73 億千瓦時 |
| 棉花 | 130 萬噸 | 鋼 | 135 萬噸 |
| 糖 | 45 萬噸 | 水泥 | 286 萬噸 |
| 原煤 | 0.66 億噸 | 布匹 | 38.3 億米 |

資料來源：蔣建華，馮婉蓁，季弘. 中華人民共和國資料手冊 1949—1999 [M]. 北京：社會科學文獻出版社，1999：409-501.

2. 區域差距巨大

1949—1978 年，中國缺乏對區域的統籌開發，即使在冷戰期間中國採取均衡開發模式，但是基於安全考慮的均衡開發模式不符合當時的經濟發展規律。犧牲農業支持工業的發展模式和採用的工農業「剪刀差」策略，促進部分地區工農業的發展，尤其是東北及沿海地區的工業得到快速發展，但是國家整體經濟仍較為落後。1949—1978 年，中國區域差距巨大，在工業的表現特別明顯。據統計，1949 年，沿海地區土地面積占全國的 11.34%，工業總產值占全國的 77.6%，而中西部地區土地面積占全國的 88.66%，工業總產值僅占全國的 22.4%。其中西北和西南地區土地面積分別占全國的 31% 和 23%，工業總產值分別僅占全國的 2% 和 6%[1]。據資料顯示，在沿海地區，工業明顯集中於上海、江蘇、遼寧，三省市工業總產值占全國的 42.2%，其中上海市接近全國的 1/4；內地工業主要集中在四川、湖北和黑龍江，而內地的新疆、寧夏、青海、甘肅、雲南、貴州、西藏等省區幾乎沒有工業[2]。就工業產品來說，鋼鐵工業主要集中於沿海，特別集中在遼寧的鞍山。紡織工業主要集中在沿海的上海、天津和青島等少數城市。工業分佈的巨大差異是中國宏觀區域發展差距產生的重要原因。

3. 實行計劃經濟體制

中華人民共和國成立後，中國形成了以中國共產黨為領導核心的社會主義國家，實行社會主義制度。根據馬克思的經典社會主義模式，就生產關係來說，有三個特點：一是生產資料公有制，二是國民經濟計劃化，三是按勞分配[3]。因此，中國的經濟體制就按照計劃經濟體制運行。中華人民共和國成立後，中國開始土改，沒收的官僚資本為國家所有；對民族工商業進行社會主義改造，將生產資料的資本主義私有制變為生產資料的社會主義公有制。到 1956 年，中國基本完成了社會主義改造，建立了以公有制為主體的經濟，全面實行社會主義計劃經濟。計劃經濟體制的

---

[1] 盛斌，馮侖. 中國國情報告 [M]. 瀋陽：遼寧出版社，1991：666.
[2] 陸大道，等. 中國工業佈局的理論與實踐 [M]. 北京：科學出版社，1990：20.
[3] 楊天宇. 經濟制度 0 批判 [M]. 北京：中國社會科學出版社，2000：96.

實行為該時期區域經濟發展提供了有力保障。

4. 國際關係緊張

中國共產黨取得中國的領導地位之後，廢除了發達國家強加給中國的不平等條約。以美國為首的西方國家對中國非常敵視，不僅不承認中國的合法地位，還出兵侵略中國的鄰邦——朝鮮，將戰火燃到中國邊境，中國不得不進行抗美援朝。在20世紀50年代，以蘇聯為首的社會主義陣營支持中國經濟建設，但西方發達國家一直不承認中華人民共和國的合法地位。20世紀60年代，中國與蘇聯關係惡化，並出現中蘇邊境戰爭、中印邊境自衛反擊戰，而歐洲部分發達國家雖與中國建交，但美國等少數發達國家仍然敵視中國，侵略中國的鄰國越南。20世紀70年代，美國與中國發表聯合公報並建交，才使得中國與西方發達國家的關係開始改善，但中國與蘇聯關係仍然緊張。在這段時期，中國的國際環境一直沒有寬鬆，這使中國的區域開發需要考更多的慮戰爭因素。當時，中國各區域開始建立獨立的工業體系，建立六大經濟協作區，實行「三線建設」戰略，即將大量「一線」和「二線」地區的企業內遷至「三線」地區，試圖實現均衡發展。這些戰略都是為了減少中國對國際的依賴，增強抵禦戰爭的能力。

(二) 宏觀區域開發模式的特點

1. 重視區域均衡佈局

1952—1978年，為了改變中國過去形成的工業過分集中在沿海地區的局面，為了更好備戰，使企業生產經營接近原料地、燃料地和市場，中國實行了區域均衡發展戰略。

(1) 區域均衡發展戰略。

由於早期中國資本主義萌芽出現在東部沿海和東北這些被帝國主義列強占領的地區，所以這些地方的工業較為集中，基礎相對雄厚，而內地工業基礎薄弱，最終導致區域差距較大，這與社會主義共同富裕、消滅地區差別的目標不相符。為了改變這種局面，自中華人民共和國成立以來，中國加大了對內地的投資。中國實行高度計劃經濟、中央集權，也有這種調集全國資源發展內地的能力。所以，中華人民共和國成立之初的經濟恢復建設時期（1949—1952年），國家要求改變工業過分集中在沿海地區的不合理現象，將一部分工業遷移到接近原料、市場的地區。

在「一五」建設時期（1953—1957年），國家就開始大規模建設內地[①]，在內地大力佈局新企業。該期間，中國開始了在蘇聯援助下進行的156項工業基本建設和國內694項限額以上的重點工程建設。在156項工業項目中，實際投資的有150項，投資10項以上的省有陝西、遼寧、黑龍江、山西、河南和吉林，除了遼寧外，其餘省級行政區均位於內陸地區。沿海共占32項，而內地118項。而一項都沒有的省級行政區有上海、江蘇、浙江、福建、山東、天津、廣東、廣西、貴州、寧夏、

---

① 從「一五」時期開始，沿海和內地指地域範圍，沿海包括遼寧、河北、北京、天津、山東、江蘇、上海、浙江、福建、廣東、廣西，其餘省區屬於內地。

西藏等 12 個省級行政區，其中一類是發展條件太差的邊遠地區，另一類是沿海經濟基礎和工業建設條件最好的地區。在限額以上 694 個項目中，內地占 472 項，占總項目數的 68%。

1965 年開始的三線建設投資重點為四川、湖北、陝西、貴州等省，主要建設了鋼鐵、機械、軍工等產業。其中，主要建設的工業中心有重慶、成都、攀枝花、鄂西、漢中、貴陽、酒泉等，並且修建了一批鐵路幹線，通向各重點建設的工業基地。1972 年後，中國與美國關係緩和，引進了一些項目，對沿海的投資有一定增加。

總的來說，中國在改革開放前傾向發展內地。表 9-2 為中國從「一五」到「四五」時期的基本建設投資大區域分配表。雖然沿海地區工業基礎雄厚，中華人民共和國成立初期工業比重占全國 3/4 以上，但從 1952—1975 年，沿海地區僅 40%，而原來經濟基礎薄弱的內地，占全國投資的 55%，超過沿海地區。其中，三線地區又是內地的投資重點，占全國基本建設投資的 40%，與沿海相當。

表 9-2　　1952—1975 年全國基本建設投資在大區域間的分配表

| | 沿海（%） | 內地（%） | |
|---|---|---|---|
| | | 總計 | 其中三線地區 |
| 「一五」時期 | 41.8 | 47.8 | 30.6 |
| 「二五」時期 | 42.3 | 53.9 | 36.9 |
| 調整時期 | 39.4 | 58.0 | 38.2 |
| 「三五」時期 | 30.9 | 66.8 | 52.7 |
| 「四五」時期 | 39.4 | 53.5 | 41.1 |
| 總時間（1952—1975 年） | 40.0 | 55.0 | 40.0 |

註：沿海、內地的數據總計不等於 100.0，因為統一購置的運輸工具等部分地區的投資未劃入地區內。
資料來源：陸大道，等．中國工業佈局的理論與實踐 [M]．北京：科學出版社，1990．

另外，國家在原來經濟基礎較差西南和西北地區，更是傾力投資，投資比重不斷上升。從「一五」時期到「三五」時期，兩區域基本建設投資比重從 16.9% 上升到 35.1%。而同期，全國工業中心——上海，投資僅占全國的 3.6%。

通過大力發展內地，內地經濟實力大幅度增強，初步改變了工業落後的局面，一大批工業基地得以建立，產業部門多樣，形成了獨立完整的工業體系，經濟自我發展能力大幅度增強。

（2）建立協作區，產業佈局均衡。

中國在 1958 年就做出了關於加強協作區工作的決定，將全國劃分為東北、華北、華南、華中、華東、西南和西北七大協作區，要求各區域盡快建立大型的工業骨幹和經濟中心，建成具有獨立完整的工業體系的經濟區域，並進一步提出，有條件的省也要建立比較獨立的完整的工業體系。在三線建設時期，國家進一步強調建立獨立完整工業體系的戰略思想。1970 年，國家又進一步提出要建立不同水準、各

有特點、各自為戰、大力協同的經濟協作區。

在建立大協作區和要求各區建立獨立完整工業體系的思路指導下，中國的工業佈局特別是重大工業項目的佈局，要做到區域平衡，即各產業重點工業項目，要盡力做到各區均能佈局。在 1970 年，中國提出東北、華北、華東、中南和西南經濟協作區的鋼鐵生產能力將達到 600 萬噸以上，各省、自治區也要建設一批中小鋼鐵企業。

實際上，中國重點工業在全國均衡分佈。中國原來鋼鐵工業主要分佈於東北地區，中華人民共和國成立後，在加強東北地區鞍山—本溪鋼鐵基地建設的同時，在華北建設了以首鋼、太原鋼鐵、包鋼為中心的鋼鐵基地，在華東建設了以上海和馬鞍山為中心的鋼鐵基地，在中南區建設了以武鋼為中心的鋼鐵基地，在西南建設了以攀鋼和重鋼為中心的鋼鐵基地，在西北建設了以酒泉為中心的鋼鐵基地，使全國各大區均建設了鋼鐵基地。中國的汽車工業也廣泛分佈於全國，如第一汽車製造廠位於東北的長春，第二汽車製造廠位於中南地區的十堰，同時，中國在華北的北京、華東的上海、西南地區的重慶均建設了國家重點汽車工業基地。中國的石油化工也均衡分佈在全國，東北的大慶、華北的北京、華東的上海和南京、華南的茂名、西北地區的蘭州均是各大區域重要的石油冶煉中心。產業均衡佈局與區域均衡發展戰略相呼應，二者相互強化。

2. 重視工業特別是重工業的發展

在改革開放前，中國工業基礎薄弱，為了盡快發展經濟，趕超世界先進水準，著力發展工業特別是重工業成為中國經濟發展的首要任務。交通等基礎設施的建設一般都是圍繞工業佈局進行的，而中國當時是在一些大工業基地、工業城市需要基礎設施的配套時，才會建設相應配套的基礎設施。由於對基礎設施投資不足，中國的基礎設施對經濟發展的制約越來越大。

該期間，中國不重視第三產業的發展，第三產業也嚴重滯後。由於實行計劃經濟，許多物資通過國家和企業調配，許多應直接分配給居民的產品也通過企業分配來實現；加之，國家取消個體經濟，控制商品買賣，導致第三產業日益落後，以商業為代表的第三產業，在國民經濟中的比重日益下降。第三產業占 GDP 比重從 1952 年的 28.6% 下降到 1978 年的 23.7%。1979 年，進一步下降到 21.4%。第三產業不發達，成為中國經濟發展的阻礙。同時，國家採取第一產業支持第二產業的發展政策，實行工農業產品「剪刀差」，使得農民的收益嚴重受損，農業發展動力不足，最終導致農業的發展滯後於工業的發展。

中國對工業部門的發展也與傳統工業化道路不同。傳統工業化道路，一般優先發展紡織等輕工業，然後才逐步過渡到重工業。但中國的工業化是優先重點發展重工業，如鋼鐵、能源、機械、軍工、化學等工業，這雖然使中國打破了國際工業產品的封鎖，建立了獨立完整的重工業體系，但是卻使得中國一、二、三產業結構不合理，尤其是第二產業內部之間也存在不合理現象。重工業需要的資金較多，技術

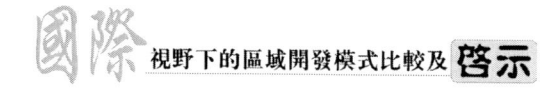

要求也較高。重工業優先的工業化道路，雖然延緩了中國工業化的速度，使得輕工業發展不足，人民生活水準較低，但是為中國改革開放後經濟的高速發展奠定了基礎。

可見，中國在改革開放前，產業發展是極為不協調的，部分產業的瓶頸較為明顯。所以中國多次進行了產業調整，第一次是1963—1965年，第二次是在改革開放初期。

3. 工業佈局考慮接近原料和市場地

在中華人民共和國成立初期，中國工業高度集中在沿海地區，而沿海工業發展的原料一些來自內地，一些來自國外，而大量產品又向內地銷售，形成了不合理的運輸和工業佈局。在中國實行計劃經濟後，向蘇聯學習工業佈局思路：企業佈局充分考慮接近原料地和市場地，這樣工業企業就可以就近利用工業原料、就近生產、就近銷售，形成完整的產業鏈，既節約了大量的運輸費用和勞動成本，也便於調配原材料和產品。以紡織工業為例，紡織工業是中國當時最強的工業部門。1949年，中國紡織工業產值占全部工業總產值的45.7%，而紡織工業高度集中於沿海的上海、天津、青島等城市。當時，中國紡織工業的原料來自內地及海外，而內地產棉花的產區沒有紡織工業。所以在「一五」時期，中國在內地棉花產地建設了一些新的棉紡織工業城市，如北京、石家莊、邯鄲、鄭州、西安、武漢、咸陽等多個新紡織工業基地。中國還在新疆、內蒙古、青海、甘肅、西藏等產毛區建設了一批毛紡工業中心。同時，在20世紀70年代，為滿足市場需求，中國還在棉花產量較小、而市場需求量大的地區建設了合成纖維工業基地，其中，海金山、遼寧遼陽、四川長壽和天津最為著名[1]。通過工業企業向原料與市場地靠近，中國逐步形成了工業向原料地和市場地逐步集中的格局。

4. 國家主導區域開發

中國實行高度的計劃經濟，國家實行統收統支，國家財政高度集中。在這種背景下，地方缺乏財力進行地區建設。同時，管理以部門管理為主，實行全國「一盤棋」，地方政府缺乏自主權，近乎成為上級政府的派出機構，地方發展好壞與地方政府管理能力無關。地方政府對地方經濟的自主發展能力非常有限，其大部分工作是配合中央進行大的企業、工程建設，同時，代中央政府管理區域內的企業，支持中央企業的發展。由於企業的原材料和產品必須要通過國家計劃才能獲得和銷售，因此，地方政府對企業的建設實際也受中央的影響。

由於中央掌握財政，大的投資項目只能由中央政府給出，而這些大的投資企業投資到哪裡，對那裡的工業結構乃至經濟發展起到決定性的影響。這些大工業項目的決定，主要由中央根據全國通盤考慮，從宏觀到中觀，再到微觀，考慮企業的佈局地點。

---

[1] 程潞. 中國經濟地理[M]. 上海：華東師範大學出版社，1993：142-152.

對地方來說，由於財力有限，對區域進行發展的能力也有限。地方政府對區域也有一定的投資能力，但投資的企業主要是中小企業，其中省級政府投資的省屬企業相對較大，而縣級政府投資的縣屬企業規模較小，一般不能給一個地區經濟發展帶來根本性的變化。在此期間，中國的國企等大型企業所占比重較大。

（三）區域開發模式的特點

在該期間，中國進行了大規模的地區開發，地區開發以新區開發為主，主要有以下幾方面的特點。

1. 區域開發以工業開發為主

以工業開發為主的新區主要集中在資源豐富、工業基礎薄弱、消費需求旺盛的地區。具體而言，一是在一些資源富集地區開發資源，建立資源型城市，如石油城——大慶、克拉瑪依、東營等，煤城——大同、陽泉、雞西、鶴崗、六盤水、平頂山等，鋼城——包頭、馬鞍山、攀枝花、酒泉等。這些城市原來是一片農村甚至是荒無人煙的地方，或者是經濟基礎十分薄弱的，通過國家大型資源開發項目的建設，產生了大量工業崗位，於是大量人口從外地有組織地遷入，增加了這些地區的經濟發展活力，形成了新城市。二是在原來工業基礎薄弱的地區建設以加工業為主的城市。在這類城市在形成之前，是沒有城市或城市很小，通過大型企業的建設，或各級政府投資多個加工企業組合成工業區，帶動區域形成新城市，如黑龍江的富拉爾基，四川的萬源、華鎣、綿陽，陝西的漢中、安康，湖北的十堰等城市。這些城市多數為三線建設形成的新城市，湖北的十堰是由於中國第二汽車製造廠的投資建設，形成的新城市。三是在一些原來以消費為主或工業薄弱的城市發展以加工業為主的工業，變消費城市為工業城市。這類城市原來有一定的規模，且周圍人口較多、較為稠密，農業物產豐富，但工業基礎十分薄弱，或者沒有工業。中華人民共和國成立後，對這些地區大力投資，發展加工工業，將這些城市變為了工業城市，這類城市主要分佈在內地，如成都、西安、邯鄲、蘭州、昆明、貴陽等。通過以工業為主的開發，中國的城市數量增加，城市規模變大，奠定了區域開發的基礎。

2. 區域開發一般以大型工業項目為中心

該時期，中國的區域開發主要由國家推動，而國家對區域的開發也主要以工業項目為主。國家投資建設的工業項目一般比較大，特別是一些新城市。這些工業項目，一般需要職工數千甚至上萬，加上相關產業同樣需要大量從業人員和職工家屬，這樣大型的工業產業鏈及大量人口就可以形成一個城市。在此期間，中國許多城市就是由一個大工業項目發展起來的，如攀枝花主要是攀鋼的建設，大慶市主要是大慶油田的開發。

3. 區域開發以重工業為主

該時期，由於中國經濟基礎薄弱、技術水準較低、基礎設施不完善，因此，區域開發主要集中在資源豐富的地區，以充分利用原產料地的資源，降低運輸成本。或者，在有工業基礎的地方，如東三省由於外國資本、技術的進入，工業基礎相對

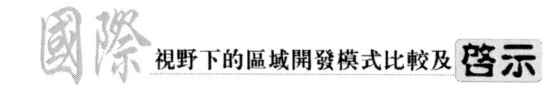

於內地水準較高，於是重點發展重工業。以重工業開發為主的區域，成了引領經濟發展的重點區域，也形成了以重工業為主的產業發展體系。

4. 區域開發集中在國家政策支持的地區

該時期，地區缺乏自主建設的權力和財力，所以地區不可能主要通過自己力量使經濟起飛。當時，經濟得到快速發展的大部分地區，都是得到國家重點投資或有重點項目建設的地區。一般來說，地區得到的國家投資越多，其經濟發展越快；反之，經濟發展緩慢甚至停滯。

5. 部分大中城市建設了工業區

中國在一些擁有較多企業的大中城市建設了工業區。這類工業區主要有三種類型：一是專業化工業區，主要是在工業區內投資多個生產相同或相似工業產品的工業區，但由於各企業屬於不同級別的行政區，或屬於不同部門，企業之間聯繫較少。如淄博市南定建設的鋁工業區，以山東鋁廠為核心，建有淄博鋁廠（小型市屬的電解鋁和鋁加工廠）等多個工廠，由於「條條塊塊」的分割，有些工廠之間沒有實際的功能聯繫[1]。二是由相互關聯的產業構成的工業區，如將紡織工業的紡紗、織布、印染等企業成組佈局在一起，許多城市的紡織工業區均有這樣的組合佈局。遼寧形成了採礦工業、鋼鐵工業、大型機械設備和採礦機械設備成組佈局的工業鏈。三是將多個類型、部門的工業佈局在一起，形成綜合性工業區，部門之間聯繫較少甚至沒有聯繫，工業企業主要共同利用基礎設施，如成都東郊，曾經集中了電子、鋼鐵、紡織、機械、軍工、食品等多種類型工業。該時期的工業區企業一般規模較大，以大型企業為主，而中小企業偏少。

6. 區域開發以增長極佈局為主

該時期，中國經濟不發達，地區開發主要以投資工業項目的城市為中心，實行增長極式的區域開發模式，以增長極的發展帶動周邊腹地的發展，形成產業鏈、投資鏈、服務鏈、人才鏈於一體的區域發展格局，構築資本窪地和人才高地，實現資、智的協同發展。但是，由於大部分地區增長極數量少，增長極發展不完善，集聚效應明顯，擴散和輻射效應較小，致使城市與農村缺乏關聯，城市產業對農村地區的帶動力有限，形成了典型的城鄉二元結構，即城市和鄉村的居民在收入水準、生活水準、公共服務水準等方面具有較大的差距。

## 二、1978—1992 年中國宏觀區域開發模式

（一）區域開發背景

1. 中國實行改革開放

1978 年，中國召開黨的十一屆三中全會，實行改革開放。1979 年，中央確定了

---

[1] 王緝慈，等. 創新的空間：企業集群與區域發展 [M]. 北京：北京大學出版社，2001：6.

在廣東、福建兩省開展「特殊政策、靈活措施」的對外經濟活動。自此，中國開始進入改革開放時期。

在此期間，中國實行「對內搞活」經濟政策，進行改革。主要進行了農村包產到戶改革，變農村人民公社為鄉鎮等改革。農村改革取得了巨大成功，短短幾年間，中國農村糧食實現自給有餘。同時，在城市也進行了大量的改革，如部分企業實行承包制等方式搞活企業。雖然計劃經濟仍然占主體，但大量企業實行雙軌制生產，企業生產既要完成計劃，又要滿足市場。但大量的外來企業和鄉鎮企業的興起，使計劃經濟的比重日益下降。為了提高企業職工生產積極性，打破大鍋飯的限制，中國開始實行以物質獎勵為重點的激勵機制。在此期間，中國還進行了行政體制改革等一系列改革，不斷摸索改革經驗，使改革逐步走向成熟。

中國對外開放在一步步地推進。1980年，中央在廣東、福建設立深圳、珠海、廈門、汕頭4個經濟特區。1984年，中央進一步開放沿海14個港口城市，分別為大連、秦皇島、天津、菸臺、青島、連雲港、南通、上海、寧波、溫州、福州、廣州、湛江、北海。1985年和1987年，中央又先後將珠江三角洲、長江三角洲、閩南漳（州）泉（州）廈（門）三角地區，山東半島、遼東半島列為沿海經濟開放地區。1988年，海南省也被列為開放地區。至此，中國的開放地區範圍日益擴大，初步形成以沿海為重點的開放體系。

沿海開放地區的主要任務是大力開展國際經濟技術交流、引進國外先進技術、改造傳統產業、發展新興產業。為了吸引外資、技術和國際化人才，國家給予經濟特區和開放區較多的優惠政策。在這一思路的引導下，中國從外國引進了大量的外資、技術、企業和人才。大量外資通過中外合資、中外合作經營和外商獨資等形式進入中國，珠三角成為引進外來企業最多的地區。其他城市，也進行了大規模的技術引進。

2. 中國實行計劃商品經濟體制

該時期，中國逐漸改變計劃經濟體制，實行計劃商品經濟體制。該體制既有計劃的成分，同時，又注入了市場的成分。發展商品經濟是計劃與市場調節相結合的計劃管理體制，是一種以計劃為主的雙軌經濟體制。

在該體制下，打破了經濟的中央集權管理，中央權力下放，而地方政府的權限擴大，加之地方經濟實力增強，地方有能力進行本區域的經濟發展計劃與規劃。同時企業的自主權也得到擴大，這種權力包括企業對職工的激勵、企業投資、企業利潤的使用，企業逐步成為市場的主體。

3. 中國經濟仍然不發達，與世界差距擴大

雖然在中華人民共和國成立後進行了近30年的建設，但中國的經濟發展水準仍然較低。1978年，全國GDP為3,624.1億元，人均僅379元，按照當時人民幣兌換美元比價，約290美元，仍然為世界欠發達國家。而中國的一、二、三產業比重分別為28.1%、48.2%和23.7%，特別是1982年，一、二、三產業比重分別為

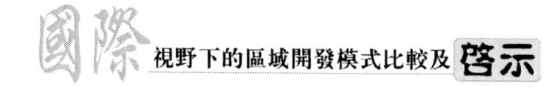

33.3%、45.0%和21.7%，形成典型的二、一、三結構，第二產業結構較高，第三產業比重較低，屬於較低層次的產業結構類型。1978年，第一產業人數就業達到2.83億人，占全部就業人員的70.5%。也就是說，絕大部分人口仍然從事落後的農業生產。1978年，糧食產量3.05億噸，棉花產量216萬噸，油料產量521.8萬噸，布產量110.3億米，原煤產量6.18億噸，原油產量1.04億噸，發電2,566億千瓦時，鋼3,178萬噸。這些產品產量總量是大，但人均偏少。而新型的家電產品，如電冰箱、空調、洗衣機等生產更少，許多工業品，不及現在多數省的產量。[1]

4. 地區經濟實力增強，中央對地方放權

中華人民共和國成立後經過近30年的建設，改變了國家「一窮二白」的面貌，各省、多數地級行政區都建立了一定的工業基礎，特別是一些省會城市、大中城市，經濟基礎還較強，有較多的企業。同時，國家打破高度集中的管理體制，理順中央和地方的職能關係，下放權力，將以中央為主的管理轉變為以區域為主的管理，地方政府成為區域管理的主導力量。一些項目特別是工業審批權下放到地方，使地方能夠自主發展一些工業。同時，中央實行稅收與財政改革，一些省獲得了一定的財政支配權力，除了上繳部分，剩下的就留在地方，供地方自主投資建設。由於地方有權、有財力，地方政府的投資建設積極性大大增加，且有能力和實力參與地區經濟發展。同時，由於上級對地方的考核偏重經濟考核，使地方政府參與地區經濟發展的積極性大幅度提高，並且地方政府成為區域發展的主導力量，由此使地區競爭激烈。

5. 國際關係緩和

該時期，中國實行睦鄰友好政策，積極發展與世界各國、特別是與周邊國家的關係，改善中國的國際環境。中國與當時的超級大國美國、蘇聯均改善了關係，與歐洲發達國家關係和睦。良好的國際關係，為中國實行開放政策和大力發展經濟打下了堅實的基礎。

6. 國際產業轉移

二戰後，國際和平發展，經濟發展迅速。發達國家產業不斷升級，在20世紀50年代，日本得到歐美發達國家的產業轉移，發展傳統產業，使日本經濟起飛，日本經濟迅速發展起來，成本上升。隨後「亞洲四小龍」承接發達國家和日本的傳統產業，在20世紀60年代和70年代，「亞洲四小龍」經濟迅速發展起來，伴隨著經濟的發展，生產成本也上升，其傳統產業也急需轉移，需要找到勞動成本低的投資地點。中國改革開放就是在這種背景下進行的，發達國家和亞洲新興工業化國家和地區的產業轉移為中國改革開放後經濟快速發展創造了良好條件。

(二) 該時期中國宏觀區域發展模式及其特點

1. 中國實行向沿海傾斜的非均衡發展戰略

由於中國經濟發展水準較低，雖然經歷了近30年的發展，經濟仍然不發達，於

---

[1] 孫超英，等. 各國（地區）區域開發模式比較研究 [M]. 成都：四川大學出版社，2010：174-176.

是中央重新審視了以前的均衡發展戰略。因為整體經濟不發達，所以中國國力的提升應作為國家區域開發的首要目標，而優先發展原有基礎較好的地區是迅速提升國力的最佳手段。中國沿海經濟基礎較好，工業與基礎設施都比內地好，又臨海，便於參與國際經濟交流、承接國際的產業轉移，所以，1978 年後中國經濟發展方向又逐步向沿海傾斜，沿海自然成為中國經濟發展的重點地區。

國家重點發展沿海，採用多種措施：一是在沿海設立經濟特區，開放港口城市和開放地區等。二是在財政等政策方面給予沿海較多優惠。廣東、福建及深圳的財政大包干，使地區財力成倍增加，出現了「財力增長—地區發展—財力更大增長—地區更大發展」的局面；中國對經濟特區、經濟技術開發區、沿海港口開放城市、沿海經濟技術開發區、上海浦東、高新技術產業開發區、保稅區等均有不同程度的稅收傾斜政策[1]，這些政策有力地支持了沿海地區的發展和對外開放。三是完善沿海基礎設施，如大力建設沿海港口，提升沿海港口的貨物吞吐能力；建設從內地能源、原材料基地通向沿海的鐵路，如建設大（同）秦（皇島）鐵路；在沿海大力建設火電站，滿足沿海經濟發展對能源的需求。四是在沿海布置大型工業項目，如寶鋼等。五是圍繞沿海發展，在內地大力建設能源、原材料基地，同時建設從這些基地通向沿海港口的鐵路，支持沿海的經濟發展。因為沿海成為重點發展對象，所以沿海得到優先發展。

1984 年，中國重新對沿海城市內地進行了劃分，將臨海的省、自治區、直轄市劃為沿海地區，包括遼寧、河北、天津、山東、江蘇、上海、浙江、福建、廣東、廣西，另外北京市也劃為了沿海地區，1988 年，海南省從廣東省分出，因此現在中國沿海地區（也稱為東部地區）有 12 個省級行政區。而原來的內地，又進一步劃分為中部和西部，其中中部地區包括黑龍江、吉林、內蒙古、山西、河南、湖北、湖南、安徽、江西 9 個省、自治區；西部地區包括四川、貴州、雲南、西藏、陝西、甘肅、青海、寧夏、新疆 9 個省、自治區。沿海地區主要發展外向型經濟；中部地區主要發展能源、冶金及部分農業；西部地區主要發展原材料產業，同時國家對西部有條件的地區進行重點開發。

2. 輕工業發展受到重視

改革開放前，中國重視重工業發展，使輕工業發展滯後，人民生活水準提高緩慢。改革開放後，中國以滿足人們生活、生產需要作為發展目標，於是輕工業發展受到重視，從而得到較快發展。一方面，各地引進大量家電生產線；另一方面，通過引進外來企業等形式引進大量輕工業生產企業。中國該時期鄉鎮企業得到迅猛發展，而鄉鎮企業主要發展的就是輕工業。通過大力發展輕工業，中國輕工業取得了迅猛發展。1992 年，中國啤酒產量達到 1,021 萬噸、家用電冰箱產量達到 585.8 萬臺、房間空氣調節器達到 158.0 萬臺、家用洗衣機達到 707.9 萬臺，分別為 1978 年

---

[1] 李泊溪. 地區政策與協調發展 [M]. 北京：中國財政經濟出版社，1995：42-49.

相同產品產量的 25.5 倍、172.5 倍、17,695 倍和 3,508 倍。輕工業的巨大發展，使其成為中國該時期宏觀區域開發的帶頭產業，並且基本滿足了人民的生活需要。

3. 以點-軸開發構築中國宏觀區域發展系統

中國原來重視接近資源產地，忽視了對水運條件較好的沿海和長江地區的利用，也忽視了對其他條件較好的交通沿線地區的利用。在此期間，中國逐步實行點-軸開發模式，在全國構築點-軸系統。1984 年，中國科學院研究員陸大道提出中國國土開發和區域開發的「T」字形結構，即由沿海和長江構成中國兩條發展軸線，二軸交匯於長江三角洲。國家計劃委員會 1990 年編製的《全國國土總體規劃綱要（草案）》中提到，到 2000 年，中國生產力佈局以沿海、沿長江、沿黃河為主軸線，結合隴海、蘭新、京廣、浙贛—湘黔、太焦—焦柳、哈大、南昆鐵路沿線地區等二級軸線，構成中國國土開發和建設總體佈局的基本框架，加快開發佈局軸線的建設[①]。點-軸系統的構建，改變了中國過去以資源導向、工業向資源區集聚的佈局模式，集中發展交通、基礎設施、經濟基礎較好的城市和交通沿線地區，推進工業和經濟向這些地區集聚，以這些地區的優先發展帶動全國其他地區的發展。

（三）地區開發模式的特點

1. 地區發展模式多樣化，地方政府成為地區經濟發展主導力量

由於實行改革開放，對內搞活經濟，中央權力下放，地方自主權得以提高。為了搞活經濟，有的地方又進一步將權力下放。各地方在發展地區經濟過程中，結合地區特色，摸索出各種各具特色的發展模式，如形成以地方政府推動、發展鄉鎮企業為特點的蘇南模式，以民營經濟為主的溫州模式，以外來投資、發展外向型經濟為主的珠江模式。

2. 鄉鎮企業和農村工業化成為中國地區經濟發展重要力量

該時期，中國在農村率先改革，農村改革的成功，使中國農村產生大量剩餘產品和剩餘勞動力，農村市場也隨之擴大。為了充分利用農業資源和農村剩餘勞動力，滿足農村需求，在中國計劃經濟之外，中國農村產生了鄉鎮企業。農村工業化填補了中國工業化過程中，中小企業、輕工業發展不足的空白，也改變了中國國家工業化過程中，城鄉對立、城鄉二元的格局。鄉鎮企業的發展是該時期國家和區域發展的重要推動力。1978 年，中國農村工業占全國工業總產值的比重為 8.7%，而 1987年，上升到 26%，吸納就業人數 8,000 多萬人。

3. 外來投資成為部分地區經濟發展根本的動力

改革開放後，中國大力引進外來資金。1979—1984 年，中國合同利用外資總額 281.3 億美元，其中對外借款 169.9 億美元，外商直接投資 97.5 億美元，外商其他投資 14.0 億元美元。該時期，實際利用外資 181.8 億美元，其中實際外商直接投資 41.0 億美元。1990 年，中國合同利用外資 120.9 億美元，其中合同外商直接投資

---

① 陸大道. 區域發展及其空間結構 [M]. 北京：科學出版社，1995：161-163.

66.0億美元；實際利用外資102.9億美元，實際外商直接投資34.9億美元。利用外資，特別是外商直接投資，提高了中國工業生產技術，改變了中國經濟結構，推動了中國地區經濟的發展。

4. 新城市主要產生於經濟基礎較好的地區

該時期，國家對資源開發力度減弱，所以，通過國家投資形成的新城市相對較少。而許多地區，由於自主權擴大，各地採用不同模式發展經濟。原有經濟基礎較好的地區，農業相對發達，鄉鎮企業或外來企業較多，有能力組織城市建設，中國的新城市主要集中在這些地區。中國新城市增加較多的地區主要是長三角地區、珠三角地區、山東半島等地。該時期，中國新城市建設也主要是地方政府發展的結果，而不是像計劃經濟時期是中央大項目投資的結果。

## 三、1992年至今中國宏觀區域開發模式

（一）區域開發背景

1. 中國實行社會主義市場經濟體制

1992年，中國實行了社會主義市場經濟體制。市場經濟體制要求以市場為主體配置資源；除了少數產業、企業外，絕大部分產業、企業的發展，各級政府應放棄指令性計劃；政府應放棄對企業高度集中管理，將所有企業推向市場，讓企業在市場中去找原材料、找市場等。市場經濟要求，打破以前形成的企業行政級別體制，所有企業以平等的身分在市場中公平交易。

為了加快企業進入市場的步伐，中國開始了對國有企業、集體企業的改制改革，讓這些企業建立現代企業制度。大型國有企業實行了股份制改造，由國家獨資變為國家控股；而許多縣屬企業、集體企業實行了民營化、股份制改造，完全將企業推向市場。為了振興國有企業，中央對國有企業實行了「減員增效」政策，提高了許多企業的效益和競爭力，重振了國有企業的雄風。

2. 中國的經濟實力進一步增強

通過前一階段的發展，中國的綜合實力又進一步提高。1992年，中國的GDP已經達到2.67萬億元，按當年人民幣與美元比價，約為4,855億美元，人均416美元，初步擺脫貧困國家行列。而一些地區的經濟實力也大增，廣東省的地區生產總值達到2,293億元，而山東、江蘇國民生產總值（GNP）也接近2,000億元。許多城市地區生產總值超過100億元。2015年，中國GDP總額高達676,708億美元，成為世界第二大經濟體。全國城鎮居民人均收入水準為8,572元，其中上海城鎮居民收入水準為14,153元，城鎮居民收入水準最低的省份青海為6,212.87元，遠高於1992年的水準。國家經濟實力的增強，使國家有能力重視落後地區的發展，開始實行一系列促進落後地區發展的政策。而地區的經濟實力增強，使地區政府有力量去組織本區域開發，特別是經濟發達地區，通過自主力量，完全能夠實現地區較快發展。

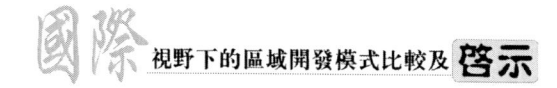

### 3. 區域發展差距變大

通過前一階段中國傾斜沿海的發展，中國東西差異變大，這種差距在20世紀90年代更加明顯。1979—1991年，中國GNP增長最快的六個省級行政區，有5個分佈於沿海[①]。1980—1992年，東、中、西GNP年均增長速度分別為10.78%、9.01%和9.46%。1992年，中國人均地區生產總值居於前10名的省，東、中、西分別為8個、1個、1個。人均GNP高於全國平均水準的有12個省級行政區，其中有10個在東部（除東部的河北、廣西），中西部地區增長差距明顯。1978年東、中、西人均國民收入比值為1.0∶0.6∶0.56，而1992年，東、中、西人均國民生產總值分別為2,812元、1,601元、1,391元，東、中、西比值分別為1.0∶0.57∶0.47。東、中、西人均國民收入分別為2,322元、1,338元和1,158元，比值為1.0∶0.58∶0.50[②]。從上面的分析看出，中國東西差異不僅大（東部地區人均GNP超過西部2倍），而且這種差異還在日益擴大。區域差異的這種特點，已經嚴重制約了中國區域經濟的發展。

### 4. 中國加入WTO

中國從20世紀80年代就謀求加入世貿組織（WTO），經過10多年的艱苦談判，中國於2001年正式加入世界貿易組織。加入世界貿易組織，不僅使中國國門大開，同時，中國也打開了外國的貿易大門，廣泛享受各國的最惠國待遇。加入WTO，加速了中國政府服務的改革，逐步與國際接軌。同時，加速了中國經濟的國際化步伐，中國經濟逐步與世界融為一體。經濟的國際化，為中國的區域開發創造了良好條件。

### 5. 中國積極融入世界國際舞臺

隨著中國經濟、科技、文化、軍事等實力的增強，中國的國際地位不斷提升，中國在和平發展理念的指導下，堅持與鄰和睦，積極參與國際事務的治理，承擔國際責任。例如，為促進中亞和南亞地區的發展和基礎設施建設，增強亞洲與世界各國各地區的聯繫，中國積極倡導建立「一帶一路」，使沿線國家共享中國經濟發展的紅利，促進沿線各國的互聯互通，打造各國高端合作交流平臺，實行跨區域的戰略合作和政策對接，促進各國協同發展。「一帶一路」建設不是中國的獨奏曲，而是世界的大合唱。共建「一帶一路」旨在促進經濟要素有序自由流動、資源高效配置和市場深度融合，推動沿線各國實現經濟政策協調，開展更大範圍、更高水準、更深層次的區域合作，共同打造開放、包容、均衡、普惠的區域經濟合作架構。據測算，2010—2020年，亞洲發展中國家基礎設施投資總需求高達8萬億美元，年均投資約需7,000多億美元，而現有的多邊開發銀行在亞洲基礎設施領域的年度投資

---

[①] 1979—1991年，中國國民生產總值增長最快的六個省級行政區為廣東（12.6%）、浙江（12.0%）、福建（10.9%）、新疆（10.8%）、江蘇（10.1%）、山東（10.1%）。

[②] 國家計委國土開發與地區經濟研究所.中國地區經濟協調發展研究［M］.北京：改革出版社，1996：87-94.

規模僅為 100 億~200 億美元。在這種情況下，通過設立亞投行，動員更多資金支持域內基礎設施建設和互聯互通，將為亞洲經濟增長注入強勁動力，也有利於形成周邊國家與中國經濟的良性互動。

(二) 中國宏觀區域開發模式的特點

1. 中國宏觀區域開發實行協調發展戰略

中央十分重視中國日益擴大的區域差異問題。1992 年後，中國逐步提出「效益為主、兼顧公平」的區域開發原則。中國從向沿海傾斜轉變為沿海與內地協調發展的戰略，在這樣的思想指導下，中央相繼制定有利於內地發展的政策。為了擴大開放的範圍和層次，國家先後實行沿海開放、沿（長）江開放和內陸省會城市開放的政策。同時，國家在內地增加國家級高新區、國家級經濟技術開發區的數量。1999 年底，中國實行了西部大開發，支持西部建議基礎設施、改造生態環境、調整產業結構、實行對外開放、培養人才等，並給予資金和政策支持。2003 年，面對東北地區經濟發展緩慢、老工業基地日益衰退的情況，國家提出「東北振興戰略」，同時給予資金和政策支持。2004 年，為了加強中部地區發展，國家提出了「中部崛起戰略」。2005 年，中央在「十一五」規劃綱要建議中提出功能區的概念，並最終將其列入「十一五」規劃綱要。2010 年 12 月，國務院出拾《全國主體功能區規劃》。所謂「全國主體功能區」，是《國民經濟和社會發展第十一個五年規劃綱要》所確定的全國國土空間最新佈局辦法。

在新形勢下，為了深入推進西部大開發戰略，引領中國西部地區跨越式發展，提升大西南開放水準，促進西部與中部、東部的協調發展，提高西部地區的競爭力，增強國家綜合實力，2011 年 5 月國務院正式批覆《成渝經濟區區域規劃》，並提出要繼續推進改革開放，優化空間發展佈局，推動區域一體化發展，統籌城鄉改革，發展西南內陸開放型經濟，構建長江上游生態安全屏障。城鎮化作為推動區域協調發展的有力支撐，對促進區域協調發展不可或缺。2014 年國務院頒發了《國家新型城鎮化（2014-2020 年）》，希冀通過西部大開發和中部崛起戰略的深入推進，對東部沿海地區的產業進行轉移，在中西部資源環境承載能力較強的地區培育新的增長極，輻射帶動周邊城鎮化的發展，促使經濟增長和市場空間由東向西、由南向北梯次拓展，推進人口經濟佈局更加合理、區域發展更加協調。為推動「一帶一路」倡議和長江經濟帶戰略契合互動，加快東中西部地區協調發展，拓展全國經濟增長新空間，保障國土安全、優化國土佈局，2016 年 3 月國務院會議通過了《成渝城市群發展規劃》。至此，中國形成了面向不同區域的政策支持體系，區域協調發展逐步得到體現。

2. 重視點-軸-集聚區的發展

在此階段，中國仍然重視用點-軸模式進行宏觀國土開發，繼續進行前一時期規劃的發展軸線的發展。主要發展軸線包括沿海軸線、長江軸線、隴海—蘭新軸線。其他重要軸線還包括京廣線、哈大線、南昆線等。

同時，中國重視集聚區的開發，集聚區就是經濟、城市密集，區域內經濟城市之間經濟聯繫密切的地區。中國經濟實力最強的集聚區有長三角、珠三角和環渤海灣地區，其中環渤海灣經濟集聚區由京津唐、遼中南、山東半島三個經濟集聚區組成。中國內地一些省也積極建設經濟集聚區和城市群，包括河南省的中原地區、湖北省的武漢城市群、湖南省的湘中地區、陝西省的關中平原、四川的成都平原等。構築經濟集聚區和城市群成為中國宏觀區域開發的重要措施和手段。

在點−軸−集聚區發展思想的指導下，中國逐步形成網絡狀區域開發模式，構築了東中西部協調發展的格局。目前，中國已經形成了覆蓋上海、江蘇、浙江、安徽、江西、湖北、湖南、重慶、四川、雲南、貴州等11省市，面積約205萬平方千米，人口和生產總值均超過全國平均值的40％，橫跨中國東、中、西三大區域，涵蓋五大城市群和六個國家重點生態功能區的長江經濟帶，以及包括北京市、天津市和河北省的保定、唐山、石家莊、邯鄲、邢臺、衡水、滄州、秦皇島、廊坊、張家口、承德、安陽，涉及京津和河北地區12個地級市，區域面積約為21.6萬平方千米，人口總數約為1.1億人，外來人口1,750萬的京津冀協同發展區。

3. 產業協調發展

在市場經濟下，輕工業發展迅速，而重工業發展相對緩慢。為此，國家加大對重工業的投入，主要進行原材料、能源建設，使中國輕、重工業協調發展。

當前，經濟進入信息時代，高科技產業在經濟發展中的比重不斷提高。中國也不斷重視高科技產業發展。為了支持高科技產業發展，中國在全國建設了50多個高新技術產業開發區，在開發區內，高科技產業享受較多優惠政策。經過多年來的發展，中國高科技產業規模和技術水準已達到一定程度，許多高科技產品名列世界前列。中國也積極加強高新技術對傳統產業的改造，促進傳統產業轉型升級，使中國產業結構和技術水準大大提高。

目前，為增強自主創新能力、推進新型工業化、壯大現代服務業、促進農業現代化、優化產業佈局，中國正從科技創新、工業、農業、服務業、產業佈局等方面進行積極探索。在科技創新層面，中國正在積極引進國外資本、技術人才，打造集產業鏈、投資鏈、服務鏈、人才鏈於一體的高附加值產業集群。在工業層面，中國正在努力實現《中國製造2025》提出的九大產業發展任務，創建新興產業的核心競爭力，即提高國家製造業創新能力、推進信息化與工業化深度融合、強化工業基礎能力、加強品牌建設、全面推進綠色製造、推進重點領域突破發展、深入推進製造業結構調整、積極發展服務型和生產性服務業、提高國際化發展水準。在農業、農村方面，加強農村信息化建設，進行「寬帶鄉村」工程等，提升農村基礎設施水準；推進農村一、二、三產業融合發展，打造現代農業；完善農村現代化服務體系。在服務業方面，重點發展高技術服務業和科技服務業，如信息技術服務、研發設計服務等；優先發展生產性服務業，如現代物流、金融保險等；大力發展生活性服務業，如健康養老、休閒旅遊等。在產業優化佈局方面，以產業鏈為整體，加強上下

游產業鏈互動，推動產業協調發展；打造五大重點領域產業集群、培育十大新興產業集群，培育世界級產業集群。

4. 區域開發中重視生態環境保護

由於經濟的快速發展，環境與發展的矛盾日益突現，環境事故不斷發生。中國生態環境日益脆弱，不斷受到來自環境的報復。1992年和1998年，中國相繼發生全國性洪災，而20世紀90年代末期，華北地區開始出現沙塵暴，而且中國的環境污染也越來越嚴重，為此，國家極為重視生態環境建設與保護，提出了可持續發展戰略。近年來，中國又掀起了循環經濟浪潮，一些省開展了「生態省」建設和循環經濟實踐。國家花巨資進行了淮河、海河、遼河、太湖、巢湖、滇池的生態防污治理，西部大開發也將生態環境建設擺在重要位置。

為降低生態環境對部分地區經濟發展的約束，中國還積極實踐成本分享和利益補償機制的建設。如成渝經濟區涉及部分限制開發區或禁止開發區，如何保障地方經濟的發展，成渝兩地積極探索了成本分享和補償機制。在國家層面以法律形式對資源開發、經濟合作、生態建設等方面所涉及的主要問題提供政策指導，科學制定補償的界限、標準和方式。在合作方面，共同建立環境信息互通、應急聯動、聯合執法等合作機制，共同應對跨區域環境污染等突發事件。在生態保護層面，建立長江下游水電站對龍頭水電站的補償機制，探索建立下游地區對上游地區水環境保護的補償機制。建立森林生態效益補償機制，力爭將長江中上游地區納入森林生態補償範圍予以重點扶持。

(三) 地區開發模式的特點

1. 投資環境

由於政府退出競爭性領域的投資，地方政府基本上不再直接投資建設工業企業，而工業企業的投資主要通過區域內外民眾和企業進行。所以，地方政府要發展經濟，主要通過改善投資環境，降低投資和運行成本來激發本地民眾或企業新建企業、擴大投資，同時吸引外地企業在本地投資。改善投資環境不僅要改善區域總體硬件、軟件等投資環境，而且還要改善投資企業所在地的微觀投資環境。硬件環境包括地區的交通、水、電基礎設施等，而軟件環境包括政府服務、社會服務環境和政策環境等。許多地區實行了「一站式」「一條龍」服務。為了更好地改善企業所在地的投資環境，各地區紛紛建設工業園區，在園區率先完善投資環境。

2. 招商引資

招商引資是促進區域經濟高效發展的動力之一，是發展地區經濟的主要手段，是普惠四方的工程，它關係到區域的長遠發展，關係到人民群眾的根本福祉。為了更好吸引外地企業到本地投資，許多地方政府改變過去等資金、等項目的做法，主動到外地、甚至境外招商引資。同時，以政府統籌、部門協作、社會參與為基本途徑，使政府、社會、企業在招商引資的道路上同心、同向、同行。主動招商逐步成為各地區吸引投資的主要方式。隨著招商的深入，各地區對招商引資在政策、服務、

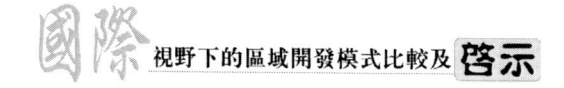

税收等方面的競爭也越來越激烈。

3. 產業集群

隨著市場經濟發展的深入，中國地區發展較好的是一些建立了產業集群的地區。一個企業要到一個地方投資，需要大量的產業配套，而在產業集群完善的地區，相關聯的企業高度集中於一定地域。一個企業在產業集群中，能夠很容易找到配套企業，所以，產業集群對專業企業的吸引極大，使產業集群發展迅速。在產業集群的輻射帶動下，地區經濟發展會較快。一些產業集群可以生產占全國乃至世界很大比例的產量，其發展也會影響全國乃至世界該產業的發展。中國浙江就是依靠產業集群，經濟得以迅速發展。浙江溫州的皮鞋、打火機、低壓電器、衣服等產業集群對中國相應產業的發展產生了巨大影響。目前，中國許多地方都在效仿發展產業集群。培育地區產業集群成為各地區發展的主要模式。

4. 工業園區

在計劃經濟時期，甚至在 20 世紀 80 年代，中國企業佈局比較分散。在城市的企業一般臨街建設，多數企業特別是中小企業與城市的商業、流通等用地混雜，農村的企業一般孤立在農村。由於企業是政府建設，許多企業臨街而建才能獲得良好的基礎設施供應，企業發展中出現的問題主要由各部門協調解決。但在市場經濟下，依靠工業園區來招商引資是產業集群發展的主要路徑。工業園區是發展工業企業的專門地區，在工業園區內，將道路修通、把土地平整、水電供應充足、建好廠房，甚至企業還能夠享受一些優惠政策。這樣，一個企業在工業園區就能夠最大限度地降低投資，而工業園區對企業的吸引力也大大提升。對政府來說，通過工業園區，能夠更好管理企業，集中治理污染，減少企業生產對環境的破壞。同時，大多數工業園區都設立在高校附近，吸引了大量的高水準的人才，實現了產、學、研一體化發展，促進了知識、技術成果迅速轉化為現實生產力。所以，工業園區成為中國市場經濟下企業佈局的主要模式。目前，中國各級工業園區有數千個。隨著工業園區服務的完善，工業園區對企業的吸引力也越來越大。

5. 區域和城市向特色化發展

在市場經濟下，各地方對區域發展的自主權進一步提高，因此各地區能夠根據本區域的區位優勢、地理環境、社會文化，自主選擇區域發展戰略和模式。各地區為了提高競爭力，紛紛培育地區的核心競爭力，而核心競爭力就來源於特色化發展，所以，許多地區都提出了本地差異化發展戰略，如上海提出建設國際航運、金融、商貿中心，北京突出建設中國的行政和文化中心，江蘇昆山著力打造臺商投資區，成都建設國家級中心城市。已找到方向的城市和區域，著力沿著方向發展；而沒有找到方向的城市和區域，也在努力尋找特色化的發展道路。特色化發展能夠突出城市和區域的功能，使城市和區域在中國乃至在世界上均能有一定的地位。[1]

---

[1] 孫超英，等. 各國（地區）區域開發模式比較研究 [M]. 成都：四川大學出版社，2010：180-183.

## 第二節　中國典型的區域開發模式

由於中國地域廣闊，各地自然、經濟、文化等發展條件差異巨大。在改革開放後，地方自主權大大增強，地方能夠根據本地特色制定適合本地的發展道路，市場經濟體制又為各地發展創造了有利條件。在這種背景下，各地區積極探索特色發展道路，逐步形成了各具特色的發展模式。在這些模式中，對全國影響較大的有蘇南模式、溫州模式、深圳模式等。

### 一、蘇南模式

（一）蘇南概況

1. 發展的基本概況

蘇南模式，通常是指蘇南地區通過發展鄉鎮企業實現非農化發展的模式。蘇南地區位於江蘇省南部，地域上包括蘇州、南京、無錫、常州、鎮江五市。在 2015 年全國的城市排名中，蘇州、南京、無錫分別位居全國第 7、11、14 位。從表 9-3 也可看出蘇南地區的經濟發展概況。總體來看，蘇南地區的經濟發展水準較高，增長動力較大。

表 9-3　　　　　　　　　2015 年蘇南五市的經濟發展概況

| 地區 | 常住人口（萬） | 地區生產總值（億元） | 人均地區生產總值（元） | 人均地區生產總值（美元） |
| --- | --- | --- | --- | --- |
| 蘇州 | 1,059.10 | 14,504.07 | 136,947.12 | 21,987.53 |
| 南京 | 821.61 | 9,720.77 | 118,313.68 | 18,995.84 |
| 無錫 | 650.01 | 8,518.61 | 131,048.14 | 21,040.42 |
| 常州 | 496.60 | 5,273.20 | 112,291.31 | 18,028.92 |
| 鎮江 | 317.14 | 3,502.48 | 110,439.55 | 17,731.61 |

數據來源：江蘇省統計局。

2. 發展的有利條件

（1）蘇南地區是中國工業文明最早的地區之一。

在古代，蘇南地區手工業發達，是中國絲綢重要生產地。自唐宋以來，蘇南地區與浙北地區一起，成為中國的經濟中心。在近代，蘇南地區就開始發展工業，是中國最早開始民族工業的地方，主要發展了絲綢、棉紡和食品等工業。中華人民共和國成立後，由於受到上海經濟的輻射，輕工業發展較快。

（2）自然條件優越，農業發達。

蘇南地區位於中亞熱帶，水熱條件較好。河網密布、湖泊眾多，北臨長江，南有太湖，內河航道密集。區域屬於長江三角洲，為長江衝積平原。在這樣的大環境下，區域農業發達，是中國農業生產條件最好的地區，在歷史上是中國的糧倉。

（3）地理位置優越。

蘇南地區位於中國兩個大城市上海與南京之間，北部有長江航道，可通 5 萬~10 萬噸巨輪。隋朝修建的京杭大運河經過本區三大城市，該運河直到現在也是中國的重要南北水運通道。滬寧鐵路經過本區三大城市，20 世紀 90 年代修建的滬寧高速公路也通過該區域三大城市。蘇南地區距離中國最大的上海虹橋和浦東機場較近。可見，該區域水、陸、空交通方便，為蘇南模式的形成創造了條件。

（4）區域緊鄰上海。

鴉片戰爭後，上海被設為通商口岸，上海逐步成為中國經濟中心、航運中心。上海是中國工業最發達、現代工業發展歷史最悠久的城市。歷來上海與蘇南的關係特別密切，原來上海人口不多，後來，上海增加的人口多數來自蘇南地區。上海與蘇南地區有很強的「血緣」關係。同時，由於蘇南地區緊鄰上海，使蘇南地區成為全國最容易得到上海經濟輻射的區域。

（二）蘇南模式的發展歷程與特點

1. 發展歷程

蘇南模式開始於改革開放後，其發展帶有明顯的階段性。

第一階段：20 世紀 50 年代末至 1978 年，為萌芽期。此階段人民公社成立，政府推動「大躍進」，國家支持各地發展「五小」工業，蘇南地區發展社隊企業，社隊企業就是後來的鄉鎮企業。

第二階段：1978—1988 年，蘇南模式成型時期。此階段主要由於鄉鎮企業的快速發展，蘇南地區農村工業化發展迅速，奠定了蘇南模式的基礎。

第三階段：1989—1995 年，蘇南模式調整和發展時期。在 1989—1991 年，由於前期發展累積一些問題，加之國家宏觀經濟調整，蘇南鄉鎮企業也實行調整。1992—1995 年，受國家宏觀經濟形式和市場經濟體制的影響，蘇南鄉鎮企業發展迅速，達到了巔峰。到 1993 年，蘇南地區鄉鎮企業已組建各種企業集團 240 多個，其總產值達 660 多億元，占蘇南地區鄉鎮企業總產值的 40%，出口超過 100 億元，占 35%[1]。

第四階段：1996 年以後，蘇南模式的調整與轉型時期。由於鄉鎮企業產權不清，受鄉鎮政府和縣政府的影響較大，體制障礙突現，蘇南各地不得不調整。蘇南地區受 2008 年金融危機影響較大，近年來，一直在進行產業結構的調整和轉型升級。如常州正在積極進行輕紡織業的轉型升級，著力打造「常州製造」。

---

[1] 朱文暉. 走向競和——珠三角與長三角經濟發展比較 [M]. 北京：清華大學出版社，2003：122-134，85.

第五階段，新蘇南模式。新蘇南模式是蘇南人民秉承所特有的創造性，對以前的蘇南模式進行調整、創新和提升，在建設全面小康社會的偉大實踐中，走出的一條經濟社會全面發展之路；是蘇南人民探索完善社會主義市場經濟體制，全面建設小康社會之路的創新實踐；是對原蘇南模式的創新和超越。它體現了發展模式在新的發展階段的創新。

2. 發展特點

蘇南模式是費孝通先生在 1983 年提出來的，主要指蘇南地區在地方政府、社區政府的推動下，以鄉鎮企業為主體的集體所有制企業帶動經濟發展的模式。蘇南模式的顯著特點就是通過鄉鎮企業實現農村工業化，推動區域經濟的發展。而蘇南地區的農村工業化有以下特點：

一是農村工業以鄉鎮和村辦集體所有制為主。由於工業化需要大量投資，單個農戶缺乏這些投資，而鄉鎮政府和村機構可以依靠累積農業或積聚農村資金發展工業。由於鄉鎮和村辦的企業大量興起，其企業主要為集體經濟，集體企業占的比重高。所以，蘇南地區開始的工業化是以農業為基礎、以農補工的方式得以實現的。由於在本鄉、本村辦企業，土地直接由鄉、村政府劃撥，減少了大量的土地投資。

二是鄉鎮企業就業人員來自本地農民。發展企業需要勞動力，蘇南地區的勞動力來自本土，鄉鎮政府辦的企業職工來自本鄉鎮，村辦企業職工來自本村。雖然職工從事非農業勞動，但仍然住在農村，仍然為農村人口，所以有「離土不離鄉」的說法。

三是分散佈局。由於企業主要由鄉鎮政府、村組織及村以下的村民小組所辦，各級機構辦的企業就分佈於其行政管轄範圍之內，加之鄉鎮企業缺乏統一規劃，所以鄉鎮企業佈局極為分散，形成「村村冒菸」的現象。

四是生產技術來源的多樣性。辦鄉鎮企業需要生產技術和設備。蘇南地區緊鄰上海，本來也是中國輕工業發達地區，國有企業多、並且歷史悠久。一方面，由於工業發展悠久，本地產生了中國最大的在職和退休的產業工人與科技人員隊伍，這些人員掌握生產技術。蘇南鄉鎮企業的發展主要依靠了這樣的技術隊伍，蘇南鄉鎮企業吸納大量國有企業退休工人，同時，利用國有企業星期天休息的時間，聘請工程師到鄉鎮企業指導技術。另一方面，利用「血緣」「地緣」優勢，通過回城知青、同鄉、戰友、同學、同事、親友等關係，獲得生產技術的支持。

五是產業發展以輕工業為主。鄉鎮企業投資少，其市場主要為農村和國有企業不能輻射的區域或領域。蘇南地區的地下礦產資源雖然不豐富，但勞動力多。同時，蘇南地區的輕工業比重大，在這方面的技術也較強。所以蘇南地區的產業發展主要以投資少、見效快、吸納勞動力多的輕工業為主，主要是紡織、絲綢、食品等工業，其他如建材、小農具等工業也較多。

六是產品市場主要是農村市場和國有企業不能輻射的領域。鄉鎮企業開始就沒有納入國家計劃，所以其原料和市場都在國家計劃之外。而在農村，甚至城市，許

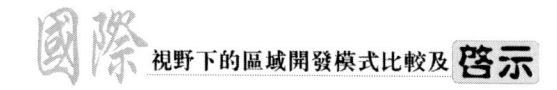

多產品很缺乏，鄉鎮企業就是利用這個機會，見縫插針尋找產品和市場。鄉鎮企業的發展為滿足農村市場起到了關鍵作用。

(三) 蘇南模式的演進

1. 蘇南模式的困境

蘇南模式對蘇南地區的工業化起到了極大的推動作用，但是隨著社會主義市場經濟體制的建立，蘇南模式經歷了1992—1995年的高速發展後，逐步陷入危機。其主要表現是在1993年後，蘇南鄉鎮企業的增長速度明顯減慢，經濟效益不斷降低，企業虧損面逐步擴大，資產負債率居高不下[①]。

產生上述問題的原因是多方面的，江蘇省委原秘書長顧介康認為蘇南模式的問題主要有以下七個方面：一是以社區為特徵的集體所有制形式，帶來了政企不分的弊端；二是產權關係不明晰、企業內部活力不斷減弱；三是投資主體單一，企業債務壓力和風險較大；四是受分割的利益和權力驅動，形成了低水準的重複建設和過度競爭，造成資源的浪費；五是城鄉二元分割的管理體制，阻礙了城鄉一體化發展的進程；六是在賣方市場條件下鄉鎮企業「船小好調頭」的優勢，變成了買方市場條件下「船小經不起風浪」的劣勢；七是對集體經濟的主體地位的片面認識，影響和抑制了非公有經濟的發展[②]。由於政企不分，鄉鎮乃至縣政府成了鄉鎮企業的實際主管，所以「鄉鎮幹部是企業的實際決策人」。[③] 因此，許多專家認為，至20世紀90年代中期，在原有體制空間裡，蘇南模式已經達到了發展的極限。

2. 蘇南模式的調整

在20世紀90年代末，為了突破蘇南模式的瓶頸，蘇南地區紛紛尋找新的出路，主要進行了以下幾方面工作：一是對鄉鎮企業進行改制，將鄉鎮企業改制為民營企業，或進行股份制改造。通過改造，使企業與政府脫鉤、產權清晰，讓企業真正變為了市場主體。二是政府加大投資環境建設和制定區域發展戰略。政府與企業脫鉤後，政府主要進行市場管理、建設基礎設施、改善投資環境、制定區域發展戰略的工作，為企業發展創造公平的市場環境。三是加大招商引資。通過各種方式的招商，蘇南地區招商取得了巨大發展，已經由主要依靠內在動力為主轉變為了內資和外資齊頭並進推動區域經濟發展的局面。2003年，蘇南地區實際利用外資達到103.6億美元，占長三角的40.4%，約占全國1/5，超過上海市77.6%。其中蘇州市實際利用外資達到68億美元，占當年全國利用外資的1/8。蘇南地區已成為中國利用外資的中心。四是不斷推進城市化。通過調整，蘇南地區出現了多模式齊頭並進的局面，形成了江陰的資本經營、常熟的市場帶動、昆山的臺資唱主角、張家港的臨港型規模經濟、吳江和太倉的私營經濟等模式。昆山的外向型經濟以引進臺資企業為主，

---

① 餘映麗，李進杰. 模式中國：經濟突圍和制度變遷的七個樣板 [M]. 北京：新華出版社，2002：143-144.

② 顧介康. 論蘇南模式的基本特徵及其創新發展 [J]. 群眾，1997（12）：15-18.

③ 朱通華，孫彬. 蘇南模式發展研究 [M]. 南京：南京大學出版社，1994：156.

到 2005 年，昆山成為全國 100 強縣中的第一名。但昆山經濟過分依賴外資，據統計，2001 年，昆山市財政收入的 60%、工業投資的 85%、自營出口的 97%、均來自外資企業[①]。江陰通過企業改制，發展股份制，實現資本經營，目前有 14 家上市公司，其上市公司每股收益率高於全國平均水準，這些企業前身大多是鄉鎮企業。江陰有 6 家企業躋身「中國企業 500 強」。常熟通過發展市場和私營經濟，截至 2003 年 8 月，全市有私營企業 1.08 萬家，資產超 5,000 萬元的有 20 家，其常州招商城是全國最大的服裝批發市場。

## 二、溫州模式

(一) 溫州概況

溫州地處浙江南部，瀕臨東海，是全國 14 個港口開放城市之一。全市有四個市轄區（鹿城、甌海、龍灣、洞頭）、兩縣級市（樂清、瑞安）和五縣（倉南、永嘉、平陽、文成和泰順），面積約 11,000 平方千米。2010 年，全國第六次人口普查時，常住人口有 912.21 萬人。2013 年，全市生產總值 4,003.86 億元，人均地區生產總值 49,817 元。

溫州自然條件較差，地貌以山地、丘陵為主，有「七山二水一分田」，所以耕地較少，在改革開放初期，人均僅 0.4 畝。由於溫州臨近臺灣，是戰地前線，從中華人民共和國成立到 1978 年，國家對溫州的投資很少，累計投資僅為 5.95 億元。溫州地理位置不佳，遠離大城市和經濟發達區，不像蘇南地區緊鄰上海市。改革開放初期，溫州還沒有鐵路，甚至遠離鐵路，只有一條通上海的水路和路況很差的 104 國道與外界相接。因此，在改革開放之初，溫州經濟極為落後。在 1981 年，溫州有 600 多萬人口，其中 2/3 生活在貧困線以下，農民人均收入不足 200 元。在 20 世紀 70 年代末、80 年代初，有 10 萬溫州人被迫到外地謀生：乞討、彈棉花、補鞋等。

正是在這種背景下，溫州人利用改革開放的有利時機，發揮溫州人善於經商、創業的優勢，探索出了適合溫州發展的「溫州模式」，使溫州經濟發展突飛猛進，成為中國市場經濟發展的典範。許多專家認為溫州模式代表了社會主義市場經濟的方向。

溫州經歷了金融風波，經濟增速一度跌破 7%，這對經濟穩定健康發展帶來了極大的壓力。但是，根據浙江省統計局公布數據，2012—2015 年溫州市地區生產總值增速分別為 6.6%、7.7%、7.2% 和 8.3%，地區生產總值增速走出「低谷」，溫州經濟也全面進入上升通道。2015 年溫州地區生產總值為 4,619.84 億元，按可比價計算，比上年增長 8.3%，超過全省平均水準 0.3 個百分點，增速居全省第 3 位，比

---

① 《長三角報告》編撰委員會. 長三角報告 2004 [M]. 北京：中國社會科學出版社，2004：244-251.

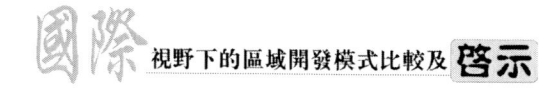

上年前移7位，全年增速創2012年以來新高。溫州三次產業比例也實現了歷史性跨越，由2010年的3.2∶51.2∶45.6，調整為2015年的2.7∶45.5∶51.8，三產比重首次超過二產。

（二）溫州模式的特點

溫州模式是指浙江省東南部的溫州地區以家庭工業和專業化市場的方式發展非農產業，從而形成小商品、大市場的發展格局。小商品是指生產規模、技術含量和運輸成本都較低的商品。大市場是指溫州人在全國建立的市場網絡。簡單來說，溫州模式就是以農民辦的私營、民營中小企業為主體，以發展小商品為方向，以特色產業為支撐，以專業市場為紐帶發展具有集聚效應的產業集群，推動了溫州經濟的起飛。

1. 以農民創辦的私營企業和家庭企業為主

農民是溫州模式的發動者和創立者。在改革開放之初，大量溫州人外出謀生，這些人多有一點手藝，在經歷外出闖蕩、獲得一定的經驗或信息之後，回鄉創業，辦起家庭工業或經商。他們依靠血緣、親緣、地緣、朋友等關係，帶動本村、本鄉農民辦企業，發展工業或經商，使溫州形成家家有企業、「村村點火、戶戶冒菸」的局面。所以溫州的家庭企業，一開始產權就較為清晰，符合市場經濟的要求。

2. 專業化和產業集群

溫州經濟發展採用專業化道路，主要以鄉鎮為單位，形成「一鄉（村）一品」或「幾鄉一品」。同時，以專業產品為核心，發展產業鏈和配套企業，而且每個企業一般從事產業鏈上一個環節的生產，企業生產高度專業化，而且企業之間協作非常緊密，企業之間通過密切的合作形成產業集群。1999年底，溫州143個建制鎮中有30多個鎮的特色產業產值超過10億元。另據資料顯示，溫州以專業市場為主的產業集群有542個，其中超過億元的有57個[1]。溫州產業集群佔全國產量份額極高，如溫州打火機佔全國的90%以上，橋頭鎮的紐扣佔全國的80%以上，柳市低壓電器佔全國1/3以上。部分規模大的集群，集聚企業上千家。當前，溫州形成了多種類型的產業集群。

3. 專業市場建設

與溫州模式密切相關的是溫州專業市場的發展。溫州專業市場與專業化產業共生，二者互相推動，如橋頭鎮擁有世界最大的紐扣市場，與其紐扣生產互相推動。溫州專業市場的發展也是外出謀生人員的杰作，發揮了溫州人善於經商的特長，也是一帶十、十帶百這樣發展起來的。

4. 發展小商品

溫州的產業主要是通過農村家家戶戶小生產發展起來，由於各戶投資少，因此不可能發展技術高、產值高、體積大的產品。同時溫州的家庭生產開始於改革開放

---

[1] 盛世豪，鄭燕偉.「浙江現象」：產業集群與區域經濟發展[M]. 北京：清華大學出版社，2004：284-288.

初期，當時生產原料和市場都受國家控制，作為溫州家庭工業不可能得到大量的原材料，其產品也不可能進入國家分配的市場，所以溫州不能生產大宗產品。因此，溫州只能利用本地和外地計劃外的原材料、邊角材料甚至「廢品」，發展一些面向農村市場或國家工業不能涵蓋的產業、產品生產。這些商品主要是小商品。所以，溫州發展起來的產業主要是打火機、服裝、皮鞋、紐扣、拉鏈、商標徽章、筆、眼鏡、低壓電器等面向消費者的小商品。這些小商品占全國的比重一般較高，高的占全國的80%~90%，低的也占10%以上，形成區域壟斷優勢。

5. 龐大的銷售群體

溫州的小商品得以迅速發展，而溫州在地理位置不佳的情況下，形成了許多國家級的專業市場和生產企業，溫州龐大的生產規模能夠獲得市場的認可，這不得不說與溫州龐大的銷售群體有關。有100萬溫州人在全國乃至全世界銷售溫州的產品。正是這些人，讓溫州的小商品走向了全國、世界。沒有這些人，溫州的小商品就發展不起來。有專家認為，廣大的銷售人員是溫州經濟的主宰。他們從全國各地把訂單接來，然後分派到若干家庭工廠從事生產，產品利潤大頭由銷售人員拿走，而小頭由廠家所得；銷售人員成了真正的老板，生產廠家成了按「老板」訂單加工的生產車間。

6. 政府無為而治

在20世紀80年代，溫州市政府領導人頂住壓力，支持私營經濟發展。在改革開放之初，溫州就興起了許多家庭工廠，而溫州市政府對這些企業給予默許和支持。1982年下半年，溫州市還召開了表彰個體經濟重點戶大會。在20世紀80年代，溫州出現了在家庭企業基礎上發展起來的「戴紅帽子」式的股份合作制企業，到1986年，全市各種形式的合股工業企業達到10,413家，1993年，上升到36,887家。而政府也出抬文件，給予支持。

溫州模式的形成，還得益於溫州市各級政府的引導、幫助。首先，企業的增多、產品的增加，需要建設基礎設施，而政府在基礎設施建設方面，確實為溫州個體私營經濟的發展創造了良好條件。蒼南縣龍港鎮是由農民發展起來的城市，該鎮政府為了專業化產業發展，建設了專業市場——毛毯市場。同時，為了規範工業發展，1993年，建設了工業小區；1998年，建設包裝印刷工業園區；後來有規劃建設城東綜合工業園區和小包裝工業園區。

政府在規範市場中的作用也非常明顯。溫州在發展過程中，出現一些過度競爭，企業制假現象，多數是政府出面來解決並提出方案來規範市場。一些地方政府還通過宣傳來樹立地方良好形象，這也對促進地方專業產業發展起到一定作用。

## 三、深圳模式

*(一) 深圳概況*

改革開放三十年，深圳作為中國開放的窗口，出於對企業增長空間的需求，也

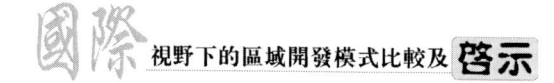

出於市民對住宅的配套要求越來越高，在國家政策的支持引導下，實現了從單一產業——房地產向複合式產業的發展，並實現了「快消模式」向「精細化生產營運」模式的轉變，由此創建了深圳模式。

深圳市位於珠江三角洲東南，與香港接壤。在改革開放之初，深圳市是一個小鎮，人口僅幾萬。由於與香港為鄰，深圳成為祖國的「邊疆」地區。因此，從中華人民共和國成立到改革開放之初，國家沒有對其給予投資，相反，國家在此重兵把守，防止居民從內地偷渡到香港。

1980 年，深圳被列為經濟特區，成為中華人民共和國成立後，最先向世界開放的地區。國家對深圳給予了大量的優惠政策，努力把其建成中國面向世界的窗口，建成社會主義發展市場經濟的試驗田。通過開放、改革，深圳不斷從境外獲得投資，同時，內地各區域政府大量投資，使深圳的經濟取得了飛速發展，成了改革開放後，中國發展最快的地區。到 2015 年，深圳常住人口達 1,137.87 萬人；地區生產總值達 17,500 億元；人均地區生產總值為 153,822 元。

（二）深圳模式的特點

1. 經濟特區，政策優惠

1980 年，中國在深圳設立經濟特區，深圳特區為緊鄰香港的 327.5 平方千米的區域。經濟特區在當時獲得了較多的優惠：15% 的公司所得稅、最長達五年的稅收減免、公司利潤返還政策、合同期滿後基本建設投資的返還政策、出口加工企業用的原料和中間投入免進口稅和出口稅等，但對出口加工企業向國內市場銷售有限制。同時，經濟特區還有比其他地區擁有更廣泛的政治和經濟自主權，主要包括金融和財政事務、對外貿易和投資、商業和流通、物資調配、勞動制度和價格等。這些優惠與特權，為深圳經濟發展創造了良好的條件。由於有以上特權，許多發展資源向這裡集聚，特別是外資；由於優先開放，深圳成為中國對外開放的窗口和橋樑；由於經濟特區效應，深圳在全國乃至世界的知名度提高。

2. 充分利用緊鄰香港的優勢，發展「三來一補」[①] 企業

深圳是全國最靠近香港的內地城市。香港許多人與深圳人有血緣關係。深圳是許多有投資能力，並想投資內地的香港人的首選地。同時，香港有許多跨國公司，開始在投資內地之時，也在深圳試投資。所以，深圳成為經濟特區後，大量外資進入，創辦「三來一補」企業，這些企業成為深圳經濟起飛的動力。在深圳，外來企業比重極高，這也是深圳模式的顯著特點。

3. 吸引國內各地投資

由於深圳投資有許多優惠，又近香港，所以許多國內各地政府、部門在深圳大量投資，這一部分投資為深圳的發展創造了良好的條件。同時，深圳在國內有最好的創業環境，大量的國內創業人才集聚深圳創辦企業，當時的許多企業發展成為現

---

① 「三來一補」為來料加工、加工裝配、來樣加工和補償貿易。

在深圳的大企業、深圳企業的主流。

4. 產業的演變

20世紀80年代，深圳在創業階段主要發展勞動密集型產業，如服裝、食品、裝配等產業。進入20世紀90年代，深圳發展初具規模，其發展成本上升，國家給予深圳的政策也給予全國其他城市，並且一些政策也被取消，深圳的特區效應開始下降，於是深圳產業開始轉型，從主要依靠外來投資為主轉變為主要依靠內力為主。因此，深圳開始重點發展高科技產業，主要是電子信息、生物醫藥等產業。經過20世紀90年代的發展，深圳高科技產業發展迅速。1992—2000年，深圳高新技術產業年均增長速度達到53.2%。2014年，深圳全年全市高新技術產業增加值增長了11.2%，高於規模以上工業增加值增速2.8個百分點，達到了5,173.49億元。全年全社會研發投入占地區生產總值比重約達4.02%，繼續保持較高水準；六大戰略性新興產業中，生物產業增長8.7%；互聯網產業增長15.3%；新能源產業增長9.0%；新材料產業增長10.1%；新一代信息技術產業增長13.9%；文化創意產業增長17.4%。至此，深圳成功實現轉型，成為以高科技產業為主的城市。

5. 經濟的外向型

深圳經濟特區產生於計劃經濟時代，但是引進的企業主要發展來料加工，即資源來自境外，產品也主要向境外出口，實現「兩頭在外」，深圳主要利用廉價勞動力賺取加工費。所以，一開始深圳的經濟就有高度外向型經濟的特徵。據深圳海關披露，2015年深圳外貿累計進出口27,516.6億元，其中出口16,415.4億元，連續23年居大中城市首位。

## 四、其他模式

隨著中國經濟的發展和經濟發展環境的變化，中國區域開發的重點逐漸由改革開放之初對東部沿海地區的開發，轉向對西部地區的開發，並逐漸衍生出具有代表性的以成都為核心的四川發展模式和以重慶為核心的發展模式。以成都為核心的四川發展模式可以概括為「三軸三階梯」，即以「複合城市化、要素市場化、城鄉一體化」為路徑，從「全城謀劃」到「全域統籌」再到「全球定位」的發展模式。以重慶為代表的區域經濟發展模式，主要是通過城鄉統籌、加快城鎮化、實施農村居民低保制度和照顧民生、實施低稅率、首創購房退個人所得稅等政策，兼顧眼前利益和長遠發展，以內需促增長，實現經濟可持續發展。

（一）以成都為核心的四川區域開發概況

四川省圍繞「西部地區重要的經濟中心、全國重要的現代產業基地、深化內陸開放的試驗區、統籌城鄉發展的示範區和長江上游生態安全的保障區」的目標任務，奮力推進相關政策的實施，取得了顯著成效。2015年，成都市地區生產總值為10,801.15億元，相比2014年增長7.4%，對全省經濟增長的貢獻率達35.9%。

1. 構建「雙核五帶四群」格局，加快重點區域建設

圍繞國家規劃確定的「雙核五帶四群」總體佈局，四川省進一步細化工作措施，加大工作力度，加快推動重點區域發展。一是支持成都領先發展，構建西部核心增長極。2015年成都市實現地區生產總值10,801.15億元，相比2014年增長7.4%，對全省經濟增長的貢獻率達35.9%，輻射帶動作用進一步增強。二是推進城市群規劃建設，形成多極發展格局。2015年成都城市群、川南城市群分別實現地區生產總值18,729.96億元、5,554.96億元，相比2013年地區生產總值分別增長17.11%、14.65%，對全省經濟增長貢獻率分別達65.63%、19.47%，對成渝經濟區的貢獻分別為44.07%、13.07%，多極發展格局初步顯現。三是推動毗鄰地區加快發展，打造川渝合作橋頭堡。四川省把建設川渝合作示範區作為重要抓手，大力支持其他環渝市、縣（區）基礎設施、產業合作園區的建設，積極承接重慶產業轉移，打造川渝經濟合作的橋頭堡。2015年，南充、達州、廣安三市實現地區生產總值3,872.26億元，對全省經濟增長的貢獻率達12.86%。

2. 實施「兩化」互動、城鄉統籌發展戰略，提升新型工業化、新型城鎮化水準

黨的十八大強調促進工業化、信息化、城鎮化、農業現代化同步協調發展，對四川省實施「兩化」互動、城鄉統籌發展戰略提出了新要求。要把這一戰略作為四川省推進「四化」同步的主要途徑，需要全面增強產業核心競爭力、城市整體競爭力、區域綜合競爭力，加快全面小康和現代化進程：一是大力推進新型工業化，加快構建現代產業體系。為了提升工業競爭力，以四川15市為重點，省委省政府先後調撥20億和7億專項資金，分別支持戰略性新興產業發展、產業園區建設等項目。同時，加快發展現代服務業，把服務業作為推動產業結構優化升級的戰略重點，有力地推動了服務業加快發展。二是大力推進新型城鎮化，加快推動城鄉一體化發展。成渝經濟區內四川15個市中，綿陽已跨入100萬人口城市行列，50萬人口規模城市達8個。同時，需要進一步著力增強城鎮綜合承載能力，加強城鎮市政基礎設施、公共服務設施與居住環境建設，增強城鎮資源環境、基礎設施、產業就業和公共服務承載力，提高城鎮化發展質量。

3. 加快推進重大項目建設，增強經濟區發展後勁

四川省各級政府堅持把投資作為推進經濟區建設的有力手段，全力抓好重點項目實施：一是加快推進以西部綜合交通樞紐為重點的基礎設施建設。2015年年底，四川省鐵路營運里程達到4,710千米，高速公路通車里程達到6,016千米，內河港口年集裝箱吞吐能力達到233萬標箱。全年公路、鐵路、航空和水路等運輸方式完成貨物週轉量2,500.1億噸千米，比上年增長6.3%；完成旅客週轉量1,623.8億人千米，增長6.0%。二是大力推進重大產業項目建設。以自貢化工新材料產業基地、雙流太陽能聚光光伏產業園等為主的一批戰略性新型產業項目已開工。三是加強重大民生工程和社會事業建設。2015年成渝經濟區內的四川15個市，城鎮居民人均可支配收入、農民人均純收分別為26,401.9元、11,878.3元，教育文化、醫療衛

生等社會事業建設得到進一步鞏固和深化，基本公共服務基本實現均等化。四是積極推動長江上游生態安全保障區建設。四川大力加強生態建設和環境保護，截至2015年年底，成渝經濟區內四川的15個市單位地區生產總值能耗、主要污染物排放量均控制在國家下達目標以內，且城市空氣質量、水源治理面積、森林覆蓋率均有所提高。2015年，僅四川省位於成渝經濟區內的15個市，就完成了固定資產投資21,805.94億元，相比2013年增長24.91%。

4. 深入實施開放合作戰略，加快建設內陸開放高地

四川省緊緊圍繞「建設深化內陸開放試驗區」的目標，大力推進經濟區一體化建設和區域開放合作，進一步深化與長三角、京津冀、港澳臺等地區的合作，積極展開與泛珠各方專題合作：一是充分利用西博會等開放平臺，推動一批重大產業項目落地實施，其中第13屆中國西部國際博覽會簽約項目約1,590個，金額達10,526億元。2015年成渝經濟區四川15市進出口總額為509.8億美元。二是主動推進建立川渝兩省市高層聯席會議制度和區域合作機制，實施了一批以基礎設施為重點的重大合作項目，推動沿長江發展帶、成內渝發展帶、成南（遂）渝發展帶和渝廣達發展帶的發展。兩省市部門及地方政府簽署了一批合作協議，舉辦了渝西川東8縣（市）聯席會、成渝直線聯盟等一系列區域合作會議，渝廣合作進一步深入，區域經濟聯動發展取得新成效。

（二）以重慶為代表的區域開發概況

重慶成為直轄市以來，經濟實力大大增強，經濟總量不斷增加，產業結構日趨合理。2015年重慶市地區生產總值達到15,719.72，年增長10.19%，高於全國平均水準；人均生產總值由1997年的5,253元上升到2015年的52,111.58元，增長了9.92倍。從各區縣來看，渝北區、九龍坡區和渝中區地區生產總值領先；從人均地區生產總值來看，渝中區人均地區生產總值超過2萬美元，達到23,685.74美元，九龍坡區、江北區、南岸區、渝北區、涪陵區、沙坪壩區人均地區生產總值都超過1萬美元。

1. 經濟發展總體快速平穩，經濟運行質量顯著提升

2015年，重慶經濟在國內外市場需求減弱、國內經濟週期性下行調整壓力加大的背景下保持了平均快速增長，實現地區生產總值15,719.72億元，比上年增長了11.0%。從全年經濟發展趨勢來看，重慶市地區生產總值增速呈逐季放緩走勢，但仍保持了10%快速增長的區間。從全國範圍來看，重慶市經濟增長高出全國平均水準3.29個百分點，增幅超過10%，成為全國增幅超過10%的三個省區之一，實現了平穩快速增長。同時，由於前期投入的產能釋放及現在重點項目投資和建設等內在需求，拉動了經濟穩定增長。2015年，全市常住居民人均可支配收入為20,110元，比上年增長9.6%。全市常住居民人均消費性支出15,140元，增長9.6%。全年實現工業增加值5,557.52億元，比上年增長10.5%，占全市地區生產總值的35.4%。與經濟發展質量緊密相關的各項指標全面向好，這預示著重慶市經濟運行

質量的不斷提升：一是物價水準相對平穩，實現了全年控價目標。全年居民消費價格比上年上漲 1.3%，其中食品價格上漲 1.8%；固定資產投資價格下降 1.8%；工業生產者出廠價格下降 2.8%；工業生產者購進價格下降 2.9%；農產品生產者價格上漲 2.4%。二是就業形勢保持穩定，在政策、培訓、創業、服務等多重機制帶動下，城鎮新增就業人員 71.82 萬人，城鎮登記失業人員實現就業 27.71 萬人，比上年增長 3.5%。累計農村勞動力非農就業 810.3 萬人。年末城鎮登記失業率 3.6%。

2. 產業結構調整成效突出，農業生產形勢良好

近十幾年來，重慶的產業結構得到優化，特別是成渝經濟區成立以來，逐漸呈現「二三一」的產業格局。2015 年，重慶市第一產業增加值為 1,150.15 億元，增長 4.7%；第二產業增加值為 7,071.82 億元，增長 11.3%；第三產業增加值為 7,497.75 億元，增長 11.5%。三次產業結構比為 7.3：45.0：47.7。通過近十多年的發展建設，重慶市的西部大開發已邁上一個新的臺階，目前正是大產業集群、大城市和「大三通」（城市交通、金融融通、商貿流通）開發的發力階段。但是由於自身條件的限制，相對於其他直轄市，重慶的產業結構仍有很大差距，重慶的第三產業占比相對較小、第一、二產業的占比較大，這主要是由於重慶是個傳統的工業主導型城市。隨著經濟的不斷發展，重慶應不斷優化產業結構，在做大做強工業的基礎上，要不斷提高第三產業的市場佔有量，加大第三產業對經濟的拉動作用，這樣更有利於產業結構的合理配置及社會穩定的實現。

重慶在產業結構不斷優化的同時，農業生產總體呈現平穩發展態勢。其農業生產的特點：一是氣候條件比較適宜，加之對氣象災害和病蟲災害的防治得當，全市糧食總產量保持了恢復性增長；二是加大了對發展特色效益農業的科技和資金扶持力度，以市場為導向，主要經濟作物實現了加速發展；三是在扶持標準化規模養殖和特色效益農業政策的促進下，生豬、牛、羊、禽等產量較快增長，有效保障了市場供給。重慶市委、市政府以促進農民增收為中心，加快推進農業現代化和農業結構調整，一系列行之有效的措施對農業平穩發展形成有力支撐。

3. 社會民生事業進步明顯，開放進程持續加快

金融危機之後，全球經濟仍處於深度結構調整之中，中國對外貿易增速回落。基於持續疲軟的外需，重慶積極主動採取措施深化對外開放，進一步夯實「內陸開放高地」，其開放型經濟發展良好。2015 年，重慶市對外貿易規模不斷擴大，全年實現貨物進出口總額 4,615.49 億元，其中出口 3,417.03 億元，進口 1,198.16 億元。全年服務外包離岸執行額 18.19 億美元，比上年增長 29.9%；全年實際對外投資額 14.25 億美元，比上年增長 27.9%；全年利用外資 107.65 億美元，比上年增長 1.3%，其中，外商直接投資 37.72 億美元，新簽訂外資項目 315 個，合同外資額 48.17 億元。從吸引內、外資情況看，在國際投資持續低迷的局勢下，重慶市能吸引大量外資對其投資實屬難得。隨著區域經濟合作的穩步推進，重慶市利用內資規模繼續擴大，實現穩定較快增長。

在奮力發展的過程中，重慶市委、市政府始終將保障和改善民生放在突出位置，全面凸顯民生先行「主旋律」。重慶在改善民生方面取得的成效如下：一是統籌城鄉取得明顯實效，城鄉人均可支配收入和人均消費性支出差距縮小。城鎮常住居民人均可支配收入 27,239 元，增長 8.3%；農村常住居民人均可支配收入 10,505 元，增長 10.7%。城鎮常住居民人均消費支出 19,742 元，增長 8.0%；農村常住居民人均生活消費支出 8,938 元，增長 12.0%。二是以保障和改善民生為核心，構築民眾受益的戰略基石。通過建立和完善惠及民生的體制機制，重慶市基本公共服務體系逐漸完善，社會民生顯著改善。2015 年重慶市城鎮企業職工基本養老保險參保人數 837.38 萬人，比上年增長 2.9%。城鎮職工基本醫療保險參保人數 588.46 萬人，增長 2.2%。工傷保險參保人數 428.47 萬人，增長 0.6%。生育保險參保人數 354.33 萬人，增長 2.0%；18.07 萬人次享受生育保險待遇，增長 50.7%。失業保險參保人數 439.52 萬人，增長 0.1%。

近年來，以成都和重慶為代表的西部區域開發模式，成效顯著並不斷發展，逐漸成了帶動西部區域經濟發展的引擎。隨著中國經濟發展進入新常態，作為引領中國區域經濟發展的先驅開發模式，蘇南模式、溫州模式、深圳模式在原有發展的基礎上，也在不斷地進行演化、創新，為區域經濟發展注入新鮮血液。如在溫州模式的基礎上，浙江衍生出了許多經濟活力充沛的特色小鎮；深圳模式在政府的指導下，不斷進行珠江三角洲區域一體化的發展，並逐步形成了競爭優勢突出的珠江三角洲城市群，極大地發揮了擴散效用，帶動了周邊沿海地區的發展。

# 第十章　世界城市發展規律及中國特色城鎮化發展道路

　　城市是人類文明的搖籃，是區域發展的重要載體，有著獨特的運行規律。城市發展規律是城市在客觀發展過程中的本質聯繫，也是區域發展的客觀條件。目前中國正處於城市型社會的初級階段。但是中國在城市發展過程中還存在著很多矛盾和問題，這些矛盾和問題的出現有其客觀的原因，同時也和人們缺乏對城市發展規律的認識和遵循有關。因此，結合中國城市發展的現狀，深化對城市發展規律的認識，發揮城市發展規律的能動性，是解決城市發展過程中一系列矛盾和問題的關鍵，是探析中國城市發展之路的重要方法，也是進一步釋放區域經濟發展的潛力所在。本章基於人們對城市發展規律的認識，在解決城市發展問題的過程中而產生的城市發展三大憲章的演進邏輯，對中國城市發展之路進行探討，以期有助於欠發達地區在推進城鎮化進程中避免「城市發展陷阱」。同時，以浙江特色小鎮為實證研究對象，分析特色小鎮作為城市發展新興產物對區域經濟發展的作用及其在西部發展的潛力。

## 第一節　世界城市規劃的三大憲章演進邏輯及城市發展規律

　　2015年12月20日至21日第四次中央城市工作會議在北京召開。會議強調：「城市發展是一個自然歷史過程，有其自身規律。……想要城市工作做得紮實，必須認識、尊重、順應城市發展規律，落實城市發展指導思想。」自改革開放以來，中國的城鎮化進程在規模上、速度上都堪居世界之最。1978年初期，中國的常住人口城鎮化率不到20%，但發展到2015年，中國的常住人口城鎮化率已達到56.10%。雖然城鎮化水準顯著提升，但是城市複雜性今非昔比，城市發展過程中也出現了不少問題。因此，要解決城市發展中的矛盾和問題，提高城市的綜合競爭能力，加快城市功能的轉型升級，我們應堅持「問題導向」的原則，充分認識、尊重、順應城市發展規律，積極發揮城市發展規律的能動性，以進一步推動西部地區的發展，縮小東西經濟發展差距。

## 一、世界城市規劃三大憲章的演進過程

毛澤東在其代表性著作《實踐論》中就曾指出，馬克思主義哲學不在於深化對客觀規律性的認識，而主要在於能動地改造世界。同理，城市的發展也具有客觀規律性，人們對城市的改造正是基於對城市發展規律的認識而不斷進行的。

### （一）三大憲章的演進邏輯

縱觀世界城市的發展，可以看出城市不斷進步的過程正是人們以問題導向為基礎，不斷深化對城市發展規律的認識，不斷解決城市發展不同階段的矛盾和問題的過程。為解決不同階段城市發展中的問題，使城市更加美好，城市建設者們先後提出了各有側重的城市規劃思想。1933年在現代建築協會第四次會議上通過的《雅典憲章》就是為解決戰後西方國家重建和快速發展中存在的問題而提出的。在《雅典憲章》提出後的40多年裡，工業技術、科技革命的進步使得城市發展出現了無序城市化、環境惡化等問題。為有效解決這些問題，城市建設者於1977年在對《雅典憲章》進行修訂的基礎上，提出了《馬丘比丘憲章》。在之後的20多年裡，為解決全球化、多樣化而產生的矛盾和城市病等問題，1999年在北京舉辦的世界建築師大會上通過了由當時的兩院院士吳良鏞教授起草的《北京憲章》。

因此，城市發展規律在一定程度上可以從最具代表性的、被廣泛接受的、約定俗成的城市規劃理念——《雅典憲章》《馬丘比丘憲章》《北京憲章》所經歷的發展階段得出初步啟示。第一階段是從霍華德提出田園城市到1933現代建築運動提出的《雅典憲章》。《雅典憲章》為解決這一時期戰後西方國家城市重建中面臨的各種問題，提出了根據城市活動對城市土地使用進行劃分的思想，即功能分區的思想，以引導城市科學發展。第二階段是從20世紀60年代至20世紀末，以1977年的《馬丘比丘憲章》為核心，形成了新的規劃思想與方法。這一時期城市的發展因為過度注重城市的功能分區，而忽略了城市居民人與人之間的關係，導致城市出現了「貧血症」[①]。而《馬丘比丘憲章》強調了人與人之間的相互關係，尤其是文化的作用；更加注重城市發展的動態性和延續性，提出了動態規劃的理念。第三階段是從20世紀末至今，以1999年的《北京憲章》為基礎，建立了新時期多元共存、多規合一的城市發展理念。該階段城市的發展主要面臨著「大發展」「大轉折」「大破壞」共存的局面，即城市高速發展、技術加速進步、環境資源破壞嚴重。因此，《北京憲章》從技術與人文相互結合的角度，提出根據社會的不同特徵，多層次利用技術，發揮文化的多元性，形成「一致百慮，殊途同歸」的可持續城市發展理念。

### （二）三大憲章動態綜合對比

從城市發展三大憲章產生的背景、主要內容和意義等方面（如表10-1所示），

---

① 《馬丘比丘憲章》針對《雅典憲章》過於強調功能分區，造成城市發展不注重人文而提出的。

可以看出人們對城市發展規律的認識、尊重和順應，以及利用規律能動地改造城市的過程。

表 10-1　　　　　　　　三大憲章的動態綜合對比分析①

| 憲章名稱 | 《雅典憲章》 | 《馬丘比丘憲章》 | 《北京憲章》 |
| --- | --- | --- | --- |
| 出版時期 | 1933 年 | 1977 年 | 1996 年 |
| 思想基礎 | 機械主義、物質空間決定論 | 社會文化論 | 廣義建築學、人居環境學 |
| 產生背景 | ①城市無計劃、無序發展，產生各種城市問題；②19世紀20年代末，現代建築運動走向高潮；③1933年現代建築會議提出「功能城市」，發表《雅典憲章》 | ①過分強調城市功能分區，導致城市出現「貧血症」；②城市發展階段的變化，城市規劃思想、理論、方法的發展；③城市發展新環境 | ①全球化、多樣化的矛盾更加尖銳；②生產、金融、技術等日趨全球化，地區差異突出；③城市病問題突出 |
| 核心思想 | ①功能分區，建立聯繫三者（居住、休憩、工作）的交通網；②以人為本，居住是城市的主要因素；③理性思想，低成本合理佈局城市 | ①強調「以人為本」，公眾參與；②城市應是多功能交叉的有機組織；③注重環境保護，繼承文化傳統 | ①強調「人居環境」，構建循環體系；②技術建構與人文結合，尋求創新路徑；③營造環境藝術，健全全民參與的機制 |
| 主要意義 | ①解決城市無序發展的問題；②提出城市發展新思想 | ①解決城市「貧血症」；②動態、連續規劃城市；③修正和補充了《雅典憲章》 | ①闡述了建築學的意義，綜合多要素創造三維形式；②注重環保，形成可持續發展的城市規劃思想 |

## 二、認識城市發展規律

古今中外，不同時代城市發展的主題雖各有不同，但是人們對城市發展規律的認識，歸納起來有以下三種方式：一是理論探索。美國著名規劃學家路易斯·芒福德在《城市發展史》中寫道：人類的城市夢進行了五千多年，只要人類存在，都有城市夢。這些夢始於人們對美好生活的向往，是人們探索城市發展規律的方式之一。二是歷史提煉。迄今為止，世界經歷了三次城鎮化浪潮。第一次是在英國、法國等歐洲發動的，第二次是在美國、加拿大等北美國家掀起的，第三次是在拉美、東南亞發展中國家進行的。這三次城鎮化浪潮解決的矛盾和取得的成就，是人們認識城

---

① 該表由作者根據國內外城市發展相關資料整理得到。

市發展規律的路徑之一。三是問題導向。問題導向是馬克思主義世界觀和方法論的重要體現，是人們發現問題、解決問題的過程。在城市發展過程中，人們常使用問題導向的方式，並基於城市發展的現狀，不斷克服城市發展中的困難，尋求更美好的城市。從表 10-1 可以看出，三大憲章正是順應不同時代城市發展的要求，堅持「以人文本」「問題導向」的原則，在解決城市發展過程中不同階段的實際問題發展、演化、創新而來的。

綜上並結合表 10-1 可以看出，城市發展規律是客觀存在的。隨著人類城市化進程中各種問題的湧現和解決，人類社會對於城市發展規律的探索和認識也在逐步加深。從《雅典憲章》到《馬丘比丘憲章》再到《北京憲章》，這三部憲章就像一部人類城市規律認識史，集中展示出人們對於其中規律的不懈探索。這個過程從注重功能分區到對人文、環境、全面可持續發展的轉變，其實是不同階段不同需求的體現。「問題導向」式的三大憲章對各階段城市發展問題開出的「藥方」，其實是城市功能升級的要求，是居民需求升級的要求，是產業升級的要求。這也體現了事物發展的規律。一個城市如果無法滿足最基本的功能性需求，更高級的文化需求、環境需求便成了無源之水、無根之木。

### 三、分析城市發展問題

通過三大憲章演進邏輯所反應出的城市發展規律性的內容，我們可以瞭解到城市發展從《雅典憲章》到《馬丘比丘憲章》再到《北京憲章》都是在原有城市發展指導思想的基礎上不斷發展、繼承、創新而來的。城市的發展也由最初的主要關注城市功能區的劃分，逐漸演變為注重文化、技術、環境與城市發展的融合。從三大憲章的演進邏輯所反應出的城市發展規律性的內容可以看出，當前中國城市發展有以下特點。

（一）功能分區相對完善

《雅典憲章》強調的功能分區的城市發展指導思想在中國城市化進程中得到了充分的體現。目前，中國各個城市的功能區建設相對比較完善。尤其是從「十一五」規劃明確提出，「各地區要切實考慮到資源環境承載能力和發展潛力，按照優化開發、重點開發、限制開發和禁止開發的不同要求，明確不同區域的功能定位，並制定相應的政策和評價指標，逐步形成各具特色的區域發展格局」以來，中國各城市功能分區劃分和建設更加科學合理，已基本建成以居住為基礎的，連接休憩、工作的三維交通系統，大幅提高了城市運行效率和城市性。以成都為例，2015 年，成都的地區生產總值為 10,801.2 億元，同比增長 7.9%，比全國平均水準高 1.0 個百分點。這一突出成就得益於成都自「十一五」規劃以來，嚴格按照國家的戰略部署、功能分區的思想，建設功能明確的宜居性城市。成都在 2016 年完成的《優化全

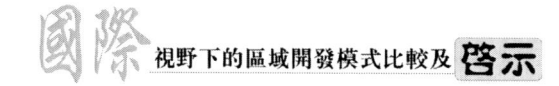

域成都主體功能分區研究》①強調，將繼續深化主體功能區分區發展戰略，推動城市發展由外延式擴張向內涵提升式轉變。

雖然中國在城市發展過程中功能分區建設相對完善，但是中國城市發展過程中定位不清晰、規劃缺乏動態性的現象仍然突出。調查顯示，在全國 600 多個大中小城市中，有 180 餘個以建設國際性大都市為發展目標，40 多個提出建設 CBD（Central Business District），10 多個準備建設具有國際水準的區域性金融中心。此外，城市規劃缺乏科學性性、動態性，導致城市形成了低效的「單中心結構」，造成了嚴重的交通擁堵問題。《2015 年度中國主要城市交通分析報告》顯示，在中國「堵城」排行中，北京穩居榜首，高峰期「擁堵延時指數」②為 2.06，平均車速 22.61 千米/小時。在高德地圖交通大數據監測的 45 個主要城市中，44 個城市的交通都在惡化。

(二) 以人為本有待提高

從《馬丘比丘憲章》和《北京憲章》強調的內容來看，目前中國城市發展還需提高以人為本的水準。

當前，中國的城市規劃主要以功能主義為核心，導致各地區的城市發展存在嚴重的趨同現象。也就是說，近年來，中國各個城市在發展過程中缺乏因地制宜的發展理念和發展方式，只注重了物質要素，忽視了人和非物質要素，城市建設只是簡單追求向外擴張。建設「以人為本」的城市，應優先考慮居民的需求。但是，當前中國城市的發展因各種因素的限制，導致城市福利分配不均，外來人口無法平等地享有城市提供的福利，城中村頻現，城市貧困等問題突出。根據國家統計局調查數據顯示，截至 2011 年，全國農民工的住房擁有率僅為 0.7%，2012 年中國城鎮人均住宅建築面積僅為 32.91 平方米，其中，許多農民工仍居住在簡陋的、破舊的、環境惡劣的「城中村」。

城市是文明的搖籃，是傳承文化的重要載體。但是當前中國的城市建設並未結合區域文化和時代特徵，使歷史古跡與城市建設有機結合。走進大部分城市像是走進批量生產的加工工廠，各地城市更像是完全競爭條件下生產的「無差異的商品」。相似的市貌、怪異的建築、鱗次櫛比的高樓、髒亂的城中村，隨處可見。被民眾俗稱的北京的「大褲衩」、蘇州的「大秋褲」、鄭州的「大玉米」等城市坐標性建築，竟成了文化缺失的體現。

(三) 可持續發展相對薄弱

當前中國環境污染嚴重，可持續發展任重道遠。「公地悲劇」在城市可持續發展過程中不斷上演。在破壞環境這一項上，私人成本小於社會成本，因而地方政府為地區生產總值帶來的政績，企業為更高的利潤，個體為更舒適地取暖、開車，都在破壞環境，最終每個人都成了「公地悲劇」中的加害者和受害者。近年來，中國

---

① 資料來源：成都市城鄉建設委員會。
② 高德有限公司 2012 年為比較各地擁堵情況，提出的新概念。

各地的垃圾不斷增加、汽車尾氣排放量日益攀升、自然環境惡化日益嚴重，備受關注的空氣狀況衡量指標 PM2.5 日益攀高，空氣的可見度不斷持續降低。按照世界衛生組織的標準，PM2.5 的數值小於 10 微克屬於安全範圍，但是中國大部分城市的 PM2.5 指標卻普遍高於 50 微克，比不毛之地撒哈拉沙漠還高。據國家環保局發布的《2014 年中國環境狀況公報》，在 2014 年實施新標準監測的 161 個城市中，僅有 16 個城市空氣質量達標，占比 9.9%；145 個城市空氣質量超標，占比 90.1%。與此同時，城市污水處理等問題也日益突出。據有關調查統計，目前中國還有 20% 的小城鎮沒有集中供水，80% 的小城鎮沒有污水和垃圾處理。

地上地下的環境污染都不利於人們的健康，而且降低了人們對城市的滿意度。以破壞環境為代價的發展模式，必將沒有可持續發展可談，必將受到環境的反向作用力。一個城市如果沒有最基礎的環境和資源作為承載，一切發展都無從談起。可持續發展的前提，是城市在環境和資源承載範圍內，尊重城市和環境的發展規律，按規律辦事。

## 四、運用城市發展規律

對中國城市發展現狀進行脈絡化、系統化地整理，並從城市發展三大憲章的角度進行理論化地分析，可以看到，《雅典憲章》強調的功能分區的思想運用於中國城市發展之後確實收穫了很大的實效，但《馬丘比丘憲章》和《北京憲章》強調的以人為本、可持續發展思想效果卻差強人意，有待提升。總體來說，中國的城市發展還有很大的進步空間。這一現狀也是符合當前中國城市發展階段的，即城市型社會的初級階段[①]。因此，基於三大憲章的發展本質來探索中國城市發展之路，應該從以下幾方面入手。

（一）明確當前中國城市發展的現狀

1. 城市發展的階段

根據三大憲章展現出的階段性特點，可以看出當前中國城市的發展處於過渡階段。這個階段城市發展的突出特點是滿足了居民的基本需求，城市功能相對完善，人文、環保等方面還有待提高。結合中國城市發展現狀，可判斷中國已經進入了城市型社會的初級階段。這與中國的城鎮化率為 56.10% 的事實相符，也與《雅典憲章》提出時西方發達國家的城鎮化水準相似。

正是因為中國處於城市型社會的初級階段，處於城市功能升級的過渡階段，所以，2015 年 12 月，在北京召開的中央城市工作會議特別強調了「城市發展規律」和「五大統籌」的思想。這不僅僅是國家領導人對中國城市發展現狀的深刻認識，

---

① 中國社會科學院發布的《中國城市發展報告（2012）》提供的標準，城鎮化率在 51%～60% 之間為初級城市型社會。

也是中國領導人對城市發展規律認識高度統一的表現。只有方向明確了，才能採取有效的措施，解決實實在在的問題。

2. 城市發展的方向

毋庸置疑，中國在城市化進程中確實取得了很大成就，但這一過程中出現的很多城市發展問題也同樣不容忽視。諸多問題背後的深層次原因恐怕是人們物質需求得到極大滿足與日益增長的精神需求得不到滿足的嚴重失衡。問題導向的城市發展理論，其實就是需求導向的城市發展理論，《馬丘比丘憲章》和《北京憲章》注重人文與環保的思想正是代表著中國當前城市化過程中人們最核心的需求。因而滿足市民對人文與環保的需求，是當前城市發展的重中之重，也是中國城市發展努力的方向。明確了中國城市發展的方向，接下來就需要具體問題具體分析，即各個城市應根據自身的資源稟賦、相對優勢和區位條件，端正城市發展的理念、實施特色的發展方式、建立科學的評價體系。

（二）深化對城市發展規律的認識

城市發展是一個自然的過程，有著自身的發展規律。城市在不同的發展階段表現出不同的形式。馬克思唯物辯證主義實踐觀曾強調，人的認識是一個不斷深化的能動的辯證發展過程。從世界各國城市發展的歷程中可以看出，人們對城市發展的認識不是一次完成的，對城市發展規律的認識也不是一次完成的，而是一個多次反覆、無限深化的過程。放眼今日世界，一些國家和民族的發展之所以比較成功和成熟，是因為正確認識了城市發展規律，走上了創新和可持續發展的路子；一些國家和民族的發展之所以不那麼成功和成熟，是因為沒能正確認識城市發展規律、沒有找到正確的發展路子。回望城市發展以來的歷程，既不乏傲人的成績和成熟寶貴的經驗，也有諸多失敗的教訓。

深化對城市發展規律的認識，有助於我們梳理正確的發展理念，堅定城市發展的道路，發揮區域經濟發展的輻射帶動作用。我們可以從以下四方面著手：首先，樹立問題意識，堅持問題導向。在不同的發展時期，我們會遇到不同的城市發展問題。樹立強烈的問題意識，有助於人們深化對城市發展規律的認識，使人們能實事求是地對待城市發展過程中的問題，解決城市發展中的矛盾。其次，敢於正視問題，善於發現問題。問題無處不在、無時不有，關鍵在於敢不敢正視問題，善不善發現問題。越是遇到問題越需要保持清醒的頭腦，遇到何種棘手的難題都應做到不掩蓋、不推脫。只有在認識上保持清醒，在行動上保持積極才是解決問題的正確態度。再次，科學分析問題，深入研究問題。城市發展的問題錯綜複雜，有來自內部的，有來自外部的。此時需要我們用科學嚴謹的方法對問題進行深入的分析研究，根據情況差異採取不同的對策，切勿一概而論，需要弄清問題的實質，找到癥結。最後，深化對城市發展規律的認識還需我們加強對城市發展規律的理論探索，並對城市發展歷程進行經驗總結。

第十章　世界城市發展規律及中國特色城鎮化發展道路

(三) 發揮城市發展規律的能動性

1. 因地制宜，堅持多元發展

要深入認識城市發展規律，發揮城市發展規律的能動性，我們應堅持「五大統籌」的思想，做到因地制宜、多元發展。著名區域經濟學家亨德森的研究認為，中國的城市人口分佈還不夠集中。同時，根據中國城市發展的實際情況和國家的戰略部署，中國的城市發展應堅持大中小城市和小城鎮同步發展，充分發揮各大城市的吸虹效應、輻射效應，提高大城市群和城市帶對衛星城的帶動作用。建設公眾參與、安全第一、創新驅動的城市。

2. 推動制度改革，堅持問題導向

推進「多規合一」的城市建設，應加快城市規劃、建設、管理等方面的改革。深化城市管理體制改革，確定城市各管理部門的管理範圍、權力清單和責任主體。深化城鎮住房制度的改革，加強農業轉移人口市民化的研究，繼續完善住房保障體系。[①] 實行城市精細化管理，創新城市治理方式。鼓勵企業和市民通過各種方式參與城市規劃、建設和管理，實現城市的共建共享、共治共管。

堅持問題導向，有效發揮城市發展的後發優勢。一方面，應對症下藥，糾正一刀切、籠而統之、大而化之的惡習。另一方面，應積極推進科技、文化等諸多領域的創新，釋放城市發展的新動能，激發城市發展的潛力。比如，利用科技創新，建設綜合性城市管理數據庫，發展民生服務的智慧應用。利用環保技術，建設地上地下的綜合污染治理系統，營造綠色生活環境。同時，在具體實踐時，牢固堅守「精明增長、緊湊型」的發展理念，切實把集約化發展落到實處，科學界定城市開發問題，有效控制開發強度，大力解決環境污染問題，加快形成綠色低碳的生產生活方式。

3. 以人為本，堅持人民城市為人民

城市發展是一個動態的過程，這一過程要適應城市有機的物質和文化。在城市發展過程中，應堅持以人為本，注重文化與城市的融合，保護自然環境，抓住城市管理和服務工作，按照綠色循環的理念科學佈局「海綿城市」，加強城市的供水、供熱、排污、垃圾處理等基礎設施建設，以解決地上地下的環境污染問題，建成宜居性人民城市。同時，城市發展要善於調動各方面的積極性、主動性、創造性，集聚促進城市發展正能量。要善於統籌大局，堅持各方協同一致、協調合作。

---

① 中央人民政府網. 國家新型城鎮化規劃 (2014—2020 年) [EB/OL]. (2014-03-17). http://www.gov.cn/xinwen/2014-03/17/content_2639873.htm.

## 第二節　中國城鎮化發展進程回顧

### 一、中國城鎮化回顧

回顧中國的城鎮化歷程，其進程主要包含下列五個階段。

（一）正常和健康的城鎮化階段（1949—1958年）

在此階段，從1953年第一個五年規劃開始，中國在計劃經濟體制的引領下，大規模發展工業，進行工業建設，通過招工、招生、招兵等方式，吸引農民進城入廠，以實現農村人口向城鎮有序轉移，達到工業化帶動城鎮化的目的。城鎮人口在國家有計劃的引導下迅速增長，全國城鎮化水準從1949年的10.60%增長到1958年的16.25%，每年平均增加0.63個百分點。

（二）大起大落和停滯不前的城鎮化階段（1958—1978年）

在這個階段，由於「大躍進」和「文化大革命」運動的干擾，以及當時指導思想搖擺和一度試圖走「非城鎮化的工業化道路」的策略，20年間，全國城鎮化水準從1958年的16.25%提高到1978年的17.86%，平均每年只增加0.08個百分點，還有幾年是負增長。1958—1963年，前3年，中國從農村招工3,000萬人進城，城鎮化水準每年平均提升1.45個百分點，成為中國城鎮化水準提升最快的年份；後3年，由於持續三年困難時期，糧食無法有效供應，國家開始限制農村人口進城並將2,600萬城市新進人口下放到農村，在此期間，城鎮化水準平均每年下降1.0%，成為中國城鎮化水準下降最快的年份。這就造成了中國城鎮人口3年大起3年大落的局面。1966—1976年，國家經濟停滯不前，加上1,700萬知識青年上山下鄉，城鎮化水準不但沒有提升，反而稍有回落。[1]

（三）改革開放後，中國對城鎮化道路積極探索階段（1978—1999年）

改革開放後，中國開始對城鎮化道路進行有意探索。在1978年和1980年政府分別召開的兩次全國城市規劃工作會議，是這一探索的肇始。這兩次會議確定的城市化道路是「大力發展小城鎮、合理發展中等城市、控制大城市的規模」。雖然這是計劃經濟的產物，但是著力發展小城鎮帶動農村發展的思路從此得到了認可和重視。1984年國務院降低了1964年設置鎮的門檻，省級政府開始擁有鎮的審批權，於是掀起了小城鎮數量迅速增加的浪潮。全國在1986年只有186個縣級市，1994年就突破了400個，1996年達到445個，之後有所降低，到2004年有374個。與此同時，縣的數量從1987年的1,986個減少了到2004年的1,636個。

這20多年的城鎮化浪潮之所以能夠取得這麼大成就，主要歸結於鄉鎮企業的突

---

[1] 孫超英，等. 各國（地區）區域開發模式比較研究 [M]. 成都：四川大學出版社，2010：273-276.

起，有了大批鄉鎮企業的產業支撐，小城鎮、小城市建設才得以迅猛發展。這種城鎮化道路模式，對微觀經濟主體來說，是成本最低的途徑。農村剩餘勞動力就地轉移到二、三產業。建設小城鎮，便於鄉鎮企業累積資本，適應小城鎮基礎設施低強度投入的特點。對於宏觀經濟主體來說，「離土不離鄉」的模式緩解了中心城市的就業壓力，降低了交通運輸壓力，兼顧了地區和城鄉的均衡發展。所以，這條道路一直以來被給予了正面的肯定。20世紀90年代，由於內外部環境的變化，開始顯現出一些不利於小城鎮、小城市發展的因素。首先是它的核心經濟支柱鄉鎮企業發展速度急遽下降，另一個突出的弊病是不適應節約型社會、環保型社會的新的發展理念的要求。

　　20世紀90年代中後期，中國進入城鎮化加速發展階段，城鎮化已成為國家和區域發展的重要戰略之一。同時，隨著信息、科技與知識在城市發展中的作用日益凸顯，城市特別是大中城市在區域發展中的帶動作用也與日俱增。在當時的背景下，中心城市逐漸受到重視，城鎮化道路也發生了轉變。中國開始借鑑其他國家城鎮化的經驗，大力發展中心城市、城市群，取代了以小城鎮、小城市為主的城鎮化發展模式。中心城市發展戰略是區域增長極理論在實踐中的具體應用。該理論的核心觀點是在區域經濟發展的初期階段，主張政府干預、集中投資、重點建設，通過極化效應來培育增長極；當增長極發展到一定規模後，則主張政府引導生產要素向外圍擴散，推進區域經濟向一體化方向發展。在增長極理論的基礎上，又衍生出了點-軸開發理論、網絡開發理論。

　　1995年中國的城鎮化率為29.04%，經過快速的發展，1999年中國的城鎮化水準已達34.78%。該時期雖然中國的城鎮化水準明顯提升，中心城市得到了較快的發展，但是隨著城鎮化的發展，地方政府在地區生產總值增長的激勵驅動下，通過出讓土地的方式來增加可支配收入，使得中國的空間城鎮化擴張顯著，城鎮用地占用耕地較多的問題也逐漸凸顯。同時，片面地追求城鎮發展規模和速度，不僅造成了一些城鎮的規劃與發展目標相背離，而且造成了部分城鎮存在大量的低效用地、環境惡化等問題。據1999年統計的338個城市的環境信息中，有66.9%的城市的空氣質量超過國家空氣質量二級標準，40.5%的城市的空氣質量超過三級標準。[1] 除此之外，城鎮建設中徵用的大部分土地並未用於產業發展，多用於「造城運動」，使得一些城鎮的產業基礎相對薄弱。城市空間的擴張超過了人口的增長以及一系列城鎮問題的出現，使人們開始反思以中心城市為主的這一發展戰略的弊端。

　　（四）積極穩妥地推進城鎮化階段（2000—2013年）

　　2000年以來中國經濟快速發展，國家實施了一系列促進區域協調發展的戰略，如西部大開發和中部崛起戰略等。與此同時，中央在關於「十五」計劃的建議中，突出強調「大中小城市和小城鎮協調發展」；「十一五」規劃（2006—2010年）提

---

[1] 國家發展和改革委員會國土開發與地區經濟研究所課題組，肖金成. 改革開放以來中國特色城鎮化的發展路徑［J］. 改革，2008（7）：5-15.

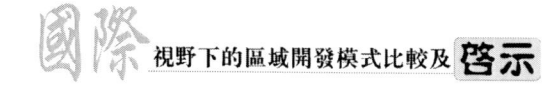

出，要堅持大中小城市和小城鎮協調發展，積極穩妥地推進城鎮化；「十二五」規劃（2011—2015 年）強調，要堅持走中國特色城鎮化道路，科學制定城鎮化發展規劃，促進城鎮化健康發展。這一系列區域協調發展戰略和城鎮化發展方針的演變都代表了國家對城鎮化發展規律的深刻認識和準確把握，而且這些舉措的實施無疑推動了各區域間要素的流動、提升了中國資源利用的效率。雖然區域和城鄉間發展水準的相對差距有所增加，但是絕對收入水準，尤其是相對落後的地區或城鎮的絕對收入水準顯著提升。

在該階段，中國的城鎮化水準從 2000 年的 36.22% 上升到 2013 年的 53.73%，城鎮人口則從 2000 年的 45,906 萬人上升到 2013 年 73,111 萬人，城鎮化水準顯著提升。世界銀行數據顯示，截至 2011 年年底，全球所有國家中阿根廷的城鎮化率最高，為 92.5%；日本居第二位，城市化率為 91.3%；澳大利亞以 89.2% 的城鎮化率排名第三。按世界銀行的標準，中國 2011 年的城鎮化水準為 50.6%，與主要發達國家相比，中國的城鎮化水準還有很大的上升空間。[1] 雖然在該階段，快速發展的城鎮化已逐漸成為中國經濟社會發展的主要力量之一，並初步形成了大中小城市與小城鎮協調發展的城鎮格局，但是該階段仍面臨著發展方式粗放、資源消耗大、產業支撐不足、生產要素流動受阻等問題，尤為突出的是城鄉結構不協調的問題。

（五）新型城鎮化發展階段（2014 年至今）

隨著資源、人口紅利的削減，以經濟增長為目標、以土地城鎮化為手段、以要素投入為動力的城鎮化模式已不可持續，因此黨的十八大正式提出了走新型城鎮化道路。2014 年年底，國家新型城鎮化綜合試點的名單正式公布，標誌著新型城鎮化在中國正式實施。新型城鎮化是在原有城鎮化戰略基礎上，調整了不適宜的部分，又增添了許多新內容，尤其強調了新型農村社區在城鎮化過程中的作用、發展方向和重點，是空間城鎮化、土地城鎮化向人口城鎮化轉變的重要節點。新型城鎮化是以人口城鎮化為核心、以創新發展為動力、以區域協調為內容、以綠色可持續為基礎、以經濟開放為手段、以福利共享為目標的城鎮發展道路。隨著新型城鎮化的提出和發展，「十三五」規劃（2016—2020 年）又再次強調要統籌城鄉發展、加快新型城鎮化建設。

根據國家統計年鑒，截至 2016 年年底中國城鎮化總體水準已達 57.35%。從世界城鎮化發展階段來看，中國當前正處於城鎮化發展的中期，是城市型社會的初級階段，預計 2020 年中國的城鎮化率將達到 60%。目前，為推進新型城鎮化，各地正不斷進行嘗試，比如江浙模式的特色小鎮。該城鎮發展模式很好地連結了城與鄉之間空白地帶，使得城鄉統籌發展有了新的路徑。四川也在積極進行多點、多級統籌發展和小城鎮建設的嘗試。

雖然新型城鎮化為中國指明了未來城鎮發展的方向，也給出瞭解決城鎮發展中

---

[1] 資料來源：世界銀行、產業信息網整理。

存在問題的藥方，但是新型城鎮化的道路仍任重而道遠。

## 二、中國特色城鎮化模式

改革開放以前，在計劃經濟體制下，中國的城鎮化模式較為單一，其主要的發展軌跡是國家投資大型工業項目—生產要素和人口有計劃地集中—形成工業性城市—城市化程度加強。改革開放以後，市場經濟的深入發展改變了城鎮化的基本條件，並為其提供更大的空間，從而促使城鎮化模式的多樣化。

(一) 珠江三角洲模式

珠江三角洲的城鎮化模式是居民就地城鎮化，主要通過當地的三資企業、外向型工業來實現居民就地市民化。與此同時，當地政府為吸引三資企業投資設廠，大力發展當地基礎設施建設，構建了小城鎮的基本框架。珠江三角洲模式形成發展的原動力來自外向型經濟的發展。如果沒有優異的區位條件和國家開放政策的支持、傾斜，該模式不可能快速發展。國家實行的一系列有利於珠江三角洲對外開放吸引外資的政策優惠，為珠江三角洲地區的城市化奠定了基礎。

(二) 蘇南模式

江蘇省長江以南的一些地方是中國經濟最發達的地區之一。近年來，以村集體企業為主體的鄉鎮企業發展迅速，許多鄉鎮企業及農村都依託於原有集體或向小城鎮聚集。鄉鎮企業規模的不斷擴張和數量的持續增多，使得集鎮規模和人口密度也不斷增加，逐漸形成了具有城市功能的農村城鎮單元。這是一種通過鄉鎮集體經濟和鄉鎮企業的發展，促進鄉村工業化和農村城鎮化進而推動城市發展的模式。

蘇南模式的原動力主要是來自投資主體為鄉鎮集體的鄉鎮工業經濟。在蘇南模式中，其人口稠密、人多地少是城鎮化的重要推力，上海等經濟中心城市的輻射是吸引力，集鎮的聚合則是鮮明的特點。蘇南模式在有效就地解決農村剩餘勞動力方面開了先河。

(三) 區域城鎮化模式

區域城鎮化是一種差別化的城市發展戰略，現廣泛應用於中國的中西部欠發達地區。該戰略是一個分層次發展的差別戰略組合。第一層次是激活現有大中城市，發揮核心城市的增長極作用。第二層次是分階段推進的城市化，第一階段大力發展產業化小城鎮，第二階段，在市場導向和政府支持下，部分小城鎮逐步擴展為中等城市直至大城市。區域城鎮化模式在城鎮化過程中主要有以下三種具體形式。

1. 網絡狀城鎮化策略

該策略以中心城市來帶動中小城市。這種「以大帶小」的模式謀求共同發展，從而形成網絡式的城市體系，並成為城市化的仲介或平臺。這種形式以蘭州、成都、西安、南寧等城市為典型。

2. 帶狀城鎮化策略

依靠過去形成的交通運輸網絡，對於一些相對規模較小的城市，或相對獨立的

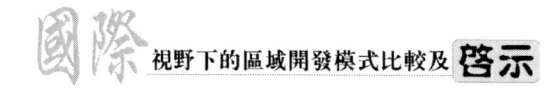

城市，通過帶狀的城市化策略，形成帶狀化的城市分佈格局，加快這些城市的發展，形成對城市帶兩邊延伸地區的擴散和帶動作用。

3. 點狀城市化策略

以老工業基地和中小城市為基礎，抓住技術創新的機遇，利用投資機遇，通過高新技術轉換傳統工業發展方式，大力推進新型工業化，在新的項目投資區，培育點狀城市。充分發揮中心城市對新經濟增長點的帶動作用、引導作用、擴散作用，增加周邊地區的經濟活力[①]。

(四) 都市圈模式

經濟全球化和區域一體化深刻影響了世界範圍內的城市與區域發展，傳統的以單個城鎮為中心視點的城市與區域規劃編製體系與思維模式，已經無法適應這一新境況。在新的背景下，以都市圈為代表的區域空間規劃得以興起和發展，為中國區域城鎮空間組織的理論研究和規劃實踐提供了非常有意義的探索與嘗試。

都市圈是近年來學術界研究的熱點，從各種不斷翻新的稱謂上可以看出，如「都市圈」「都市區」「都市帶」「都市群」，更有把它叫作大都市群、大都市圈、城鎮密集區等。而英國主要使用集合城市（Conurbation），美國使用都市區（Metropolitan Area），德國使用 Urban Ballunsraume 來表示都市圈的概念，日本使用都市圈，法國使用城市群（Urban Agglomeration）（鄭長德、鐘曉燕，2006）。李國平等人（2004）認為，考慮到都市圈的本質特徵是日常生活圈，因此可以將中心城市人口標準定為 5 萬人甚至 30 萬人以上，而向中心城市的通勤率定為 10% 甚至 20% 以上，並且外圍區域第一產業以外人口占 75% 以上。而大都市圈可以理解為包含多個都市圈的更大區域，也可以理解為 Yeates（1980）所提出的大城市地區（Major Urban Region）或 Gottmann（1957）所提出的大都市區（Megalopolis）——可以考慮將中心城市人口標準定為 30 萬以上，而向中心城市的通勤率定為 1.5% 甚至 5% 以上，並且外圍區域第一產業以外人口占 75% 以上。

從各方面綜合來看，國內學界一般將都市圈理解為以發達的聯繫通道為依託，由一個中心城和以若干個衛星城組成的更大空間範圍的城市生活圈。也就是說，都市圈一般指一日生活通勤圈，如成都都市圈、長沙都市圈等。

(五) 城市群模式

城市群是生產力發展、生產要素優化組合的產物，是在特定區域內聚集的一定數量的不同性質、類型和等級規模的城市。一般是由一個或兩個特大城市和多個大城市構成，並以發達的交通體系和自然條件為基礎，組成相對完整的城市集聚體。城市群具有較強的輻射帶動作用，能夠在更大範圍內實現資源的優化配置，協調各城市的發展，同時提升城市群的總體競爭實力。

自 2015 年國家發改委提出要明確不同城市群的發展方向、目標和功能定位以

---

① 孫超英，等. 各國（地區）區域開發模式比較研究 [M]. 成都：四川大學出版社，2010：276-279.

來，中國當前已形成了長江三角洲城市群、珠江三角洲城市群、京津冀城市群、成渝城市群等 12 個城市群。截至 2017 年 3 月底，國務院共批覆了 6 個國際級城市群。未來，隨著國際競爭的日益加劇，以城市群為代表的競爭單元的作用將日益凸顯。

## 第三節　新型特色小鎮發展模式

在新型城鎮化戰略下，中國小城鎮快速發展，已成為推進新型城鎮化的重要路徑。然而隨著小城鎮的深入發展，小城鎮的局限性逐漸顯現，面臨著發展動力不足、產業轉型受阻、科技創新滯後等問題。為應對這些問題，特色小鎮應運而生。特色小鎮是主動適應、把握、引領經濟發展新常態的積極探索方式，是解決「三個 1 億人」問題的新進展，是貫徹落實「一融雙新」工程的新成效。特色小鎮點面結合、縱橫聯動的作用機制有效推進了當前新型城鎮化試點層面的工作，不僅成了當前中國統籌城鄉發展、提高農民收入、破解城鄉二元結構的戰略支點之一，也是應對國內經濟疲軟、擴大內需提振經濟、實施供給側結構性改革的動力支撐之一。在一定程度上，特色小鎮是新形勢下，人的城市化規律、產業結構演化規律和生產力優化佈局規律的體現，具有其獨特的研究和借鑑的價值。

### 一、特色小鎮——浙江模式

（一）特色小鎮的內涵

浙江特色小鎮的建設起源於杭州、紹興等地。2014 年 10 月，浙江省委、省政府提出，未來 3 年內將在全省重點培育和規劃建設 100 個左右特色小鎮，每個小鎮 3 年內完成固定資產投資 50 億元左右。2015 年 6 月，全省首批 37 家特色小鎮問世。特色小鎮是社會發展的新興產物，中國對特色小鎮的定義還沒有統一認知，因此以特色小鎮發展較為成熟的浙江為研究對象。

浙江創建的特色小鎮，既不同於行政建制鎮，也與各類產業園區有明顯區別。其突出特點主要體現在兩個方面：一是產業有「特色」，注重大視野、新業態，主要聚焦於戰略性新興產業和歷史經典產業，一個小鎮只發展一個主導產業，不設立專門管理機構，也不像傳統產業園區那樣產業龐雜、工廠密集。二是形態如「小鎮」，這是一種生產、生活、生態相融合的新型企業社區，不是真正意義上的建制鎮，面積和行政功能沒有建制鎮那麼全。其規劃面積一般在 3 平方千米左右，核心區 1 平方千米，但有著靈活的體制機制，既可成為「園區鎮」，也可成為「鎮中鎮」。具體而言，為以下幾點：

第一，特色小鎮的形態是突出「精緻」，展現「小而美」。其「小」的特點就是指規劃面積比較小，其核心區面積為 1 平方千米左右，總區劃面積控制在 3 平方

千米左右。「美」就是小城鎮要突出當地特色,並擁有宜居、宜業的環境。

第二,特色小鎮「非縣非區」,是創新發展平臺。小城鎮不是傳統意義上的縣域,也不是一個產業園區、風景區、開展區、高新區,它不是單純的大工廠,而是聚焦特色產業,融合文化、旅遊、社區功能的創新、創業發展平臺。

第三,特色小鎮功能集成「緊貼產業」,力求「聚而合」。「聚」就是小城鎮都有產業、文化、旅遊和社區四大功能的聚集。「合」就是四大功能都緊貼產業定位融合發展,而不是簡單相加,生搬硬拼。小城鎮的文化旅遊社區功能,必須從產業中延伸和挖掘出來。

第四,特色小鎮定位「一鎮一業」,突出「專而強」。「專」是指每一個小城鎮都一個特色主導產業作為支撐,而不是「百鎮一面」。「強」主要表現為產業高端和高端產業。

第五,特色小鎮的運作機制是「破舊去僵」,強調「活而新」。小城鎮採用「寬進嚴出」的創建機制,不搞審批制,政策上實施期權激勵和追懲做事。建設上採取政府主導、企業為主體、市場化運作的靈活混合機制。[①]

(二) 特色小鎮的作用

1. 特色小鎮是擴大內需、提振經濟的新動能

特色小鎮是轉換發展動力、優化產業結構、擴大內需、提振經濟的有益實踐,是政府與市場互動激發創新、創業活力的重要平臺,是發展模式契合客觀規律的重要舉措,是形成小鎮大視野特色新業態的載體,也是加快新型城鎮化的重要抓手。特色小鎮是深入農村腹地、傳播城市文明、輻射農村經濟的橋頭堡,能有效承接大規模農村多餘勞動力,緩解大城市的就業壓力,加快傳統產業去產能、去庫存的進程,以及促進產品的生產、流通、消費和再分配。它以其自身小而專、小而美、小而新、小而活的特點,起到了延長產業鏈、提高產品附加價值、擴展高端產業的積極作用,成了傳統產業轉型升級和戰略性新興產業發展的新舞臺。

2. 特色小鎮是新型城鎮化的新樣板

特色小鎮抓住了經濟轉型時期,新的投資機會不斷湧現,消費結構升級,旅遊消費加快以及人們重視親身體驗的發展機遇。特色小鎮以其特色產業為支撐,集聚創新資源、激活創新資源、轉化創新資源,不僅有助於營建集投資鏈、產業鏈、人才鏈、服務鏈於一體的創業、創新生態系統,加快「四化」同步協調發展,還有助於市場化運作,構建市場化營運環境,為經濟結構的調整創造產業佈局新形態,為新型城鎮化提供特色新樣板。

3. 特色小鎮是產業轉型升級的新載體

特色小鎮以獨特的發展優勢聚焦特色產業,著力發展高新技術產業和高附加值產業,不僅能吸引大批特色人才和高端生產要素,發揮人口集聚和吸納就業的能力,

---

① 李強. 特色小鎮是浙江創新發展的戰略選擇 [J]. 中國經貿導刊, 2016 (4): 16-19.

提高人力資本的價值和外溢效應，成為創業的首選之地、創新發展的主戰場、產業轉型升級的新陣營，而且能夠形成專業化技術知識人才產業區，培育高新技術和戰略新興產業，推進產城一體、園城共融。特色小鎮高度融合文化、旅遊、社區功能，對產業的優化升級具有重大的現實意義。

4. 特色小鎮是拉動投資的新引擎

特色小鎮運行機制靈活，有助於集聚高端要素、引進人才與資本、構建人才高地和資本窪地，有利於創新、創業環境的建設，便於把各類成本降下來，將服務效能提上去，推動資、智聯動發展。在政府搭建平臺的條件下，特色小鎮能高效發揮市場化的作用，激發民營資本的活力和潛力，以看得見的手和看不見的手相結合的方式，借助 PPP 或 BT 等模式，加快項目建設，拉動投資，不斷提升基礎設施水準，提高工業園區的服務配套能力，加強商業區、集貿市場和倉儲物流設施建設，完善服務接待能力。特色小鎮能夠高效地建立健全的項目融資、建設、營運、管理機制，使其最大化地發揮拉動投資、帶動就業、提高經濟的效用。

5. 特色小鎮是實施供給側結構性改革的新實踐

特色小鎮是在社會新形勢下對於城鎮化路徑多元多向的有效探索，也是雙向城鎮化下維持經濟、社會、空間穩增長的重要節點，更是推進供給側結構性改革的新實踐，拉動內需的新動能。它能夠為現代化創業群體提供個性化的創新需求供給，為不同的客戶提供了高品質的產品需求供給。特色小鎮與大數據、雲計算、「互聯網+」等的戰略聯盟，可以為新經濟提供新動能，不僅有助於營造扶商、安商、惠商的良好環境，重塑比較優勢，實現小空間大需求、小平臺大產業，而且有助於企業在高質量產品的供給上有新作為，走出「微笑曲線」的底端，走向信息化、技術集約化、知識化和服務化，實現以產品、服務、產業的升級帶動消費升級。

從總體上來看，特色小鎮是集產業鏈、投資鏈、創新鏈、人才鏈、服務鏈於一體的創業、創新生態系統，是新型工業化、城鎮化、信息化和綠色化融合發展的新形式。經濟轉型期間，人們更加重視親身體驗，加之旅遊消費快速增長，新的投資機會不斷湧現，以及消費結構不斷升級，特色小鎮正是抓住和依靠這種發展機遇得以發展而來。

## 二、特色小鎮發展實例

（一）夢想小鎮

夢想小鎮是以大學生實習和創業為主的創新型小鎮，由以互聯網創業企業為重點的互聯網村和以培育科技金融為重點的天使村組成，其目的是為「有夢想、有激情、有知識、有創意」但「無資本、無經驗、無市場、無支撐」的「四有四無」青年提供創新創業機會。開園僅半年時間，夢想小鎮已完成投資 17 億元，入駐創業項目 350 餘個，融資總額超過 7 億元，集聚創業人才近 4,000 名，形成了以浙大系、

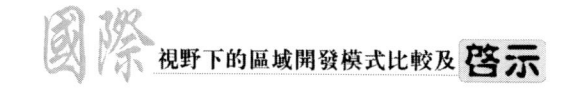

阿里系、海歸系、浙商系為代表的創新創業「新四軍」，集聚 80 餘家優秀天使基金、股權投資、互聯網金融、財富管理機構等，管理資本逾 300 億元。

（二）雲栖小鎮

雲栖小鎮是以大數據、雲計算為核心產業的科技型特色小鎮，代表著產業與信息化深度融合的發展模式。小鎮依託阿里雲和富士康共同建立的「淘富成真」平臺，綜合利用阿里雲的雲計算、大數據處理等能力和富士康的設計、研發等能力，打造的「創新牧場—產業黑土—科技藍天」創業創新生態圈。目前小鎮已集聚各類涉雲企業 185 家，今年上半年實現涉雲產值 9.81 億元、稅收 9,414 萬元。其中一家名為「12308」的創業公司，僅用半年多時間，就實現了預訂全國 61 個城市間的長途汽車票；運行在阿里雲上的「Face++」，以高於 Facebook 的人臉識別率，在全世界最權威的人臉識別評測系統中斬獲第一。

（三）襪藝小鎮

襪藝小鎮坐落於紹興諸暨市大唐鎮，是以提升傳統紡織襪業價值鏈為主要目標的製造業小鎮，代表著傳統優勢產業改造升級的發展方向。大唐鎮是全球最大的襪子生產基地，大唐襪業擁有 1 萬餘家生產企業，年產襪子 258 億雙，佔全國產襪量的 70%。2016 年，諸暨以襪藝小鎮建設為契機，一手淘汰落後產能，一手培育新業態、新模式，積極打造個性化襪業工場、襪業工業旅遊線路和襪業文化展示區，努力提升襪業發展層次。前 7 個月已有 137 家企業入駐，完成投資 5 億元，一個集研發、織襪、染整、定型、行銷、物流、旅遊為一體的襪藝小鎮正初具規模。

（四）黃酒小鎮

黃酒小鎮是展示黃酒產業歷史文化價值的旅遊小鎮，集黃酒產業、黃酒文化、古鎮文化、水鄉文化、名人文化為一體，代表著歷史經典產業鳳凰涅槃的發展模式。黃酒小鎮以中國老酒發祥地——紹興東浦古鎮為基礎，依託巴拿馬博覽會首塊金獎——雲集酒坊的原址，在黃酒釀造水源地——鑒湖沿岸新建黃酒歷史文化博物館、觀光型黃酒手工作坊、特色風情民俗區及黃酒風情體驗小街等項目，使這個承載著上千年黃酒文化的酒鄉煥發出新的生機和活力。

## 第四節　特色小鎮對西部區域經濟發展的啟示

經過多年的發展和探索，中國的城鎮化在借鑑國外城鎮化發展實踐的基礎上，結合自身發展實際上也取得了突出成就。2015 年中國的城鎮化率已達到 56.10%，標誌著中國已進入城市型社會的初級階段，如何進一步推進以人為本的城鎮化，縮小東西部城鎮化發展差距，是當前中國新型城鎮化發展的關鍵。特色小鎮作為城鎮化發展的最新產物，符合城市發展規律，對具有特色資源稟賦的西部地區來說更具有借鑑意義。下面以資源豐富、少數民族眾多的四川省為例來說明應如何在西部地

區推進特色小鎮建設。

## 一、深化發展特色產業，培育階梯分佈的特色小鎮

加快特色小鎮建設，必須因地制宜、分類指導，建立科學合理的發展思路和模式。各地的地理條件、人文特色、資源稟賦、經濟基礎等各不相同，因此需要選擇不同的特色小鎮發展模式，形成特色小鎮的核心競爭力。

根據四川小城鎮發展的實踐結果，可以採用以下四種方式建設特色小鎮：一是以「新」興鎮。選取產業特色鮮明、基礎紮實的小城鎮，升級為智能裝備製造、信息科技、生物醫療、節能環保等高新技術特色小鎮，發揮高新技術對經濟的帶動作用，實現產業倍增、質量升級。例如將郫都區「菁蓉創客小鎮」升級為產業鏈、技術鏈、人才鏈完備的創新創業特色小鎮。二是以「農」興鎮。積極實踐新型農業發展方式，打造智慧農業、創意農業、休閒農業，發揮特色小鎮在新型城鎮化和農業現代化互促互進中的作用，轉換農村發展動力，提高農村發展水準。如，擴大武勝縣竹絲畫簾創意農業的影響力，形成創意農業特色小鎮；積極培育飛龍鎮寶塔村的「開心農場」，形成獨具特色的休閒農業鎮。三是以「工」興鎮。深化建設依託工業園區和產業園區、傳統優勢產業、農副產品加工，承接大城市工業轉移的工業鎮的建設，形成特色工業小鎮。如結合成都「大智造」板塊，深化建設金堂縣淮口鎮的「成阿工業園」的優勢產業，加快推進「成阿工業園」節能環保、新能源汽車等產業的發展，形成技術密集型的節能環保特色小鎮。四是以「旅遊」興鎮。在培育特色旅遊鎮方面，可依託歷史文化名鎮、風景區和自然文化遺產等資源，把文化基因融入產業發展的全程，延續文化歷史文脈，打造四川風格的民族風情小鎮。如將依託風景區和自然文化遺產資源的九寨溝縣漳扎鎮，培育為延續民族風情、傳承工藝文化精髓的特色民族風格小鎮。

此外，立足於四川小城鎮的發展現狀，建設特色小鎮不能僅僅著眼於發展較好的小城鎮，而應形成階梯式發展形態的特色小鎮群。對於發展較好的小城鎮，進行深入規劃引導，進一步突出特色，形成名副其實的特色小鎮；對於中等發展水準的小鎮，要明確其發展方向，加以政策引導，形成點面結合的發展格局；對於發展水準較低但具有發展潛力的小城鎮，政府可幫助其確定主導產業，提供優惠政策支持，引導其向高效、優質的特色小鎮發展。

## 二、貫徹落實先進理念，建設多規合一的特色小鎮

特色小鎮的建設要做到理論聯繫實際，結合資源稟賦和區位優勢，堅持理念指導、規劃先行，形成橫向錯位發展、縱向分工協作的多規合一發展格局：一是注重規劃理念的轉變，按照創新、綠色、協調、開放、共享發展理念的引領，將生態環

境保護、歷史文化傳承、統籌城鄉發展等先進規劃理念作為特色小鎮規劃的指導思想，把以人為本、宜居宜業、就近吸納農村人口作為特色小鎮發展的出發點。二是注重統籌佈局，進行科學定位。堅持多規合一，做好頂層規劃，對特色小鎮的選擇與建設應充分考慮與區域城鎮體系的協調，挖掘產業特色、文化底蘊和資源稟賦，激發特色小鎮的發展潛力。同時，積極借鑑國內外特色小鎮的發展經驗，將特色小鎮的功能與優化佈局統籌起來。比如借鑑瑞士達沃斯小鎮、法國普羅旺斯小鎮、美國格林尼治對沖基金小鎮、浙江烏鎮等的發展經驗，建設定位清晰、精緻獨特、充滿魅力的特色小鎮。三是增強規劃的科學性，注重規劃的連續性。借助大數據、雲計算、衛星定位等高新技術，進行特色小鎮的規劃，綜合考量規劃中的各種因素，增強規劃的科學性、應用性和動態性。

### 三、注重加強創新驅動，形成市場化的特色小鎮

創新是當前經濟結構實現戰略性調整的關鍵驅動因素，是推進特色小鎮建設的根本動力。注重創新驅動，形成市場化的特色小鎮，需要做到：一是堅持科技創新引領產業創新。科學技術是第一生產力。堅持科技創新，尤其是高新技術的創新和產業鏈的創新，以提高企業的生產效率、增加產品的附加價值、形成企業的核心競爭優勢。用科技創新引領企業創新，將企業創新升級為產業創新。二是堅持制度創新，完善創新服務體系。放開戶籍制度等制度的限制，用制度創新引導「有形的手」減少對市場的影響，加強「無形的手」的效用，發展市場化的特色小鎮。三是堅持投資機制的創新，保障特色小鎮建設的資金來源。積極探索多渠道、市場化的投融資機制，增強財政資金和民間資本的互動活力與效用，破解特色小鎮資金不足的建設難題。

### 四、堅持協調綠色發展，構建生態文明的特色小鎮

隨著經濟發展水準的提高，人們越來越關心的是清新的空氣、乾淨的水、放心的食品以及良好的居住環境，因此建設特色小鎮要綜合考慮環境的承載能力、資源的約束力，堅持綠色發展。建設生態文明的特色小鎮，首先要在城市建設全程中時時、處處秉承尊重自然、順應自然、保護自然的理念，把生態文明建設融入經濟社會發展的全過程，加快經濟增長方式的轉變；其次要貫徹落實污染防治和生態保護雙管齊下的方針政策，制定有關生態環境保護、循環經濟發展及清潔生產的法律法規；最後加快在資源環境管理和生態建設等領域的改革，建立職責、分工明確的管理體制，加強生態環境行政執法方面的監管力度。

### 五、堅持統籌協調聯動，形成有政策保障的特色小鎮

特色小鎮是一項系統工程，需要各級各部門協調聯動，共同支持和推進小城鎮發展：一是加強省級部門統籌協調。可利用新型城鎮化牽頭部門的作用，建立省級部門聯動的工作機制。二是推進省、市、縣聯動。省級率先給予政策保障，出抬相關政策，在此基礎上，各市州、縣市區根據當地實際對上級政策予以積極回應，出抬扶持政策，加大配套政策支持力度。三是加強政策落實的督促。將省級出抬的扶持政策和市縣兩級配套政策，納入推進新型城鎮化目標考核的內容，並對財政資金的使用情況進行績效評估，以保證省級財政專項資金和建設用地指標、市縣政策配套落實到位，促進戶籍改革和「擴權強鎮」試點工作穩步推進。

# 第十一章 各國在區域開發中的創新、啟示及借鑑

區域是一個系統。用系統科學理論和方法研究區域創新的發展方向，是推動區域經濟發展的重要力量。20世紀以來，在經濟學、管理學等諸多學科領域中，關於創新的理論研究已成為熱點和重點。在實踐中，創新理論的研究主要遵循著這樣一條主線：創新思想—企業創新體系—國家創新體系—區域創新體系。在全球化和新經濟的背景下，區域創新體系已成為區域發展研究中一個廣泛使用的分析框架。在新形勢下，中國區域的發展正在「創新、綠色、協調、開放、共享」五大發展理念的引導下，堅持創新發展，不斷推進各方面創新，實現區域發展由不可持續的資源、要素驅動向可持續的資本、技術驅動的動力轉換，推動新技術、新產業、新業態的蓬勃發展。

## 第一節 區域創新與區域開發

### 一、創新和區域創新

創新是一個古老的概念，其最初的本意是引入新東西、新方式、新概念。首先把創新概念引入到經濟領域，是奧地利經濟學家熊彼特。熊彼特在1912年《經濟發展理論》一書中首先提出創新理論，他認為一個經濟如果沒有創新，是一個靜態的、沒有發展與增長的經濟。熊彼特認為，創新就是通過生產要素的重新組合，建立的一種新生產函數。也就是說，在原有生產要素的基礎上，在生產系統中新增加一種生產要素或將原有生產要素重新組合，抑或改變生產條件。具體包括以下五種情況：①引入一種消費者還不熟悉的新產品或提高新產品的質量；②採用一種新的生產方法，就是有關的製造部門未曾採用過的方法；③開闢一個商品未曾進入過的新市場；④獲得一種供應原材料或半成品的新源頭；⑤運用一種新形式的企業架構或合作模式。熊彼特認為，創新是對經濟循環流轉的突破，創新將促使經濟發展。他還認為，經濟能否發展，取決於創新主體。

區域創新一詞，是近年來引起學術界廣泛關注的新名詞。區域創新是促進區域

產業發展和提高區域競爭力的重要力量，雖然對它的討論很多，但區域創新的概念的邊界在研究中存在模糊化。一般地，「區域創新是指一個區域範圍內的創新」（林迎星，2006）。在《區域創新視角下的產業發展》一書中，李青等人概括總結了區域創新的定義，他們認為區域創新是發生於區域系統內的所有創新活動和產生的創新成果，主要包括創新環境、創新主體、創新網絡、創新活動。林迎星（2006）認為區域創新可以分為區域意識創新、區域技術創新、區域制度創新和區域管理創新。姚立認為，區域創新是產生於區域內能夠實現循環發展突破並滿足發展需求的理性認知與活動。隨著數字化通信技術的發展和普及，創新的範圍不斷擴大，不再局限於企業之間而是擴大到區域範圍，與之相伴的是人們對區域創新的理解不斷深化。Rothwell 認為，網絡創新是第五代創新模式[①]，是未來研究區域創新的主導方向。Freeman 最早提出創新網絡的概念，他認為，「網絡是未來系統創新而形成的制度安排，可以被看作是市場機制和組織相互滲透的形式，網絡的基本連接機制使企業間達到創新合作關係」。Cooke 進一步指出，創新網絡關係主要由互惠、學習、互信、分權、夥伴關係組成。其中，互惠與互信是網絡各方合作的基礎，學習是合作的過程，夥伴關係是網絡形成後的結果。

## 二、區域創新體系

自 1912 年熊彼特提出創新理論以來，國內外對創新的研究，遵循熊彼特創新思想、企業創新體系、國家創新體系、區域創新體系這一結構，已經從微觀個體（企業家）為基礎的線性創新模型轉向了多機構、多主體耦合交互的「經濟—技術—社會」系統創新網絡。一般認為，區域創新體系是創新理論研究和國家創新體系研究的衍生物。20 世紀 90 年代以來，人們越來越意識到，創新是一個眾多企業、研究機構、仲介機構等區域主體的共同行動成果，而不僅僅是單個企業活動，從而產生了創新體系的概念。而區域創新體系則是指區域層次的創新體系。

1992 年才開始出現區域創新體系這一概念，中國在 20 世紀 90 年代末將其引入。英國卡迪夫大學的庫克教授詳細闡述了區域創新體系的概念，指出區域創新體系主要是由在地理空間上有明確分工且互相關聯的企業、科研機構等組成的，便於創新的區域性系統。魏格（Wiig）在探討區域創新體系的概念時，認為廣義的區域創新體系應包括生產企業群、教育機構、研究機構、政府機構和創新服務機構等。

綜上所述，區域創新體系的概念可概括為：在一定開放空間範圍內，由個體、企業、科研機構、仲介機構等組成的既分工明確又相互聯繫的區域空間組織結構，通過創新的方式與周圍的環境發展信息流、物質流、能量留的交換，進而實現創新成果的轉化、推廣、應用。區域創新體系具有多樣化的結構模型，如由知識創新子

---

① 前四種分別是：技術推動模式、需求拉動模式、交互模式、綜合模式。

系統、技術創新子系統、知識傳播子系統和知識應用子系統構成的動態結構模式。不同區域創新體系不僅反應了創新要素的靜態結構，也反應了創新的動態運行過程。

區域創新體系的範圍界定具有一定的靈活性，有時由一國的某一區域構成，如美國硅谷的創新體系；有時由一個國家組成，如日本創新體系；有時由幾個國家組成，如歐洲創新體系；中國的區域創新體系分為單一行政區創新體系和跨行政區創新體系。四川綿陽科技城就是單一行政區的創新體系。跨行政區域的創新體系是指地理邊界跨行政地區的體系，有跨省市的區域，如長江三角洲；省內跨行政的區域，如珠江三角洲等。

根據林迎星（2006）的概括及其他學者的觀點，區域創新體系有以下特徵：

（1）區域創新體系作為一般系統，具有整體性、有序性、集合性、相關性等特徵（周吉、陳文，1985；廖泉文，1989）。①整體性。區域創新系統作為整體，不僅其功能大於各構成部分（要素）功能的總和，而且各構成部分之間存在著有機的聯繫。②有序性。構成區域創新系統的主要部分不是雜亂無章的存在，而是有組織地存在。③集合性。區域創新系統並不是由單一要素組成的，而是由多個部分構成的。④相關性。區域創新系統內的要素不是孤立存在的，而是相互依賴、相互制約的關係。

（2）區域創新體系是具有目的性、主動性和適應性特徵的動態社會系統。①目的性。區域創新系統的存在有一定的目的性，而不是無目的的散漫組合體。②主動性。區域創新系統會主動參與環境的改造，而不是被動接受環境調節的社會系統。③適應性。區域創新系統能隨環境的變化而發生變化。

（3）區域創新體系作為創新系統，具有整體有效性、協同統一性、動態性和開放性等特徵（顧文興，1999）。①整體有效性。區域創新系統作為一個整體存在，不僅個體要有活力，而且作為整體也要有活力。②協同統一性。區域創新系統各構成部分必須進行有效的相互聯繫和合作，在整體上相互協同。③動態性。區域創新系統是不斷完善的而不是一成不變的。④開放性。區域創新系統不是封閉的系統，而是與其周圍的環境密切聯繫，具有一定的開放性。

（4）區域創新體系作為區域層次的創新系統，具有地域性、獨立性、多樣性等特徵。①地域性。區域創新系統受所在區域的客觀條件的影響。②獨立性。區域創新系統都相對獨立，區域創新系統之間存在著界面分割。③多樣性。區域創新系統相互之間總有差異，存在著多種多樣的區域創新系統。

## 三、區域開發和發展的高級形態——創新型區域及其建設

（一）創新型區域

簡單來說，創新型區域就是指創新在經濟發展中起主導作用的區域。從發展的動力看，創新型區域主要是依靠創新驅動的區域。縱觀社會發展史不難發現，社會經濟的發展依次經歷了由資源驅動向要素驅動，再向資本驅動發展，再到創新驅動

發展的轉變，這是一個逐漸遞進的過程。顯然，創新驅動是區域經濟發展的高級形態，未來區域經濟的發展也會更多地依賴創新驅動。正如習近平同志所說，創新驅動是經濟發展第一生產力。

創新型區域可以說是由創新型國家衍生出的一個概念。創新型區域不僅是創新型國家的組成部分，也是創新型國家的基礎，更是區域創新體系的載體。創新型區域也具有創新型國家的特徵，即創新投入高、科技貢獻率高、自主創新能力強和創新產出高等。但創新型區域的特徵與創新型國家的特徵並不完全相同的。這是因為國家是一個相對獨立的擁有主權的主體，國家與國家之間儘管有聯繫、有交流、有合作，但相對來說還是界限分明的；而一個國家內的區域是在一個統一主權治理下的主體，雖然也有一定的自治權，但區域之間的差異不像國家之間差異那麼大。

(二) 創新型區域建設

創新型區域建設是指人為地、有意識地促進一個區域形成創新型區域的過程。一般來說，它具有以下內涵：第一，從建設目的的層次來看，促進區域經濟發展是建設創新型區域的根本目的。第二，從建設措施的層次來看，區域創新體系的形成與完善及其功能的正常發揮是創新型區域建設的關鍵。第三，從建設範圍的層次來看，區域發展的目標多樣，既有對區域硬環境的建設，也有對區域軟環境的經營。因此，區域建設通常包含為促進經濟發展的直接或間接活動。但是，創新型區域建設則是特指與創新型區域形成有直接或間接相關的建設活動。第四，從建設方向的角度來看，區域建設充分體現新形勢下相關學科發展態勢和社會發展趨勢，與區域可持續發展和市場經濟條件下經濟全球化理念相聯繫。第五，從學科理論的角度來看，創新型區域建設研究既是區域經濟發展研究的一個方向，也是創新理論研究的一個方向，具有綜合性的特徵，其本身不是一門學科，但是卻涉及以區域經濟學、創新經濟學、發展經濟學為主的多門學科的研究及應用。

創新型區域建設是多角度的實踐過程。為實現區域發展目標，需要具體落實創新型區域建設的各項內容所進行的具體活動，包括區域創新資源的利用、區域創新主體的塑造、區域創新環境的培育、區域創新網絡的促進及區際聯繫等，它們從不同方面體現了創新型區域建設的多樣性。這些活動互相聯繫、相互重疊，構成一個不斷發展的實踐過程，即創新型區域建設的具體實踐過程。

如上分析，區域創新體系的形成與完善及其功能的正常發揮是創新型區域建設的關鍵。從本質上說，創新型區域是一個社會系統，是一個有人參與的人造系統，因而也是人可以發揮主觀能動性加以建設和改造的系統。但是，這種改善或調整不是微小的、無足輕重的，而是能大幅度提高區域創新體系績效的變化。因此，創新型區域建設實際上主要是指創新型區域的再造。顯然，創新型區域建設是一個對區域經濟與社會發展有重大影響的工程。[1]

---

[1] 孫超英，等. 各國（地區）區域開發模式比較研究 [M]. 成都：四川大學出版社，2010：287-292.

# 第二節　各國(地區)建設創新型區域的經驗及啟示

## 一、美國在區域開發中的創新——加利福尼亞創新型區域的建設經驗及啟示

20世紀90年代，隨著科技的高速發展，美國大力推廣區域創新活動。美國區域創新活動的行為主體是企業、研究機構、教育培訓機構及各級政府等。美國各級政府在法律法規和政策兩方面對企業與教育科研機構進行創新支持。由此形成了硅谷的高新技術研究開發與製造、加州的多媒體產業、佛吉利亞的軟件園等不同的極具個性的區域科技創新體系和創新平臺。

(一) 美國加利福尼亞創新型區域的建設情況

在美國近幾十年的經濟發展中，加利福尼亞州一直是美國科技創新和產業創新的重要源頭。在加利福尼亞的經濟中，有兩個部門是最引人注目的：一個是以高新技術產業集群為代表的硅谷，主要進行軟件開發、系統設計等；另一個是以文化產業為代表的好萊塢，主要製作電影、動畫和音樂唱片等。在以上兩種產業的基礎上，20世紀80年代中期加利福尼亞的多媒體產業迅速發展起來，並表現出旺盛的創新能力和發展潛力，在全球同行業中處於領先地位。

1. 美國硅谷地區區域創新的經驗

硅谷 (Silicon Valley) 位於美國加利福尼亞州中部的舊金山海灣的南部，是一塊不到1,500平方英里狹長的谷地，人口約230萬人，約1/4的居民出生於國外。硅谷原本是個農業富集區，自1912年第一個電子技術公司在此建立後，逐漸在20世紀70年代發展為半導體工業製造基地。隨著技術的進一步發展和硅谷規模的擴大，20世紀80年代，個人計算機成為該區的主導產業，並衍生出許多創新型公司。漸漸地，硅谷發展成了研究、製造微電子和計算機中心，也成了科技創新的代名詞。硅谷既是美國袖珍型計算器、PC機、電子游戲機等產品的誕生地，也是美國第一塊集成電路、單晶硅和計算機軟硬件的發源地。與此同時，硅谷還是許多大公司的孕育地，是世界範圍內科技創新最活躍的地區。

硅谷之所以能成為創新的代名詞，發展成為功能完善的區域創新體系，主要取決於以下七點：①建設企業和產業網絡。企業之間通過協作聯盟和分包合作建立的聯繫與發展大部分都集中在新產品的研究與開發上。建設集科技研究、轉化、推廣、應用於一體的體系。硅谷依託斯坦福大學成立科技創新中心，建立相關的科研機構，這些科研機構通過推廣、衍化企業創新的產品，與企業建立了緊密的合作關係。②建設仲介服務體系。為提高科技創新的轉化效率，硅谷鼓勵會計師事務所、律師事務所及行業協會參與產品標準的制定和檢驗等。③本地政府部門轉換工作方式。

為增強企業和服務機構的自主性和效率，政府主要負責基礎設施建設，營造良好的創新環境。④創新文化建設。硅谷鼓勵冒險、容忍失敗，這對企業創新注入了強有力的鎮靜劑，既增強了人們迎接挑戰的勇氣，也提高了企業應對挑戰的能力。⑤建設創新激勵機制。硅谷除採用高薪制外，還實行技術入股和股票期權，極大地調動了科研人員的主動性和積極性。⑥金融機構與組織建設。硅谷地區聚集了大量的風險投資公司，成為科技型小企業的主要資金支持機構。⑦區內的政策法規體系建設。政策法規健全，既形式自由又有法可依，良好的游戲規則使企業創新活動朝規範管理的方向發展。

總而言之，無論在發展初期，還是迅速崛起和騰飛階段，硅谷都始終注重自主創新。硅谷作為一個成功的高科技企業聚集地區，其優勢在於它有使創業精神轉換成區域科技創新的環境條件。

2. 加利福尼亞多媒體產業崛起的原因及經驗

加利福尼亞多媒體產業崛起的原因主要有三個：

第一，從地理位置上來看，媒體行業主要集聚在加利福尼亞州的兩個地方：海灣地區和南加利福尼亞。硅谷和好萊塢的擴散效應對當地多媒體產業的發展起著重要作用，不僅有助於它及時獲得先進的技術，還能使它獲得最新的市場消息。

第二，許多功能互補的中心企業相互合作，形成了規模較大的產業集群。加利福尼亞形成的中小企業多媒體產業集群，一方面，發揮了集聚效應，產生了規模遞增，降低了交易和管理成本，提高了企業的效率；另一方面，錯綜複雜的網絡使其不易受市場變化的衝擊，且長期在市場上保持優勢地位。產業集聚的特徵構成了加利福尼亞區域經濟創新性和競爭力的基礎。

第三，加利福尼亞與世界各地保持密切聯繫，加強區域創新網絡的創新能力。這種本地市場與國際市場接軌的特徵，使得多媒體產業的市場進一步擴大，區域活動更加強勁，跨地區合作更加普遍。

就加利福尼亞多媒體產業來說，當地在促進其區域創新體系形成與發展及其創新型區域的建設上所採取的主要措施：①創建特殊的公私聯合機構，解決區域發展面臨的共同悖論。加利福尼亞州創建的公私聯合特殊機構主要是以企業家聯盟和準政府機構的形式。②發展各種教育機構，提供產業發展所需要的培訓。加利福尼亞的海灣地區和南加利福尼亞分佈著眾多的培訓與教育機構，對培訓多媒體產業的員工做出了重大貢獻。③創辦公共服務中心，提供產業發展的有關服務。

(二) 美國加利福尼亞創新型區域的建設經驗

美國加利福尼亞的經濟發展與其區域創新體系是直接相關的。總的來說，美國加利福尼亞創新型區域的建設經驗主要有以下幾點：

一是鼓勵中小企業集聚，培育區域創新網絡。在加利福尼亞，經營多媒體的中小企業要聚集在海灣地區和南加利福尼亞，距離接近更有助於中小企業的社會分工、信息的交流、物質的交換、相互間的合作及創新網絡的形成。隨著時間的推移，區

域內的社會分工會進一步深化，各個公司、各個集群之間的差別會越來越大，它們之間的合作也會越來越廣泛，區域內的網絡也會越來越複雜。通過這種網絡結構，區域內的信息可以迅速傳遞，技術很容易擴散。加利福尼亞多媒體產業發展的經驗對中國區域創新有很大的指導作用。當前，中國各地也出現了許多以中小企業為主的產業集群或類似產業集群的地區，如果當地政府加強對產業集群的重視，並給予優惠條件加以支持，不斷完善區域創新網絡所需的要素，將會促進這些地區加快發展。

二是注重建設區域創新文化，營造產業創新的軟環境。多媒體產業是文化產業與高新技術的結合體，既屬於文化產業的範疇，也屬於新興產業的範疇。加利福尼亞的多媒體產業發展迅速且具有較強的國際競爭力，與以高新技術為代表的硅谷和以文化產業為代表的好萊塢的發展密不可分。硅谷的技術創新使它能獲得先進技術，好萊塢的文化影響能使它獲得有效的市場消息，從而迅速地完成創新。與此同時，加利福尼亞為支持和發展多媒體產業，還積極發展相關的仲介機構和公私聯合機構。當前，中國各省市和地區也都在積極發展戰略性新興產業和高新科技產業，但許多地方都忽視了戰略性新興產業和高科技產業發展的文化軟基礎，只注重了硬件設施，如高速公路、干線等的建設，成效較低。

三是著力構建科技產業園區，促進創新創業的發展。硅谷是加利福尼亞的一個特殊區域，是世界科技工業園區的發源地，也是世界科技工業園區發展的榜樣。硅谷是自發形成的高創新、高效率、高平臺的創新型區域，對美國的科技貢獻有著不可或缺的作用，對美國西部的發展有著巨大的戰略意義，堪稱人類發展上的奇跡。硅谷的高效率對促進區域經濟的發展有著強大的推動力，以至於很多國家都想複製硅谷模式再造「硅谷」。但是，很多國家只看到了硅谷發展的外在形式，忽視了硅谷自然形成的內在驅動和關鍵要素，往往只得其形無其心，甚至有些國家僅僅是採用「硅」字來命名其工業園區，如越南的「硅灘」，有些則是建幾個孵化器或找幾個軟件公司。可想而知，它們收效甚微，大多以失敗告終。忽視硅谷背後的創業精神、文化條件、科技創新能力等，而僅以政府的力量取代創新產業集群形成的內在動力是注定要失敗的。中國在發展高新技術產業園區或推動產業集群的時候，也應當注意遵循事物發展的客觀規律，結合市場規律，以市場為主導，政府則要明確自身的職能，通過給予政策優惠，健全制度保障、提供培訓基地等措施，提高服務質量，促進產業發展軟硬環境的建設。[①]

## 二、日本在區域開發中的創新——築波地區及日本東北創新型區域的建設經驗及啟示

日本最初對區域創新的發展，主要通過有目的、有計劃地模仿美國、德國等國

---

① 孫超英，等. 各國（地區）區域開發模式比較研究［M］. 成都：四川大學出版社，2010：293-297.

的創新戰略和模式，在政府指導或直接參與下引進國外技術而進行的。同時，日本政府和企業為了吸引國外先進科技，積極兼併國外的高科技企業、建立國內科技引進開發機構、支持國內外的大學實驗室、支持科研機構的發展等。近幾十年，日本政府重視創造性、基礎性研究，出抬了一系列促進科技創新發展的新政策，加大了科技投入。同時建立更廣泛的國際聯繫和合作。

（一）日本築波地區區域創新的做法和教訓

築波北臨築波山，東鄰霞蒲湖，位於日本築波市的市中心，與日本首都東京相距50千米，占地面積約為28.4平方千米。日本政府建立的由中央全額資助的以基礎研究為主的第一個國家級科學城正是築波科學城。

雖然日本政府對築波科學城投入了巨大的財力、物力、精力以及人力，但是其發展水準、發展成效卻與美國的硅谷有天壤之別。對築波科學城進行的區域創新體系建設的過程和工作的特點進行分析，可以發現存在以下幾個問題：①企業及相關產業網絡建設層面。企業之間的依存度不高，交流也較少，進行的合作也都是在政府主導下完成的。②產學研一體化建設層面。大部分研究以政府為主導，與市場相對脫節，且不注重高科技的創新、推廣和應用，缺乏高效的產學研聯繫。③政府職能建設層面。築波科學城以政府高度集權的計劃指導模式為主，政府管理活動的範圍太寬，「有形手」的力量過大，不利於企業發揮自主創新能力。④創新文化建設層面。區域內沒有形成支持創新、容忍失敗、鼓勵再創業的文化，致使築波科學城缺乏活力。⑤金融機構與仲介機構建設層面。仲介機構不健全，風險投資機構機制存在缺陷，未能有效發揮民間資本的活力與創造力，資金來源主要靠政府撥款和企業投資，致使築波科學城後續發展資金來源不足，可持續發展能力較弱。⑥激勵機制建設層面。官本位思想嚴重，個人和企業缺乏積極性，區域系統內存在著惰性。築波科學城建設過程中存在的缺陷為中國進行創新型區域建設提供了啟示。

（二）日本東北創新型區域的建設概況、經驗及啟示

1. 日本東北創新型區域的建設概況

日本東北地區占日本國土面積的20.1%，占日本人口的10%左右。由於當初相對落後的條件，日本東北地區在與技術創新全球化的聯繫中曾面臨著很大的不利。然而，如今日本的東北地區已發展為高技術創新、高產出、高附加值的高新技術產業區。

在日本的政府體系中，地方政府只用有限的手段去鼓勵創新，使所在區域經濟基礎與眾不同。在東北地區建設創新型區域的過程中，當地政府主要在以下方面做出了努力：一是建立公共試驗站，提高中小企業的技術創新能力。日本地方政府很早就設立了公共試驗站。最早建立的是與林業、農業、漁業相關性比較大的公共試驗站；其後建立的是與工業有關的試驗站；然後是戰後的衛生試驗室和其他與健康有關的試驗站；最後建立的是研究和治理環境污染的試驗站。由於這些機構建立的政策目標是使當地技術現代化和激勵中小企業的技術創新活動，這些機構的主要功

能被集中在技術指導、試驗和分析上。二是爭取促進新工業城市建設的項目,加快地方經濟發展。1962年,日本出抬新工業城市促進條例。儘管中央政府的官員和大企業協會最初只想在靠近太平洋帶的內陸海濱建立2~3個增長極,但在地方政治代表的壓力之下,最後確定了15個地方,其中有5個地方位於日本東北地區。在新工業城市促進項目中,主要的政策工具是在產業基礎設施上的公共投資。三是建設技術園,發展高技術產業。

2. 日本東北創新型區域的建設經驗及啟示

日本東北在創新型區域建設上所做的努力為中國各地創新型區域建設提供了以下的經驗:

一是建立中小企業共用的R&D平臺,提高中小企業的創新能力。日本東北的中小企業的數量較多,佔有絕對優勢,但缺乏R&D的設備和基礎。地方政府在瞭解到這一情況後,努力設立各方面的公共試驗站,極大地調動了中小企業的技術創新能力和積極性。目前中國大多數中小企業也面臨著生產技術落後、裝備水準較低、專業化技術人才欠缺、R&D經費相對不足等問題,導致技術創新進程、廣度、深度深受阻礙,技術創新水準難以提高,技術創新積極性不高。因此,日本東北地區發展的經驗對中國各地區域創新發展有很大的借鑑意義。

二是鼓勵高技術企業在區域內扎根落戶,強化區域創新網絡。日本東北創新型區內的大多數高技術企業都是製造廠的分廠,雇傭的也是低效低薪的員工,而專業化管理人才和上層管理活動及大多數R&D活動不在東北創新型區域內進行。這就增加了該區域對區域外的企業或經濟活動的依賴性,嚴重削弱了東北創新型地區的創新能力,影響了該區域綜合競爭能力的提高。另外,這些製造廠分廠的生產要素主要來自外地,致使該地區的產業鏈出現斷裂,產品的附加價值降低了,區域創新網絡的效率也降低了。中國的區域創新建設應充分吸取這一教訓,著力培養高新技術企業的根植性,強化本區域的交易網絡和創新網絡,延長產業鏈,提高產品的附加價值,進而提高創新區域的核心競爭力。

三是營造有利於高技術產業發展的軟硬環境。在總體規劃建設上,日本東北建設技術園與加利福尼亞硅谷的發展思路相似,即在一定面積的特殊區域內,運用有利於高新技術產業發展的措施,營造有利於高新技術產業發展的軟硬環境。雖然,目前中國各地的高新技術開發區或產業園區也在這樣做,但是日本東北技術園建設仍有值得借鑑之處,如日本對科技園建設的相關知識進行宣傳,使廣大群眾瞭解它的功能和作用。[①]

---

① 孫超英,等 各國(地區)區域開發模式比較研究[M]. 成都:四川大學出版社,2010:298-300.

## 三、德國在區域開發中的創新——德國北萊因—威斯特伐利亞創新型區域的建設經驗及啟示

歐共體於 1998 年開始了「歐共體國家工業競爭力弱化的對策研究」，經過四年的研究，明確提出了歐共體工業振興的出路在於創建各國的國家科技創新體系和各自國家內部的區域科技創新體系，在發展戰略上採取自主創新研究和模仿創新相結合的模式，整體提高 R&D 的投入、國有研究機構的投入和教育投入，並修改了相應的法律法規，以適應各國家和區域科技創新體系的建設，逐步形成有自己特色的區域創新平臺。下面以德國北萊因—威斯特伐利亞創新型區域的建設為例。

(一) 德國北萊因—威斯特伐利亞創新型區域的建設概況

北萊因—威斯特伐利亞是德國 16 個聯邦州之一，位於歐洲的心臟地帶，與比利時、荷蘭接壤。北萊因—威斯特伐利亞不僅是歐洲最大的城市之一，也是德國人口密度最高、產業發達的聯邦州，1994 年其人口是 1,780 萬，占德國總人口的 22%，此外，對原西德 GNP 的貢獻率達到 25%，工業產出率占原西德總量的 27%，產品出口率則為 28%。

北萊因—威斯特伐利亞以生產塑料、食品工業等輕工業和化學製品、鋼鐵、機械工程、電子等重工業和高新技術產業為主。德國最大的 500 家跨國公司中的 1/3 在北萊因—威斯特伐利亞設立了總部。同時這裡還有超過 50 萬家的中小型企業。

在北萊因—威斯特伐利亞，著名的生產集群有四個：①以煤炭和鋼鐵為主的魯爾地區生產集群，這是一個以資源消耗為主發展起來的產業集群，正處於衰退時期。②在魯爾地區原有的產業基礎上，魯爾區不斷發展創新，產生了一個高附加值、成長較快的產業集群。③以媒介與電信為主的科隆地區產業集群，雖然該產業集群尚未成熟，但是發展潛力較大。④「夕陽」產業集群，這是以為老年人提供服務而形成的潛在產業集群，是在傳統產業的基礎上發展起來的。

在北萊因—威斯特伐利亞，當地創新型區域建設的措施主要有：①實施「科學遠景計劃」，促進學術界與經濟界的聯繫；②應用產業政策，推動區域經濟發展；③實行政府補助，推動經濟結構調整。

(二) 德國北萊因—威斯特伐利亞州創新型區域的建設經驗及啟示

在創新型區域建設上，德國北萊因—威斯特伐利亞州可為中國各地提供的經驗主要有以下幾點：

一是重視教育和科研，積極推動產學研互動聯繫。作為德國最重要的產業區，北萊因—威斯特伐利亞非常重視大學和科研機構的作用。在實施「科學遠景計劃」時，北萊因—威斯特伐利亞把建立完整的大學和科研機構體系放在了重要位置上，有力地發展了產學研體系網絡。從中國的發展情況來看，中國的產學研以及官產學研之間聯繫不夠緊密，互通互助的合作仍較為薄弱。實際上，中國積極推進經濟體

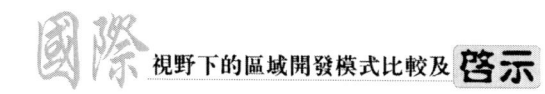

制、科技體制、行政體制和教育體制改革的主要目的之一都是為了構建完整的區域創新網絡，發揮各創新主體的作用，使經濟、科技、教育互動發展，推動產學研密切合作，加快科技創新成果的轉化、推廣和應用，實現經濟增長方式由勞動力密集型和資本密集型向技術密集型、知識密集型轉變。為實現這一目標，雖然中國各級政府做了許多努力，取得了一定的成效，但是在產學研密切合作方面仍存在一些障礙，使得產學研合作至今未取得突破性進展。一些大學反而開始自辦企業，不僅造成了資源浪費，而且增加了產學研合作的難度。因此，借鑑北萊因—威斯特伐利亞對大學和科研機構的定位及採取的措施，有助於中國經濟的發展。

二是立足於本地的區情，正確應用產業政策。北萊因—威斯特伐利亞在制定產業政策時，一方面遵循了德國經濟發展的實際情況和產業演變規律，另一方面也考慮了本區域的特點。在運用產業政策時，北萊因—威斯特伐利亞意識到本區域的產業結構與其他區域有所不同，因而不能單純地照抄照搬其他地區的產業結構調整措施，而且根據本地的實情，重新建立一個專業化程度較高的產業部門，提高R&D能力和生產效率，進而擺脫對煤炭和鋼鐵資源的依賴，提升區域發展綜合實力。這一點對中國各地有很好的借鑑意義，目前中國各地在落實國家產業政策及其他經濟政策時，大多沒有很好地結合自己區的情況、使國家經濟政策區域化，而區域之間產業同質、重複引進、重複建設等現象比較嚴重，區域創新活動不活躍，從而導致區域之間盲目競爭和市場封鎖，既無法發揮區域優勢，也造成社會生產力的巨大破壞和浪費。

三是充分發揮政府的積極作用，降低產業結構調整和經濟發展的波動。作為德國人口密度最高、最重要的產業區，北萊因—威斯特伐利亞聯邦州因其具有得天獨厚的資源優勢，逐漸形成了以煤炭產業及鋼鐵工業為主的支柱產業，但是隨著時間的推移和社會經濟的發展，北萊因—威斯特伐利亞的煤炭產業和鋼鐵工業日益衰落，經濟效益變低。為了促進該區的發展，北萊因—威斯特伐利亞採取了一系列的措施來進行區域經濟結構的調整。為順利完成該項任務，當地政府充分發揮了保障職能，通過發放補助金等措施，帶動該地經濟的平穩轉型，效果顯著。中國各地許多區域也存在著類似的經濟結構調整問題，這些區域既包括在中華人民共和國成立前及成立初期所形成的對中國工業化起步產生過重要影響的老工業基地，也包括改革開放後靠大量引進或發展勞動密集型加工業而曾在一個時期內實現快速發展但現已開始出現停滯的部分地區，還包括受國際金融危機打擊經濟陷入困境的地區。如果中國各地地方政府能學習、研究、借鑑北萊因—威斯特伐利亞的這一做法，將有利於這些區域渡過難關，順利完成區域經濟結構調整，提高區域創新和抵禦危機的能力。[1]

---

[1] 孫超英，等. 各國（地區）區域開發模式比較研究 [M]. 成都：四川大學出版社，2010：301-303.

## 四、義大利在區域開發中的創新——倫巴第大區創新型區域的建設經驗及啟示

倫巴第大區地處義大利西北部。該區域在建設創新型區域的過程中，最初面臨著嚴重的地域差距和發展不平衡的問題。周邊的三個地區克雷莫納、省曼托瓦和布雷西亞因為科研基礎薄弱，科技創新水準低，造成工業結構單一、企業創新意識匱乏、經濟發展緩慢，大大落後於米蘭地區。為改變區域發展不協調的問題，倫巴第大區政府於 1998 年對上述三省份進行了「周邊區域創新工程」，以期通過發揮米蘭地區的科研資源的擴散效應和大公司創新經驗的涓滴效應來幫助落後地區實現區域創新和產業結構的調整。

倫巴第大區「周邊區域創新工程」由曼托瓦省政府負責牽頭，其他兩省配合實施。該項目的主要特徵是在準確分析該區存在的創新問題的基礎上，通過制訂詳細的創新計劃，給予有效的區域創新優惠政策，以期形成技術創新網絡，完善區域創新體系，推廣創新經驗。具體措施如下：

第一，充分發揮區域創新優惠政策的積極作用。為了鼓勵該區的創新活動，倫巴第大區政府曾頒布了一系列的正向激勵政策，如 1993 年頒布的《關於促進中小企業創新的干預措施》的法令及 1996 年公布的《關於地方政府促進小型企業發展的干預措施》法規。在創新項目貫徹落實過程中，克雷莫納、曼托瓦、布雷西亞三省充分利用政府給予的創新優惠政策，並積極爭取大區、國家和歐盟的資金支持，為該項目的順利完成夯實了基礎。

第二，構建區域創新體制和項目管理體系，組建創新理事會。共有 27 家成員單位組成該創新理事會，主要包括三省的協會、商會和政府機構及諮詢公司、金融公司和米蘭工大等科研機構。理事會主席由曼托瓦省副省長擔任，下設秘書處。理事會的主要職能是討論、制定、調整創新方向、創新路徑、創新目標；審核、批准、監督經費預決算；落實、監督項目的實施；創新政策和項目的最終評估；組建創新項目管理機構。該機構類似於企業管理體系，下設項目經理、生產經理、金融經理、統計官員及總務秘書，以上人員具體負責創新項目的實施和協調。項目管理機構的主要負責：落實理事會的決定，提出創新行動實施的具體方案；組織創新培訓活動；協調創新過程中出現的問題；督察創新項目實施情況，並給出評估報告；組建專家諮詢組。該諮詢組為理事會和管理機構提供創新諮詢、項目評估等服務。

第三，分析區域創新現狀，制訂連續的創新方案。有 170 萬人口的克雷莫納、曼托瓦、布雷西亞三省，其主導產業主要集中在電子儀器、金屬加工、紡織、服裝等領域。上述三省創新的特徵是有較多專業化水準高的中小企業，形成了「一品一區」的中小企業集群，其中有 2 個專業化程度較高的工業區。但是這兩個工業區均是科技園，且其中的企業與大學、科研機構的聯繫較少，企業的自主創新意識較差、

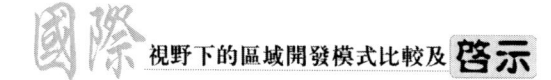

創新需求不清晰、創新定位模糊，造成企業仍以生產和加工傳統產品為主。為改善上述情況，區域理事會和管理機構通過問卷調查、訪談等方式瞭解詳情，摸清企業創新的方向和需求，制訂並實施了具體的創新計劃和行動方案。同時，該區通過加強培訓，開拓了企業的創新思維，推廣了創新成果和經驗。此外，該區政府積極完善基礎設施和通信設施的建設，扶持中小企業發展，促進中小企業創新，極大地提高了科研成果轉化的速度、效率以及範圍，形成了以高新技術為主的產業群體。

第四，加強區域創新網絡中各主體的關係，提高創新的效率。倫巴第大區在實施「周邊區域創新工程」的過程中，該區根據市場的供求關係，建立高效的協同分工模式，促進信息、技術、知識等可再生資源在各主體間的流動。第一層次是工業生產體系，直接從事產品的設計和生產，是技術創新的主體；第二層次是根植於當地政府大力支持的創新諮詢公司和仲介機構，主要包括與地方企業密切聯繫的、信息渠道完善的創業中心、孵化園區、協會及服務中心等；第三層次是一體化的科研體系，即主要從事科技創新和知識交流的大學和科研機構。在區域創新網絡中和科技創新成果轉化過程中，企業將會與政府、金融機構、仲介服務機構、科研機構，形成以資金鏈、技術鏈、人才鏈、服務鏈為一體的共享平臺，使各經濟主體更加緊密地聯繫在一起，形成閉環的信息鏈和產業鏈，從而降低交易成本、管理成本等相關成本，促進相關主體帶動整個區域創新網絡的動態發展。①

## 五、印度在區域開發中的創新——印度班加羅爾地區及提若普爾鎮創新型區域的建設經驗及啟示

（一）印度班加羅爾地區區域創新的經驗

20世紀90年代，為順應信息技術發展的潮流，抓住信息技術發展的機遇，帶動本國經濟的發展，印度政府制定了發展計算機軟件的戰略，在位於印度南部的著名花園城市班加羅爾建立了全國首個計算機軟件技術園區。

在建設區域創新體系方面，印度班加羅爾地區積極借鑒美國硅谷的發展模式，採取了以下措施：①營造創新文化，提高開放度，融入國際信息技術創新舞臺，參與國際交，加強國際合作，既鼓勵成功，又容忍失敗。②構建仲介服務機構。該區成立大量為計算機軟件開發服務的仲介機構、培訓機構和其他服務機構，如塔塔諮詢服務有限公司等。③建設區域創新網絡。經過多年的努力，該區的產學研一體化程度較高，形成了能有效溝通交流、廣泛合作的產業集群。④建設並完善政策法規體系，監督政策法規體系的落實。當地政府部門非常重視信息產業的發展和權益保障，並通過法律來保護區域創新主體的利益。⑤建立健全政府管理方式。該區明確了政府在區域創新發展中的地位和職能，實行了官、產、學共同管理的方式。⑥建

---

① 孫超英，等. 各國（地區）區域開發模式比較研究 [M]. 成都：四川大學出版社，2010：304-306.

設投融資環境。該區內有各類金融機構,如印度工業發展銀行等。不同類型、不同服務範圍的金融機構保障了班加羅爾地區的資金來源,滿足了其投融資需求,加快了該區的資金流通。

(二) 印度提若普爾創新型區域的建設概況、經驗和啟示

1. 印度提若普爾創新型區域的建設概況

印度南部的提若普爾鎮 (Tiruppur) 在 20 世紀中葉是一個貧窮落後的地區,但目前已成為印度針織品加工和出口中心,產品占據了印度棉織品市場的 85%,實現了出口產品的多樣化,生產技術達到世界領先水準。

在該區域的發展過程中,地理環境和風俗習慣發揮了非常重要的作用。相關研究甚至認為,「地方文化」是提若普爾鎮成功的核心因素。其中起關鍵作用的有以下兩方面:一方面,地理環境造就了該區的農業生產方式不同於其他地區,這為區域經濟的發展創造了優勢條件。提若普爾是半干旱地區,為了節省用水成本,充分利用水資源,該地區的 G 族人使用了小規模灌溉的生產方式。此外,由於本地的勞動力不夠,這裡很早就開始長期雇傭農業工人,他們推崇家庭式的勞動管理模式。G 族農場主們常常在生產中彼此合作,這就為網絡狀的小企業集群的形成創造了有利條件。另一方面,G 族農民的市場意識萌芽較早,且有冒險精神,不怕失敗的風險。從一定意義上來說,正是在當地農場的生產方式和 G 族人創新精神的幫助下,創造了提若普爾地區輝煌的針織品產業。

在提若普爾,創新型區域建設的主要措施:①開展政府信貸,促進小企業發展;②發揮政府服務功能,扶持小企業生產;③鼓勵建立密切聯繫的紐帶,推動本地區域網絡的發展、集聚和擴大,形成規模效應。

2. 印度提若普爾創新型區域的建設經驗及啟示

作為一個發展中國家的偏僻小鎮,印度提若普爾能發展為全印度針織品加工出口中心,在針織產業上具有國際競爭力,這對中國發展創新型區域是富有啟發意義的。印度提若普爾在創新型區域建設上帶給中國各地的主要經驗有以下幾點:

一是發揮本地區域優勢,發展地方特色的傳統產業。提若普爾作為印度南部泰米藍多 (Tamilnadu) 州的一個偏僻小鎮,在發展針織產業上的成功是富有地方特色的。自 20 世紀 20 年代以來,提若普爾就是印度南方的產棉地帶,也是泰米藍多西部地區軋棉和棉花交易的中心。當地的 G 族人是進取型的具有市場意識的農民,在該區棉花交易市場和發展過程中扮演了非常重要的角色,後來他們成為交易者、企業家等。當地的 G 族人不僅成就了提若普爾在針織產業的獨特優勢,也加速了該地區的市場化進程。印度提若普爾經濟發展的成功對中國各地,特別是落後區域,具有現實的借鑑意義。中國在區域發展和創新的進程中,應運用好本地區域優勢,結合市場需求,發展具有地方特色的產業,改善傳統產業,培養企業家精神,使得能在區域經濟發展中的獲得成功。

二是建立區域網絡,調整發展方向。區域網絡在提若普爾針織產業發展的成功

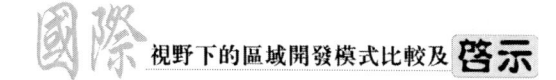

上起到了關鍵的作用。隨著提若普爾鎮經濟社會的發展，其生產重心逐漸由自給自足轉變為出口導向，在這一過程中，G族企業家在區域網絡中獲得了較大的好處，實現了精細化的勞動分工和彈性生產，不僅能有效抵禦市場風險，而且能提高勞動和生產的效率。在20世紀六七十年代，由於充分利用區域關係網絡，G族企業家在提若普爾鎮的針織品生產領域獲得了巨大的收益，並占取了較大的市場份額，與此同時，勞動分工提議也日益完善了。提若普爾82%的針織品企業是10~15人的小企業，由於採取網絡狀的生產組織形式，這些小企業通過網絡形成了一個充滿活力的產業有機體。從中國的發展情況來看，中國很多地方都熱衷於發展大集團、大企業、大公司，甚至有些地方不惜運用行政手段去拼湊大企業，試圖衝擊世界500強。以這種方式形成的企業或公司，其內在的弊病與弱點是顯而易見的。

三是明確政府職能的定位，發揮民眾的積極性。在提若普爾，政府首先明確自身的服務職能，然後通過為企業家提供相關服務，參與區域網絡建設。同時，政府還為提若普爾鎮的發展提供了低息短期貸款和政策優惠，解決該區發展資金短缺的問題。此外，提若普爾鎮還充分尊重群眾選擇，積極發揮基層的創造力，走出了一條自下而上發展起來的農村道路，增強了區域的創新活力，適應了市場需求的變化。然而，中國許多地方在進行區域規劃、實施過程中，習慣自上而下地推進，一方面忽視了區域發展的某些細節，另一方面可能無意中降低了民眾的積極性，甚至扼殺了基層的創造性，使得區域創新難以高效進行。這就要求我們在區域發展過程中，無論是制定區域發展戰略還是落實區域發展規劃，都應深入基層、充分相信群眾的力量，發揮群眾的主動性。[①]

# 第三節　區域創新悖論與欠發達區域開發

## 一、區域創新悖論與欠發達區域開發

區域創新悖論（也可稱區域創新難題）是歐盟委員會的經濟學者 M. Landabaso 在歐盟實施區域創新計劃中提出的一個現象。它是指那些相對欠發達的區域更需要資金、資源、技術來促進該區域的創新，但其在吸引利用公共投資來提高區域創新能力方面，又趕不上相對發達的地區。這樣就造成了較發達的地區容易吸引、利用更多的投資資金，企業的核心競爭力和競爭地位得以強化；而對於欠發達的地區，由於各種因素的制約，吸引的投資較少，利用的投資也較少，投資的效率也就越低，如此惡性循環，於是拉大了區域間的創新實力差距，如歐盟在推進貨幣一體化的進程中就面臨著各個成員國之間的區域差距。實際上，區域創新悖論是普遍存在的一

---

① 孫超英，等. 各國（地區）區域開發模式比較研究［M］. 成都：四川大學出版社，2010：304-306.

個現象。中國實施西部大開發戰略以來，東、中、西部經濟發展差距不是縮小而是拉大的現實，從一個側面反應了中國區域間創新實力的差距實際上是在擴大。

要尋找區域創新悖論的應對策略，首先要分析區域創新悖論產生的原因。分析區域創新悖論產生的原因，不能僅停留在投資使用的表層認識上，而應在區域創新體系內部尋找答案。造成欠發達區域吸引投資能力差、可利用投資少、投資效率低的主要原因有以下幾方面：①欠發達區域的基礎設施落後。欠發達地區的基礎設施無論是規模還是質量都遠低於發達地區，不利於吸引投資，其吸引的投資量自然較少，可利用的投資量也相對較低，投資效率也低。②欠發達區域的創新仲介機構較少，創新仲介服務不發達。仲介機構不健全，就不能為區域內企業與企業、企業與科研機構之間架起橋樑，既不利於欠發達地區的區域創新，也不利於企業之間的交流合作，導致整個區域的創新活力不足，無法提供有競爭力的產品。③欠發達區域與外界聯繫缺少有效的溝通渠道和溝通機制，使得區域內的企業無法有效瞭解市場需求的相關信息、獲得先進的技術，造成生產水準較低，因此投資效率也必然較低。④欠發達區域從事R&D活動的企業較少，且大多數企業缺乏植根性。因為欠發達區域內的企業缺乏植根性，科研活動甚至是原材料的採集都在該區外進行，造成這些企業既沒有與其他企業進行技術交流的動力，也沒有與區域內其他中小企業進行合作的意願。當地政府雖然也有創新計劃，但對市場需求把握不準確，缺乏技術支撐，也往往無法滿足中小企業的創新需求，必然會導致創新體系運行效率低，投資效率也低下。⑤欠發達區域金融體系不發達，不能提供足夠的風險資本支持區域內企業進行技術創新，從而使區域內企業產品老化，投資效率低下。⑥欠發達區域內未形成產學研一體化體系。因為企業、科研、仲介機構等部門之間無法協同統一行動，也使得投資效率低下。

從上述的區域創新悖論產生原因的分析中可知，導致區域創新悖論產生的根本原因就是欠發達區域創新體系績效不如發達區域創新體系績效高。因此，應對區域創新悖論的策略仍是要在創新型區域建設上下功夫，努力提高本區域創新體系的績效。下面以成渝經濟區區域創新體系建設為例探討中國西部創新型區域建設問題。

## 二、中國西部創新型區域建設研究——以成渝經濟區區域創新體系建設為例

黨的十八屆五中全會指出，「堅持協調發展，必須牢牢把握中國特色社會主義事業總體佈局，正確處理發展中的重大關係，重點促進城鄉區域協調發展，促進經濟社會協調發展，促進新型工業化、信息化、城鎮化、農業現代化同步發展，在增強國家硬實力的同時注重提升國家軟實力，不斷增強發展整體性」。這強調了當前及今後中國要著力解決區域經濟發展不平衡的問題，也為區域經濟的發展方向指明了道路。目前，中國已經推出了京津冀、長江經濟帶等多個區域經濟戰略。未來，

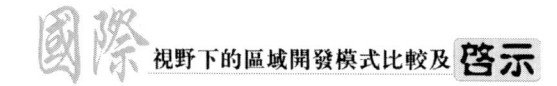

區域、城鄉發展的協調及基本公共服務的均等化將成為政策重點。但是，東西部區域經濟發展的差距仍較大。因此，如何在新形勢下，科學高效地推動西部地區融入「一帶一路」倡議、長江經濟帶戰略，在廣大中西部地區培育新的「增長極」，利用其特殊優勢快速發展並借助其擴散效應、示範效應引領推動整個中西部地區的發展，是縮小東西部區域經濟發展差距，實現西部崛起的重要歷史命題。同時，這也是應對經濟全球化、區域一體化，構建社會主義和諧社會，促進區域整合和國民經濟又好又快發展的重要戰略部署。

成渝經濟區地處長江上游的四川盆地，東邊臨近湘鄂，北邊與陝西、甘肅接壤，南邊緊鄰雲南、貴州，西邊與西藏相通，是中國重要的資源、產業、人口和城鎮集聚區，是引領帶動西部發展的重要引擎，在中國總體戰略佈局中具有重要地位。2011年5月國務院正式批覆《成渝經濟區區域規劃》，明確了成渝經濟區的地位和功能。因此，對成渝經濟區進行規劃與建設對優化全國經濟的空間佈局，推進東西部區域經濟的協調發展，培育西部的經濟增長極，建設西部經濟高地，具有十分重要的意義。

2007年6月國家發改委批准重慶市和成都市成立全國統籌城鄉綜合配套改革試驗區。在重慶、成都設立國家統籌城鄉發展綜合配套改革試驗區，對重大政策措施先行試點。2011年5月國務院正式批覆了《成渝經濟區區域規劃》，並強調加快成渝經濟區一體化發展，對建設西部高地、推進西部大開發戰略、促進區域協調發展，具有重大的現實意義。2016年3月國務院常務會議通過了《成渝城市群發展規劃》。這為西部地區進一步推進「一帶一路」倡議、長江經濟帶戰略、西部大開發戰略提供了戰略契合互動的機會，也有助於釋放中西部巨大內需潛力，拓展經濟發展新空間，構建內陸型經濟開放地帶。2016年9月，重慶、四川等7省入選了中國第三批自貿試驗區，這也體現了西部地區經濟發展的潛力，也給成渝經濟區的發展帶來重大的機遇。

這一系列的戰略舉措都彰顯了國家對西部地區經濟發展的重視。從宏觀層面來說，這些舉措有助於縱深推進「一帶一路」建議、長江經濟帶、西部大開發等國家發展戰略，形成以點帶片、跨區域、跨國聯動的內陸開放型經濟新格局，拓展全國經濟增長新空間。從中觀層面來說，有助於構建區域協調發展的總體戰略格局，提升西部地區對外開放的水準，增強西部地區參與國際經濟合作與競爭的能力，加快西部地區融入國際舞臺。從微觀層面來說，有助於打造帶動西部、輻射西南的現代化都市圈，有助於吸引國內外的資金、技術和人才等資源，實現西部崛起。

重慶、成都作為西部經濟崛起的關鍵，肩負著通過探索新的發展模式促進整個成渝經濟區的崛起，甚至加快整個中、西部發展的重任。因此，川渝兩地只有加強合作才能完成好黨和人民的寄託，成為中國經濟發展的第四「增長極」。那麼如何提高川渝兩地的區域競爭力，促進成渝經濟區區域經濟又好又快地發展？我們認為只有通過建設跨區域的區域創新體系，打破體制、制度障礙，通過制度創新、科技

創新、技術創新、服務創新,應對區域創新悖論,推進區域經濟發展。

(一) 在成渝經濟區建設跨區域創新體系——成渝經濟區區域創新體系的重要意義

區域創新體系對於社會經濟的內生增長及競爭優勢的形成具有舉足輕重的作用。庫克(2004)認為,區域創新體系是由與地區、國家甚至全球相聯繫的知識生產和加工的子系統組成的。與庫克一樣,Asheim(2004)指出,當今世界,區域創新體系僅依靠自身保持競爭力是不夠的,需要借助經濟一體化和全球化。Doloreux(2005)強調,成功的創新體系需要充分利用外部和內部的知識來增強和保持創新能力。由此可見,區域創新體系是與知識交流密切聯繫的開放系統。由於區域的範圍界定是相對的,既可以是範圍大至國家或省域的地區,也可以是小至市縣或鄉村的地域。因此,不能要求任何區域的創新體系都應是結構完整、要素完備的。雖然如此,但是這並不對區域創新體系的形成構成障礙,即使存在一些要素原料的問題,但是可通過與企業區域的交流獲得。隨著中國經濟社會的不斷發展和創新體制的日益健全,中國會順應經濟發展的需要,建立越來越多的跨區域創新系統,而非單一的行政創新體系。

跨行政區區域創新體系是在開放的跨行政區的環境下,由緊密聯繫的企業、科研所、仲介機構及政府組成的相互作用、相互制約且與外部環境不斷進行物質、能量、信息交流的開放系統。目前,中國長江三角洲區域創新體系建設的嘗試已經取得了一定成效,為中國其他地區的跨行政區區域創新體系的建設提供了啟示和借鑑。長江三角洲區域創新體系是在市場自發推動、政府引導牽頭、民間機構主動參與下發展起來的。這對建設成渝經濟區區域創新體系具有重大的指導意義。

建設區域創新體系,是提高成渝經濟區競爭力的必然選擇。根據《2008年中國城市競爭力藍皮書》的研究結果發現,中國正在形成30個大大小小的城市群,其中成渝城市群排名第6。成渝城市群雖總體排名靠前,先天競爭力強,但與前四大城市群相比,無論是現實競爭力還是成長競爭力差距都非常大,這也說明成渝經濟區應有的潛力並沒有得到很好地發揮。競爭力之間的差距關鍵在於創新差距,創新特別是原始性創新已經成為地區間科技與經濟競爭成敗的分水嶺。目前,東部地區在創新的路徑上已捷足先登,在此情況下,如果對構建區域創新體系認識不足甚至無動於衷的話,東西地區差距的鴻溝會越裂越深,愈加難以彌補。因此,只有植根於本地區特色,創建適合自身發展的區域創新體系,才能提升成渝經濟區的競爭力,減少與東部地區的差距,從而狙擊區域差距的擴大,爭做中國經濟「新增長極」。

建設成渝經濟區區域創新體系是重塑四川、重慶的區域創新能力的必然要求。《中國區域創新能力報告2015》的研究顯示,2015年四川省和重慶市區域創新能力不高,在全國處於中游水準。四川省的區域創新能力在全國排名第16位。而重慶市的區域創新能力雖然創新潛力較大,但與東部發達地區的差距也是越拉越大。因此,通過建設成渝經濟區區域創新體系以促進兩地區域創新效率和水準的提高意義重大,

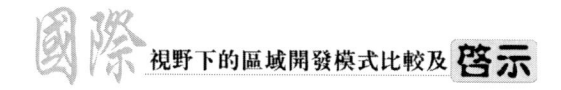

刻不容緩。[1]

(二) 成渝經濟區區域創新體系建設的現實基礎

成渝經濟區區位條件較好，區域創新資源豐富。在區位條件方面，成渝經濟區面積約 20.6 萬平方千米，約占全國陸地面積的 2.15%，轄區內有豐富的自然資源，其中森林覆蓋面積、水資源、天然氣、礦產資源均居全國前列；2014 年底總人口約 1 億人，占全國總人口的 6.8%，有充裕的熟練產業工人，勞動力資源豐富；農業條件較好，工業和交通基礎也相對較好。2015 年年底，成渝經濟區地區生產總值為 42,492.41 億元，占川渝兩地地區生產總值總和的 92.7%，經濟發展強勁。在創新源頭方面，成渝經濟區是西部地區科技資源最為豐富的地區，有高等學校 120 所，科研機構 226 個，兩院院士 50 名，智力資源豐富，有利於創新知識的產生。在創新基地方面，成渝經濟區擁有 4 個國家級高新技術開發區，國家和省級重點實驗室 35 個，工程技術中心 66 個。而在創新資本方面，以成都為例，2015 年成都高新區新登記的企業 18,196 家，增長 57.99%，新增各類在孵科技型初創企業 3,020 家，增長 300%，在孵企業累計 6,730 家，創新資本雄厚。

成渝經濟區兩地政府的積極推動。重慶成為直轄市後，川渝兩地政府為加快地方經濟發展，都在努力向本地吸引資源和資本、技術和人才等生產要素，政府實際上表現出極為明顯的競爭性，特別是轄區間政府的橫向競爭。這種競爭在一定程度上形成了一定的行政壁壘，阻礙了知識的流動，隔斷了創新聯繫。為了打破彼此間的行政壁壘，促進川渝的合作，兩地政府也在不斷努力。2015 年 5 月川渝兩地簽署《關於加強兩省市合作共築成渝城市群工作備忘錄》，明確將推進交通、信息、市場、環保、產業和公共服務等 6 個方面的一體化進程。2016 年 6 月，為促進川渝進一步加強合作，兩地簽署了「1+10」合作協議，以突破行政壁壘，推動兩地合作向縱深方向發展。因此，加大對成渝經濟區內各級政府間的合作，做大做強區內企業，加強區內產學研合作等，才能為跨區域創新體系建設打下基礎。

成渝經濟區產業分工協作關係密切，對外開放水準不斷提高。產業的分工與協作，能優化區內資源配置，形成區域性的產業集群，促進創新的擴散，提高產業整體競爭力，為區域創新體系的建設提供動力。成渝經濟區的產業分工和協作，發揮了各自的比較優勢，通過生產要素的流動和重組，形成了產業互補關係。區域化產業集群初步形成。重慶都市圈著重發展汽車、摩托車、裝備製造產業集群；成都都市圈著重培育重大技術裝備製造、電子、製藥產業集群；川南城市群則著重打造能源、化工原料產業集群。同時，成渝經濟區一直採取積極發展對外經濟的政策，並不斷吸引外資，全區利用的外資逐年增加。2007—2012 年年底，全地區累計實際使用外資金額 5,582,031 萬美元。2013 年，成渝經濟區吸引的外商直接投資已占到全國外商直接投資總額 1,175.86 億美元的 11%。其中，2013 年四川省新批外商直接

---

[1] 孫超英、等. 各國（地區）區域開發模式比較研究 [M]. 成都：四川大學出版社，2010：309-310.

投資企業 288 家，累計批准 10,192 家，全年外商實際到位資金 103.3 億美元，比上年增長 0.2%。截至 2013 年年底，重慶全年累計新簽外商投資項目 248 項，比上年減少 20.5%；新簽外商投資合同額 40.57 億美元。隨著成渝經濟區開放步伐的加快，成渝經濟區的國際地位將不斷得到提升，這為成渝經濟區區域創新體系的建設帶來了重大的機遇。

　　成渝民間交流、投資活動競相展開。成渝兩地作為中國內陸西部省市，相較東、中部地區的各個省市，自然環境更為惡劣、基礎設施建設更為落後、經濟政策規劃及實施相對滯後。改革開放初期，民間資本投資總量一直處於偏低水準。隨著中國市場化進程的推進、民間資本投資主體地位的提升，全國各地區民間資本總量逐年攀升，成渝地區民間資本投資總額也呈現逐年上升趨勢。而在改革開放的前十年間，成渝地區的民間資本投資額也並無太大變化，民間投資發展極為緩慢。由於西部地區自然環境惡劣、基礎設施建設落後、宏觀政策扶持力度相對較弱，在改革開放前期，相比東部沿海及珠三角經濟區而言，西部地區的投資環境對民間資本的吸引力遠遠不夠。2000 年西部大開發戰略的正式啟動成為成渝地區經濟發展的強大動力。隨著地區經濟不斷向好，地區投資環境不斷優化，成渝地區民間資本投資得到長足的發展，投資總額也明顯增加，在 2005 年達到了 3,286.33 億元，是 2000 年投資總額的 3.4 倍。2007 年成渝地區民間資本投資總額還在 5,000 億元周圍徘徊，2010 年就已實現投資總額的翻倍，達到 11,423.2 億元。經過三十多年改革開放的發展、十多年西部大開發戰略的實施、三年成渝經濟區的建設，成渝地區民間資本投資總量已實現跨越式增長。

　　成渝地區的區域創新環境。創新環境的優化將有利於創新的各個主體形成根植於區域內部的長期的社會化的區域創新網絡，是支撐整個區域創新體系運行的重要組成部分。在創新環境中，分為硬環境和軟環境兩種。硬環境主要是指區域內的基礎設施的建設。成渝經濟區處於西部地區，自古就交通不便，區域內部交通通達性較差，制約了創新在空間上的擴散。為此，經濟區內的基礎設施特別是交通基礎設施的建設自西部大開發以來也如火如荼地進行著，目前在經濟區內部已初步形成了公路、鐵路、內河航運、民航和管道運輸相結合的綜合運輸體系。區域創新軟環境主要是指區域創新文化和創新氛圍。良好的文化環境可以為創新提供源泉和巨大的動力。成渝經濟區上千年以來共有的巴蜀文化，全國聞名，已經成為現在成渝經濟區共同的文化基礎。

　　區域創新體系的建設是一個綜合性的系統工程，需要各個創新主體共同努力，才能最終達到目標。而在這個過程中，政府的推動和引導作用不可缺少。成渝經濟區區域創新體系作為一個跨行政區域的創新體系，更需要政府的推動，以打破行政壁壘，進行制度創新。近期，兩地政府可考慮在推進兩地共建科技仲介服務網絡，共建區域科技設備共享平臺，促進區域間聯合重大科技攻關等方面出抬一系列政策措施；必要的情況下，可考慮由中央有關部門，如科技部牽頭成立跨區域的協調工

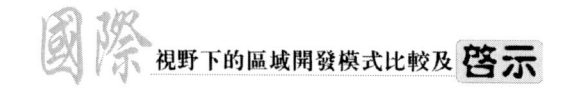

作機構，以積極推動跨行政區域的區域創新體系的建設。從成渝經濟區跨行政區區域創新體系的具體構建來看，它包括了知識創新體系、技術創新體系、服務創新體系、制度創新體系等，而建立並完善這些系統需要長期的努力。因此，成渝經濟區跨行政區區域創新體系的建設任重而道遠，需要各方積極努力才能最終取得成功。

### 三、成渝經濟區區域創新體系建設的路徑

成渝經濟區區域創新體系的建設有以下幾種路徑：

一是把握戰略發展機遇，推動跨區域合作。十八大以來，中央根據國際、國內形勢的變化，提出重點實施「一帶一路」、京津冀協同發展和長江經濟帶三大戰略，基本上勾畫出了「十三五」時期區域發展戰略的總體框架，即「四大區域+經濟支撐帶+陸海統籌」，從擴大內需和對外開放兩個維度豐富了區域發展總體戰略，拓展了區域發展總體戰略的空間感和層次性，形成東西聯動、全面開放、區域協同、陸海統籌的新型區域發展總體戰略格局。這一空間新格局的形成是立足於大的區域空間來審視中國經濟發展所面臨的一系列問題的一個大膽構想。而在這一個宏觀戰略大背景下，國內地區經濟發展所要遵循的邏輯就是實現組團化、板塊化的跨區域合作。成渝經濟區作為領跑西部經濟發展的引擎，應當充分抓住戰略機遇，推動跨區域合作，加快區域創新體制建設，以城市群發展助推大中小城市和小城鎮協調發展，推進城鄉統籌發展，促進經濟社會協調發展。

二是轉變政府職能，完善區域法律法規。成渝經濟區要構建現代化的區域創新體系，就必須重建成渝經濟區地方政府競爭秩序，果斷摒棄傳統狹隘封閉的地方保護主義觀念和陳舊思維，通過制度創新和硬件、軟件水準的提升吸引資源，促進地區集約化發展。現代區域創新體系的內在演進邏輯是通過公開的科技、文化、制度等各方面的競爭向市場主體和公民提供優質的公共服務和現代化的基礎設施，從而促進地區經濟發展。目前及今後的一段時期，成渝經濟區應積極回應中央政府深化行政體制改革大政方針，切實轉變政府職能，促使政府職能向創造良好環境，提供優質公共服務，維護社會公平正義等方向轉變。同時，要建立相應的法律法規，健全行政裁量權基準制度，全面落實行政執法責任制，對成渝區內市場中違法違規行為施以嚴厲的懲戒機制，並督促各方按質按量地執行。

三是健全交通基礎設施網絡，增強區域創新硬實力。成渝作為內陸開放城市，應加快區域創新體系建設，以區域創新帶動西部經濟發展的客觀基礎是建立通江達海、橫貫東西南北的快捷便利的海陸空一體化交通運輸通道。當前，成渝已分別建立了通向中亞、中東、歐洲的渝新歐、蓉歐快鐵，增強了成渝同全球西部地區的各方往來。在此基礎上，還應以新絲綢之路經濟帶為紐帶，加強成渝與西隴海蘭新線經濟帶及南貴昆經濟區的聯繫，加快成渝主動融入新絲綢之路經濟帶和海上絲綢之路經濟帶的建設步伐，以進一步增強成渝同中亞、南亞、中東等地的商貿、人才交

流。同時，還應完善航空配套設施的建設。隨著成都新機場的建成及重慶江北機場的擴建，未來成渝航空的旅客、貨運吞吐量將屢攀新高，配套設施也應日趨完善。無疑，成渝海陸空垂直一體化的交通基礎設施網絡的不斷完善將有助於成渝經濟區與外部融為一體，增加其區域創新的實力和輻射範圍。

四是協調產業佈局，實施差異化創新戰略。面對產業結構優化升級的挑戰與機遇，成渝經濟區內各城市應揚長避短，形成橫向錯位發展、縱向分工明確的產業格局，使產業空間優化與區域一體化發展階段相適應，避免產業同質化發展和重複建設，同時利用產業創新帶動區域創新發展。在空間結構上，成渝經濟區產業佈局應兼顧內江、自貢、江津、銅梁等次級城市產業空間佈局，通過城市產業間的錯位發展，形成產業梯次。在服務業方面，成渝經濟區應加速發展高附加值的現代服務業，重點發展生產性服務業，大力發展新興服務業，全面提升傳統服務業，積極拓展服務業空間和內容。在工業方面，應充分發揮成渝雙核的聚集、擴散效應，推動成都、重慶與次級城市的融合發展。在農業方面，應因地制宜地加強現代特色農產品種植的分工協作。在對外貿易方面，基礎條件較好的城市可積極拓展海外業務，開拓海外市場，提升成渝經濟區的國際競爭力和影響力。

五是建立多維度協調機制，增加區域創新的靈活性。多維度協調機制是營造良好經濟政策環境的基本保障，是激發區域創新活力的重要舉措，是擴大區域創新範圍的重要支撐，在區域經濟發展中的作用舉足輕重。區域創新是一項區域範圍廣、週期長的工程，在這一過程中涉及的經濟主體較多，各經濟主體之間既存在競爭也存在合作。如何避免各經濟主體間的零和博弈，增強合作的協同效應，僅靠法律手段保護是不夠的，還需要建立多維度的協調、合作補償和利益分配機制，增加經濟活動的靈活性，平衡各方經濟主體利益。在這一過程中，博弈各方將能清晰地認知自身的優勢和不足，充分發揮比較優勢，避免盲目地重複建設、定位模糊等問題，以實現自身利益的最大化。

六是加大「兩創」力度，增強自主創新能力。成渝經濟區內經濟社會要得到快速發展，必須提高勞動力要素供給量，改善勞動力素質技能，增強自主創新能力。「兩創工作」是中央改善地區就業環境和勞動力供給質量的重大舉措，是成渝經濟圈實現就業、產業雙升級的重大戰略部署。成渝經濟區內的各城市要通過兩創工作的開展，在經濟區內建設可以自由流動的勞動市場，促進區域人才之間的交流。可通過政策鼓勵成渝經濟區人才跨地就業、創業，建立「便參保、易轉移」的戶籍社保體系，打破限制勞動力轉移的制度藩籬，減少「兩創」活動的微觀成本。同時，要加強區域間技術合作和智力共享，促進創新要素集聚和知識傳播擴散，推動成渝經濟區乃至整個西部地區的開放創新、協同創新。

# 第十二章 踐行新理念，探索中國區域開發新路徑

發展理念是發展行動的先導。發展理念是否正確，從根本上決定了發展的成效乃至成敗。黨的十八屆五中全會報告強調「創新、協調、綠色、開放、共享」五大發展理念，是中國黨中央對世界區域開發實踐經驗的深刻總結，是對經濟發展規律的深刻認識，也是當前中國區域開發的行動先導。從前面幾章對世界各國區域發展情況分析來看，尤其是發達國家或區域經濟發展較好的地區，無一不是在順應時勢的科學理念指導下，逐步發展壯大起來的。中國的區域開發也應有新理念的指導，新理念是對經濟發展問題的新認識。牢固樹立並切實踐行新理念，既事關中國區域開發的發展思路、發展方式和發展著力點的戰略部署，也事關區域協調發展的大局。

## 第一節 新理念：國際區域開發的實踐經驗總結及行動先導

### 一、創新是區域經濟發展的根本動力

創新，是經濟發展的動力源泉，是轉化經濟發展方式的重要基礎，是牢固技術，提高人才水準，調整產業結構，優化制度的重要保障，因此必須把創新擺在經濟發展全局的核心位置，堅持創新驅動落實到經濟發展各方面，以塑造創新要素，健全創新系統，完善創新制度，提高創新質量，讓創新引領經濟發展，發揮創新型社會的優勢。堅持創新發展，即不斷推進理論創新、制度創新、科技創新、文化創新等各方面創新，讓創新貫穿生產、生活、消費中的各個方面，讓創新在全社會蔚然成風。[①]

在發展動力方面，應積極培育創新發展動力。積極運用創新優勢，一方面提高勞動力、土地、知識、資本、技術等要素配置能力，另一方面激發創新主體的活力，在大眾創業、萬眾創新的推動下，釋放新的需求，創造新的供給，推動新的技術、

---

[①] 新華網. 引領中國發展全局的五大發展理念 [EB/OL]. (2015-11-16). http://www.xinhuanet.come/politics/2015-11/16/c-128433822.htm.

產業及業態的蓬勃發展。在發展空間方面，應積極拓展發展新空間。以「一帶一路」倡議為紐帶，加強中國與東亞、歐洲等區域的聯繫，拓展國際市場，積極融入國際舞臺，提高中國創新的水準和質量。以長江經濟帶戰略為節點，培育新的增長極，構建以沿江、沿海地帶為主的橫向經濟軸帶，推動區域協調發展；以京津冀、環渤海、珠三角、長三角等協同發戰略為縱向經濟軸帶，培育壯大若干重點經濟區和城市群，打造國際化交流平臺。在實施路徑方面，深入實施創新驅動發展戰略。積極發揮要素創新、人才創新、服務創新、組織創新、價值鏈創新等在創新發展中的引導和引領作用。在技術支撐方面，實施「互聯網+」行動計劃。創新社會發展交流平臺、分享經濟，實施國家大數據戰略。在構建產業體系方面，應加快「中國製造」向「中國創造」轉變，通過技術創新、培養戰略新興性產業等措施，打造高水準的產業鏈、人才鏈、投資鏈，構建具有國際競爭合作能力的工業品牌，同時，促進傳統農業和服務業的轉型升級，建設現代化農業和現代化服務業，改善傳統農業的生產方式，提高傳統服務業的附加價值。在體制機制構建方面，應在市場主導、政府引導的條件下，積極構建創新發展的投資制度、分配制度、人才培養制度、知識產權保護制度等，深化體制機制改革創新，切實轉變政府職能，加快構建服務型政府，提高政府服務的效能，進而激發市場活力，提高社會創造力。

## 二、協調是區域經濟發展的主要遵循

協調，是社會穩定的基礎，是經濟發展的主要目的，是實現「兩個一百年」目標和中華民族偉大復興夢的重要前提。堅持協調發展，應牢牢把握中國特色社會主義事業總體佈局，正確處理發展中的重大關係，重點促進城鄉區域協調發展，促進經濟社會協調發展，促進新型工業化、信息化、城鎮化、農業現代化同步發展，在增強國家硬實力的同時注重提升國家軟實力，不斷增強發展整體性。

在區域協調方面，應積極擴展發展新空間，推動生產要素的有序流動、基本公共服務的均等化，打破體制機制壁壘，加強薄弱領域的發展後勁，構築區域一體化發展的新格局。在城鄉協調方面，應明確城鄉協調的主要任務，釋放鄉村經濟發展的活力；健全鄉村公共基礎設施建設和投資機制建設，完善城鄉一體化的體制機制，推動城鎮公共服務向農村延伸，實現農村農民農業的就地城鎮化、職業化、產業化。同時，推進城鄉的物質、精神文明協同發展。在產業協調方面，應推動生產方式向節約高效轉變，切實提高全要素生產率，實現產業結構的轉型升級。

## 三、綠色是區域經濟發展的基本訴求

綠色是生命的象徵，是大自然的底色，是現代社會文明進步的重要標志。綠色也是增加有效投資的新方向，推進新型城鎮化的新舞臺，銜接地上地下的新節點，

對提升城市生態品質的新形式具有重要作用。堅持綠色發展，就是貫徹落實生態優先、環境保護、創新驅動的可持續發展道路，也是滿足適應經濟發展新常態、加快轉型發展的時代要求，更是滿足全國人民對良好生態環境的新期待，維護國家生態安全的戰略使命。

推進綠色發展，必須始終堅持以生態優先、保護環境為基礎的重要原則，經濟發展的根本目的是更好、更舒適地生活，這也告訴我們，經濟的發展不能以犧牲環境為代價，我們的經濟活動應在環境可承載的範圍內進行。對於中國發展的實情，綠色發展就是要求我們在四大功能區劃分的基礎上，貫徹落實創新驅動、提高資源要素利用率、轉變經濟發展方式、提高產業生產水準，將環境保護落到實處。也就是說，首先，我們應積極建設資源節約型、環境友好型社會，形成人與自然和諧相處的發展格局。其次，要增強城鄉規劃的聯繫性、科學性和動態性，構建合理的城市和鄉村發展格局、產業發展格局及空間發展格局，使空間體系更加的協調、發展格局更加的完善。同時，城鄉建設要充分體現當地的綠色生態、地域風貌，針對不同的區域，實行差別化區域開發政策，嚴守資源環境生態的紅線。再次，推動綠色低碳循環產業的發展，構建綠色低碳產業體系，減少污染物排放總量，抑制土地荒漠化、濕地退化和水土流失，全面提升環境質量，增強生態系統服務功能。最後，建立綠色發展體制機制，保障綠色發展落到實處，監督綠色發展切實進行。

### 四、開放是區域經濟發展的重要路徑

開放，是中國發展內聯外動的重要路徑，是提高經濟發展質量和市場環境的內在要求，是擴大國內外市場的必要條件。堅持開放發展，就是順應國際經濟合作和競爭格局的變化，發展更高層次的開放型經濟，與世界各國攜手應對發展中的問題和各種挑戰，提高中國在國際舞臺上的經濟話語權。既要積極參與全球經濟治理和公共產品供給，又要參與整合全球價值鏈，重構國際經貿規則，承擔更多的國際責任。

堅持對外開放，首先應深化對外開放的內涵和外延，改善對外開放環境，提高對外開放的能力，拓展對外開放的範圍，同時完善對外開放新格局；推進雙向開放，形成以點帶片、跨區域、跨國聯動的內陸開放型經濟新格局，支持沿海地區全面參與全球經濟合作和競爭，培育有全球影響力的先進製造基地和經濟區，提高邊境經濟合作區、跨境經濟合作區發展水準。其次，應建立健全對外開放新體制機制，培育國際經濟合作和競爭新優勢；健全服務貿易促進體系，有序擴大服務業對外開放。

### 五、共享是區域經濟發展的價值追求

共享，是區域經濟發展的價值追求，是經濟發展的根本目的，也是實現公平正

義的前提條件。雖然共享強調人人機會均等、人人享有經濟發展成果，不僅體現了統籌兼顧，也展現了我黨的一貫目標，但是共享並不是搞平均主義，而是在承認差距的基礎上，把差距控制在合理的範圍內，防止結構差距、城鄉差距、區域差距等出現過於懸殊的現象。堅持共享發展，就是要把經濟社會發展的蛋糕做大，讓更多的人參與到國家建設中來，使更多的人享有經濟社會發展的成果，增強人們團結的能力，提高人們對國家的認同感、責任感，並擁有歸屬感。堅持共享發展，就是在發展目標上，注重機會公平，保障人民的基本生活。在實施路徑上，要增加公共服務供給，解決人民最關心的現實利益問題，提高公共服務共建能力和共享水準。在制度保障上，要提高技術工人和農民工的薪資待遇、社會地位和社會認同感；提高教育質量，推動義務教育均衡發展；健全與經濟社會發展相關的體制機制；實施全民參保計劃，實現職工基礎養老金全國統籌，劃轉部分國有資本充實社保基金，全面實施城鄉居民大病保險制度。在制度建設上，建立更加公平更可持續的社會保障制度。同時，完善人口發展戰略，開展應對老齡化行動。

　　五大發展理念相互貫通、相互促進。① 其中，創新是區域經濟發展的根本動力、協調是區域經濟發展的主要遵循、綠色是區域經濟發展的基本訴求、開放是區域經濟發展的重要路徑、共享是區域經濟發展的價值追求。從理念內容來看，創新、協調、綠色、開放、共享五者相互依存、相輔相成、相得益彰。從內在邏輯上看，五大發展理念緊密聯繫、層層遞進。從發展理論來看，五大發展理念正在由「精神」向「現實」轉變。從執行操作上看，必須將五大發展理念作為一個整體，統一貫徹落實，使其一起發力，從而贏得全面建成小康社會的勝利。

## 第二節　中國區域經濟發展新格局及問題分析

　　自黨的十八屆三中全會召開以來，中國區域經濟發展進入了新時期，呈現出了新動向。從區域佈局上來說，中國當前整體佈局是非常完整的，從東到西分為「四大板塊」，即東北地區、東部地區、中部地區、西部地區。「三大戰略」中，「一帶一路」倡議是沿著鐵路隴海線，由東向西梯度開發，一直到延伸到國外；長江經濟帶沿長江三角洲由東向西由三個城市群帶動，梯度開發；京津冀協同發展則由南向北開發，以期激發環渤海經濟發展的活力。② 「四大板塊」和「三大戰略」的確立，有助於塑造要素有序自由流動、主體功能約束有效、基本公共服務均等、資源環境可承載的區域協調發展新格局。

---

① 黨的十八屆五中全會審議通過的《中共中央關於制定國民經濟和社會發展第十三個五年規劃的建議》。
② 鳳凰財經. 創時代，中國劃定四大板塊、三大戰略佈局 涵蓋全中國 [EB/OL]. (2015-03-05). http://finance.ifeng.com/a/20150305/13532739_0.shtml.

## 一、中國區域經濟發展新格局

分析國內外經濟發展局勢，處理複雜的經濟社會關係如同看著琴譜彈鋼琴，既要看清琴譜的音符、律動，又要統籌兼顧每一個按鍵，只有各方面有效協調，才能彈奏出優美的樂曲，才能奏響全面建成小康社會的交響曲以及中華民族偉大復興的進行曲。毋庸置疑，「五大發展理念」中的協調在中國經濟社會發展的大格局中具有重要的位置。目前，中國已經形成了以「一帶一路」、長江經濟帶、京津冀一體化三大國家戰略為主的區域協調發展新格局。協調發展理念是對馬克思主義關於協調發展理論的創造性運用，是對經濟社會發展規律認識的深化和昇華，為理順發展關係、拓展發展空間、提升發展效能提供了根本遵循。歷史必將證明，把握好「五位一體」總體佈局，貫徹落實「四個全面」戰略佈局，做到區域協調發展，中國發展之路就會越走越寬廣。

（一）「一帶一路」倡議

2013年9月7日，習近平主席在哈薩克斯坦首次提出共同建設「絲綢之路經濟帶」；1個月後，習近平在印度尼西亞首提「21世紀海上絲綢之路」。「一帶一路」即二者合稱。「一帶一路」倡議是中國領導人在深入分析國內外兩大格局及發展形勢的基礎上，根據中國發展實情，提出的全方位對外開放的大戰略，既給「中國創造」帶來了難得的機遇，給「中國製造」帶來了廣闊的市場，也有助於提高中國在國際舞臺上的制度性話語權。

1.「一帶一路」倡議提出的背景

改革開放40年來，中國經濟持續高速增長，雖然現在經濟增長率有所下降，但是毋庸置疑，中國已經成為名副其實的經濟大國。但是，2008年國際金融危機以來，在國際經濟格局深刻調整、世界市場萎靡、美國試圖重新制定全球貿易規則、重塑貿易格局（TPP、TTIP）等國際隱患，以及中國人口紅利衰減、「中等收入陷阱」風險累積、產能過剩、外匯資產過剩、中國油氣資源和礦產資源對國外的依存度高、地方政府債務居高不下等一系列國內矛盾的綜合作用下，中國經濟增長速度逐年下滑，需求刺激效果甚微。主要表現為以下幾方面：

一是傳統產業產能過剩，中低端產品過剩，高端產品不足。傳統產業和中低端產品生產同質化現象嚴重，產品附加價值低，企業間大都以惡性低價競爭謀利。2003年以來，傳統產業，特別是鋼鐵、煤炭、水泥等幾大行業，虧損率在80%左右，產業利潤不僅大幅下降，而且出現了產能過剩的情況。截至2015年12月初，幾大行業連續40多個月生產價格指數呈負增長。此外，房地產庫存過多，「空置」現象嚴重。當前中國面臨嚴重的樓市庫存壓力，「空置」住房可供2.2億人口居住。產能過剩是總供給不正常地超過總需求，其實質是投資結構、產業結構的失調，因此如何矯正要素配置的扭曲，加快調整投資結構和產業結構，化解產能過剩，淘汰

「僵屍企業」，加大產業重組是中國面臨的難題之一。

二是企業生產成本高，全要素生產率較低。一方面，隨著人口紅利的衰減，「劉易斯拐點」的加速到來，要素資源約束加劇，勞動市場供需結構的轉變，中國勞動力市場出現了短缺，勞動力的工資明顯上漲，造成了企業的直接生產本增加。另一方面，中國的企業大多處於產業鏈的底端，創新能力不足，使得產品附加價值低，全要素生產效率低，企業獲得的實際收益較低。幫助企業降低生產成本、減少企業的制度性交易成本、稅費負擔、財務費用等，以增加企業的創新資本，提高企業的全要素生產率，是經濟可持續發展的關鍵。

三是地方債務風險累積，金融風險增加。根據 2015 年中國社會科學院發布的《中國國家資產負債表》，中國的非金融企業及地方政府的槓桿率較高，銀行和隱形不良資產有負債風險。同時，2000—2014 年，國有企業債務及地方政府債務迅速增長。國有企業債務增長額為 55.2 萬億元，年均增長 3.9 萬億元；地方債務增長額為 26.4 萬億元，年均增長 1.9 萬億元。國有企業債務和地方政府債務對主權負債增長的貢獻率分別為 53.8% 和 25.7%。高速增長的地方債務、複雜化的籌資結構、面臨流動性風險的到期償付等問題可能造成的金融風險不容小覷。

四是中國已成為經濟大國，但面臨著中等收入陷阱。據國家統計公報顯示，2015 年中國的國內生產總值是 676,708 億元（10,385.66 美元），居世界第二位，占世界經濟總量的 15.5%。按照世界銀行 2010 年的最新標準，人均 GDP 在 3,946～12,195 美元為中等偏上收入國家。2015 年，中國的人均 GDP 是 7,800 美元左右，按照上述標準，可判斷中國已進入中等收入國家的行列，正走向高收入國家的隊列。雖然中國已成為名副其實的經濟大國，但並非經濟強國，仍面臨著收入差距過大、出口依存度過高、內需不足、區域發展不協調、服務業發展滯後和產業結構能效低下等一系列可能導致中國落入中等收入陷阱的引導因子。如何加快中國產業從勞動密集型和出口導向型向技術密集型和內需驅動型轉換，是中國成為經濟強國，成功跨越中等收入陷阱的重要問題。

為適應世界經濟格局的調整和中國經濟發展的新常態，中國提出了構建「一帶一路」的偉大藍圖。著力建設「一帶一路」，構建全方位的開放新格局，既是中國深化對外開放的客觀需求，也是加快中國區域協調發展的重要條件，還是中國融入世界舞臺、加強與其他國家合作的重要契機。「一帶一路」倡議將增強沿線各國各地區發展戰略的互動與銜接，挖掘國內外市場的潛力，拓展國際市場的範圍，刺激投資和消費，增進沿線各國各地區人民的交流與互鑒，讓各國共享經濟、社會、文化等各方面發展帶來的好處。

2.「一帶一路」的重要支撐條件

第一，產能支撐。高鐵、核電、建材、高端裝備等需要向「一帶一路」國家拓展出口。以「高鐵」為例，中國高鐵行業在國際上具有顯著的成本優勢。中國高鐵建造成本是國際水準的三分之一，營運里程卻占全球的 48%。但企業自身也存在對

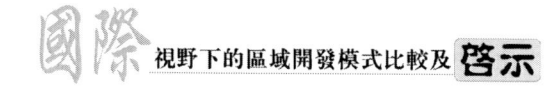

外擴張的動力不足的問題，如中國中車海外業務占比不到10%，國外同行業的龐巴迪、阿爾斯通，海外業務占比大約在90%。

第二，資金支持。2015年末，中國外匯儲備達3.33萬億美元。為滿足「一帶一路」建設的資金需求，目前已成立了主權投資基金（絲路基金）、亞洲基礎設施投資銀行、金磚國家開發銀行、海上絲綢之路銀行。

第三，沿線國家的支持。「一帶一路」倡議符合沿線各國的經濟利益，得到了沿線各國的支持和積極參與。

第四，技術升級。隨著技術的進一步發展，世界各國的物理距離不斷被縮短，各國之間的交流越來越多。為滿足自身發展的需求，各國都積極融入世界一體化進程，以獲得廣闊的市場，搶占市場先機。

3.「一帶一路」取得的成效

（1）有序締結夥伴關係網，基礎設施建設有序進行。目前，已有30多個國家同中國簽署了「一帶一路」合作協議。如，中巴、中蒙俄等經濟走廊建設已經做出了前期示範，有序進行中歐、中泰、中老等泛亞鐵路網的建設等。此外，中國與「一帶一路」沿線各國還將深入推進關鍵通道、關鍵節點和重點工程的建設，啟動一批條件成熟的港口、鐵路、能源開發等戰略合作項目，以提升陸路、海路通達水準，締結夥伴關係。

（2）各國空間發展戰略對接，政策溝通不斷加強。在基礎建設、國際產能合作過程中，中國積極與沿線國家進行「一帶一路」的規劃合作，如共建工業園區規劃、經濟特區，以協調對接國際大項目，帶動私人投資。同時，隨著沿線各國的政策溝通不斷加強，以政府規劃合作為中心的國際發展模式正成為國際發展領域的新實踐，也為中國參與國際規則的制定提供了機會。

（3）深化經濟合作，構建全方位開放新格局。「一帶一路」倡議自提出以來，通過推動中國與沿線國家的深度經濟合作及中國企業和資本走出去，大力促進了中西部地區和沿邊地區的交流合作，實現了雙向開放，也將進一步促進沿海地區的對外開放升級。與此同時，通過提高對外開放水準、投資經貿合作等方面的交流，中國與沿線國家正在形成互利合作的新局面。

（4）提升產業互補合作效率，統籌國內產業升級。「一帶一路」倡議為中國的產業升級提供了更寬的視野和更廣的市場，提高了各國各種資源的互補效率的同時，還通過國際產能合作、金融與貨幣合作、跨國政策協調等多方面的衍生機遇，使中國正實現區域縱深一體化、產業結構調整和經濟增長方式的轉變。比如，2015年「一帶一路」工程，中國對外承包新簽合同首次突破2,000億元，較2014年增長9.5%。

（二）長江經濟帶戰略

長江經濟帶是具有世界影響力的內河經濟帶和東中西互動合作的協調發展帶，是沿海沿江沿線全面實施內外開放的傳導帶，也是生態文明建設的先行示範帶。長

江經濟帶涵蓋長江上、中、下三段地域,包括上海、江蘇、浙江、安徽、江西、湖北、湖南、重慶、四川、雲南、貴州等11省市,面積約205萬平方千米,人口和生產總值均超過全國的40%,橫跨中國東中西三大區域,涵蓋六個國家重點生態功能區,是中國「兩屏三帶」生態安全屏障的重要組成部分。根據2016年發布的《長江經濟帶創新驅動產業轉型升級方案》,長江經濟帶未來的發展將以優化為主線,通過調整產業存量、做優產業增量的方式,構建現代產業體系;以創新為動力,依託科技創新、制度創新雙輪驅動,構建全方位創新發展體系;以融合發展為導向,建立要素資源聯動機制;以協同為抓手,打破地區封鎖和利益藩籬,形成全面合作的發展機制。

1. 長江經濟帶的優勢

第一,交通便捷,具有明顯的區位優勢。長江經濟帶是中國重要的戰略區域,不僅有廣闊的腹地,而且起著連接南北、承接東西的樞紐作用。

第二,資源豐富。長江經濟帶不僅擁有大量的淡水資源,而且有許多生物資源、旅遊資源以及礦產資源,發展潛力廣闊。

第三,產業優勢。長江經濟帶匯聚了大量的科技創新人才和戰略性新興產業,是中國名副其實的工業走廊。此外,長江經濟帶還有「大農業地」之稱。

第四,人力資源優勢。長江流域是人口的集聚地,是中國人口密度相對較大的區域,科教興盛,人才匯聚。

第五,城市密集,市場廣闊。2014年沿江9省和2個直轄市的人口總量為5.816億人,約占全國總人口的42.7%;地區生產總值為284,643.3億元,占國民生產總值的44.7%;多數省市地區生產總值增長速度高於全國平均水準。僅上海這一地區,人口就有2,415萬人,人均收入達97,560.83元,各種消費需求十分可觀,對於國內外投資者有很強的吸引力。

2. 長江經濟帶的發展現狀

(1) 經濟增長情況。自長江經濟帶確立以來,沿江11省市積極融入長江經濟帶發展戰略,切實發揮自身優勢。2014年長江經濟帶經濟總量占全國經濟總量的44.7%,整體經濟形勢優於全國平均水準(如表12-1、圖12-1所示)。

表12-1 2014年長江經濟帶11省市部分指標在全國的占比情況

| 省市 | 區域 | 地區生產總值總額(億元) | 地區生產總值占全國比重 | 地區生產總值同比增長 | 人口(萬人) | 人口占全國比重 | 人均地區生產總值(元) |
| --- | --- | --- | --- | --- | --- | --- | --- |
| 上海 | 東部 | 23,560.94 | 3.7% | 7.0% | 2,415 | 1.8% | 97,560.83 |
| 江蘇 | 東部 | 65,088.32 | 10.2% | 8.7% | 7,939 | 5.8% | 81,985.54 |
| 浙江 | 東部 | 40,153.50 | 6.3% | 7.6% | 5,498 | 4.0% | 73,032.92 |
| 安徽 | 中部 | 20,848.75 | 3.3% | 9.2% | 6,030 | 4.4% | 34,738.17 |
| 江西 | 中部 | 15,708.60 | 2.5% | 9.7% | 4,522 | 3.3% | 34,575.04 |

表12-1(續)

| 省市 | 區域 | 地區生產總值總額(億元) | 地區生產總值占全國比重 | 地區生產總值同比增長 | 人口(萬人) | 人口占全國比重 | 人均地區生產總值(元) |
|---|---|---|---|---|---|---|---|
| 湖北 | 中部 | 27,367.04 | 4.3% | 9.7% | 5,799 | 4.3% | 47,192.69 |
| 湖南 | 中部 | 27,048.46 | 4.2% | 9.5% | 6,691 | 4.9% | 40,425.14 |
| 重慶 | 西部 | 14,265.40 | 2.2% | 10.9% | 2,970 | 2.2% | 48,031.65 |
| 四川 | 西部 | 28,356.66 | 4.5% | 8.5% | 8,107 | 6.0% | 34,977.99 |
| 雲南 | 西部 | 12,814.59 | 2.0% | 8.1% | 4,687 | 3.4% | 27,340.71 |
| 貴州 | 西部 | 9,251.01 | 1.5% | 10.8% | 3,502 | 2.6% | 26,416.36 |
| 長江經濟帶合計 | | 284,463.27 | 44.7% | —— | 58,160 | 42.7% | —— |

數據來源：《中國統計年鑒2015》。

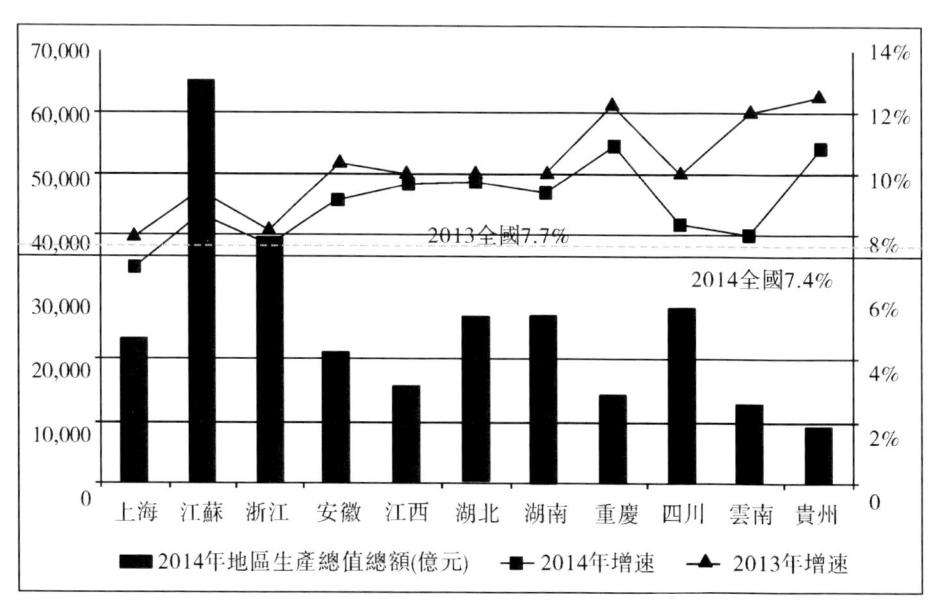

圖12-1 2014年長江經濟帶11省市的地區生產總值總額柱狀圖和地區生產總值增長速度折線圖
數據來源：《中國統計年鑒2014》《中國統計年鑒2015》。

從表12-1可以看出，長江經濟帶9省和2個直轄市的經濟發展態勢較好，有10個省市地區生產總值增長速度超過國內生產總值增長速度7.3%，其中作為西部引擎的重慶和西部發展新貴的貴州，地區生產總值增長速度分別高達10.9%和10.8%，僅有上海因存量較大，地區生產總值增長速度為7.0%。從圖12-2也可以看出，2013年長江經濟帶11省市地區生產總值增長速度均高於全國平均水準7.7%的增長速度，2014年長江經濟帶11省市中僅有上海地區生產總值增長速度低於全國平均水準，但是上海人均地區生產總值最高，為97,560.83元/人，其他10省市

的地區生產總值增長速度均高於全國平均水準，長江經濟帶的發展態勢強勁。

從表 12-1 還可看出，長江經濟帶中的中西部地區的經濟增長態勢好於東部地區，2014 年西部地區中地區生產總值增長速度最高的是重慶，高達 10.9%，其次是貴州高達 10.8%；中部地區地區生產總值增長速度最高的是湖北和江西，分別為 9.7% 和 9.6%；東部地區最高的江蘇為 8.7%，最低的為上海 7.0%。2015 年，重慶、貴州、江西的地區生產總值增速均超過 9%，湖北、雲南、安徽、湖南、江蘇、浙江六省則都在 8% 及以上，經濟發展態勢強勁。這說明西部地區經濟發展潛力較大，後發優勢顯著。中西部地區取得的成就離不開西部大開發戰略、「一帶一路」和長江經濟帶的帶動作用。中西部地區的崛起表現了國家促進東、中、西部均衡發展的決心，也符合國家的區域發展戰略格局。自此，在長江經濟帶的基礎上，將加快形成長三角、長江中游和成渝三大城市群佈局。

結合表 12-1、圖 12-1 和圖 12-2 可以看出，雖然長江經濟帶 11 省市的地區生產總值增長速度大多高於全國平均水準，但是東中西部各省市地區生產總值差距仍較為明顯。比如，雖然貴州省的地區生產總值同比增長速度為 10.8%，但是其地區生產總值總額僅約為江蘇省的 1/7，人均地區生產總值約為江蘇省的 1/3。這就為國家產業轉移政策提供了發展空間，也是東中西部各地區在新形勢下採取不同區域發展戰略和開發模式的基礎。

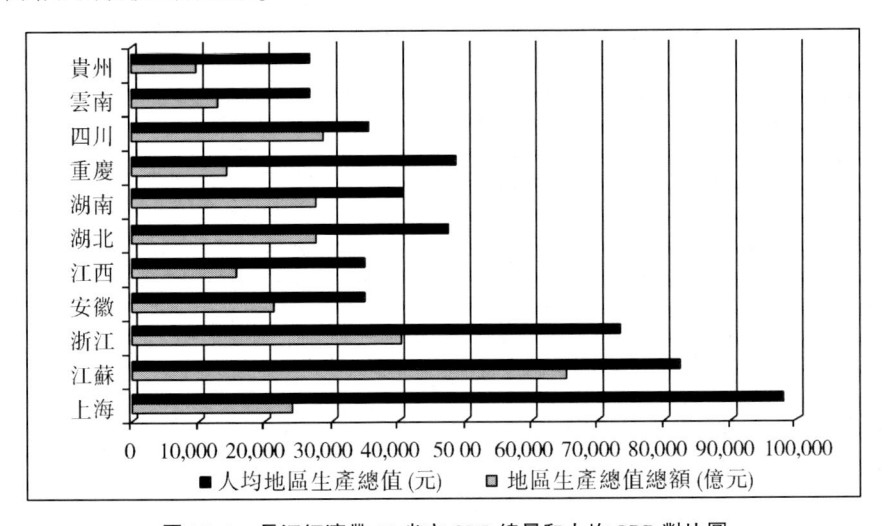

圖 12-2　長江經濟帶 11 省市 GDP 總量和人均 GDP 對比圖

數據來源：《中國統計年鑒 2015》。

（2）固定資產投資情況。作為反應投資規模、速度、使用方向和比例關係的綜合性指標，固定資產投資在一定程度上能說明一地區的經濟發展潛力。2014 年全年全國固定資產投資為 502,005 億元，同比增長 15.7%。長江經濟帶 11 省市的固定資產投資為 204,584.8 億，占比全國固定資產投資的 40.70%。從表 12-2 和圖 12-3

可以看出長江經濟帶 11 省市固定資產投資的基本情況。

表 12-2　　　　　　2014 年長江經濟帶 11 省市固定資產投資情況

| 省市 | 區域 | 固定資產投資總額（億元） | 固定資產投資占全國比重 | 固定資產同比增長 | 人口（萬人） | 人口占全國比重 | 人均投資額（元） |
| --- | --- | --- | --- | --- | --- | --- | --- |
| 上海 | 東部 | 6,012.97 | 1.2% | 6.5% | 2,415 | 1.8% | 24,898.43 |
| 江蘇 | 東部 | 41,552.75 | 8.3% | 15.5% | 7,939 | 5.8% | 52,340.03 |
| 浙江 | 東部 | 23,554.76 | 4.7% | 16.6% | 5,498 | 4.0% | 42,842.42 |
| 安徽 | 中部 | 21,069.24 | 4.2% | 16.5% | 6,030 | 4.4% | 34,940.70 |
| 江西 | 中部 | 14,677.04 | 2.9% | 18.0% | 4,522 | 3.3% | 32,456.97 |
| 湖北 | 中部 | 22,491.67 | 4.5% | 19.3% | 5,799 | 4.3% | 38,785.43 |
| 湖南 | 中部 | 20,575.33 | 4.1% | 19.4% | 6,691 | 4.9% | 30,750.75 |
| 重慶 | 西部 | 12,136.52 | 2.4% | 17.9% | 2,970 | 2.2% | 40,863.70 |
| 四川 | 西部 | 22,662.26 | 4.5% | 14.7% | 8,107 | 6.0% | 27,953.94 |
| 雲南 | 西部 | 11,073.86 | 2.2% | 15.1% | 4,687 | 3.4% | 23,626.75 |
| 貴州 | 西部 | 8,778.40 | 1.7% | 23.6% | 3,502 | 2.6% | 25,066.82 |
| 長江經濟帶 | 合計 | 204,584.80 | 40.7% | —— | 58,160 | 42.7% | — |

數據來源：《中國統計年鑒 2015》。

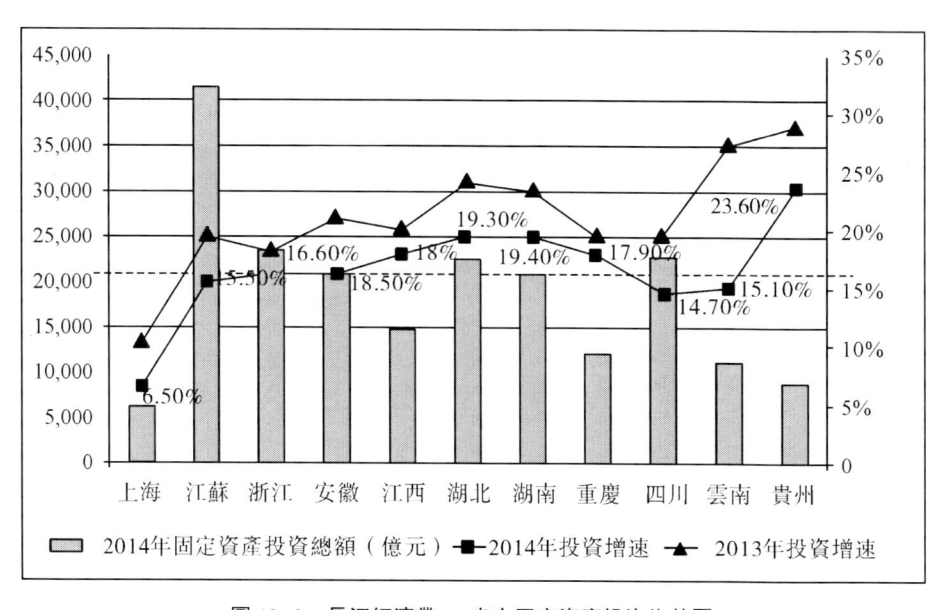

圖 12-3　長江經濟帶 11 省市固定資產投資趨勢圖

數據來源：《中國統計年鑒 2014》《中國統計年鑒 2015》。

根據2015年國家統計局發布的數據，江蘇以41,552.75億元的固定資產投資，在全國排名第二；貴州則以23.6%的固定資產投資增速位列全國第一；浙江、安徽、江西、湖南、湖北、重慶等6省市的固定資產投資增速超過全國固定資產投資增速。從表12-2中也可看出長江經濟帶上11省市固定資產投資量較大，投資增長速度強勁，這說明長江經濟帶未來經濟發展潛力較大。

但是，從圖12-3中可以看出，長江經濟帶11省市的固定資產投資絕對量仍存在較大的差別，比如江蘇固定資產投資額為41,552.75億元，貴州雖然固定資產增長速度為23.6%，位列全國投資增長速度第一，但是固定資產投資額僅為8,778.4億元，二者相差32,774.35億元。這在一定程度上反應了東西部經濟發展的差距，也說明了西部地區基礎設施相對於東部地區仍不健全，在未來的西部經濟發展過程中，國家政策仍應注重基礎設施的建設和固定資產投資。

（3）產業發展和消費情況。一個地區的經濟發展情況在一定程度上取決於該地區的產業結構和消費水準。產業結構反應了該地區的勞動力層次和吸引力，消費水準反應了一個地區的實際收入水準和市場潛力。圖12-4和表12-3反應了長江經濟帶11省市的產業發展概況和消費水準。

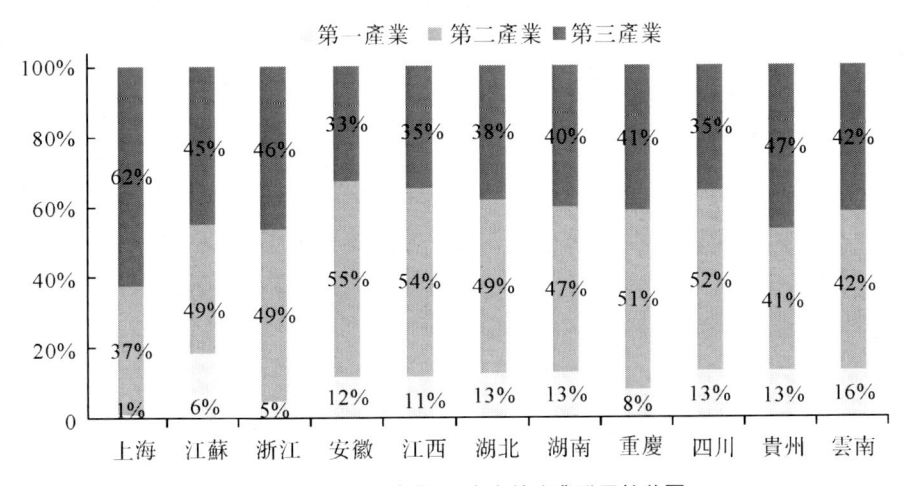

圖12-4 長江經濟帶11省市的產業發展柱狀圖

數據來源：《中國統計年鑑2015》。

表12-3　　　　2014年長江經濟帶11省市社會消費零售總額對比表

| 省市 | 區域 | 社會消費品零售總額（億元） | 社會消費品零售總額占全國比重 | 社會消費品零售總額同比增長 | 人口（萬人） | 人口占全國比重 | 人均社會消費品零售額（元） |
|---|---|---|---|---|---|---|---|
| 上海 | 東部 | 8,718.65 | 3.32% | 8.7% | 2,415 | 1.80% | 36,102.1 |
| 江蘇 | 東部 | 23,209.01 | 8.85% | 12.4% | 7,939 | 5.80% | 29,234.2 |

表12-3(續)

| 省市 | 區域 | 社會消費品零售總額（億元） | 社會消費品零售總額占全國比重 | 社會消費品零售總額同比增長 | 人口（萬人） | 人口占全國比重 | 人均社會消費品零售額（元） |
|---|---|---|---|---|---|---|---|
| 浙江 | 東部 | 16,905.00 | 6.44% | 11.7% | 5,498 | 4.00% | 30,747.5 |
| 安徽 | 中部 | 7,320.80 | 2.79% | 13.0% | 6,030 | 4.40% | 12,140.6 |
| 江西 | 中部 | 5,129.20 | 1.95% | 12.7% | 4,522 | 3.30% | 11,342.8 |
| 湖北 | 中部 | 11,806.27 | 4.45% | 12.8% | 5,799 | 4.30% | 20,359.1 |
| 湖南 | 中部 | 10,081.95 | 3.84% | 12.8% | 6,691 | 4.90% | 15,067.9 |
| 重慶 | 西部 | 5,096.20 | 1.94% | 13.0% | 2,970 | 2.20% | 17,158.9 |
| 四川 | 西部 | 11,665.79 | 4.44% | 12.7% | 8,107 | 6.00% | 14,389.8 |
| 雲南 | 西部 | 4,546.60 | 1.73% | 12.7% | 4,687 | 3.40% | 9,700.4 |
| 貴州 | 西部 | 2,579.53 | 0.98% | 12.9% | 3,502 | 2.60% | 7,365.9 |
| 長江經濟帶合計 | | 107,059 | 40.8% | —— | 58,160 | 42.70% | —— |

數據來源：《中國統計年鑑2015》。

從圖12-4可以看出，長江經濟帶11省市的產業發展情況不同。東部地區的三次產業結構分別為，上海0.01：0.37：0.62，江蘇0.06：0.49：0.45，浙江0.05：0.49：0.46，中部四省的產業結構為安徽0.12：0.55：0.33，江西0.11：0.54：0.35，湖北0.13：0.49：0.38，湖南0.13：0.47：0.40，西部四省的產業結構為重慶0.08：0.51：0.41，四川0.13：0.52：0.35，貴州0.13：0.41：0.47，雲南0.16：0.42：0.42。從總體來看，長江經濟帶各省市的產業結構偏向工業，大部分省市的工業占比為50%左右。從地域來看，東部地區的產業結構較為合理，第三產業占比較多，附加價值大；中部地區和西部地區工業比重過大，應適當進行產業結構的調整和轉型升級。

據2015年國家統計局發布的數據，2014年全國社會消費品零售總額為262,394億元，同比增長12%，江蘇（23,209.01億元）位列全國第三。

從表12-3可以看出，長江經濟帶11省市的社會消費品零售總額約占全國總量的40.8%，除上海和浙江外的9省市社會消費品零售總額同比增長均高於全國水準，這說明長江經濟帶的消費潛力較大。從地區之間的對比分析可看出，中西部地區消費潛力大於東部地區，這說明中西部應作為國家拓展經濟增長新空間的重點區域，充分挖掘中西部地區的消費市場和消費潛力。

（4）進出口情況。進出口不僅反應了一地區的對外開放水準、投資水準，還表明了一地區的市場範圍和市場潛力。隨著全球一體化進程的推進，一地區的對外開放水準在經濟發展中的作用尤為重要。新形勢下，中國要實現經濟大國向經濟強國

的轉變，就必須注重開放在經濟發展中的作用。2014 年全國進出口總額為 43,030.4 億元，同比增長 3.4%。其中，上海和江蘇分別以 5,637.6 億美元、4,664.1 億美元的進出口總額在全國排名第二、三位；重慶以 39% 的進出口同比增長位列全國第二。從表 12-4 和圖 12-5 可以看出，長江經濟帶 11 省市的進出口情況。

表 12-4　　　　　2014 年長江經濟帶 11 省市的進出口總額對比表

| 省市 | 區域 | 進出口（億元） | 進出口總額占全國比重 | 進出口總額同比增長 | 人口（萬人） | 人口占全國比重 |
| --- | --- | --- | --- | --- | --- | --- |
| 上海 | 東部 | 4,664.1 | 10.84% | 5.6% | 2,415 | 1.80% |
| 江蘇 | 東部 | 5,637.6 | 13.10% | 2.4% | 7,939 | 5.80% |
| 浙江 | 東部 | 3,551.5 | 8.23% | 5.8% | 5,498 | 4.00% |
| 安徽 | 中部 | 492.7 | 1.00% | 8.2% | 6,030 | 4.40% |
| 江西 | 中部 | 427.8 | 0.99% | 16.4% | 4,522 | 3.30% |
| 湖北 | 中部 | 430.6 | 1.00% | 18.4% | 5,799 | 4.30% |
| 湖南 | 中部 | 310.3 | 0.72% | 23.2% | 6,691 | 4.90% |
| 重慶 | 西部 | 954.5 | 2.22% | 39.0% | 2,970 | 2.20% |
| 四川 | 西部 | 702.5 | 1.63% | 8.8% | 8,107 | 6.00% |
| 雲南 | 西部 | 296.2 | 0.69% | 17.1% | 4,687 | 3.40% |
| 貴州 | 西部 | 108.1 | 0.03% | 30.4% | 3,502 | 2.60% |
| 長江經濟帶合計 | | 17,575.9 | 40.85% | —— | 58,160 | 42.70% |

數據來源：《中國統計年鑒 2015》。

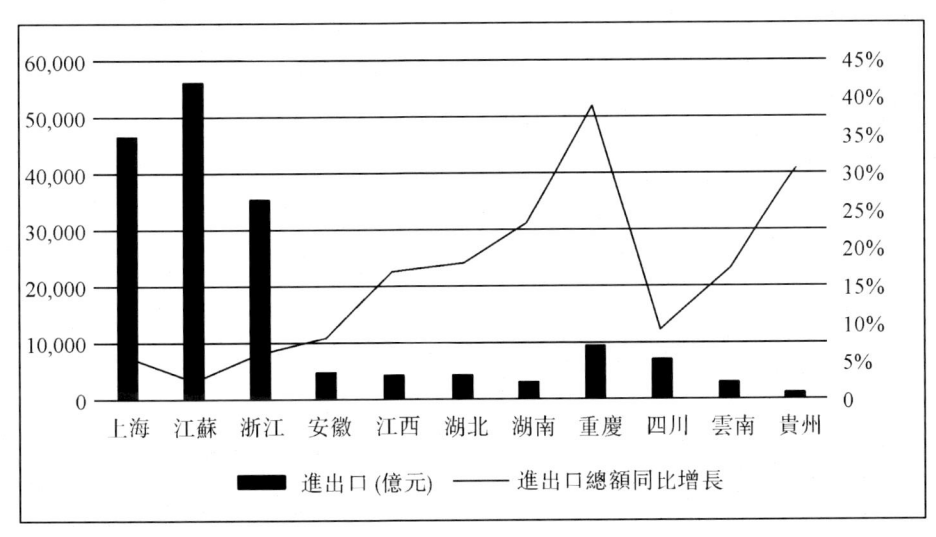

圖 12-5　長江經濟帶 11 省市進出口總額和增長速度對比圖

數據來源：《中國統計年鑒 2015》。

從表 12-4 可以看出，長江經濟帶 11 省市的進出口總額為 17,575.9 億元，占全國進出口總額的 40.85%。雖然長江經濟帶進出口總量占全國進出口總量的比重較大，但是從圖 12-5 可以看出，中東西部各省市之間的進出口總額差距較大。產生這種現象的主要原因：一方面是東部地區區位優勢明顯；另一方面是多年來國家政策向東的傾斜，使得東部地區享有更多的優惠政策，在累積循環因果效應的作用下，東部地區的市場化程度相對較高，吸引的外資和外企也較多。因此，造成東部地區進出口水準遠遠高於西部地區。從進出口的增長速度來看，隨著西部地區對外開放水準的進一步提升和基礎設施的進一步完善，西部地區的出口在未來將有較大程度的增長。

總體來說，長江經濟帶 11 省市的經濟發展潛力巨大，尤其是西部地區，但是東、中、西部各省市之間的差距較大，東部地區的經濟發展水準明顯高於西部地區。這就需要國家下大力度加快西部地區的發展，以實現東中西部地區的區域協調發展。

(三) 京津冀協同發展

推動京津冀協同發展是中國在新形勢下做出的重大戰略部署，這既符合區域發展的內在要求、環境「倒逼」的現實要求和國家戰略的需要，也對全面建成小康社會、實現中華民族偉大復興的中國夢具有重要現實意義和深遠歷史意義。

對北京來說，推動京津冀協同發展，是解決「大城市病」難題的重要舉措，也是提高經濟社會效益的重大機遇。因為，雖然北京地位高、體量大、實力強、素質好，集聚了周邊乃至全國大量優質資源，但是存在人口過多、交通擁堵、環境惡化等難題，這在很大程度上影響了北京首都核心功能的正常發揮。對於天津來說，天津雖然具有海港優勢、現代製造優勢、科技教育優勢、改革開放先行先試的政策優勢，但是從產業結構看，天津的重化工業比重較大；從發展後勁看，它的外來嵌入式大項目根植性差，經濟的內生性不強，發展後勁堪憂；從發展階段看，天津仍處於工業化後期集聚極化階段，與周邊競爭多於合作；從發展環境看，天津的經濟大發展與資源環境矛盾、與改善民生的矛盾仍較為突出。對河北來說，雖然河北具有空間、區位、港口等優勢，但是其發展水準相對較低、城鎮化水準不高、重工業偏重。從表 12-5 可明顯看出，河北的經濟發展水準低於天津和北京，而京津冀發展的關鍵是加快河北融入北京和天津的經濟發展進程。

表 12-5　　　　　　　　　　2014 京津冀三地主要經濟指標比較

|  | 北京 | 天津 | 河北 | 合計 |
|---|---|---|---|---|
| 人口（萬人） | 2,151.60 | 1,516.81 | 7,383.75 | 11,052.16 |
| 地區生產總值（億元） | 21,330.80 | 15,722.47 | 29,421.20 | 66,474.47 |
| 人均地區生產總值（美元） | 16,278.00 | 17,019.43 | 6,542.43 | — |
| 三次產業比重 | 0.7 : 2.4 : 77.9 | 1.3 : 49.4 : 49.3 | 11.7 : 51.1 : 37.2 | — |
| 城鎮化水準 | 86.34% | 82.27% | 49.32% | — |

表12-5(續)

|  | 北京 | 天津 | 河北 | 合計 |
| --- | --- | --- | --- | --- |
| 固定資產投資（億元） | 7,562.30 | 11,654.09 | 26,671.90 | 45,888.29 |
| 工業增加值（億元） | 3,746.80 | 7,083.39 | 13,330.70 | 24,160.89 |
| 全年貨運量（萬噸） | 29,513.40 | 50,947.75 | 211,000.00 | 291,461.15 |
| 全年客運量（萬人） | 71,745.00 | 19,599.41 | 61,000.00 | 152,344.41 |
| 貨物週轉量（億噸千米） | 672.80 | 3,354.40 | 12,631.40 | 16,658.60 |
| 港口貨物吞吐量（萬噸） | — | 54,001.80 | 95,000.00 | 149,001.80 |
| 集裝箱吞吐量（萬標箱） | — | 1,460.10 | 183.70 | 1,589.80 |

北京「大城市病」的根源在於功能過於集中，要突破發展瓶頸，根本出路在於功能疏解。結合表12-5可以看出，北京可通過產業轉移和功能疏解，實現轉型升級的「蝶變」。天津需要在推進區域協同發展中實現質的提升，河北則需要北京和天津的支持，實現自身經濟的發展。

2013年全國空氣質量最差的10個城市中有7個在京津冀地區，使京津冀認識到需要進行區域聯防聯控進行霧霾治理。比如，通過聯動調整產業結構、扶持高新技術及環保企業、優化能源結構、開發利用清潔能源、加強生態環境監測來防治空氣污染。

京津冀協同發展是國家戰略佈局的客觀需要。京津冀協同發展不僅能解決北京發展面臨的許多矛盾，而且能解決天津、河北經濟社會發展面臨的問題，是優化生產力佈局和社會空間結構的重大國家戰略。

無論是世界還是中國，都已經進入到「城市時代」，而且已由過去城市之間、地區之間的競爭進入到城市群之間的競爭階段。中國作為世界第二大經濟體，國際地位、國際影響力和話語權正在進一步擴大，正在加快經濟轉型和經濟崛起，迫切需要建設若干個具有世界影響力的城市群作為引領和支撐。而京津冀一體化能帶動環渤海經濟圈的發展。

## 二、中國區域經濟發展問題及原因分析

在不同的發展時期，區域經濟發展會有不同的問題。樹立強烈的問題意識，科學分析問題，深入研究問題，有助於人們深化對區域發展規律的認識，使人們能實事求是地對待區域發展過程中的問題，弄清問題的實質，找到癥結，解決區域發展中的矛盾。通過對中國三大戰略佈局的現狀分析，不難看出，中國區域發展過程中，面對的主要問題是結構失衡。具體包括以下三方面：產業結構失衡、區域結構失衡、城鄉結構失衡。產業結構失衡表現為產能過剩與需求旺盛並存；區域結構失衡表現為發達的東部與落後的西部並存；城鄉結構失衡表現為發達的城市與落後的鄉村並存。

## (一) 產業結構失衡

產業結構失衡是供給需求不平衡所致，主要表現為產能過剩與需求旺盛並存。從表12-6可以看出中國的傳統工業存在產能過剩。

表12-6　　　　　　　2015年中國主要基礎工業產能過剩情況

| 行業 | 總產能（億噸） | 過剩產能（億噸） | 產能利用率（%） |
| --- | --- | --- | --- |
| 鋼鐵 | 12.000 | 4.000 | 67 |
| 煤炭 | 6.600 | 2.100 | 68 |
| 電解鋁 | 0.390 | 0.087 | 78 |
| 平板玻璃 | 10.870 | 3.480 | 68 |
| 水泥 | 35.040 | 11.560 | 67 |
| 鈦白粉 | 309.730 | 77.430 | 75 |

按照國際標準，產能利用率達到80%以上，說明該產品得到了充分的利用，但是從表12-6可以看出，2015年中國主要基礎工業的產能都存在過剩的問題。鋼鐵和水泥的產能利用率僅為67%，比國際標準低13%。即使是產能利用率最高的電解鋁行業仍與國際標準相差2%。

從圖12-6可以看出，近年來，中國以空調、洗衣機和冰箱為代表的家電行業的銷量持續下降，尤其是2015以來，冰箱和空調的同比增長率為負值。產生這一問題的原因是居民的實際消費能力下降還是供需失衡造成的呢？

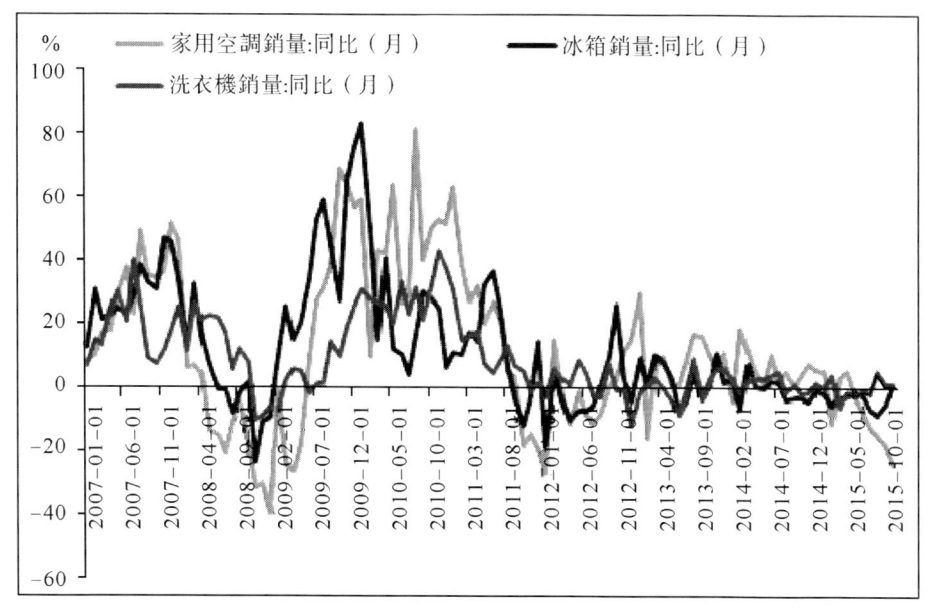

圖12-6　2007—2015年中國家電（空調、洗衣機、冰箱）行業銷量折線圖

數據來源：http://cache.baiducontent.com。

從圖 12-7 可以看出，中國貨幣供應量（M2）超過 GDP 增速，購買力雄厚。從圖 12-8 可以看出，中國人均人民幣儲蓄存款餘額持續增長。結合圖 12-7 和圖 12-8 不難發現，中國居民的實際購買力很高，產能過剩並不是需求不足造成的，很可能是現有的產業結構提供的產品不滿足消費者的需求，導致產品過剩，供需失衡。這

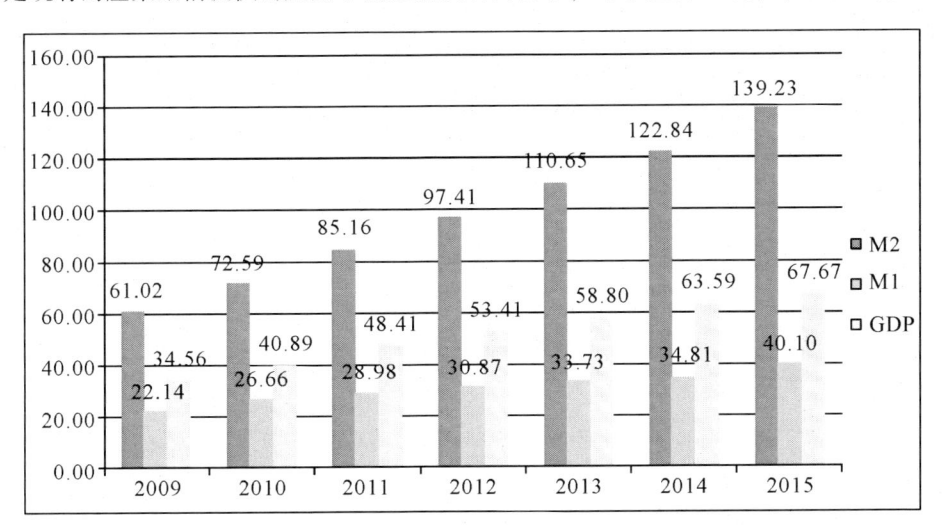

圖 12-7　2009—2015 年中國 M2、M1、GDP 的數量（單位：萬億元）

數據來源：國家統計局、中國人民銀行。

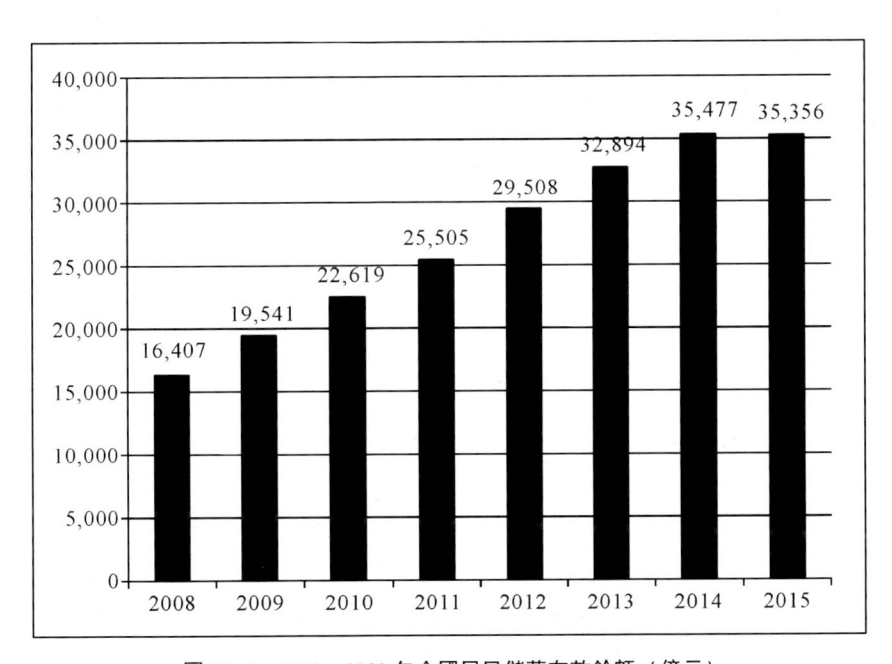

圖 12-8　2008—2009 年全國居民儲蓄存款餘額（億元）

數據來源：國家統計局、中國人民銀行。

也是產能過剩與需求旺盛並存的根本原因，即供給結構不適應需求結構的快速升級，使得有效供給能力不足，最終導致供需結構失衡。改變供需結構失衡的主要路徑是從供給端著手，可通過加大創新力度，調整供給結構，使供給適應需求的變化，進而達到供需平衡，市場出清的穩定狀態。

(二) 區域結構失衡

中國區域經濟發展的另一關鍵問題是區域結構失衡，即東、中、西部各區域的經濟發展差距較大，主要表現為發達的東部地區與落後的西部地區並存。

從圖 12-9 和圖 12-10 可以看出，近年來，雖然東西部地區的地區生產總值和人均地區生產總值均有所增加，但是相對差距卻日益拉大。如，1999 年東西部的地區生產總值和人均地區生產總值的差距分別為 30,085.24 億元、6,479 元，東部地區生產總值和人均地區生產總值分別是西部的 3.25、2.51 倍。到 2014 年，兩者地區生產總值總值和人均地區生產總值的差距分別為 212,001.09 億元、29,622 元，東部地區生產總值和人均地區生產總值分別是西部的 2.53、1.79。表 12-7 也表明了東西部經濟差距相對較大。

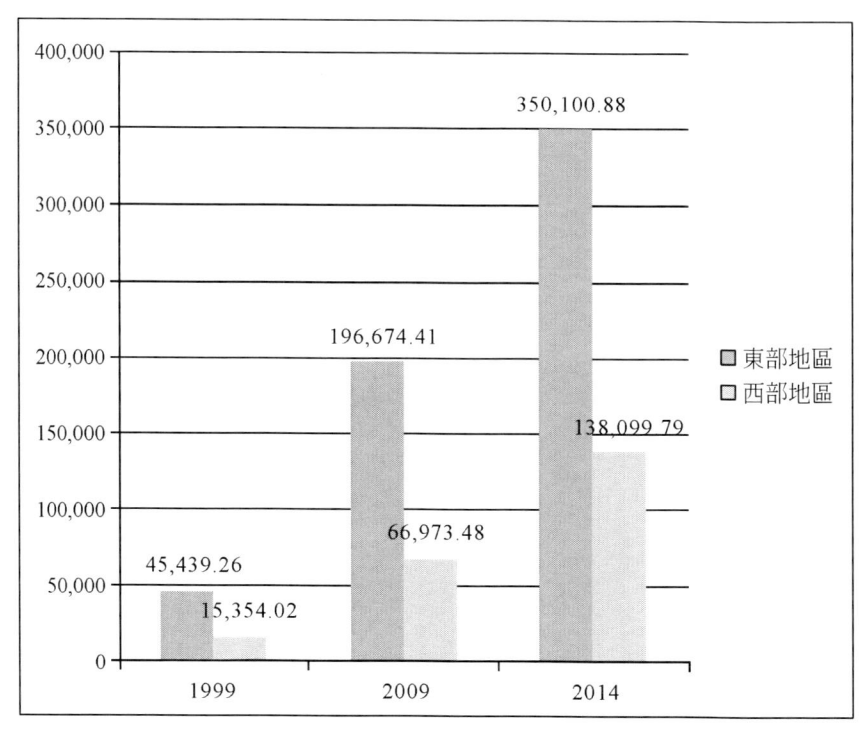

圖 12-9　1999 年、2009 年、2014 年東西部地區生產總值總額（單位：億元）

數據來源：《中國統計年鑒》。

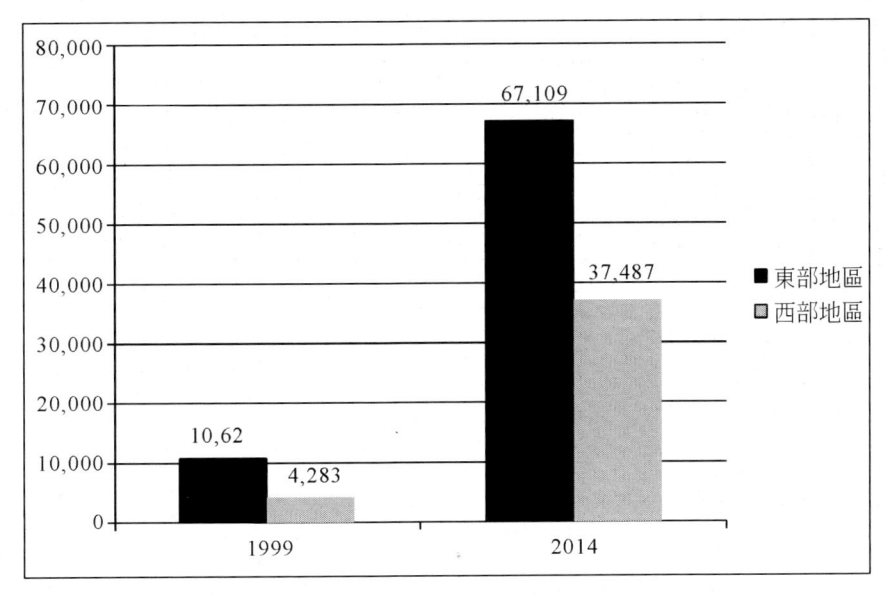

```
  80,000
                              67,109
  70,000
  60,000
  50,000
                                      37,487    ■ 東部地區
  40,000
                                                ▨ 西部地區
  30,000
  20,000
         10,62
  10,000         4,283
      0
          1999                 2014
```

圖 12-10　1999 年、2015 年東西部地區人均地區生產總值（單位：元）

數據來源：《中國統計年鑒》。

表 12-7　　　　　　　1999 年、2014 年東西部城鄉居民差距　　　　　　單位：元

|  | 農村居民人均純收入 |  | 城鎮居民人均可支配收入 |  |
|---|---|---|---|---|
|  | 1999 年 | 2014 年 | 1999 年 | 2014 年 |
| 東西部（a） | 3,429 | 13,145 | 7,523 | 33,905 |
| 西部（b） | 1,604 | 8,295 | 5,284 | 24,391 |
| a−b | 1,825 | 4,850 | 2,239 | 9,514 |
| a/b | 2.14 | 1.58 | 1.42 | 1.39 |

數據來源：《中國統計年鑒》。

進出口在一定程度上說明一個地區的對外開放水準和市場化程度。從表 12-8 可以看出，東西部因區位優勢等各種因素的影響導致東西部進出口存在較大的差距，也反應出了東西部的對外開放水準和市場化程度有一定的差距。

表 12-8　　　　　　　1999 年、2014 年東西部進出口差距　　　　　　單位：億元

|  | 1999 年 |  |  | 2014 年 |  |  |
|---|---|---|---|---|---|---|
|  | 進出口 | 出口 | 進口 | 進出口 | 出口 | 進口 |
| 東部地區（a） | 3,171.7 | 1,696.9 | 1,474.7 | 35,411 | 18,846 | 16,565 |
| 西部地區（b） | 137.0 | 77.2 | 59.8 | 3,342 | 2,174 | 1,168 |
| a−b | 3,034.7 | 1,619.7 | 1,414.9 | 32,069 | 16,672 | 15,397 |

數據來源：《中國統計年鑒》。

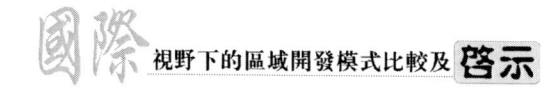

從表 12-9 可以看出，東西部地區產業結構差距明顯，1999 年東部地區的產業結構是 12.2∶47.7∶40.1，2014 年西部的產業結構是 11.9∶47.4∶40.7。從產業結構大致可以看出，2014 年西部的產業結構與 1999 年東部的產業結構相似，也就是西部地區的產業發展水準與東部地區的產業發展水準存在 15 年的差距。

表 12-9　　　　　　　　　　東西部產業結構對比表

| 年份 | 東部（一、二、三產業） | 西部（一、二、三產業） |
| --- | --- | --- |
| 1979 | 22.1∶58.7∶19.2 | 37.1∶42.8∶20.1 |
| 1989 | 22.4∶47.1∶30.5 | 32.9∶36.7∶30.4 |
| 1999 | 12.2∶47.7∶40.1 | 23.2∶38.4∶38.4 |
| 2009 | 6.8∶49.7∶43.5 | 13.8∶47.6∶38.6 |
| 2014 | 5.8∶45.4∶48.8 | 11.9∶47.4∶40.7 |

數據來源：《中國統計年鑒》。

不可否認，東西部在國民生產總值、人均地區生產總值、進出口、產業結構等方面存在較大的差距。縮小這些方面的差距，實現區域的協調發展，就需要在區位因素、政策、文化教育等方面給予西部支持。

（三）城鄉結構失衡

城鎮化是現代化的必由之路，是解決農業、農村、農民問題的重要途徑，是推動區域協調發展的有力支撐，是擴大內需和促進產業升級的重要抓手。2014 年國務院頒布的《國家新型城鎮化規劃（2014—2020 年）》就是針對目前城鄉結構失衡而制定的具有宏觀性、戰略性、基礎性的規劃。它對走出一條以人為本、四化同步、優化佈局、生態文明、文化傳承的中國特色新型城鎮化道路具有重大現實意義。

城鄉結構失衡主要表現在城鄉居民收入、公共服務、要素流動等方面的二元結構。國際上一般認為城鄉收入比處於 3∶1 以下，說明城鄉結構較為健康。從表 12-10 可以看出，雖然改革開放之後一部分人走上了富裕道路，但是中國城鄉居民收入差距仍較大，2014 年城鄉收入略低於國際城鄉結構健康標準。這說明中國還需要採取一定措施調整城鄉結構，縮小城鄉居民收入差距，解決 7,017 萬農村貧困人口問題。城鄉居民的收入水準直接影響居民的消費水準（如圖 12-11），消費在一定程度又會影響該地區的產業結構。沒有有效的需求，產業結構調整的動力就會不足。

表 12-10　　　　　　　　　　城鄉居民收入對比情況

| 年份 | 農村居民純收入（元） | 城鎮居民純收入（元） | 城鄉收入比（元） |
| --- | --- | --- | --- |
| 2003 | 2,600 | 8,472 | 3.26∶1 |
| 2004 | 2,936 | 9,422 | 3.21∶1 |
| 2005 | 3,255 | 10,493 | 3.22∶1 |

表12-10(續)

| 年份 | 農村居民純收入（元） | 城鎮居民純收入（元） | 城鄉收入比（元） |
|---|---|---|---|
| 2006 | 3,587 | 11,759 | 3.28∶1 |
| 2007 | 4,140 | 13,786 | 3.33∶1 |
| 2008 | 4,761 | 15,781 | 3.31∶1 |
| 2009 | 5,153 | 17,175 | 3.33∶1 |
| 2010 | 5,919 | 19,109 | 3.23∶1 |
| 2011 | 6,977 | 21,810 | 3.13∶1 |
| 2012 | 7,917 | 24,565 | 3.10∶1 |
| 2013 | 8,896 | 26,955 | 3.03∶1 |
| 2014 | 9,892 | 28,844 | 2.92∶1 |

數據來源：國家統計局。

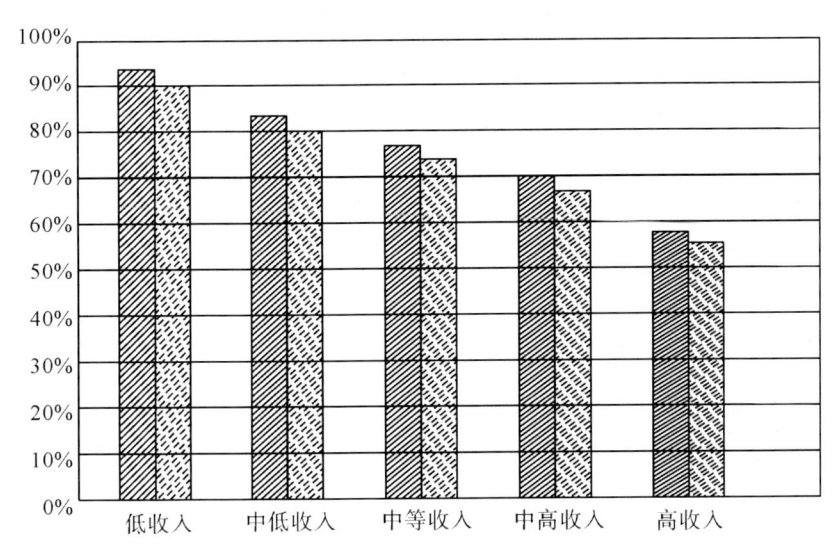

圖 12-11 城鄉按收入水準劃分的家庭支出收入比

數據來源：http://www.shangxueba.com。

城鄉差距的直接表現是收入和消費，但是其背後反應的是城鄉產業結構的差距，即農業勞動生產率和非農產業勞動生產率的差距（見圖12-12）。因為農村是以農業為主，而農業仍是低附加值的產業，沒有農業生產效率的提高，農民的收入水準很難提升。這也是為何中國一直重視發展現代農業的原因。

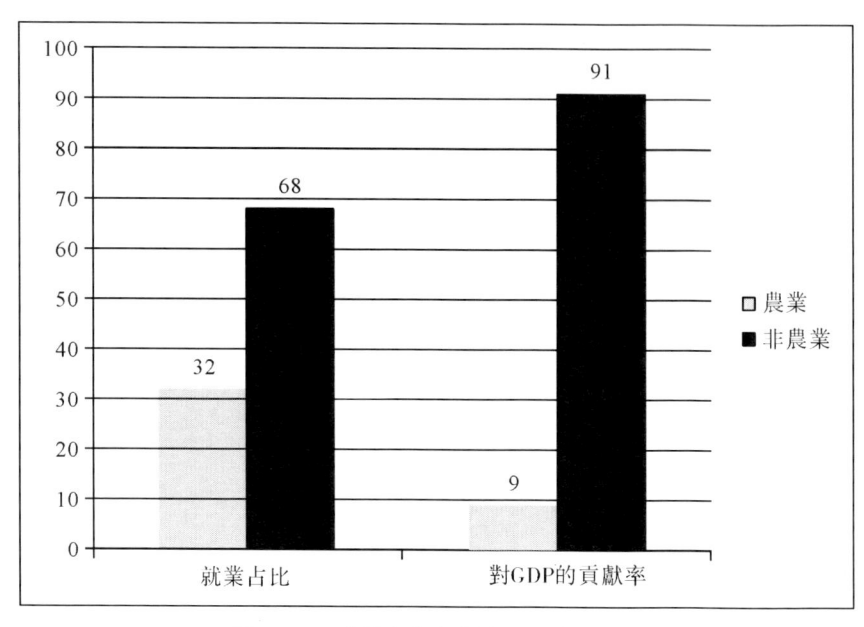

図 12-12　農業和非農業對 GDP 的貢獻率

數據來源：根據《中國統計年鑑 2015》相關數據計算。

## 第三節　中國區域經濟協調發展的路徑探析

協調發展是「十三五」規劃建議提出的五大發展理念之一。推動區域協調發展是協調發展的重要內涵。推動區域協調發展就是要塑造要素有序自由流動、主體功能約束有效、基本公共服務均等、資源環境可承載的區域協調發展新格局。在瞭解區域發展的區位優勢、地理環境、文化歷史等的基礎上，堅持市場導向、因地制宜、分類指導的原則，清晰地定位區域發展的方向，選擇合適的區域發展戰略和區域發展模式，有針對性地解決產業結構失調、區域結構失調、城鄉結構失調等問題是區域協調發展的關鍵。

### 一、明確區域發展定位，選擇合理的區域發展模式

區域協調發展要做到理論聯繫實際，結合資源稟賦和區位優勢，堅持理念指導、規劃先行，形成橫向錯位發展、縱向分工協作的多規合一發展格局；首先，要明確區域發展的定位，注重規劃理念的轉變，按照「創新、綠色、協調、開放、共享」發展理念的引領，將生態環境保護、歷史文化傳承、統籌城鄉發展等先進規劃理念作為區域發展規劃的指導思想，把以人為本、宜居宜業作為區域發展的出發點，選

擇合適的區域開發模式。比如，對於經濟基礎雄厚的部分東部地區，其科技力量是全國科技發展的重要支撐，因此可選擇技術導向型的區域開發模式，建設世界一流的科技高地；對於地理位置較好、平原廣袤、農業基礎較好的部分中部地區，可採取市場導向型區域開發模式，推動現代農業的發展，提高農業的生產效率，以農業升級帶動區域結構升級；對於經濟基礎薄弱、特色資源豐富的部分西部地區，可選擇資源導向型區域開發模式，發展特色農業、特色旅遊等。統籌佈局區域發展戰略，提高區域規劃的戰略性、聯動性、整體性。堅持多規合一，做好頂層規劃的同時，對區域發展戰略的選擇應充分考慮與區域產業結構、城鄉體系的協調，挖掘產業特色、文化底蘊和資源禀賦，激發區域發展的潛力。與此同時，可積極借鑑國際區域協調發展的經驗，將區域協調的功能與優化佈局統籌起來。最後，注重區域發展規劃的科學性，提高區域發展的靈活性。對於區域的協調發展，可以通過借助大數據、雲計算、衛星定位等高新技術，綜合考量區域發展中的各種因素，增強區域發展規劃的科學性、應用性和動態性，提高區域發展的效率。

## 二、深化產業結構調整，構建優勢互補的產業格局

區域協調發展的動力是高效的產業結構、產業分工和產業協作網絡。深化產業結構調整，構建優勢互補的產業格局：首先，要根據本區域的資源禀賦、地理區位和產業專業化特徵，重新考慮產業佈局，進行不同區域之間產業的錯位發展和產業整合，避免重複建設，以形成產業梯次，使產業結構與區域發展階段相適應，使產業優化與區域發展動力相協調，使產業發展與區域互動互為支撐，構建一個全方位、寬領域、多層次的產業發展格局。其次，對生產要素進行重新組合或創新，以促進地區產業結構不斷優化，從而形成密切聯繫的、有機的產業系統。再次，可通過加快技術創新，提升產業結構，突破產業發展中的共性技術和關鍵技術，使區域間產業發展由垂直分工向垂直分工與水準分工相結合，從簡單的生產要素互補向結構性合作發展，從以勞動密集為主向資本、技術密集型轉變。如，可利用現代智能化技術加速發展現代化服務業，實現服務業結構的調整和價值增值。最後，在充分發揮自身產業優勢的基礎上，增強產業發展的可持續力，積極延伸產業鏈條，拓展上下游產業，增強區域內相關產業的上下游配套，形成層次清晰、聯繫緊密的產業發展形態。[1]

## 三、統籌城鄉協調發展，加快城鄉一體化進程

城鄉二元結構一直是制約區域經濟發展的難題之一，在一定程度上是由於各區

---

[1] 黨的十八屆五中全會審議通過的《中共中央關於制定國民經濟和社會發展第十三個五年規劃的建議》。

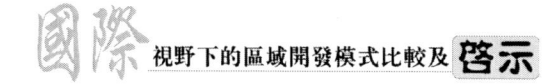

域的經濟發展規模、要素自由流動程度、科技創新水準等因素造成城鄉吸引力強度不同，後因累積循環因果效應，產生了差距。減少導致農村發展陷入不良循環的影響因素，是縮小城鄉差距，實現城鄉一體化發展的關鍵：首先，推進農業結構戰略性調整，實現產業就地產業化。積極發展現代農業應以市場需求為基礎，充分發揮科技創新的作用，做好區域農業發展的規劃，突出特色農業的效能，實現農業效益和質量的提高。同時，要努力延長農業的產業鏈，增加農業的附加價值，支持綠色農業的發展，培育農業知名品牌。其次，建立新型農業社會化服務體系，實現農民就地職業化。建設覆蓋全程、綜合配套、便捷高效的社會化服務體系，如構建公益性服務和經營性服務相結合、專項服務和綜合服務相協調的新型農業社會化服務體系，為農業現代化提供優質的服務，提升農民的勞動力資本，推進農民就地就近就業。再次，加強農村基礎設施和環境建設，健全農村社會保障體系，實現農村就地城鎮化。科學規劃農村發展方向，加強農村公路建設，提高農村基礎建設水準，形成互聯互通、方便快捷的綜合性交通網絡。加強農村環境保護，加快推進農村飲水安全工程和信息網絡工程建設。最後，統籌城鄉發展，促進公共資源的合理配置，保障農民的基本權益，使農民共享經濟發展的成果。

## 四、加強體制機制創新，提升區域政策協調性

體制機制創新和區域政策銜接是區域協調發展的基本保障，是新型城鎮化高效推進的重要支撐，在經濟發展中的作用舉足輕重：首先，區域協調發展應重視體制機制創新，消除區域發展壁壘。如在制度創新方面，可在主體功能區劃分的基礎上，完善區域法律制度，探索建立區域財政和稅收橫向分享制度，落實區域發展空間對接戰略，調整和完善政績考核制度等。在機制創新方面，積極建立橫縱向互相協調的多層次、多形式的機制，完善區域各方面發展的市場化機制。其次，提升區域政策協調性，在經濟政策層面，國家應該制定東部、中部、西部地區的分工，同時配置稅收和財政等政策，加速產業向特定地區轉移和集聚，盡快形成全國合理的地區分工；對各省級行政區來說，應強調省內城市之間的分工，在各城市、縣域發展特定的產業集群，同時建設省級和地區工業園區，配合特定的稅收、財政和金融政策等。在非經濟政策方面，應完善包括土地、勞動力、資源開發、信息服務、人口遷移等有關政策。

## 五、建立合作補償和利益分配機制，形成多維度協調格局

區域協調發展，從發展的角度來看，實質上是區域相關利益方博弈的過程。在信息不對稱的情況下，僅靠各方自覺和誠信意識還遠遠不夠維持區域長期合作。因此，實現區域的協調發展，應建立合作補償和利益分配機制。在國家層面，可以法

律形式對資源開發、經濟合作、生態建設等方面所涉及的主要問題提供政策指導，科學制定補償的界限、標準和方式，監督補償機制得到落實。在合作方面，可共同建立環境信息互通、應急聯動、聯合執法等合作機制和環境信息互通機制，如建立環境應急聯動、污染事件聯合調查以及環境聯合執法機制，共同應對跨區域環境污染等突發事件。在生態保護層面，可建立生態保護利益補償機制，如長江下游水電站對龍頭水電站、下游地區對上游地區水環境保護的補償機制。在政策引導方面，可考慮通過財政補貼、稅費返還等手段，鼓勵社會資本投資資源節約型、環境友好型產業。同時，區域協調發展應積極貫徹落實中央政府深化行政體制改革的宏觀戰略和大政方針，加強經濟區內的法制建設，建立多維度、多層次的互動協調機制。從操作層面來看，應以政策、法規明令禁止各地政府的分割行為，對區域內違法違規行為施以嚴厲的懲戒機制，並督促各方按質按量地執行。從社會治理體系來看，政府要加大對非政府機構的政策、法律及資金支持力度，積極謀求區域一體化參與式合作。從組織架構管理來看，應構建多維度、多層級的協調機制，落實各部門的銜接制度，如籌建區域發展辦公室或協調小組，完善區域發展聯席會議制度，建立一體化事宜協調機制等。從行業發展來看，應支持區域內各類行業協會共同制定區域行業發展規劃、行業發展願景、行業營運規則等，不斷探索區域內各類市場資源。

# 參考文獻

[1] 陳凱. 區域經濟比較 [M]. 上海：上海人民出版社, 2009.

[2] 白雪梅. 中國區域經濟發展比較研究 [M]. 北京：中國財政經濟出版社, 1998.

[3] 李岳峰, 張軍慧. 區域經濟發展模式的形成機理及其類型比較 [J]. 開發研究, 2008 (1): 29-34.

[4] 顧朝林, 趙曉斌. 中國區域開發模式的選擇 [J]. 地理研究, 1995 (4): 8-23.

[5] 彭榮勝. 區域經濟協調發展的內涵、機制與評價研究 [D]. 開封：河南大學, 2007.

[6] 周春林, 盧正惠. 國外區域開發的模式與啟示 [J]. 經濟問題探索, 2001 (5): 47-51.

[7] 汪曉文. 區域經濟開發模式比較及中國西部開發模式的再選擇 [J]. 甘肅社會科學, 2002 (1): 94-97.

[8] 方創琳. 區域發展戰略論 [M]. 北京：科學出版社, 2002.

[9] 李麗. 論區域經濟發展模式及其優勢定位 [J]. 內蒙古社會科學, 2003, 24 (3): 158-161.

[10] 張琦. 中國區域經濟發展比較研究 [M]. 北京：經濟日報出版社, 2007.

[11] 廖良才, 譚躍進, 陳英武, 等. 點軸網面區域經濟發展與開發模式及其應用 [J]. 中國軟科學. 2000 (10): 80-82.

[12] 葉裕民. 中國區域開發論 [M]. 北京：中國輕工業出版社, 2000.

[13] 張雲龍. 論中國區域經濟發展戰略模式的重新選擇 [J]. 經濟問題探索, 2000 (2): 19-24.

[14] 梁香青, 魏浩. 中國地區經濟發展模式的比較與戰略構想 [J]. 中國軟科學, 2005 (6): 111-117.

[15] 孫超英. 發展中國家城市化道路及其借鑑 [J]. 四川行政學院學報, 2002 (5): 73-77.

[16] 蘭德華. 簡述點軸開發模式在中國區域開發中的應用 [J]. 經濟視角 (下), 2009 (4): 29-31.

[17] 蔣靜梅. 區域網絡開發模式的理論研究與實踐探索 [J]. 信息化建設, 2016 (6)：67-68.

[18] 張秀萍, 盧小君, 黃曉穎. 基於三螺旋理論的區域協同創新網絡結構分析 [J]. 中國科技論壇, 2016 (11)：82-88.

[19] 宋亮凱, 李悅錚, 徐凱. 基於點-軸理論的環渤海地區旅遊空間結構研究 [J]. 世界地理研究, 2016 (3)：99-105.

[20] 張明龍, 周劍勇, 劉娜. 杜能農業區位論研究 [J]. 浙江師範大學學報 (社會科學版), 2014 (5)：95-100.

[21] 嚴士清. 案例教學法在人文地理理論教學中的應用研究——以杜能農業區位論中的案例教學為例 [J]. 內蒙古師範大學學報 (教育科學版), 2015 (9)：114-117.

[22] 朱天明, 楊桂山, 姚士謀, 等. 農用地集約利用與農產品消費市場可達性關係研究——以江蘇興化市為例 [J]. 人文地理, 2010 (3)：84-89.

[23] 李金峰, 時書霞. 級差地租影響下天水市果蔬產業空間區位選擇——基於杜能農業區位論的實證分析 [J]. 甘肅科技, 2014 (10)：136-138.

[24] 任認. 從韋伯工業區位論看皖江城市帶產業發展的戰略定位 [J]. 全國商情 (理論研究), 2010 (24)：10-13.

[25] 王曉遠. 新生產力條件下工業區位論述評及探討 [D]. 武漢：武漢大學, 2005.

[26] 王士君, 馮章獻, 劉大平, 等. 中心地理論創新與發展的基本視角和框架 [J]. 地理科學進展, 2012 (10)：1256-1263.

[27] 董潔, 林吳國. 中心地理論對城市中心商務區 (CBD) 發展的影響：天津中心商務區的探討 [J]. 四川建築, 2009 (2)：19-21.

[28] 劉虹. 廖施市場區位論評述 [J]. 地域研究與開發, 1988 (3)：59-61.

[29] 涂妍, 陳文福. 古典區位論到新古典區位論：一個綜述 [J]. 河南師範大學學報 (哲學社會科學版), 2003 (5)：38-42.

[30] 楊龍崗. 中國非均衡經濟研究 [D]. 廈門：廈門大學, 2014.

[31] 李國平, 趙永超. 梯度理論綜述 [J]. 人文地理, 2008 (1)：61-65.

[32] 李心源. 從倒「U」理論看中國收入分配優化拐點的到來 [J]. 財政研究, 2013 (12)：26-28.

[33] 丁煥峰. 區域創新理論的形成與發展 [J]. 科技管理研究, 2007 (9)：18-21.

[34] 王松, 胡樹華, 牟仁豔. 區域創新體系理論溯源與框架 [J]. 科學學研究, 2013 (3)：344-349, 436.

[35] 胡志丁, 葛岳靜. 理解新經濟地理學 [J]. 地理研究, 2013 (4)：731-743.

［36］郭其友，李寶良. 新貿易理論與新地理經濟學的發展與融合——2008 年度諾貝爾經濟學獎得主的主要經濟理論貢獻述評［J］. 外國經濟與管理，2008（11）：1-10.

［37］鎖利銘，馬捷，李丹.「核心—邊緣」視角下區域合作治理的邏輯［J］. 貴州社會科學，2014（1）：52-57.

［38］韋偉. 中美西部開發中政府作用的比較研究［D］. 上海：復旦大學，2013.

［39］李敏納，蔡舒，覃成林. 中美西部土地資源開發異同比較及啟示［J］. 西部論壇，2016（4）：47-57.

［40］剛志榮. 美國西部開發與中國區域戰略開發對比［J］. 中學地理教學參考，2016（17）：69-70.

［41］高祥峪. 區域開發的啟示：試論富蘭克林・羅斯福政府時期美國田納西河流域管理局的發展［J］. 忻州師範學院學報，2009（2）：56-58.

［42］曲建.「一帶一路」戰略下，深圳輸出「特區模式」的可行性選擇：境外園區諮詢服務［J］. 特區經濟，2017（6）：14-15.

［43］薛佰英. 美國政府對經濟的干預和調節［M］. 北京：人民出版社，1986.

［44］劉文輝，姚偉. 區域創新體系中創新文化建設探究［J］. 科技經濟市場，2016（11）：7-8.

［45］宋晗. 20 世紀 30 年代至 60 年代美國西部科技發展研究［D］. 瀋陽：遼寧大學，2013.

［46］方立. 中外西部現代化發展研究［M］. 石家莊：河北人民出版社，1999.

［47］杜平. 西土取經——西部大開發的政策背景與商業機遇［M］. 北京：中國言實出版社，2000.

［48］杜平. 中國西部開發史鑒［M］. 長沙：湖南人民出版社，2002.

［49］張穎. 美國西部鄉村旅遊資源開發模式與啟示［J］. 農業經濟問題，2011（3）：105-109.

［50］姜德琪. 近代美國西部開發的市場化特徵及啟示［J］. 學術探索，2004（1）：55-59.

［51］蔣絢. 資源、機制與制度：美國創新驅動發展研究與啟示［J］. 學海，2016（3）：151-159.

［52］姚豔梅. 美國西進運動與中國西部大開發的對比及啟示［J］. 河北學刊，2011（1）：245-247.

［53］黃曉雲. 美國西部開發中的制度創新對中國西部開發的啟示［J］. 貴州工業大學學報（社會科學版），2004（5）：22-25.

［54］歐文福. 美國西部開發中的教育與人力資源開發及其啟示［J］. 中國教育學刊，2005（4）：55-58，62.

[55] 王旭. 美國城市發展模式 [M]. 北京：清華大學出版社，2006.

[56] 鄭長德. 世界不發達地區開發史鑒 [M]. 北京：民族出版社，2001.

[57] 石美生. 日本北海道綜合開發及其對中國西部大開發的啟示 [D]. 延吉：延邊大學，2010.

[58] 關雪凌，丁振輝. 日本產業結構變遷與經濟增長 [J]. 世界經濟研究，2012（7）：80-86，89.

[59] 匡志成. 日本產業結構的特點及其與經濟增長的關係（1955—2010）[D]. 長春：東北師範大學，2013.

[60] 張季風. 掙脫蕭條：1990—2006年的日本經濟 [M]. 北京：社會科學出版社，2006.

[61] 白欽先，高霞. 日本產業結構變遷與金融支持政策分析 [J]. 現代日本經濟，2015（2）：1-11.

[62] 丁振輝，張猛. 日本產業結構變動對經濟波動的影響：熨平還是放大？[J]. 世界經濟研究，2013（1）：74-79，89.

[63] 胡霞. 日本邊遠後進地區開發模式的反省和發展新方向 [J]. 經濟研究參考，2005（27）：41-48.

[64] 杜平. 中外西部開發史鑒 [M]. 長沙：湖南人民出版社，2002.

[65] 原新，唐曉平. 都市圈化：日本經驗的借鑒和中國三大都市圈的發展 [J]. 求是學刊，2008（2）：64-70.

[66] 姜玲，楊開忠. 日本都市圈經濟區劃及對中國的啟示 [J]. 亞太經濟，2007（2）：113-117.

[67] 張季風. 日本宏觀經濟運行走勢分析 [J]. 當代亞太，2006（3）：31.

[68] 餘丙雕. 日本經濟新論 [M]. 長春：吉林大學出版社，1999.

[69] 楊曉慧. 產業集群與日本區域經濟發展及其對中國東北區的啟示 [J]. 地理科學，2003（5）：542-546.

[70] 王恩奉. 日本戰後經濟開發對中國經濟發展的啟示 [J]. 經濟研究參考，2003（76）：44.

[71] 蔡玉梅，顧林生，李景玉，等. 日本六次國土綜合開發規劃的演變及啟示 [J]. 中國土地科學，2008（6）：76-80.

[72] 李俊江，彭越. 日本中小企業技術創新模式的演變分析 [J]. 現代日本經濟，2015（1）：86-94.

[73] 蘇杭，王睦欣. 日本中小企業國際化的新發展：市場驅動與政府扶持 [J]. 現代日本經濟，2013（1）：62-70.

[74] 宋堅. 德國經濟與市場 [M]. 北京：中國商務出版社，2003.

[75] 戴慧. 德國促進實體經濟發展的政策啟示 [J]. 智庫時代，2017（3）：13-14.

[76] 楊鑫, 徐繼承. 工業化時期德國經濟發展的原因及其影響 [J]. 赤峰學院學報 (漢文哲學社會科學版), 2016 (8): 44-46.

[77] 信紅柳. 德國工業循環經濟發展探析 [D]. 長春: 吉林大學, 2014.

[78] 李根. 對德國經濟發展的研究及其啟示 [J]. 經濟研究導刊, 2012 (27): 12-15.

[79] 蔡祎. 德國經濟發展特點及啟示 [J]. 山東行政學院學報, 2013 (6): 79-81.

[80] 韓軍. 德國經濟發展趨勢展望 [J]. 德國研究, 1999 (3): 18-21.

[81] 王德顯. 德國工業 4.0 戰略對中國工業發展的啟示 [J]. 稅務與經濟, 2016 (1): 16-21.

[82] 靳豔. 近代德國經濟高速發展的歷史因素 [J]. 社科縱橫, 2006 (8): 67-68.

[83] 陳才. 世界經濟地理 (修訂本) [M]. 北京: 北京師範大學出版社, 1993.

[84] 陸大道. 區域發展及其空間結構 [M]. 北京: 科學出版社, 1995.

[85] 高洪深. 區域經濟學 [M]. 北京: 中國人民大學出版社, 2002.

[86] 李東紅. 東歐國有企業之路 [M]. 蘭州: 蘭州大學出版社, 1999.

[87] 符文穎, 吳豔芳. 德國在華知識密集製造業投資進入方式的時空特徵及區位影響因素 [J]. 地理學報, 2017 (8): 1361-1372.

[88] 孔雲峰. 文明古國的雄風 [M]. 哈爾濱: 黑龍江人民出版社, 1998.

[89] 曾枝柳, 趙波. 義大利南方開發計劃對中國西部大開發的啟示與借鑑 [J]. 雲南師範大學學報, 2001 (5): 64-78.

[90] 劉明鞠. 發達國家開發落後地區的經驗及對中國反貧困之啟示 [J]. 湖南商學院學報, 2000 (4): 40-43.

[91] 候曉薈. 國外不發達地區經濟結構調整實踐給我們的啟示 [J]. 民族論壇, 2002 (6): 21-23.

[92] 孔祥杰, 毛維琳. 國外落後地區開發經驗對中國西部大開發的啟示 [J]. 國土經濟, 2001 (2): 44-46.

[93] 李光勇. 義大利的南方開發政策及其理論分析——兼談對中國西部開發的啟示 [J]. 西南師範大學學報 (人文社會科學版), 2001 (1): 130-136.

[94] 陳瑞蓮. 歐盟國家的區域協調發展: 經驗與啟示 [J]. 政治學研究, 2006 (3): 118-128.

[95] 高國力. 從義大利經驗看中國西部開發 [J]. 四川物價, 2000 (5): 9-11.

[96] 王建陽. 義大利南部開發對中國中西部開發啟示 [J]. 中國科技信息, 2005 (1): 32-41.

［97］李蔚. 縮小南北差距：義大利的成效與經驗［J］. 廣東經濟，2013（6）：12-15.

［98］唐若蘭，李慧. 義大利區域開發模式及其對中國區域協調發展的啟示［J］. 中共四川省委黨校學報，2014（4）：65-70.

［99］傅成雙. 加拿大太平洋鐵路與開發時期的西部城市化［J］. 史學理論研究，1999（4）：101-109.

［100］唐納德·克萊頓. 加拿大百年史：上冊［M］. 濟南：山東人民出版社，1972.

［101］高鑒國. 加拿大文化與現代化［M］. 瀋陽：遼海出版社，2000.

［102］格萊茲布魯克. 加拿大簡史［M］. 濟南：山東人民出版社，1972.

［103］陳耀. 西部大開發戰略與新思路［M］. 北京：中共中央黨校出版社，2000.

［104］張紅菊. 加拿大西部開發的歷程與經驗［J］. 學術論壇，2005（10）：147-151.

［105］闕疆. 加拿大西部開發歷程［J］. 現代質量，2000（3）：8.

［106］梁鶴年. 西部地區開發戰略——來自國際與加拿大開發經驗的一些啟示［J］. 城市規劃，2000（10）：57-64.

［107］楊升祥. 國外邊地開發政策評析［J］. 歷史教學，2001（11）：17-21.

［108］秦尊文. 美國城市群考察及對中國的啟示［J］. 湖北社會科學，2008（12）：81-84.

［109］王旭. 美國城市化的歷史解讀［M］. 長沙：岳麓書社，2003.

［110］中國社會科學院美國研究所. 美國年鑒［M］. 北京：中國社會科學出版社，2003.

［111］孫根緊. 中國西部地區自我發展能力及其構建研究［D］. 成都：西南財經大學，2013.

［112］劉敏. 淺析20世紀後半期美國大都市連綿帶的發展［J］. 河南師範大學學報（哲學社會科學版），2008（2）：153-157.

［113］李楓. 國外城鎮化模式及其得失［J］. 城鄉建設，2005（8）：57-59.

［114］王旭. 美國城市發展模式：從城市化到大都市區化［M］. 北京：清華大學出版社，2006.

［115］劉慶林，白潔. 日本都市圈理論及對中國的啟示［J］. 山東社會科學 2005（12）：72-74.

［116］鄭宇. 戰後日本城市化過程與主要特徵［J］. 世界地理研究，2008（2）：56-63.

［117］孫根緊，丁志帆. 落後地區自我發展能力培育的國際經驗與啟示［J］. 區域經濟評論，2014（1）：147-152.

［118］丁成日，孟曉晨. 美國城市理性增長理念對中國快速城市化的啟示［J］. 城市發展研究，2007（4）：120-126.

［119］張曉青，鄭小平. 日本城市蔓延及治理［J］. 城市戰略，2009（2）：25-27.

［120］界憲一. 戰後日本經濟［M］. 對外經濟貿易大學出版社，2004.

［121］王勝才，柴修發. 德國城市化的經驗與啟示［J］. 決策諮詢，2002（1）：43-44.

［122］卡洛·M·齊波拉. 歐洲經濟史：第3卷［M］. 北京：商務印書館，1989.

［123］邁克爾·P·托達羅. 經濟發展與第三世界［M］. 北京：中國經濟出版社，1992.

［124］成德寧. 經濟發達國家與發展中國家城鎮化的比較與啟示［J］. 經濟評論，2002（1）：122-126.

［125］王金軍，陳華. 國內外新城開發模式及機制比較研究［J］. 山東社會科學，2006（9）：39-42.

［126］中國市長協會. 中國城市發展報告［M］. 北京：商務印書館，2004.

［127］胡順延，等. 中國城鎮化發展戰略［M］. 北京：中共中央黨校出版社，2002.

［128］張敦富. 城市經濟學［M］. 北京：中國輕工業出版社，2005.

［129］王旭. 美國城市史［M］. 長沙：岳麓書社，2000.

［130］樊亢，等. 主要資本主義國家簡史［M］. 北京：人民出版社，1986.

［131］夏炎德. 歐美經濟史［M］. 上海：上海三聯書店，1991.

［132］王夢奎，等. 中國特色城鎮化道路研究［M］. 北京：中國發展出版社，2003.

［133］仇保興. 中國城鎮化［M］. 北京：中國建築出版社，2002.

［134］顧朝林，等. 經濟全球化與中國城市發展［M］. 北京：商務印書館，1999.

［135］劉勇. 中國城鎮化戰略研究［M］. 北京：經濟科學出版社，2004.

［136］郭上沂，孫超英. 城鎮化與區域經濟發展［M］. 成都：電子科技大學出版社，2003.

［137］夏小林，王小魯. 中國的城市化進程分析——兼評城市化方針［J］. 改革，2000（2）：33-38.

［138］葉耀先. 新中國城鎮化的回顧與啟示［J］. 中國人口（資源與環境），2006（2）：1-7.

［139］朱通華，孫彬. 蘇南模式發展研究［M］. 南京：南京大學出版社，1994.

［140］周邦瑤. 民間資本支持城鎮化發展：基於江浙兩省比較的啟示［J］. 浙

江金融，2013（3）：34-36.

[141] 王吉勇. 深度城鎮化的人本需求與城市供給——對深圳規劃變革的思考[J]. 規劃師，2013（4）：21-22.

[142] 賈康，程瑜，陳龍，等. 中國新型城鎮化進程中土地制度改革難題破解路徑——基於深圳調研的報告[J]. 銅陵學院學報，2015（1）：3-13.

[143] 仇保興. 提煉城市發展規律的三個角度[N]. 光明日報，2016-01-04.

[144] 傅勁松，寧紅濤. 家園城市·生態城市·網絡城市——《雅典憲章》《馬丘比丘憲章》與未來城市規劃構思[J]. 城市問題，1998（3）：5-6.

[145] 張傳文. 中國集體城市病：誰在掌控城市？[J]. 中國減災，2011（20）：26-28.

[146] 石憶邵. 中國新型城鎮化與小城鎮發展[J]. 經濟地理，2013（7）：47-52.

[147] 陸銘. 大城市人口還有增長空間[J]. 新城鄉，2013（8）：52-53.

[148] 孫超英. 發展中國家城市化道路及其借鑑[J]. 四川行政學院學報，2002（5）：73-77.

[149] 葉耀先. 新中國城鎮化的回顧與啟示[J]. 中國人口（資源與環境），2006（2）：1-7.

[150] 王慶華. 中國城市化道路的轉折性變化[J]. 中共福建省委黨校學報，2006（1）：34-37.

[151] 衛龍寶，史新杰. 浙江特色小鎮建設的若干思考與建議[J]. 浙江社會科學，2016（3）：28-32.

[152] 李強. 特色小鎮是浙江創新發展的戰略選擇[J]. 小城鎮建設，2016（3）：9-14.

[153] 金永亮. 關於浙江創建特色小鎮的實踐及借鑑[J]. 廣東經濟，2016（1）：61-64.

[154] 邁克爾·波特. 國家競爭優勢[M]. 北京：華夏出版社，2005.

[155] 潘鑫，王元地，金珺，等. 區域創新體系模式及演化分析——基於開發探索模式的視角[J]. 研究與發展管理，2015（1）：61-68.

[156] 蔣靜梅. 區域網絡開發模式的理論研究與實踐探索[J]. 信息化建設，2016（6）：67-68.

[157] 林迎星. 區域創新優勢[M]. 北京：經濟管理出版社，2006.

[158] 鄭長德. 世界不發達地區開發史鑑[M]. 北京：民族出版社，2001.

[159] 盧現祥. 美國高校產學研合作的制度創新、特色及其對中國的啟示[J]. 福建論壇（人文社會科學版），2015（5）：60-66.

[160] 柳卸林，遊光榮. 建立各具特色的區域創新體系[J]. 國防科技，2007（11）：47-53.

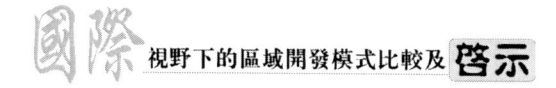

［161］孫超英，賈舒. 對中國跨行政區域創新體系建設的若干思考——兼論建設成渝經濟區區域創新體系的重大意義和現實基礎［J］. 理論與改革，2007（6）：129-133.

［162］林凌，劉世慶，廖元和. 共建繁榮成渝經濟區發展思路研究報告——面向未來的七點策略和行動計劃［M］. 北京：經濟科學出版社，2005.

［163］陸大道. 區域發展及其空間結構［M］. 北京：科學出版社，1995.

［164］王緝慈. 創新的空間：企業集群與區域發展［M］. 北京：北京大學出版社，2001.

［165］李泊溪. 地區政策與協調發展［M］. 北京：中國財政經濟出版社，1995.

［166］孫超英. 踐行新理念，關鍵在落實［N］. 四川日報，2016-04-12.

［167］劉慧，葉爾肯·吾扎提，王成龍.「一帶一路」戰略對中國國土開發空間格局的影響［J］. 地理科學進展，2015，34（5）：545-553.

［168］陸大道. 建設經濟帶是經濟發展佈局的最佳選擇——長江經濟帶經濟發展的巨大潛力［J］. 地理科學，2014，34（7）：769-772.

［169］方大春，孫明月. 長江經濟帶核心城市影響力研究［J］. 經濟地理，2015，35（1）：76-81.

［170］鄒琳，曾剛，曹賢忠，陳思雨. 長江經濟帶的經濟聯繫網絡空間特徵分析［J］. 經濟地理，2015，35（6）：1-7.

［171］王聖雲，翟晨陽. 長江經濟帶城市集群網絡結構與空間合作路徑［J］. 經濟地理，2015，35（11）：61-70.

［172］孫久文，原倩. 京津冀協同發展戰略的比較和演進重點［J］. 經濟社會體制比較，2014（5）：1-11.

［173］孫久文，丁鴻君. 京津冀區域經濟一體化進程研究［J］. 經濟與管理研究，2012（7）：52-58.

［174］薄文廣，陳飛. 京津冀協同發展：挑戰與困境［J］. 南開學報（哲學社會科學版），2015（1）：110-118.

［175］覃成林. 區域協調發展機制體系研究［J］. 經濟學家，2011，4（4）：63-70.

［176］戴宏偉，王雲平. 產業轉移與區域產業結構調整的關係分析［J］. 當代財經，2008（2）：93-98.

［177］徐承紅. 基於區域經濟競爭力的區域差異與區域協調發展研究［J］. 生態經濟，2008（1）：46-51.

［178］羅捷茹. 產業聯動的跨區域協調機制研究［D］. 蘭州：蘭州大學，2014.

## 國家圖書館出版品預行編目（CIP）資料

國際視野下的區域開發模式比較及啟示 / 孫超英, 李慧, 趙芮 著.
-- 第一版. -- 臺北市：崧博出版：財經錢線文化發行, 2019.07
　　面；　公分
POD版

ISBN 978-957-735-851-6(平裝)

1.區域開發 2.區域經濟

553.16　　　　　　　　　　　　　　　　　　　　　108006480

書　　名：國際視野下的區域開發模式比較及啟示
作　　者：孫超英、李慧、趙芮 著
發 行 人：黃振庭
出 版 者：崧博出版事業有限公司
發 行 者：財經錢線文化事業有限公司
E - m a i l：sonbookservice@gmail.com
粉 絲 頁：　　　　　　網　址：
地　　址：台北市中正區重慶南路一段六十一號八樓 815 室
8F.-815, No.61, Sec. 1, Chongqing S. Rd., Zhongzheng Dist., Taipei City 100, Taiwan (R.O.C.)
電　　話：(02)2370-3310　傳　真：(02) 2370-3210
總 經 銷：紅螞蟻圖書有限公司
地　　址：台北市內湖區舊宗路二段 121 巷 19 號
電　　話：02-2795-3656　傳真 :02-2795-4100　網址：
印　　刷：京峯彩色印刷有限公司（京峰數位）

本書版權為西南財經大學出版社所有授權崧博出版事業股份有限公司獨家發行電子書及繁體書繁體字版。若有其他相關權利及授權需求請與本公司聯繫。

定　　價：560元
發行日期：2019 年 07 月第一版

◎ 本書以 POD 印製發行